Entwicklungstrends der Verkehrsflugzeugbranche
und deren Projektion bis zum Jahr 2010
unter Anwendung einer integralen Szenariotechnik

Europäische Hochschulschriften
Publications Universitaires Européennes
European University Studies

Reihe V
Volks- und Betriebswirtschaft
Série V Series V
Sciences économiques, gestion d'entreprise
Economics and Management

Bd./Vol. 1243

PETER LANG
Frankfurt am Main · Bern · New York · Paris

Artur P. Schmidt

Entwicklungstrends der Verkehrsflugzeugbranche und deren Projektion bis zum Jahr 2010 unter Anwendung einer integralen Szenariotechnik

Biel, 10.08.2001

Für Mario Corti
mit den besten
Wünschen

von

PETER LANG
Frankfurt am Main · Bern · New York · Paris

Die Deutsche Bibliothek - CIP-Einheitsaufnahme

Schmidt, Artur P.:

Entwicklungstrends der Verkehrsflugzeugbranche und deren Projektion bis zum Jahr 2010 unter Anwendung einer integralen Szenariotechnik / Artur P. Schmidt. - Frankfurt am Main ; Bern ; New York ; Paris : Lang, 1992
(Europäische Hochschulschriften : Reihe 5, Volks- und Betriebswirtschaft ; Bd. 1243)
Zugl.: Berlin, Techn. Univ., Diss., 1991
ISBN 3-631-44434-6

NE: Europäische Hochschulschriften / 05

D 83
ISSN 0531-7339
ISBN 3-631-44434-6

Printed in Germany 1 3 4 5 6 7

"You should not ask what your country can do for you, you should ask what you can do for your country."

John. F. Kennedy

Diese Arbeit soll mit dazu beitragen, durch die Darstellung komplexer Wechselwirkungen, zu besseren Lösungsvorschlägen für die Zukunft zu kommen und die Verantwortlichkeit unseres Handelns sichtbar zu machen. Die Öffnung der Berliner Mauer sowie der Einmarsch des Irak in Kuwait haben die Welt dramatisch verändert. Während das erste Ereignis die Chance zur Überwindung des Ost-West-Gegensatzes bietet, zeigt der kriegerische Akt im Nahen Osten die Notwendigkeit des Abbaus des Nord-Süd-Gefälles auf. Die Lösung dieser beiden Probleme ist der einzige Schlüssel zur Schaffung einer neuen friedlichen Weltordnung und zu einer globalen sozioökonomischen Integration. Doch die Schwierigkeiten, die bei dieser Integration auftreten, können nur dann gelöst werden, wenn jeder von uns mehr Eigenverantwortung übernimmt, sei es zum Schutz der Umwelt, im Miteinander mit den Nachbarn oder in unserem Gemeinwesen.

Meinen Betreuern, den Herren Prof. H. H. Koelle und Prof. G. Hüttig von der TU Berlin sowie Prof. M. Timmermann von der Hochschule St. Gallen, bin ich für deren kritische Anmerkungen zu tiefem Dank verpflichtet. Die Herren Prof. F. Malik vom Management Zentrum St. Gallen, Prof. M. Schwaninger von der Hochschule St. Gallen, Dr. A. Grübler und Dr. N. Nakicenovic von der IIASA, Frau Dr. K. Gillwald vom Wissenschaftszentrum, die Herren Dr. H.- E. Birke, H. Taysi und M. Otersen von der Deutschen Airbus, J. Howard von Boeing, Th. Tamura von McDonnell Douglas, P. Jost und G. Poschmann von Airbus Industrie, Ch. Endress von Swissair sowie Dr.-Ing. J. H. von der Decken und B. Hagemann von AC&S haben mich wesentlich in meinem Promotionsvorhaben unterstützt und es sei Ihnen an dieser Stelle noch einmal aufrichtig gedankt.

Danken möchte ich auch der Flughafen Frankfurt/Main Stiftung, die meine Arbeit durch ein Stipendium unterstützt hat.

Diese Arbeit habe ich im besonderen für meine Eltern geschrieben, die mir mein Studium und die Promotion ermöglicht haben und mir die Liebe entgegenbrachten, ohne die man große Herausforderungen nicht bestehen kann.

Inhaltsübersicht

Noch nie seit Ende des II. Weltkrieges hat ein Jahr so viele politische, soziale und wirtschaftliche Veränderungen hervorgebracht wie das Jahr 1990. Die sich vollziehenden Paradigmenwechsel sind Ausdruck eines erhöhten Turbulenzgrades in den Systemen.

In dieser Studie werden im Rahmen eines integralen Planungsansatzes die Entwicklungstrends der Verkehrsflugzeugbranche und deren Projektion bis zum Jahr 2010 erarbeitet. Die systematische Gegenüberstellung von Trends resultiert in Kausalzusammenhängen, die durch Rückkopplungen, Trendwirkungsstärken sowie Störgrößen beeinflußt werden. Die rangwichtigsten Trends, Szenarien und Visionen setzen die Rahmenbedingungen für die strategische Entscheidungsfindung. Die Entwicklung von Strategien wird beispielhaft für einen Flugzeughersteller durchgeführt.

Die gewählte Vorgehensweise reduziert die Vielfalt von komplexen Interdependenzbeziehungen, besitzt ein hohes Maß an Synergiewirkung zu den Veränderungen in der Systemumgebung und zeichnet sich durch eine hohe Transparenz für den Anwender aus.

Abstract

Never since the end of World War II a year has brought so many political, social and economical alterations than 1990. The changes of paradigma taking place are the expression of a high degree of turbulence in the systems.

This report sets a framework for integral planning, in which the developing trends of the airliner business and their projection until the year 2010 are aquired. The systematic comparison of trends results in causal connections, which are influenced through feedback, efficiencies of trends and disturbances. The most important trends, scenarios and visions are setting the conditions for strategic decisionmaking. The development of strategies is carried out on the example of an airliner producer.

The chosen method reduces the variety of complex interdependencies, is highly synergetic to environmental changes and has a high transparency for users.

INHALTSVERZEICHNIS

Anmerkung: → bedeutet siehe Text

Abbildungsverzeichnis

Seite

Tabellenverzeichnis

Seite

Seite

Definitionen

- Backlog:

Auftragsbestand, der von Flugzeugproduzenten in den nachfolgenden Jahren auszuliefernden Flugzeuge, ohne Berücksichtigung von Optionen.

- Diffusion:

Die Diffusion stellt den Prozeß der Ausbreitung einer Idee oder Problemlösung dar./1/Die Schnelligkeit der Ausbreitung hängt von den spezifischen Zeithorizonten des Untersuchungsobjektes ab.

- Diskontinuität:

Das Wort Diskontinuität steht als Synonym für die Begriffe Unstetigkeit, Turbulenz, Instabilität, Sprung und Katastrophe./2/ Es beschreibt den Bruch von Trends durch Veränderungen in der Systemumgebung.

- Information:

Unter Information sollen Nachrichten verstanden werden, die für ein spezifisches Unternehmen oder spezifische Entscheidungsträger Bedeutung haben und vorher nicht bekannt oder eindeutig vorhersehbar sind. Der Begriff Information ist abstrakt, da deren Bedeutung von der jeweiligen Interpretationsvorschrift abhängt./3/ Hierbei unterliegt die Auswahl von Informationen und Informationsquellen subjektiven Kriterien.

- Hömöostase:

Vorgang, der es erlaubt durch Selbstregulierung und Selbstorganisation eine oder mehrere einfache oder komplexe Variablen trotz unbekannter Einflüsse und Störungen innerhalb bestimmter Verhaltensgrenzen zu halten und somit zu stabilisieren./4/

- Innovation:

Innovation ist die zeitlich nachgelagerte Umsetzung gemachter Erfindungen (Inventionen) in neue Problemlösungen. Sowohl die Innovationen wie die Inventionen verlaufen in Zyklen, deren Merkmale jeweils spezifische Basistechnologien darstellen.

- Kommunikation:

Kommunikation kann als Transfer von Information zwischen zwei und mehr Personen aufgefaßt werden, die dieselbe Kodiervorschrift haben und als Sender oder Empfänger auftreten können. Kommunikation verfolgt einen Zweck und ist somit pragmatischer Natur./5/ Von besonderer Bedeutung ist hierbei die Telekommunikation, die masselos mit Hilfe von akustischen und/oder optischen Signalen erfolgt.

- Komplexität:

Komplexität resultiert aus dem Prinzip der Interaktion von Systemen und Systemelementen und bezeichnet die Mannigfaltigkeit von Zuständen und Zustandskonfigurationen von Systemen./6/

- Luftverkehr:

Der Luftverkehr stellt die Gesamtheit aller Vorgänge dar, die der Raumüberwindung von Personen, Fracht und Post auf dem Luftweg dienen./7/

- Projektion:

Projektionen sind normative Aussagen über zukünftige, wünschenswerte Entwicklungen, die auf zahlreichen Trendannahmen aufbauen und deren Eintreffwahrscheinlichkeiten stark von der Kompetenz der bewertenden Personen sowie deren Analyseinstrumentarien abhängen.

- Megatrend:

Im Rahmen der Studie werden unter Megatrends richtungsweisende Trends verstanden, die die Entwicklung vernetzter Subsysteme in einem spezifischen Zeithorizont charakterisieren. Megatrends sind komplexe Trendkombinationen, die die Bündelung vieler Einzeltrends darstellen. Der Begriff Megatrend soll synonym zum Begriff Makrotrend verwendet werden.

■ Skalierung:

Die Skalierung stellt Relationen zwischen den Zahlen eines Berechnungsverfahrens (Wertsynthese) her, wobei drei unterschiedliche Skalen unterschieden werden:[8]

Kardinalskala:	Punkteskala
Ordinalskala:	Rangskala
Nominalskala:	Klassenskala

■ Substitution:

Beim Prozeß der Substitution tritt eine neue Idee oder Problemlösung an die Stelle einer alten zur Lösung des identischen originären Problems.[9] Substitutionsvorgänge unterliegen wie die Diffusion den spezifischen Zeithorizonten des Untersuchungsobjektes.

■ Systemtechnik:

Systemtechnik ist die Summe aller wissenschaftlich begründeter Planungs- und Managementmethoden, Verfahren und technischen Hilfsmittel, die zur Analyse und Lösung komplexer, innovativer und interdisziplinärer Problemstellungen dienen.

■ Synektik:

Synektik ist eine Kreativitätsmethode, die versucht durch systematische Erarbeitung von Informationsteilmengen und Abstraktion der Problemstellung auf unterschiedliche Betrachtungsniveaus, eine ausgewogene und weitgehend vollständige Darstellung eines Untersuchungsobjektes zu erreichen.[10]

■ Varietät:

Varietät ist die Meßgröße der Komplexität. Beer definiert sie folgendermaßen:[11]

"Variety is defined as the number of possible status of whatever it is whose complexity we want to measure."

■ Vernetzung:

Unter Vernetzung sollen die Beziehungen verstanden werden, die zwischen den Subsystemen oder zwischen Schlüsselfaktoren bestehen. Das Vorhandensein von Vernetzungen führt zu Rückkopplungen zwischen den Systemelementen.

→ Fußnotenverzeichnis Definitionen

/1/ vgl. Eggler, A., Sättigungs- und Substitutionsanalysen nach Cesare Marchetti, St. Gallen 1988, S. 6
/2/ vgl. Macharzina, K., Diskonuitätenmanagement, Berlin 1984, S. 22
/3/ vgl. o. V., Datenverarbeitung II, Vorlesungsmanuskript ISD, Universität Stuttgart 81, S. 9
/4/ vgl. Malik, F., Strategie des Managements komplexer Systeme, Bern 1986, S. 81
/5/ vgl. o. V., Datenverarbeitung II, Vorlesungsmanuskript ISD, Universität Stuttgart 1981, S. 9
/6/ vgl. Malik, F., Strategie des Managements komplexer Systeme, Bern 1986, S. 37
/7/ vgl. Fricke, M., Luftverkehr I, Vorlesungsmanuskript TU Berlin 87/88, S. I-7
/8/ vgl. Koelle, H. H., Vorlesungsskript Systemtechnik, Berlin 1985, Kap. 12, S. 27
/9/ vgl. Eggler, A., Sättigungs- und Substitutionsanalysen nach Cesare Marchetti, St. Gallen 1988, S. 6
/10/ vgl. Koelle, H. H., Vorlesungsskript Systemtechnik, Berlin 1985 Kap. 16, S. 6
/11/ vgl. Beer, S., The Heart of Enterprise, New York 1979, S. 32

Abkürzungsverzeichnis

A320	Airbus A320
ACC	Accident
AI	Airbus Industrie
ANA	All Nippon Airways
ATA	Air Transport Association
ATC	Air Traffic Control
ATSF	Avion de Transport Supersonique Futur
AUA	Austrian Airlines
BAC	British Aircraft Corporation
BAe	British Aerospace
B777	Boeing B777
AUA	Austrian Airlines
CAD	Computer Aided Design
CASA	Construcciones Aeronauticas SA (of Spain)
CFK	Kohlefaserverstärkter Kunststoff
CIM	Computer Integrated Manufacturing
CON	Conversion
CRISP	Counter Rotating Integrated Shrouded Propfan
CRS	Computer Reservation Systems
DASA	Deutsche Aerospace
DC	Douglas Aircraft Company
DoD	Department of Defense
EROPS	Extended Range Operations
ETOPS	Extended Twin Operations
FAA	Federal Aviation Administration
F+E	Forschung und Entwicklung
F/1-F	F = Marktanteil bezogen auf ein Sättigungsniveau K F/(1-F) = erreichter Marktanteil/restlichem Marktanteilspotential
GATT	General Agreement on Tariffs and Trade
GE	General Electric Corporation
GPA	General Peat Aviation
GPS	Global Positioning System (Satellitennavigation)
HST	Hypersonic Transport
IATA	International Air Transport Association
IAE	International Aero Engines
ICAO	International Civil Aviation Association
IHI	Ishikawajima-Harima Heavy Industrie
IIASA	International Institute for Applied Systems Analysis
ILFC	International Lease Finance Corporation
INV	Inventory
K1	Sendetrend
K2	Empfangstrend

KF	Kopplungsfaktor (Interdependenzfaktor)
LVB	Luftverkehrsbranche
NASA	National Aeronautics and Space Administration
NASP	National Aerospace Plane
MAGLEV	Magnetic Levitation
MBB	Messerschmitt-Bölkow-Blohm
MD 11	McDonnell Douglas MD11
MHI	Mitsubishi Heavy Industrie
MITI	Ministry of International Trade and Industry
MTU	Motoren- und Turbinen-Union
OECD	Organization for Economic Cooperation and Development
OOS	Out of Service
OPEC	Organization of the Petroleum Exporting Countries
Paxe	Passagiere
PTL	Propeller-Turbinen-Luftstrahltriebwerk
PW	Pratt & Whitney component of UTC
RAM	Staustrahltriebwerk
RGW	Osteuropäischer Rat für gegenseitige Wirtschaftshilfe
RKF	Rückkopplungsfaktor normiert
ROI	Return on Investment
RR	Rolls Royce
SAS	Scandinavian Airlines System
SCRAM	Staustrahltriebwerk mit Überschallverbrennung (Supersonic Combustion RAM)
SEC	Securities and Exchange Commission
STF1	Störgrößeneinflußfaktor auf Sendetrend (K1) normiert
STF2	Störgrößeneinflußfaktor auf Empfangstrend (K2) normiert
SJAC	Society of Japanese Aerospace Companies
SNCF	Französische Eisenbahn
SNECMA	Société Nationale d'Etude et de Construction de Moteurs d'Aviation
SST	Supersonic Transport
SWF	Szenariowirkungsfaktor normiert
SWFS	Szenariowirkungsfaktor normiert unter Berücksichtigung von Störgrößen
	dt=TX Zeitraum (xx - yy)
T1	Zeitraum von 1990 - 1995
T2	Zeitraum von 1995 - 2000
T3	Zeitraum von 2000 - 2010
TGV	Train à Grande Vitesse
TEF	Trendempfangsfaktor normiert
TSF	Trendsendefaktor normiert
UTC	United Technologies Corporation
VFB	Verkehrsflugzeugbranche
WBS	Wide-Body Sleeper Aircraft
ZTL	Zweikreis-Turbinen-Luftstrahltriebwerk

1. METHODIK UND SYSTEMABGRENZUNGEN

1.1 Methodik

1.1.1 Einleitung

Jede Projektion möglicher Zukunftsentwicklungen ist nur ein Teil eines Ganzen, weshalb es wesentlich ist, eine Verdichtung von Szenarien und Visionen zu einem konsistenten Gesamtbild durchzuführen. Die Erfassung von Paradigmenwechseln, von neuem Denken, neuem Wahrnehmen und neuem Fühlen ist äußerst schwierig und kann sicherlich nicht allumfassend gelingen, dennoch können Szenarien, Führungskräfte dazu veranlassen, ihre herkömmlichen Denkgewohnheiten zu überwinden und den Faktor Unsicherheit in die strategische Entscheidungsfindung einzubeziehen. Mit einfachen Erklärungsversuchen kann der Übergang in das sogenannte 'postindustrielle' Zeitalter, in eine globale Gesellschaft, in eine Informations-Ökonomie nicht beschrieben werden. Es ist offensichtlich, daß die Menschheit zum Überleben ganzheitliche Denkansätze braucht, um mit der Komplexitätszunahme fertig zu werden:/1/

"Gewiß, wir verlieren an geistiger Bequemlichkeit, wenn wir auf die Simplifizierung der Zusammenhänge und auf monokausale Erklärungen verzichten, aber wir gewinnen an Wahrheit und an Erkenntnis."

Das Gewinnen von Wahrheit und Erkenntnis ist ein philosophisches Problem, stellt sich hier doch die Frage nach dem tieferen Sinn unseres Handelns. Das Suchen nach der objektiven Wahrheit setzt Unvollkommenheit, Entdecken, Verbessern, Lernen und Irren im Rahmen einer iterativen Problemlösung voraus, wozu Karl R. Popper ausführt:/2/

"Die Methode der wissenschaftlichen Erkenntnis ist die kritische Methode: die Methode der Fehlersuche und der Fehlerelimination im Dienste der Wahrheitssuche, im Dienste der Wahrheit."

1.1.2 Hintergrund

Die heute zur Analyse der Verkehrsflugzeugbranche eingesetzten Analysemethoden sind stark marketingorientiert und vereinfachen die interdependenten Problemfelder zu stark, um zu realistischen Projektionen der Zukunft zu gelangen. So fehlt es heute den Unternehmen oft an Steuerungssystemen zur Frühwarnung, die rechtzeitg auf Systemveränderungen hinweisen und die Folgen von bestimmten Entwicklungen beschreiben. Nur wenn es gelingt, die Wirkungsmechanismen von Systemen und deren Systemumwelt rechtzeitig zu erkennen sowie ein hohes Maß an Flexibilität zu bewahren, kann der Systemzustand zielgerichtet beeinflußt werden. Die Tatsache, daß es heute keine einfachen Entscheidungen mehr gibt, sondern das alles mehr oder mindert miteinander vernetzt ist, wird zwar von den handelnden Personen erkannt, jedoch werden in der Praxis kaum systemtechnische Instrumentarien zur Entscheidungsvorbereitung angewendet, die den komplexen, dynamischen Veränderungen in den Systemen sowie der Systemumwelt gerecht werden. Das Erstellen eines effizienten Modelles zur Bewertung zukünftiger Entwicklungstendenzen erfordert deshalb in erster Linie eine Strukturierung der interdependenten Sachverhalte, was nicht nur die Transparenz komplexer Systeme, sondern auch die Informationsbasis, den Bewertungsprozeß sowie den Kompetenzgrad der Anwender erhöht. Letztendlich dient die Anwendung der Systemtechnik dazu, die Fähigkeiten des Menschen zum Denken und Handeln besser auszunutzen als bisher./3/

Die Systemwissenschaften stehen an der Schwelle des nächsten Jahrtausends vor der Aufgabe ganzheitliche und hierarchielose Systeme herauszuarbeiten, die die Kreativität des Menschen in den Mittelpunkt stellen. Wir Menschen müssen uns verändern, sonst werden wir verändert und die Natur wird keinen Platz mehr für die Spezie Mensch haben. Ein historisches Jahrzehnt wird vor uns liegen, in der die Irreversibilität der getroffenen Entscheidungen uns zerstören, aber auch in eine bessere Zukunft führen kann. Technologische Probleme müssen heute mehr denn je interdisziplinär und mit einem Höchstmaß an gesellschaftlicher und internationaler Konsensfindung gelöst werden. Die Ausweitung der weltweiten Kommunikation und Informationsflüsse kann hierzu wesentliche Hilfestellung liefern, Probleme frühzeitig zu erkennen und vernetzte Lösungsvorschläge zu erarbeiten:/4/

"Unser begrenztes Wissen über die unendlich vielen Determinanten der Welt und jedes Individuums - dies ist ja nur ein anderer Ausdruck für die Ungewißheit der Zukunft - verlangt in Gesellschaft und Wirtschaft 'dezentralisierte Institutionen und Verfahren der Entdeckung und Verarbeitung von Informationen und Kenntnissen', durch die wir unsere Strukturen vor Erstarrung bewahren und sie wandelbar, das heißt lernfähig erhalten."

Ziel unseres Handels muß es sein zu einer besseren Welt beizutragen, wozu Karl. R. Popper ausführt:/5/

"Eine Gestaltung unserer sozialen Umwelt mit dem Ziel des Friedens und der Gewaltlosigkeit ist nicht nur ein Traum. Sie ist eine mögliche und, vom biologischen Standpunkt aus, offenbar eine notwendige Zielsetzung für die Menschheit."

1.1.3 Problemstellung

Gegenstand der Arbeit ist es, das komplexe System Verkehrsflugzeugbranche, vor dem Hintergrund einer imponderabilen und turbulenten Systemumwelt, mit Hilfe systemtechnischer Methoden zu untersuchen.

Der menschliche Aktionsradius wird durch Raum und Zeit definiert, wobei die Geschwindigkeit und Entfernung die Hauptparameter der menschlichen Fortbewegung darstellen./6/ So zeigt Grübler am Beispiel Frankreichs, daß sich die durchschnittlich zurückgelegte Entfernung pro Einwohner vom Jahr 1800 bis zum Jahr 1987, von 30 m täglich (10,2 km pro Jahr) auf 34 km täglich (12.400 km pro Jahr) erhöht hat (Faktor 1.000!)./7/ Das 'High-Tech'-Produkt Verkehrsflugzeug ist geradezu prädestiniert für die Überwindung des Raumes in kürzester Zeit. Da es das erste global vernetzte Verkehrsmittel darstellt, übt es heute eine Schlüsselfunktion für die Entwicklung des technischen Fortschritts, des Welthandels sowie der internationalen Völkerverständigung aus. Die Verkehrsflugzeugbranche ist geprägt durch starke zyklische Schwankungen mit den sich daraus ergebenden Chancen und Risiken, eine starke vertikale Interdependenz zwischen der Angebots- und Nachfrageseite, einen verstärkten Wettbewerbsdruck auf die Marktteilnehmer, hohe Entwicklungs- und Anlaufkosten, kleine Produktionsraten, lange Entwicklungszeiten und spezifische Kostenstrukturen.

Ziel der Studie ist es, ein ganzheitliches, regelkreisorientiertes, modellhaftes und kreativitätsförderndes Planungsverfahren zu erstellen, das es erlaubt, zukünftige Entwicklungen besser abzuschätzen als bisher. Das zu entwerfende Verfahren soll transparent, ausgewogen, lernfähig und möglichst vollständig sein. Darüberhinaus soll es ein hohes Maß an Flexibilität, Synergiewirkung und Maßnahmenorientierung besitzen, um den dynamischen Veränderungen innerhalb des Untersuchungsobjektes Rechnung zu tragen und die konkrete Strategieimplementierung zu ermöglichen. Es ist jedoch nicht das Ziel dieser Studie, quantifizierbare Genauigkeiten anzustreben, vielmehr wird besonderer Wert auf die qualitative Beschreibung von Wirkungszusammenhängen gelegt. Hierzu werden in einer integralen Betrachtung die Schlüsselfaktoren des Untersuchungsobjektes und die Interdependenzwirkungen zwischen den Subsystemen untersucht. Die Abschätzung der gegenseitigen Abhängigkeiten erfolgt in Form von trendorientierten Wirkungszusammenhängen für konkrete Zeiträume. Szenarien entstehen aus der Interaktion der Systems mit seiner relevanten Systemumgebung. Es ist zu beachten, daß die Erarbeitung der Szenarien und die Strategieimplementierung einem iterativen Prozeß unterliegen, die von den dynamischen Veränderungen der wesentlichen Trends, deren Rückkopplungen und von Störgrößen abhängen. Abbildung 1.1 gibt einen Überblick über die Problemstellung, Systembedeutung und Arbeitsziele der Studie:

Abb. 1.1: Problemdefinition, Systembedeutung und Arbeitsziele

1.1.4 Integrale Planung

Die eigentliche Problemstellung der integralen Planung besteht primär nicht in der Entwicklung von speziellen Strategien, sondern vielmehr in der Gestaltung von Systemen, die Strategien produzieren können./8/ Erfolgsstrategien haben metasystemischen Charakter, da sie Aspekte, Kriterien und Einflußmöglichkeiten höherer Ordnung betreffen, die nur durch die Analyse höherer Rekursionsebenen gewonnen werden kann./9/ Die Veränderungen in der heutigen Welt sind globaler Natur, da sie das physische Gleichgewicht des gesamten Lebens und des Planeten verändern und somit tiefgreifende sozioökologische Paradigmenwechsel induzieren:/10/

"Humanity and its 'systems', social organizations, institutional arrangements, and so forth, should be regarded as a wholly integral process... The sociospheres, econospheres, and technospheres - all the complex and interrelated networks of institutions, organizations, and interdependent technological systems - form a remarkably unified network of human service systems around the world."

Die evolutionären Veränderungen der Systeme sind geprägt von einer zunehmenden gegenseitigen Abhängigkeit, Vernetzung und Rückkopplung. Deshalb muß sich die integrale Planung mit dem Gestalten, Lenken und Entwickeln produktiver sozialer Gebilde auf der Grundlage von Systemtheorie und Kybernetik beschäftigen./11/ Für die Implementierung eines integralen Szenarioansatzes sind die Bereiche normatives und strategisches Management von wesentlicher Bedeutung. Insbesondere kommt es heute im normativen Bereich mehr denn je darauf an, Visionen der Zukunft zu entwickeln, um Vorstellungen zu haben, wie Unternehmen in 10 bis 20 Jahren geführt werden müssen./12/ Für die Implementierung von Visionen ist ein Zeitmodell des offenen Fließens notwendig, das den Strategien vorgelagert ist./13/ Ziel des normativen Managements ist es, die Voraussetzungen zu schaffen, um Visionen in die Realität umzusetzen, da es heute nicht mehr allein um Zielerreichung gehen kann, sondern um Evolution und Synergetik in Konsens mit den Veränderungen in der Systemumwelt. Dieser Übergang vom Management kausaler Ziel-Prinzipien zur Gestaltung offener Entwicklungs-Prozesse stellt einen geistigen Quantensprung dar./14/ Durch die entstehende Zeitdynamik wird die strategische Planung zunehmend dezentralisiert und somit fließend mit den Veränderungen in der Systemumwelt werden. Das Herausbringen eines neuen Produktes bleibt jedoch trotz aller Markt- und Trendanalysen ein risikobehaftetes Unterfangen, wozu Peter Drucker ausführt:/15/

"The new venture therefore needs to start out with the assumption that its product or service may find customers in markets no one thought of, for uses no one envisaged when the product or service was designed, and that it will be bought by customers outside its field of vision and even unknown to the new venture... the new venture needs willingness to see the unexpected success as an opportunity rather than as an affront to its expertise. And it needs to accept that elementary axiom of marketing: businesses are not paid to reform customers. They are paid to satisfy customers."

Die integrale Herausforderung der Unternehmensführung besteht in der Bewältigung des Unerwarteten und nicht in der Extrapolation von früheren Erfolgsrezepten, da die heutige Situation des Übergangs und der Unsicherheit gegenüber früheren turbulenzfreien

Phasen eher als "normal" zu werten ist.[16] Als Planungsgrundsätze sind die metasystemische und vollständige Lagebeurteilung sowie der Grundsatz des offenen Systems hervorzuheben. Integrales Denken erfordert die Analyse komplexer Zusammenhänge und Abhängigkeiten, um seine Hauptressourcen auf eine einzige wichtige Schlüsselfunktion zu konzentrieren, hier führend zu werden und die Gewinnstruktur dann für andere Funktionen erfolgreich zu nutzen.[17]

Die Hauptorientierung für integrales Denken wird durch die Analyse der Schlüsselfaktoren vorgegeben. Hierbei ist zu beachten, daß fehlendes Wissen über strukturbedingte Gesetzmäßigkeiten nicht durch Extrapolation oder Transferierung von Orientierungsgrundlagen einer niedrigen Wissensebene auf die nächst höhere ersetzt werden kann.[18] Die Anwendung von mathematisch aufwendigen Methoden führt bei Nichtbeachtung der strategischen Schlüsselgrößen nicht zu besseren Ergebnissen, da man sich dadurch nur genauer irren kann. Außerdem schließt der Begriff langfristig ein, daß es kurzfristig prinzipiell anders kommen kann, wodurch jedoch der strategische Plan nichts von seiner Bedeutung verliert.[19]

Abbildung 1.2 zeigt den in der Studie gewählten integralen Planungsansatz, der im Gegensatz zu den in der Praxis angewendeten Methoden das Ziel verfolgt, Rückkopplungen zu berücksichtigen. Er ist nicht nur integral zu nennen, weil er die Systemumgebung in die Analyse miteinbezieht, sondern weil neben der strategischen auch die normative Planungsebene betrachtet wird. Im Rahmen des normativen Managements werden die einzelnen Planungsschritte zur Ermittlung der Szenarien durchgeführt. Hierzu gehören die Interdependenz-, die Trendwirkungs-, die Rückkopplungs-, sowie die Störgrößenanalyse. Das strategische Management hat die Aufgabe aus den dominanten Trends und Szenarien, Wertaktivitäten abzuleiten, die die Erreichung der Geschäftsziele ermöglichen. Im Rahmen der Trend-Wertaktivitätenmatrix findet eine Informationsverdichtung statt, wobei die Ergebnisse anschließend in das Schema der Porterschen Wertkette übertragen werden. Die Wertkette liefert letztendlich die für den Marktteilnehmer wesentlichen Strategien, Richtungsziele und Maßnahmen, wobei diese ein hohes Maß an Synergiewirkung zu den dynamischen Veränderungen der Systemumgebung und der zu untersuchenden Branche besitzen.

Von besonderer Bedeutung für Systeme sind die jeweiligen Regler. Die zu regelnden Größen (nachfolgend Regelgröße genannt) des normativen Managements sind die Lebensfähigkeit und die Evolution des Systems. Hierbei kommt den vom Management zu entwickelnden Visionen und Szenarien die Funktion des Reglers zu. Die Stellgröße hierfür ist die jeweilige Systemstruktur, wobei die Reglerfunktion durch die Interdependenz der Schlüsselgrößen in den jeweiligen Zeithorizonten determiniert wird.[20] Als Wertmaßstäbe dienen die Legitimität, die Umweltverträglichkeit sowie die Synergiewirkung. Das strategische Management hat als Regelgrößen die vom normativen Management entwickelten Visionen und Szenarien und als Stellgrößen die Marktanteile und den erzielbare Kundennutzen.[21] Die Regelgrößen sind hierbei die zu benennenden Strategien und Geschäftsziele, wobei als Wertmaßstäbe hier die Wettbewerbsfähigkeit, die Umweltverträglichkeit sowie die Flexibilität anzusehen sind.

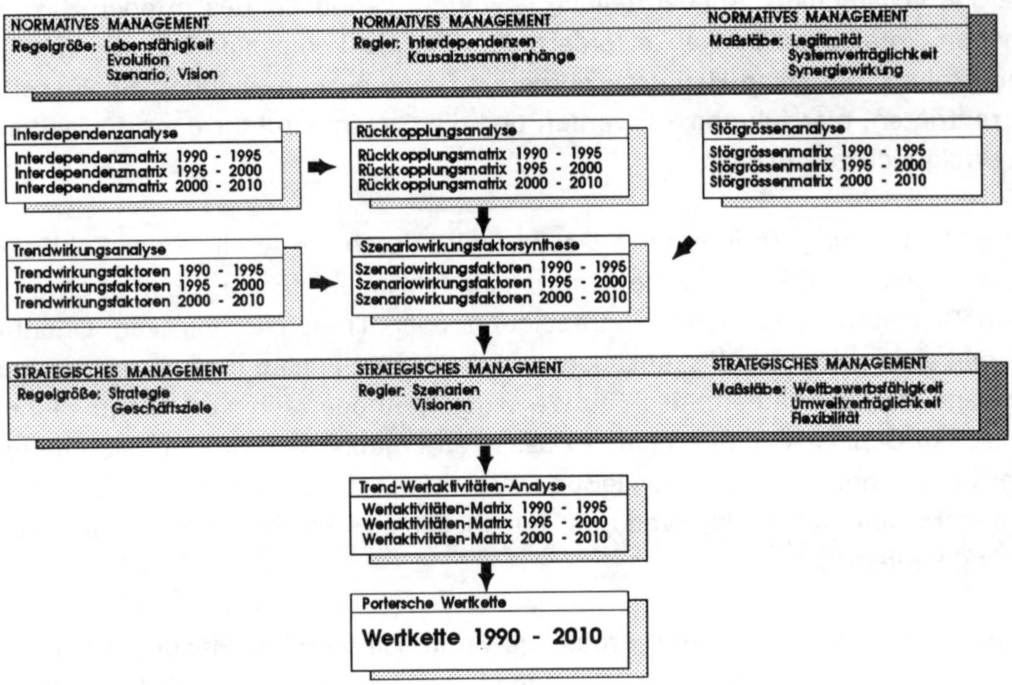

Abb. 1.2: Integrale Planung

1.1.5 Szenariotechnik

In einer Zeit, in der sich die Bewältigung des strukturellen Wandels zunehmend schwieriger gestaltet, werden die Akkzeptanz von Veränderungen und eine Orientierung an Trends immer wichtiger, wozu McHale folgendes ausführt:/22/

"Central, therefore, to our more effective understanding and management of the change process is the recognition that change and motion are constants - and that we may have stability within change."

Ganzheitlich orientierte Szenarien sind eine effiziente Antwort auf diese Forderungen, da sie das Denken in Alternativen und eine Konzentration auf kritische Bereiche ermöglichen. Szenarien sind ein Mittel zur Beschreibung der Zukunft, wobei die Analyse von Trends und nicht die Analyse von Einzelereignissen im Vordergrund stehen sollte, wie Wilson trefflich zusammenfaßt:/23/

"Scenarios are (or should be) multifaceted and holistic in their approach to the future... history is a 'booming buzzing confusion' of events, trends and discontinuities; it is constantly in motion and so is more accurately represented by a motion picture than by a snapshot. Scenarios have a special ability to represent this multifaceted, interacting flow process, combining (when appropriate) demographic changes, social trends, political events, economic variables, and technological developments."

Aufgrund der Tatsache, daß die Zukunft stets als Ganzes betrachtet werden muß und die Sachverhalte mehr oder weniger interdependent sind, kann jedes Szenario nur eine von vielen möglichen Entwicklungen aufzeigen. Szenarien müssen eine hohe Informationstransparenz besitzen und flexibel und iterativ auf Systemveränderungen angepaßt werden können, da das Umfeld zum Regisseur des eigenen Handelns geworden ist und nicht mehr die Subsysteme für sich selbst./24/

Für Szenarien und Visionen sollen im Rahmen der in dieser Studie durchgeführten Systembetrachtung folgende Definitionen und Abgrenzungen gelten:

- Szenarien: Szenarien sind Wirkungszusammenhänge, die unter Beachtung integraler Randbedingungen, mögliche in sich konsistente Zukünfte beschreiben.

- Visionen: Visionen sind Wirkungszusammenhänge, die unter Beachtung integraler Randbedingungen, mögliche in sich konsistente Zukünfte beschreiben, die den Zeithorizont von 10 Jahren überschreiten.

Hierbei gilt zu beachten, daß Visionen jedoch keine Utopien sind, sondern vielmehr ein erahnendes Verständnis der künftigen realen Lage. Die Vision hat somit die Aufgabe mögliche evolutionäre Entwicklungen vorwegzunehmen. Die Japaner haben unter Beachtung des Zeithorizontes von 10 bis 20 Jahren die Vision, Großraumflugzeuge wie die Boeing 747 und Überschallflugzeuge wie die Concorde zu bauen. Ihre Pläne zur Erreichung dieser Ziele sind langfristig. Sie müssen es auch sein, da jedes System spezifische Zeithorizonte hat, die den möglichen Markteintritt determinieren.

Die in der Studie gewählte iterative Vorgehensweise ermöglicht eine unternehmensplanerische Kontinuität in der Szenario- und Visionentwicklung, da hiermit ein regelmäßiges Feedback zur realen Entwicklung sichergestellt wird. Szenarien können die Entwicklung in eine bestimmte Richtung beschleunigen, jedoch sollten diese nicht zur 'selffulfilling prophecy' mißbraucht werden. Deshalb ist es das Ziel dieser Studie, das dynamische Systemverhalten in einer sich änderenden Systemumwelt so objektiv wie möglich zu beschreiben, und einen Beitrag zu einer wünschbaren Zukunft unter Abwägung bestehender Risiken und Probleme zu liefern.

1.1.6 Vorgehensweise

- Systemtechnische Methoden

Planungsprozesse lassen sich in die drei Phasen **Informationsgewinnung** (siehe **Systemanalyse** in Kapitel 2), **Informationsverarbeitung** (siehe **Systemauswahl** in Kapitel 3) und **Informationsauswertung** (siehe **Systemrealisierung** in Kapitel 4) unterteilen. Das Untersuchungsobjekt soll von zwei Seiten, nämlich von der bracheninternen und von der systemexternen Analyseebene, betrachtet werden. Hierbei wird das Problem auf unterschiedlichen Abstraktionsebenen analysiert, was erlaubt an spezifischen Stellen tiefer zu gehen, ohne den Gesamtzusammenhang zu verlieren (synthetische Denkweise). Weiter wird eine Ausrichtung auf iterative und gekoppelte dynamische Veränderungen angestrebt (prozessorientierte Denkweise), wobei die Informationsunvollständigkeit (pragmatische Denkweise) akzeptiert wird.

Das Wissen über ein System kann sicherlich beschränkt sein, trotzdem sind essentielle Schlußfolgerungen über das Systemverhalten möglich. Die Berücksichtigung kybernetischer Gesichtspunkte erfordert bei komplexen Systemen die freiwillige Beschränkung des dynamischen Systems auf irgendeinen Homomorphismus des Ganzen, um die Varietät zu reduzieren und somit Teilergebnisse zu erlangen, die, wenn auch dem Ganzen gegenüber nur bruchstückhaft, so doch in sich selbst vollständig sind.[/25/] Es wird angenommen, daß das zu untersuchende System stets einen zeitabhängigen Zustand einnimmt, der durch die inneren und äußeren Veränderungen determiniert wird. Das Untersuchungsobjekt selbst ist Teil einer höherrangigen Metaebene, läßt sich jedoch auch als Metaebene für tieferliegende Ebenen betrachten. Die Subsysteme und die darin auftretenden Unternehmen werden unter anderem als offene, dynamische, komplexe, zielgerichtete, zielsuchende und produktive soziale Systeme verstanden.[/26/] Der Zweck von Systemen besteht darin, Eingabewerte (Inputs) durch einen Transformationsprozess in Ausgabewerte (Outputs) zu verwandeln, wobei die Regelung durch Instabilitäten aus der Systemumwelt (Trendbrüche, Störgrößen) beeinflußt wird.[/27/] Hierbei treten vielfältige Einflußfaktoren auf, die bei sich ständig ändernden Interdependenzgewichtungen und möglichen Zustandsformen, ein Höchstmaß an Varietät erzeugen, wozu Alfred Herrhausen ausführte:[/28/]

"Heute wächst die Einsicht dafür, daß alles mit allem vernetzt ist, daß die allgemeine Interdependenz keine einfachen Kausalitäten mehr zuläßt und ein Denken in Regelkreisen erfordert. Es gilt Komplexität zu akzeptieren als eine Art verborgener Ordnung im Chaos."

Aufgabe des systemorienterten Managements sollte es sein, die Komplexität durch Varietätsreduktion in den Griff zu bekommen und durch Analyse von Schlüsselfaktoren, Trends und Störgrößen, mögliche Interdependenzwirkungen und deren Rückkopplungen zu untersuchen. Zur Bewältigung dieser Kausalitäten werden folgende systemtechnische Methoden im Rahmen der Studie verwendet:

SYSTEMAUFBEREITUNG
- Systemstrukturierung
- Interessengruppen-/Kraftfeldanalyse
- Zustandsanalyse

SUCHMETHODEN
- Expertenbefragung
- Synetkik
- Morphologie

PROGNOSEMETHODEN
- Trendprojektionen
- Historische Analogien
- Trendextrapolationen
- Parametersimulationen
- Szenariotechnik

BEWERTUNGSMETHODEN
- Paarweiser Vergleich (Matrixmethode)
- 'MICMAC'-Methode
- Kybernetische Simulation

MANAGEMENTTECHNIKEN
- Trend-Wertaktivitäten-Matrix
- Wertketten

Grundlage zur Analyse komplexer Sachverhalte, wie der Verkehrsflugzeugbranche, ist das **Strukturieren** des Systems und dessen relevanter Systemumwelt in Subsysteme. Damit die Strukturanalyse den systemtechnischen Anforderungen genügt, muß die Verkehrsflugzeugbranche sowohl aus Sicht verschiedener **Interessengruppen** (Flugzeugproduzenten, Airlines, ...) als auch im Hinblick auf verschiedene externe **Kraftfelder** (Wirtschaft, Politik, ...) bewertet werden. Hierzu ist im Rahmen einer **Zustandsanalyse** eine Informationssammlung (Bücher, Zeitschriften, Zeitungen, Datenbanken,...) aller für das Untersuchungsobjekt notwendigen Fakten vorzunehmen, um ein ausreichendes Bild über den Ist-Zustand des Systems zu erhalten.

Da bei komplexen Systemen eine hohes Maß an Wissen nötig ist, muß zum besseren Systemverständnis eine **Befragung von Experten** durchgeführt werden. Des weiteren wird die Methode der **Synektik** (Kreativitätstechnik) angewendet, die versucht aus einer Menge von Teilinformationen ein Abbild der Verkehrsflugzeugbranche und der Systemumgebung zu erarbeiten, indem die wesentlichen Schlüsselfaktoren und Störgrößen der Subsysteme identifziert werden. Wo es zur Erfassung von Systemmerkmalen nötig erscheint, wird auf die **Morphologie** zurückgegriffen, die die wesentlichen Merkmale eines Systems den potentiellen Ausprägungen in einer Matrix gegenüberstellt. Die Beschreibung der Kraftfelder erfolgt in Form von **Trendprojektionen.** Zur Abschätzung von Entwicklungszeiträumen der Verkehrsflugzeugbranche werden vereinzelt **historische Analogien, Trendextrapolationen** sowie **Parametersimulationen** herangezogen.

Kernpunkt der Studie ist jedoch die Anwendung einer integralen **Szenariotechnik**, die ausgehend von den wesentlichen Megatrends durch **paarweisen Vergleich (Matrixmethode)** Kausalzusammenhänge zwischen diesen sowie zwischen Störgrößen und Trends herstellt. Die Analyse der Trendrückkopplungen der einzelnen Subsysteme wird mittels der **'MICMAC'-Methode** durchgeführt. Anschließend kann ein Berechnungsverfahren implementiert werden, daß mittels **kybernetischer Simulation** die Berechnung der Rangprioritäten von Szenarien erlaubt. Durch Veränderung der Kraftfelder können Projektionen möglicher Zukünfte in den spezifischen Zeithorizonten erarbeitet und adaptive Anpassungen des Systems an sich ändernde Trends und Störgrößen vorgenommen werden. Hierdurch wird ein Verständnis für die gegenseitigen Abhängigkeiten von komplexen sozio-ökonomisch-technischen Systemen aufgebaut.

Durch paarweisen Vergleich der dominierenden Trends mit den Tätigkeitsbereichen eines Unternehmens **(Trend-Wertaktivitäten-Matrix)** sollen die Strategien gefunden werden, die zur Sicherung der Überlebensfähigkeit notwendig sind. Die ermittelten Zusammenhänge können dann in einer **Wertkette** dargestellt werden.

Abbildung 1.3 beschreibt die bei den einzelnen Arbeitsschritten auftretenden Interdependenzbereiche, während Abbildung 1.4 den systemtechnischen Strategieentwicklungsprozeß zeigt:

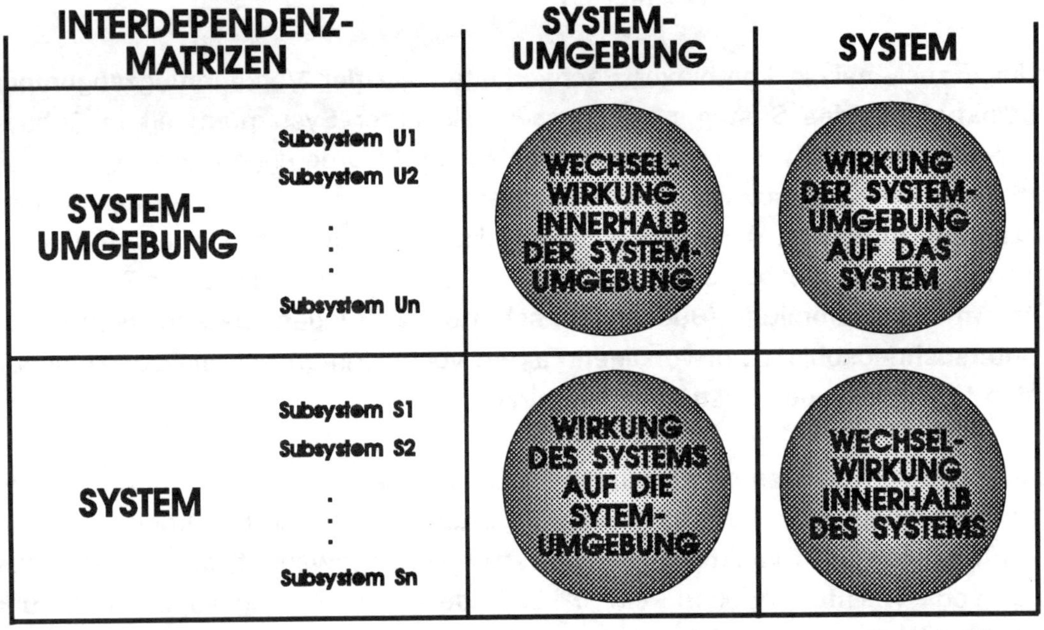

Abb. 1.3: Beschreibung der integralen Interdependenzbereiche

Für die Anwendung des Simulationsmodells in der Praxis wird empfohlen, die Bewertungen interdisziplinär von Entscheidungsträgern aus verschiedenen Branchen und Unternehmensberatern durchführen zu lassen. Hierdurch kann einerseits ein möglichst konsistentes Bild der Vernetzungswirkungen gewonnen werden, andererseits können subjektive Bewertungen, wie beispielsweise die Urteile des Autors im Rahmen der Studie, weitgehend neutralisiert werden.

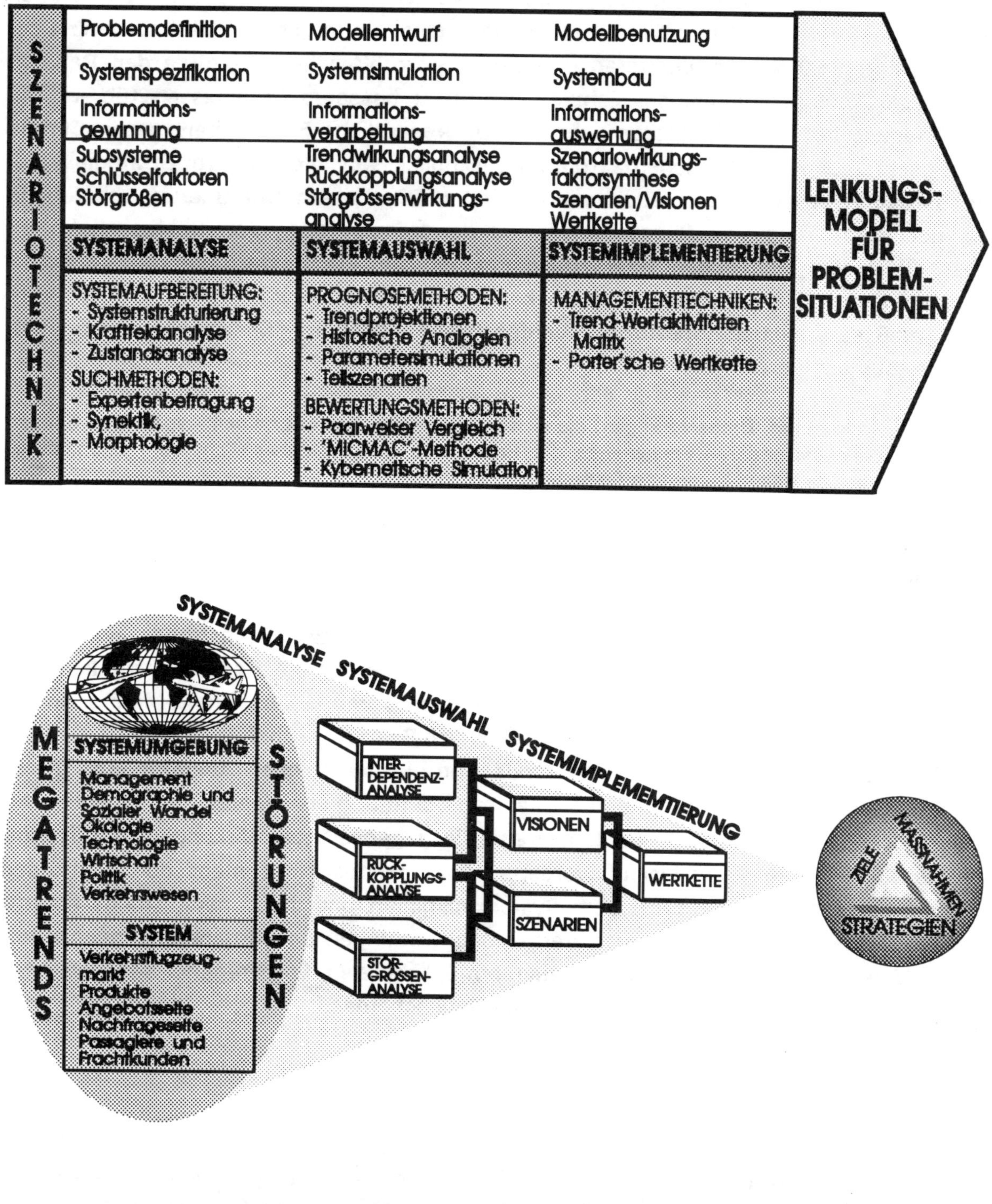

Abb. 1.4: Systemtechnischer Strategieentwicklungsprozeß

- Strukturanalyse

Im modellhaften Ansatz wird das Untersuchungsobjekt, daß sich eigentlich aus tausenden von Variablen zusammensetzt, durch die Auswahl und Analyse der wesentlichen Schlüsselfaktoren und Störgrößen beschrieben. Eine weitergehende Betrachtung über die gewählten 60 Schlüsselfaktoren und deren Störgrößen hinaus würde den Rahmen der Studie sprengen und auch nicht zwingend zu besseren Ergebnissen führen. Die Beschreibung der Umweltfaktoren geht nur auf wesentliche Sachverhalte ein, während die Beschreibung der Branchenfaktoren im Hinblick auf die spätere Strategieimplementierung in diesem Bereich ausführlicher erfolgt. Die Systemstrukturierung, bestehend aus der Abgrenzung von Subsystemen und der Beschreibung von Schlüsselfaktoren setzt die metasystemischen Rahmenbedingungen für die Bewertung von Kausalzusammenhängen. Da ein Beobachter ein komplexes System nur unvollständig erfassen kann, muß es statistisch spezifiziert werden (siehe Abschnitt "Systemabgrenzungen"), wozu Ashby ausführt:[/29/]

"Statistik ist die Kunst, Dinge zu sagen, die sich nur auf einen Teil oder einen Aspekt des Ganzen beziehen ... Die besonderen Einzelheiten der Ergebnisse werden daher nicht vom Beobachter, sondern durch den Auswahlvorgang festgelegt."

- Trend-Monitoring

Die Trendanalyse gibt einen Überblick über bestehende Entwicklungstrends in den einzelnen Subsystemen. Sie ist die Bewertungsgrundlage für die Beschreibung kausaler Wirkungszusammenhänge des Systemmodells. Der Vorgang des Trend-Monitoring ist stark informationsorientiert, da das Aufspüren von Trends ein hohes Maß an Literatur- und Datenbankanalysen voraussetzt. Trends sind die eigentlichen Auslöser von Transformationsprozessen in den Systemen. Die Transformation als Wandel und Veränderung kann jedoch nur abgeschätzt werden, wenn die gegenseitigen Wirkungen von Trends mittels Kausalmatrizen analysiert werden. Wenn Trends nicht mehr dominant oder existent sind, müssen diese aus dem System eliminiert und durch neue Trends ersetzt werden. Danach müssen die neuen Vernetzungswirkungen des Untersuchungsobjektes ermittelt werden. Diese Vorgehensweise ermöglicht den Lernvorgang des Systems innerhalb eines evolutionären Selektions- und Suchschemas.[/30/]

- Trendinterdependenzmatrix

Die Gegenüberstellung der Trends in einer Matrix liefert durch paarweisen Vergleich eine subjektive Abschätzung möglicher Wirkungszusammenhänge. Zur Aufwandsminimierung wird folgende Vorgehensweise durchgeführt. Es wird jeweils den 5 Megatrends eines Subsystems, ein Megatrend eines anderen Subsystems gegenübergestellt und falls ein Kausalzusammenhang besteht, wird dieser beschrieben und mit 0,2 gewichtet (maximale Gewichtung $1 = 5 \cdot 0{,}2$ pro Matrixelement), wobei die Normierung durch den Faktor 0,2 bereits berücksichtigt wird. Da hierbei mehrere Kausalzusammenhänge zwischen den Subsystemen bestehen können, führt die Addition zu Kopplungsfaktoren (KF) von 0 bis 1 (0; 0,2; 0,4; 0,6; 0,8; 1). Im nachfolgenden Beispiel einer Interdependenzmatrix bestehen unter anderem fünf Wirkungszusammenhänge zwischen den Subsystemen V und T und zwei Wirkungszusammenhänge innerhalb des Subsystems V:

M^0	W	T	V
W	0,2	0,4	0,8
T	0,4	0,6	0,6
V	0,6	1,0	0,4

Die gewählte Methode hat den Vorteil, daß bei 60 Megatrends anstatt ca. 3.600 Gewichtungen nur ca. 700 Gewichtungen durchgeführt werden müssen. Hierdurch wird die Effizienz des Systems für den praxisnahen Einsatz nachhaltig erhöht. Das Vorhandensein von Kausalzusammenhängen definiert die Struktur des Systems in Form einer Kopplungsmatrix, die als Inputmatrix für die Rückkopplungsanalyse dient. Hierbei soll ein sich ergebender Wirkungszusammenhang jeweils aus 2 Komponenten bestehen, nämlich dem Sende- und dem Empfangstrend, nachfolgend auch K1-Trend und K2-Trend genannt. Diese beiden Trends definieren einen Zusammenhang, der entweder ein positives oder ein negatives Vorzeichen besitzen kann. Schwächt der K1-Trend den K2-Trend ab, erhält der Wirkungszusammenhang ein negatives Vorzeichen, verstärkt der K1-Trend den K2-Trend ist das Vorzeichen positiv. Besteht keine Wechselwirkung wird dies durch eine Null festgehalten. Sicherlich werden einige der gefundenen Zusammenhänge trivial sein, jedoch ist es unbedingt nötig auch diese zu betrachten, um ein möglichst vollständiges Interdependenzmuster des Untersuchungsobjektes zu erhalten und der Implementierung eines integralen Planungsmodells gerecht zu werden.

- Rückkopplungsanalyse

Insbesondere die Kybernetik ist an der Frage interessiert, wie die Teile des Ganzen sich gegenseitig beeinflussen, das heißt welche abhängigen Kreisläufe innerhalb von Systemen auftreten. Eine absolute Stabilität im Systemverhalten kann durch eine Rückkopplungsregelung allerdings nicht erreicht werden, da durch Störgrößen induzierte Abweichungen erst mit einem Zeitverzug von der Stellgröße korrigiert werden können.[/31/] Kenntnisse über die Rückkopplungswirkungen sind für die Regelung von Systemen elementar, da Organismen absterben, wenn eine Regelung nicht mehr möglich ist.[/32/] Die Kopplung zwischen den Elementen eines Systems legt dessen Struktur fest, die sich in den verschiedenen Zeithorizonten ändern kann.[/33/] Die Anzahl der gefundenen Kopplungen ordnet den einzelnen Subsystemen Wirkungen aufeinander zu. Diese werden in der Kopplungsmatrix dargestellt, die den Ausgangspunkt für die Berechnung der Rückkopplungskreisläufe bildet. In der Studie leitet sich die Kopplungsmatrix direkt aus der normierten Trendinterdependenzmatrix ab. Folgendes Beispiel soll den Hintergrund der Rückkopplungsrechnung verdeutlichen:

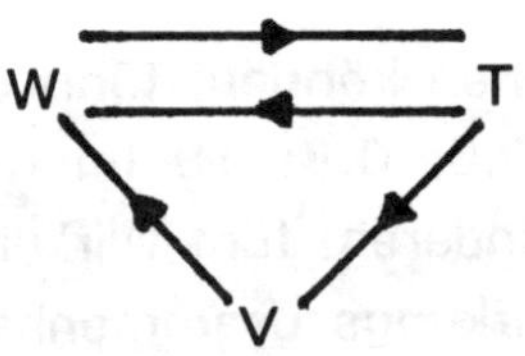

Hier besteht jeweils eine Wirkung von den Subsystemen W nach T, von T nach W, von T nach V und von V nach W, was in Matrixdarstellung folgendermaßen aussieht:

M^0	W	T	V
W	0	1	0
T	1	0	1
V	1	0	0

Im obigen Beispiel sind die Diagonalelemente gleich Null, was bedeutet, daß der Einfluß den ein Subsystem auf sich selbst ausübt, nicht berücksichtigt wird. Im konkreten Anwengungsfall innerhalb der Studie sollen jedoch auch die Interdependenzwirkungen innerhalb der Subsysteme (siehe Trendinterdependenzmatrix) berücksichtigt werden.

Durch eine fortgesetzte Matrizenmultiplikation (im Normalfall bis zur 7. Potenz) können die Vernetzungswirkungen zwischen den Subsystemen ermittelt./34/ Dieses Verfahren wird in der Fachliteratur als 'MICMAC'-Methode bezeichnet und nachfolgend beschrieben. Eine Matrix, die sieben Mal mit sich selbst multipliziert wird, zeigt eine stabile Hierarchie bezüglich der Bedeutung von Rückkopplungen./35/ Hierbei wird die Zahl der Schleifen ('Loops') der Länge 7 ermittelt. Bei großen Matrizen (zum Beispiel 12 · 12 Matrix) sieht man die erwähnte Stabilität nach 7-facher Matrizenmulitiplikation deutlicher. So führt sowohl die Division einer beliebigen Matrixspalte mit einer anderen Matrixspalte als auch die Division einer beliebigen Matrixzeile mit einer anderen Matrixzeile zu konstanten Zahlen (zum Beispiel Spalte x/Spalte y = C1, Spalte x/Spalte z = C2, ...). Weitere Matrizenmultiplikationen bringen keine wesentlichen Verbesserungen bezüglich der Genauigkeit der Rückkopplungsfaktoren. Für das obige Beispiel liefert die fortgesetzte Matrizenmultiplikation bis zur 7. Potenz folgendes Ergebnis:

M^7	W	T	V
W	3	2	2
T	4	3	2
V	2	2	1

So existieren beispielsweise zwischen den Subsystemen W und T zwei Schleifen sowie zwischen den Subsystemen T und W vier Schleifen der Länge 7. Normiert man die Matrix nun durch die höchste vorkommenden Schleifenanzahl (im Beispiel die Zahl 4), so ergibt sich folgende normierte Rückkopplungsmatrix:

norm. M^7	W	T	V
W	0,8	0,5	0,5
T	1,0	0,8	0,5
V	0,5	0,5	0,3

Der ermittelte Rückkopplungsfaktor gibt Aufschluß über die Vernetzungsstärke zwischen den Subsystemen. Das Ergebnis der Rückkopplungsrechnung leitet sich direkt aus dem beobachteten Verhalten des Systems ab, wobei es nicht darum geht, warum etwas geschieht, sondern was geschieht, das heißt welche Wirkungen hervorgerufen werden./36/ Weicht ein System vom Gleichgewichtszustand ab, so bleibt es stabil, wenn die Veränderungen in den Eingängen der Systemelemente von der Rückkopplung abgeschwächt werden, was auch als Kompensationseffekt der Rückkopplung bezeichnet wird./37/

Bildet man die Differenz zwischen der Rückkopplungsmatrix (M^7) und der Kopplungsmatrix erhält man eine Abweichungsmatrix, die die Feedbackwirkung zwischen den Subsystemen charakterisiert und aufzeigt, ob die Wirkung eines Subsystems auf ein anderes Subsystem durch die Rückkopplung hinsichtlich Richtung und Intensität verstärkt oder abgeschwächt wird (M^7-M > 0 bedeutet Verstärkung; M^7-M < 0 bedeutet Abschwächung).

- Trendwirkungsanalyse

Die Trendwirkungsanalyse gibt Aufschluß über die Intensität der sendenden und empfangenden Wirkungen von Trends. Hierzu werden zwei Faktoren, nämlich der Trendsendefaktor sowie der Trendempfangsfaktor untersucht. Der Trendsendefaktor liefert eine Aussage darüber, wie häufig ein Trend andere mitbeeinflußt, während der Trendempfangsfaktor aussagt, wie häufig sich ein Trend von anderen beeinflussen läßt.

Hierzu wird für jeden Trend (60 Zeilen) die absolute Zahl der sendenden Wirkungen (maximal 60) pro Subsystemzeile (12 Zeilen) ermittelt und anschließend normiert. Dasselbe geschieht für die empfangenden Wirkungen (maximal 12) pro Subsystemspalte (12 Spalten). Durch die Tatsache, daß jeweils die Wirkung von 5 Trends auf einen betrachtet wird und subjektiv die stärkste Wirkung ausgewählt wird, ist die Maximalzahl der empfangenden Wirkungen pro Subsystemspalte nur 12. Die Normierung geschieht durch Division der ermittelten Wirkungen mit der Gesamtzahl möglicher Trendbeeinflussungen pro Subsystem (maximal 60) und Addition der Zahl 1 zum Quotienten. Die Normierung muß auch pro Subsystemspalte durch Division mit der Zahl 60 (eigentlich nur 12 mögliche empfangende Wirkungen) erfolgen, da sonst die Empfangsstärke zu stark in die Berechnung einfließen würde. Ergeben sich beispielsweise für einen Trend 28 Sendewirkungen und 12 Empfangswirkungen, so läßt sich folgender Trendsendefaktor und Trendempfangsfaktor ermitteln:

Trendsendefaktor:	TSF	= 28/60 + 1 = 1,5
Trendempfangsfaktor:	TEF	= 10/60 + 1 = 1,2

Die Trendwirkungen liefern Aussagen über die Intensität eines Trends innerhalb des gesamten Untersuchungsobjektes. Die Rangreihung der Trendsendefaktoren dient hierbei als Input für die Trend-Wertaktivitäten-Matrix.

- Störgrößen-Monitoring

Die Analyse der Störgrößen soll aufzeigen, welche Einwirkungen einen Bruch von Trends bewirken beziehungsweise zu fundamentalen Strukturveränderungen führen können. Hierzu werden mögliche Gefahrenmomente, Krisensignale und Beeinflussungsfaktoren gesammelt und den Subsystemen zugeordnet. Da bestimmte Sytemzustände als nicht wünschenswert anzusehen sind, tragen Störgrößen neben den Schwankungen um einen Gleichgewichtszustand auch dazu bei, Transformationen zu beschleunigen. Mögliche Störgrößen sind oft frühzeitig erkennbar, ohne das die entsprechenden Abwehrmaßnahmen getroffen werden. Hierbei zeigt sich, daß nicht die Vielfalt des Systems die Schwierigkeit der Regelung erhöht, sondern die Vielfalt der Störungen, die berücksichtigt werden müssen./38/ Deshalb ist die Störgrößenanalyse von wesentlicher Bedeutung, insbesondere da Szenarien durch auftretende Störeinflüsse faktisch wertlos werden können. Die Einbeziehung von Störgrößeneinflußfaktoren ermöglicht die Empfindlichkeit von Trends gegenüber Störeinflüssen zu berücksichtigen. Da bei der Herstellung eines Kausalzusammenhanges zwei Trends beteiligt sind, müssen auch zwei Störgrößen auf das jeweilige Szenario einwirken.

Um den Umfang der Analyse im Rahmen zu halten, werden pro Subsystem lediglich 4 potentielle Störgrößen berücksichtigt. Wirkt eine Störgröße oder ist die Wahrscheinlichkeit ihres Eintretens sehr hoch, so wird ihr der Aktivstatus 1 zugeordnet, im gegenteiligen Fall wird vom Passivstatus 0 ausgegangen. Kausale Störeinflüsse finden im Rahmen der Systembetrachtung nur dann eine Berücksichtigung, wenn der Aktivstatus 1 anzutreffen ist.

Innerhalb der integralen Systembetrachtung können auch Störungen auftreten, die nichts mit dem zu untersuchenden System zu tun haben. Trotzdem können die Störwirkungen die Rangfolge eines Wirkungszusammenhanges innerhalb des Untersuchungsobjektes beeinflussen, da beispielsweise eine Störgröße der Systemumgebung auf einen Trend der Systemumgebung wirken kann, welcher wiederum Teil eines kausalen Wirkungszusammenhanges zwischen der Systemumwelt und dem System sein könnte.

- Störgrößen-Trend-Matrix

Innerhalb der Störgrößen-Trend-Matrix werden die 4 Störgrößen eines Subsystems in allen Zeithorizonten den Trends des Untersuchungsobjektes im paarweisen Vergleich gegenübergestellt. Wenn mehrere Störgrößenwirkungen gleichzeitig einen Trend beeinflussen können, wird diejenige beschrieben, die nach subjektiver Abschätzung die stärkste Störwirkung hervorruft. Hierbei können sowohl wirkungsreduzierende als auch wirkungsverstärkende Beeinflussungsfaktoren auftreten. Die Form der Matrixdarstellung ermöglicht hierbei eine möglichst vollständige Berücksichtigung sämtlicher potentieller Störeinflüsse.

- Störgrößenfaktoranalyse

Die Störgrößenfaktoren pro Subsystem werden durch die Division der absoluten Zahl der Störungen mit der Maximalzahl (60) der möglichen Störungen ermittelt. Die Addition der Zahl 1 zum Quotienten dient der Normierung. Wirkt eine Störgröße trendverstärkend (positives Vorzeichen) wird die Beeinflussungsstärke durch die errechnete Zeilengewichtung berücksichtigt. Hemmt diese einen Trend (negatives Vorzeichen) wird der Kehrwert der Zeilengewichtung als Beeinflussungsstärke herangezogen:

Störgrößenfaktor:	+	(Zeilengewichtung Subsystem)
	–	1/(Zeilengewichtung Subsystem)

Ergeben sich beispielsweise durch die Störgrößen eines Subsystems 18 ermittelte Störeinflüsse auf die Subsysteme des gesamten Untersuchungsobjekts, so läßt sich die Intensität der Störgröße eines Subsystems folgendermaßen ermitteln:

Störgrößenfaktor:	STF	= 18/60 + 1 = 1,3
	1/STF	= 0,8

- Szenariowirkungsfaktorsynthese

Auf Grundlage der vorhergehenden kausalen Interdependenzgewichtung, der Rückkopplungskorrekturfaktoren und der Störgrößeneinflußfaktoren ist es nun möglich mittels kybernetischer Simulation, die Bedeutungsrelevanz der Wirkungszusammenhänge in den Zeithorizonten T1, T2 und T3 zu ermitteln. Die Wirkungssynthese ist für die Umsetzung von Synergiestrategien sehr wichtig, da die Strategien der Marktteilnehmer dort am effizientesten werden, wo sie mit den dominanten Entwicklungen in der Systemumwelt in Einklang gebracht werden können. Hierzu wurde eigenständig ein Berechnungsverfahren entwickelt, daß formelmäßig nachfolgend beschrieben wird. Die Trend-, Rückkopplungs- und Störgrößenfaktoren gehen als normierte Größen in die Berechnung des Szenariowirkungsfaktors ein:

GRUNDFORMEL:

SWF(dt) = TSF(dt) · TEF(dt) · RKF(dt)

SWFS(dt) = TSF(dt) · TEF(dt) · RKF(dt) · STF1(dt) · STF2(dt)

SWFS(dt) = SWF(dt) · STF1(dt) · STF2(dt)

ZWISCHENERGEBNISSE:

TWF(dt) = TSF(dt) · TEF(dt)

STWF(dt) = STF1(dt) · STF2(dt)

ABWEICHUNG:

Delta (%) = (SWFS(dt)/SWF(dt)-1) · 100

BESCHREIBUNG:

SWF	=	Szenariowirkungsfaktor normiert
SWFS	=	Szenariowirkungsfaktor normiert unter Berücksichtigung von Störgrößen
TWF	=	Trendwirkungsfaktor
TSF	=	Trendsendefaktor normiert
TEF	=	Trendempfangsfaktor normiert
STWF	=	Störgrößenwirkungsfaktor
STF1	=	Störgrößenfaktor auf Sendetrend normiert
STF2	=	Störgrößenfaktor auf Empfangstrend normiert
RKF	=	Rückkopplungsfaktor normiert
dt	=	Zeitraum (xx - yy)

Wie oben bereits beschrieben wird aus der durch paarweisen Vergleich ermittelten Kopplungsmatrix die Rückkopplungsmatrix berrechnet, die die Ausgangsbasis des Berechnungsverfahrens bildet. Jeder Trend innerhalb eines Wirkungszusammenhanges zwischen den Subsystemen besitzt neben der Rückkopplungswirkung auch eine Sende- und Empfangsstärke innerhalb des Untersuchungsobjektes. Dieser Einfluß wird durch Multiplikation mit dem Trendsendefaktor und dem Trendempfangsfaktor berücksichtigt. Das Produkt der Multiplikation von TSF und TSE liefert den Trendwirkungsfaktor TWF. Er ist ein Maß für die Wirkungsstärke der Trends eines Kausalzusammenhanges.

Da jedoch auf die spezifischen Trends eines Wirkungszusammenhanges auch Störgrößen wirken, müssen diese Einflüsse ebenfalls berücksichtigt werden. Dies geschieht mittels des Störgrößenwirkungsfaktors (STWF), der die gegenseitige Störwirkung auf die Trends eines Kausalzusammenhanges beschreibt und sich durch Multiplikation des Störgrößenfaktors auf den Sendetrend (STF1) mit dem Störgrößenfaktor auf den Empfangstrend (STF2) berechnen läßt.

Die Berechnung von Szenariowirkungsfaktoren liefert kardinale Hierarchien (Punkteskala) für systeminterne und systemexterne Szenarien und Visionen. Die Auswertung der Intensitäten erfolgt jedoch nach ordinalen Skalierungskriterien, die Aussagen über die Rangpriorität der ermittelten Wirkungsfaktoren hinsichtlich des gesamten Untersuchungsobjektes zulassen. Eine Interpretation bezüglich der kardinalen Intensität eines Szenarios ist nicht möglich. Zwar könnte man folgern, daß Szenario 1 bei einem dreimal so starken Szenariowirkungsfaktor gegenüber einem Szenario 2 auch eine dreimal so hohe Intensität wie Szenario 2 besitzt, trotzdem könnte bei 100 möglichen Szenarien und einer großen Streubreite der Werte die Rangpriorität von Szenario 2 sehr hoch sein. Außerdem kann nicht gefolgert werden, daß die Summe zweier Szenarien mit der Intensität 1,5 dieselbe Bedeutungsrelevanz besitzt wie ein Szenario der Intensität 3. Dies zeigt, daß die errechneten Intensitäten nur der Ermittlung der Rangreihung (ordinales Skalenniveau) dienen können.

Vergleicht man die Szenariowirkungsfaktoren mit und ohne Berücksichtigung von Störeinflüssen innerhalb des Gesamtsystems, so lassen sich die Szenarien herausfiltern, die eine hohe Synergiewirkung (starke Rückkopplung und Trendstärke) und eine hohe Stabilität gegenüber Störeinflüssen besitzen. Die Berechnung der Abweichung (Delta) zwischen dem Szenariowirkungsfaktor mit und ohne Berücksichtigung von Störgrößen gibt an, welche Szenarien des Untersuchungsobjektes durch den Einfluß von Störgrößen, im Hinblick auf Richtung und Intensität, die größte Verstärkung oder Abschwächung erfahren. Die Auswertung der Delta-Faktoren sollte ebenfalls nach ordinalen Gesichtspunkten erfolgen.

Die gewählte Vorgehensweise soll hier am Beispiel von Trends aus den Bereichen Wirtschaft und Politik erläutert werden:

Trend P:	Internationale Abrüstungsbestrebungen
Trend W:	Integration des europäischen Binnenmarktes
Wirkung:	Europäische Integration unterstützt die internationale Abrüstung
Vorzeichen:	+

Zunächst ergibt sich durch Gegenüberstellung der Trends ein positiver oder negativer Wirkungszusammenhang. Durch die Zahl der gefunden Zusammenhänge wird die Kopplungsstruktur des Systems festgelegt, aus der sich die Rückkopplungsfaktoren zwischen den Subsystemen errechnen lassen. So könnte zwischen den Subsystemen Wirtschaft und Politik folgende Rückkopplungswirkung bestehen:

Rückkopplungsfaktor:	RKF - PW = 0,9

Durch die Häufigkeit der Trendbeeinflussung ergibt sich beispielsweise folgender Trendsende- und Trendempfangs-Faktor:

Trendsendefaktor:	TSF = 1,4
Trendempfangsfaktor:	TEF = 1,2
Trendwirkungsfaktor:	TWF = TSF · TEF = 1,7

Würden keine Störgrößen auf das System einwirken, ließe sich mit diesen Zahlen nun der Szenariowirkungsfaktor SWF berechnen. In gewählten Beispiel würde dies folgendes Ergebnis liefern:

Szenariowirkungsfaktor:	SWF = TSF · RKF · TEF = 1,5

Entscheidend für das Eintreten von Szenarien ist jedoch deren Stabilität gegenüber Störeinflüssen. Diese Störeinflüsse können sowohl auf den K1-Trend als auch auf den K2-Trend einwirken. Da hier ein Kausalzusammenhang zwischen Trends der Subsysteme Wirtschaft und Politik hergestellt wurde, werden ausschließlich die Störgrößen des Wirkungsgefüges Wirtschaft-Politik betrachtet:

Wirkungszusammenhang:	Trend W wirkt auf Trend P
Störgrößenwirkung:	Störgröße W wirkt auf Trend P
	Störgröße P wirkt auf Trend W

Hierbei ist wesentlich, daß durch die Kausalwirkung von W auf P auch die wirkenden Störgrößen festgelegt werden. Die Wirkung einer Störgröße des Subsystems W auf einen Trend des Subsystems W wird demnach bei der Wirkung eines Trends von W auf W und nicht bei der Wirkung eines Trends von W auf P untersucht. Im Beispiel bedeutet dies, daß untersucht wird, welche Störgröße aus dem Subsystem W auf einen Trend des Subsystems P wirkt und welche Störgröße des Subsystems P auf einen Trend des Subsystems W wirkt:

Störgröße P auf Trend W:	Krieg im Nahen Osten hemmt die Integration des europäischen Binnenmarktes STF1 = 0,8
Störgröße W auf Trend P:	Rezession forciert Einsparungen im Rüstungsbereich STF2 = 1,3

Bildet man nun den Szenariowirkungsfaktor unter Berücksichtigung potentieller Störeinflüsse, so ergibt sich folgendes Ergebnis:

Szenariowirkungsfaktor: $SWFS = STF1 \cdot SWF \cdot STF2 = 1{,}57$

Hieraus läßt sich dann Delta berechnen:

Delta: $Delta = (1{,}57/1{,}5-1) \cdot 100 = 5\ \%$

Im Beispiel gewinnt der Kausalzusammenhang durch die Berücksichtigung potentieller Störeinflüsse leicht an Bedeutung. Je nach Wirkung der Störgrößen können sowohl erhebliche Abschwächungs- als auch Verstärkungseffekte auftreten.

- Szenario- und Visionsverdichtung

Dieser Abschnitt legt durch eine datenbankorientierte Auswertung die Rangreihung der Szenarien in den vier definierten Matrixbereichen sowie im gesamten Untersuchungsobjekt fest. Anschließend werden die wichtigsten positiven und negativen Wirkungszusammenhänge (Synergien und Widersprüche) des Untersuchungsobjektes untersucht, da diese die Quelle der Bewegung und der sich selbst erzeugenden Entwicklung des Systems in den verschiedenen Zeithorizonten darstellen./39/ Darüberhinaus werden in die Wirkungen der Systemumgebung und der Verkehrsflugzeugbranche auf den Verkehrsflugzeugmarkt, die Produkte, die Angebotsseite, die Nachfrageseite und die Passagiere/Frachtkunden herausgearbeitet. Die gebündelte Darstellung von Szenarien und Visionen in Tabellenform liefert ein in sich konsistentes Bild einer möglichen Zukunftsentwicklung. Die Kenntnis und das Verständnis dieser Szenarien und Visionen ist eine Inputgröße für die systemkonforme Strategieimplementierung.

- Strategieimplementierung

Die Strategieentwicklung für einen Marktteilnehmer erfolgt mittels des Wertkettenmodells von Porter. In einer Wertkette werden alle strategisch relevanten Tätigkeiten des Unternehmens berücksichtigt, wobei zwischen primären und unterstützenden Tätigkeiten unterschieden wird. Die primären Aktivitäten befassen sich mit der physischen Herstellung des Produktes, dessen Vertrieb sowie dem Kundendienst, während die unterstützenden Aktivitäten die primären Aktivitäten aufrecht erhalten und für den Kauf von Inputs und Technologie, die Schaffung einer effizienten Unternehmensinfrastruktur sowie die Anwerbung qualifizierter Mitarbeiter sorgen./40/ Die Werkette liefert Aktivitäten, die eine hohe Synergiewirkung zu den Entwicklungen der Systemumgebung und der Branche besitzen, wobei im Rahmen der Studie eine zusätzliche Einteilung nach Frühwarnmaßnahmen, Maßnahmen und Richtungszielen erfolgen soll. Wertketten können für jede Zielträgergruppe des zu untersuchenden Systems implementiert werden. Abbildung 1.5 zeigt den grundlegenden Aufbau einer Wertkette:/41/

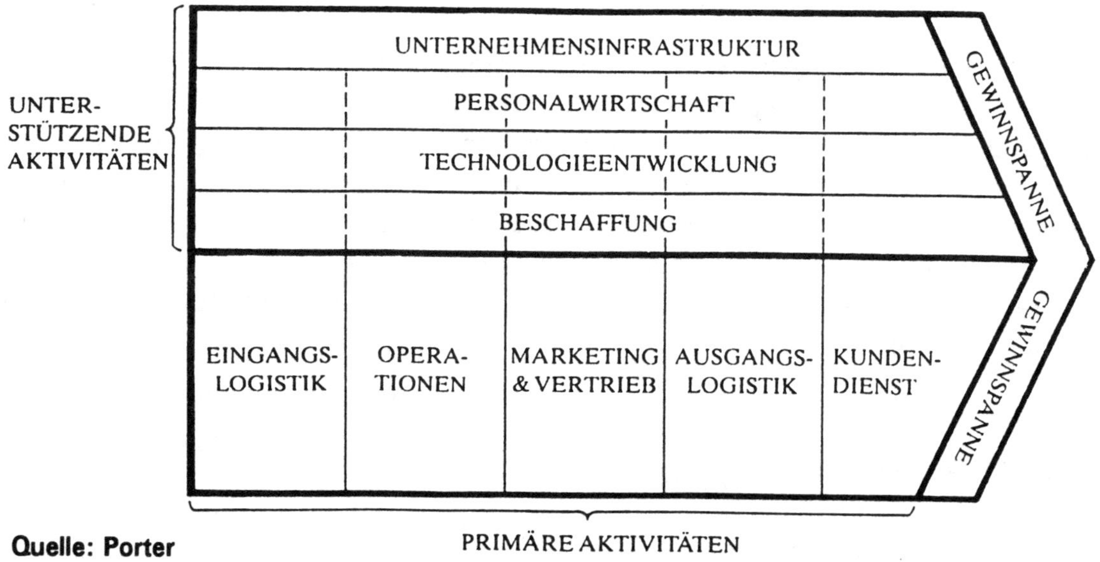

Quelle: Porter

Abb. 1.5: Das Modell einer Wertkette

Zunächst werden in einer Matrix die rangwichtigsten Trends (je 25 der Systemumgebung und je 15 des Systems) den Aktivitätsbereichen des Unternehmens gegenübergestellt. Dies geschieht unter Berücksichtigung der drei verschiedenen Zeithorizonte T1, T2 und T3. Danach wird die Trend-Wertaktivitäten-Matrix in die klassische Form der Porterschen Wertkette überführt, wobei hierin alle Zeithorizonte berücksichtigt sind. Zur besseren zeitlichen Abgrenzung werden die gefundenen Wertaktivitäten mit den jeweiligen Kürzeln T1, T2 oder T3 versehen. Abbildung 1.6 zeigt die einzelnen Analysebereiche der Trend-Wertaktivitätenmatrix:

TREND-WERT-AKTIVITÄTEN-MATRIX	UNTERSTÜTZENDE WERTAKTIVITÄTEN	PRIMÄRE WERTAKTIVITÄTEN
WIRKUNG SYSTEM-UMGEBUNG AUF SYSTEM (Rangfolge nach Bedeutung)	AUSRICHTUNG DER UNTERSTÜTZENDEN AKTIVITÄTEN GEMÄSS DEN EXTERNEN TRENDS	AUSRICHTUNG DER PRIMÄREN AKTIVITÄTEN GEMÄSS DEN EXTERNEN TRENDS
WECHSEL-WIRKUNG INNERHALB DES SYSTEMS (Rangfolge nach Bedeutung)	AUSRICHTUNG DER UNTERSTÜTZENDEN AKTIVITÄTEN GEMÄSS DEN INTERNEN TRENDS	AUSRICHTUNG DER PRIMÄREN AKTIVITÄTEN GEMÄSS DEN INTERNEN TRENDS

Abb. 1.6: Analysebereiche der Trend-Wertaktivitätenmatrix

Mit dieser integralen Vorgehensweise soll die Kreativität der Strategieimplementierung verbessert werden. Die Gegenüberstellung mit den dominanten Trends der Systemumwelt und des Systems stellt sicher, daß eine möglichst hohe Synergiewirkung zu den Veränderungen innerhalb des Untersuchungsobjektes erzielt wird. Da die Diffusionsstärke von Trends, die das Szenario determinieren, starken Änderungsraten unterliegen kann, sind die getroffenen Annahmen bezüglich ihrer zeitlichen Wirkung regelmäßig zu überprüfen und gegebenenfalls Anpassungen an veränderte Schlüsselfaktoren oder Störgrößen vorzunehmen.

1.2 Systemabgrenzungen

1.2.1 Räumliche Abgrenzungen

Aufgrund der vielfältigen Interaktionsbeziehungen von Systemen mit der Systemumgebung, müssen diese als offene komplexe System betrachtet werden, die ein Höchstmaß an Adaptivität und Flexibilität benötigen, um der Hauptaufgabe zur Sicherung der Lebensfähigkeit des Systems gerecht zu werden. Wenn im Kontext der Studie von Untersuchungsobjekt gesprochen wird, so ist im Rahmen einer integralen Betrachtungsweise sowohl das System der Verkehrsflugzeugbranche als auch die relevante Systemumwelt gemeint:

UNTERSUCHUNGSOBJEKT = SYSTEM + SYSTEMUMGEBUNG

Wesentlich für den Modellaufbau ist die Identifizierung, der für das Untersuchungsobjekt und für das zu betrachtende System relevanten Subsysteme. Abbildung 1.7 zeigt die räumliche Systemabgrenzung, die innerhalb der Studie gewählt wurde. Hierbei werden, aufgrund der rechentechnischen Beschränkung auf 12 Subsysteme, Prioritäten bei der Auswahl dieser gesetzt. So sind Subsysteme der Luftverkehrsbranche, wie Flughäfen und Luftverkehrsstrassen, im Rahmen der Störgrößen berücksichtigt. Auf die Subsysteme Flugsicherung und Reiseveranstalter wird nicht näher eingegangen. Von den Marktteilnehmern der Betriebsausrüstung der Flugzeuge werden nur die Triebwerkhersteller berücksichtigt, während auf die Anbieter von Ortungs- und Navigationsanlagen, von Nachrichten- und Antennenanlagen, der Bordelektrik, der Sauerstoff- und Bedruckungsanlagen oder der Klimaanlage ebenfalls verzichtet wird.

Die Beschränkung auf die wesentlichen Subsysteme ist notwendig, da eine Überfrachtung des Untersuchungsobjektes mit Subsystemen der Verkehrsflugzeugbranche dazu führen würde, den integralen Aspekt aus den Augen zu verlieren und somit den Blickwinkel für Veränderungen in der Systemumgebung einzuengen.

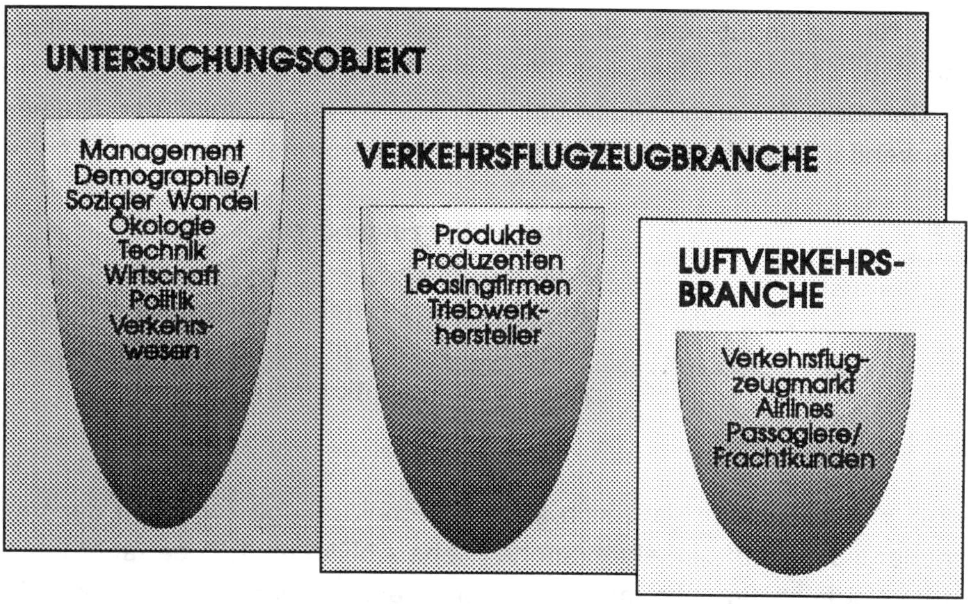

Abb. 1.7: Räumliche Systemabgrenzung

- Systemumgebung

Die im Rahmen der Studie betrachtete Umwelt ist die sogenannte relevante Systemumwelt. Außerhalb dieser relevanten Umwelt liegende Parameter liegen somit auch außerhalb des Untersuchungsobjektes. Das Verständnis für komplexe Zusammenhänge in der Systemumwelt kann nur aufgebaut werden, wenn mittels eines Sensorik-Systems ständig die Rahmenbedingungen des Systems sowohl in räumlicher als auch in zeitlicher Hinsicht beobachtet werden. Die Zukunft wird nicht nur durch Wissenschaft, Technologie und durch die Wirtschaft gestaltet, sondern vor allem auch durch politische, soziale und demographische Einflußgrößen sowie die Kommunikation, Kunst und Religion./42/ Hierbei wurde folgende Aufteilung für die Subsysteme der Systemumgebung getroffen:

S Y S T E M U M G E B U N G :	Management
	Demographie + Sozialer Wandel
	Ökologie
	Technologie
	Wirtschaft
	Politik
	Verkehrswesen

- System

Die Zivilluftfahrt läßt sich in zwei dominierende Subsysteme unterteilen, nämlich die Verkehrsflugzeugbranche und die Luftverkehrsbranche, wobei letztere eine zentrale Bedeutung für die Input- und Outputvorgänge der Verkehrsflugzeugbranche besitzt. Abbildung 1.8 gibt eine Übersicht über die Marktteilnehmer der Verkehrsflugzeugbranche. Der Begriff Verkehrsflugzeugbranche wird im Rahmen der Studie als Oberbegriff verwendet, dem folgende Subsysteme untergeordnet sind:

S Y S T E M :	Verkehrsflugzeugmarkt
	Produkte
	Angebotsseite (Triebwerkhersteller/Produzenten)
	Nachfrageseite (Airlines/Leasingfirmen)
	Passagiere/Frachtkunden

Der Verkehrsflugzeugmarkt, läßt sich als eine Schnittmenge zwischen der Verkehrsflugzeugbranche und der Luftverkehrsbranche (siehe Abbildung 1.7) betrachten und in einen Markt für Neuflugzeuge (Primärmarkt) und einen Markt für Gebrauchtflugzeuge (Sekundärmarkt) unterteilen. Der Verkauf von zivilen Verkehrsflugzeugen findet auf dem Primärmarkt von den Flugzeugherstellern zu den Airlines und Leasinggesellschaften statt, während auf dem Sekundärmarkt der An- und Verkauf zwischen Airlines, Leasingfirmen und Produzenten abgewickelt wird.

Im Rahmen der Studie wird vorwiegend auf den Primärmarkt eingegangen, zu dem Newhouse ausführt:/43/

"The business of making and selling jet airliners, whether profitably, or, as is more often the case, unprofitably, is oppressively difficult and, by anyone's standards, intensively competitive."

UNTERNEHMENSÜBERSICHT V E R K E H R S F L U G Z E U G M A R K T

Bemerkung: Die Übersicht erhebt keinen Anspruch auf Vollständigkeit, da nur die wichtigsten Marktteilnehmer spezifischer Regionen Berücksichtigung fanden

REGIONEN	WESTEUROPA	LAND	OSTEUROPA	LAND	NORDAMERIKA	LAND
LINIENFLUG-GESELLSCHAFTEN	AIR FRANCE	F	AEROFLOT	SU	AIR CANADA	C
	ALITALIA	I	INTERFLUG	DDR	AMERICAN AIRLINES	USA
	AUSTRIAN AIRLINES	Ö	JAT	JU	CANADIAN	C
	BRITISH AIRWAYS	GB	LOT	PO	CONTINENTAL AIRLINES	USA
	FINNAIR	FI	MALEV	HU	DELTA AIRLINES	USA
	IBERIA	E	TAROM	RU	MEXICANA	M
	ICELAND AIR	IS			PAN AMERICAN WORLD AIRW.	USA
	KLM	N			TRANS WORLD AIRLINES	USA
	LUFTHANSA	D			UNITED AIRLINES	USA
	SABENA	B			US AIR	USA
	SAS	S,N,DK				
	SWISSAIR	CH				
CHARTERGESELL-SCHAFTEN/LUFTFRACHT	AIR EUROPE	GB			EVERGREEN INTERNAT. A.	USA
	BALAIR	CH			FEDERAL EXPRESS	USA
	BRITANNIA AIRWAYS	GB			PACIFIC SOUTHWEST AIRL.	USA
	CONDOR-FLUGDIENST	D			PACIFIC WESTERN AIRLINES	USA
	DAN AIR	GB			TRANSAMERICA	USA
	LAUDA AIR	Ö			WARDAIR	C
	LTU	D			WORLD AIRWAYS	USA
	MONARCH AIRLINES	GB				
	NÜRNBERGER FLUGDIENST	D				
	SOBELAIR	B				
	TRANS EUROPEAN AIRWAYS	B				
	VIRGIN ATLANTIC AIRWAYS	GB				
LEASING-GESELLSCHAFTEN	GPA	IR			ILFC	USA
					GATX	USA
					PAL	USA
FLUGZEUGPRODUZENTEN/ LUFTFAHRTFIRMEN	AEROSPATIALE	F	ANTONOW (AVIAEXPORT)	SU	BOEING	USA
	AIRBUS INDUSTRIES	EU	ILJUSHIN (AVIAEXPORT)	SU	GENERAL DYNAMICS	USA
	BRITISH AEROSPACE	GB	ROMBAC	BU	LOCKHEED	USA
	DASA	NL	TUPOLEV (AVIAEXPORT)	SU	MCDONNELL DOUGLAS	USA
	FOKKER	D				
	DEUTSCHE AIRBUS					
	AERITALIA					
TRIEBWERKHERSTELLER	FIAT	I	IVCHENKO	SU	GENERAL ELECTRIC	USA
	IAE	KO	KUZNETSOV	SU	PRATT & WHITNEY	USA
	MTU	D	LOTAREW	SU		
	ROLLS ROYCE	GB	SOLOVIEW	SU		

LÄNDERKÜRZEL:

Belgien	B	Irland	IR	Polen	PO
Bulgarien	BU	Island	IS	Rumänien	RU
Dänemark	DK	Italien	I	Schweden	S
Deutschland	D	Kanada	C	Schweiz	CH
ehemals Deutschland Ost	DDR	Konsortium	KO	Sowjetunion	SU
Europa	EU	Mexiko	M	Spanien	E
Finnland	FI	Niederlande	NL	Ungarn	HU
Frankreich	F	Norwegen	N	Ver. Staaten von Amerika	USA
Großbritannien	GB	Österreich	Ö		

REGIONEN	FERNER OSTEN/PAZIFIK	LAND	NAHER OSTEN/AFRIKA	LAND	SÜDAMERIKA	LAND
LINIENFLUG-GESELLSCHAFTEN	AIR INDIA	IND	EGYPT AIR	Ä	AEROLINAS ARGENTINAS	A
	ALL NIPPON AIRWAYS	J	EL AL	ISR	LAN CHILE	CHI
	CAAC	VC	IRAN AIR	IRA	TRANSBRASIL	BRA
	CATHAY PACIFIC	HK	IRAQI AIRWAYS	IRK	VARIG	BRA
	INDIAN AIRLINES	IN	KUWAIT AIRWAYS	KU	VASP	BRA
	JAPAN AIRLINES	J	SAUDIA ARABIAN AIRLINES	SAR	VIASA	VEN
	KOREAN AIRLINES	KO	SYRIAN ARAB AIRLINES	SY		
	PAKISTAN INTERNAT. A.	PA				
	QUANTAS	AUS	AIR AFRIQUE	KO		
	SINGAPORE AIRLINES	SI	AIR ALGERIE	AL		
	THAI AIRWAYS INT.	TH	CAMEROON AIRLINES	KA		
			ETHOPIAN AIRLINES	ÄT		
			KENYA AIRWAYS	KE		
			NIGERIA AIRWAYS	NI		
			ROYAL AIR MAROC (RAM)	MA		
			SOUTH AFRICAN AIRWAYS	SA		
			ZAMBIA AIRWAYS	ZA		
FLUGZEUGPRODUZENTEN/ LUFTFAHRTFIRMEN	CAAC	VC				
	CATIC	VC				
	FUJI HEAVY INDUSTRIES	J				
	IPTN	IN				
	KAWASAKI HEAVY IND.	J				
	MITSUBISHI HEAVY IND.	J				
TRIEBWERKHERSTELLER	ISHIKAWAJIMA-HARIMA H. I	J				

LÄNDERKÜRZEL:

Australien	AUS	Iran	IRA	Pakistan	PA
Argentinien	A	Irak	IRK	Südafrika	SA
Ägypten	Ä	Israel	ISR	Saudi Arabien	SAR
Äthiopien	ÄT	Japan	J	Singapur	SI
Algerien	AL	Kamerun	KA	Syrien	SY
Brasilien	BRA	Kenia	KE	Thailand	TH
Chile	CHI	Südkorea	KO	Volksrepublik China	VC
Hongkong	HK	Kuwait	KU	Venezuela	VEN
Indonesien	IN	Marokko	MA	Zambia	ZA
Indien	IND	Nigeria	NI		

Abb. 1.8: Unternehmensübersicht Verkehrsflugzeugbranche

Als Transportgut können sowohl Passagiere als auch Fracht/Post oder eine Kombination beider auftreten. Hierbei werden zivile Strahlflugzeuge ab einer Größe von 50 Passagieren oder einem maximalen Abfluggewicht von mehr als 20 Tonnen berücksichtigt. Regional-Flugzeuge ('Commuter') unterliegen aufgrund der Marktstrukturen und den technischen Problemlösungen anderen Gesetzmäßigkeiten und Interdependenzwirkungen und sollen hier nicht näher betrachtet werden.

- Störgrößen

Die Störgrößen der jeweiligen Subsysteme gehören mit zum Untersuchungsobjekt. Sie lassen sich jeweils der Systemumwelt oder dem System zuordnen. So sind beispielsweise die Störgrößen der Technologie Bestandteil der Systemumgebung. Störgrößen, die innerhalb der Verkehrsflugzeugbranche wirken, haben zum größten Teil begrenzenden Charakter wie beispielsweise die Flughafenkapazität, oder Lärmrestriktionen. Nachfolgend werden die für die Systemumwelt und das System relevanten Schlüsselfaktoren und Störgrößen identifiziert und in Abbildung 1.9 dargestellt.

1.2.2 Zeitliche Abgrenzungen

- Zeithorizonte

Die Erarbeitung von Szenarien soll die Zeit von heute bis zum Jahr 2010 umfassen, wobei dieser Zeithorizont dann überschritten wird, wenn langfristige Zyklen beschrieben werden oder dieser zur Verbesserung des Systemverständnisses beiträgt. Im Rahmen der Arbeit werden drei Zeithorizonte eingehender untersucht, nämlich von 1990 - 1995 (T1), von 1995 - 2000 (T2) und von 2000 - 2010 (T3).

Von besonderer Bedeutung für ein Szenario sind die Zeithorizonte bezüglich der Produktentwicklung, der Lebenszyklusphasen, dem Aufbau von Marktpositionen und der Substitutionsprozesse, da diese die Reaktionszeit des Systems auf Veränderungen maßgeblich beeinflussen. Zum Problem des Zeitbedarfes führt Gälweiler aus:/44/

"Es gibt auf dieser Welt keine zeitlosen Vorgänge. Jeder Vorgang, jeder zu erreichende Zustand, jede Voraussetzung, alles hat zu seiner Realisierung einen spezifischen Zeitbedarf. Dieser läßt sich nicht beliebig verringern."

So dauerte es in der Vergangenheit nahezu 30 Jahre, bis das Schiff als Transportmittel im Transatlantikverkehr durch das Flugzeug substituiert wurde./45/ Tabelle 1.1 zeigt spezifische Zeitkonstanten der Verkehrsflugzeug-(VFB) und der Luftverkehrsbranche (LVB)/46/.

S C H L Ü S S E L F A K T O R E N		S T Ö R G R Ö S S E N
	MANAGEMENT - Organisationsstruktur - Corporate Culture - Ethik, Moral und Macht - Flexibilität - Kommunikation	MANAGEMENT - Moralverlust - Unehrlichkeit
	DEMOGRAHIE + SOZIALER WANDEL - Altersverteilung - Einwohnerzahl - Beschäftigtenstruktur - Bildungsniveau - Pro-Kopf-Einkommen	DEMOGRAHIE + SOZIALER WANDEL - Krankheiten/Hungers-katastrophen - Rassenkonflikte
	ÖKOLOGIE - Abbau der Ozonschicht - Waldsterben - Wasserverschmutzung - Luftverschmutzung - Treibhauseffekt	ÖKOLOGIE - Naturkatastrophen - Atmosphärenaufheizung
	TECHNOLOGIE - Basistechnologien - Werkstoffe - Fertigungstechnik - Informationstechnologie - Innovationszyklen	TECHNOLOGIE - Nuklearkatastrophen - Tanker-/Chemieunglücke,
	WIRTSCHAFT - Verschuldungsproblem - Kapitalströme - Wachstumszentren - Marktstrukturen - Rohstoffpreise	WIRTSCHAFT - Rezession/Aktiencrash - Deflation/Immobiliencrash
	POLITIK - Internat. Beziehungen - Handelshemmnisse - Abrüstung - Staatsverschuldung - Steuerpolitik	POLITIK - Politische Krisen-herde/Kriege - Revolutionen
	VERKEHRSWESEN - Geographische Faktoren - Energieversorgung - Infrastrukturen - Industriestandorte - Verkehrstechnologien	VERKEHRSWESEN - Energiekrise - Rohstoffkartelle
	VERKEHRSFLUGZEUGMARKT - Luftverkehrspolitik - Industriepolitik - Marktstrukturen - Luftverkehrswachstum - Regelnde Organisationen	VERKEHRSFLUGZEUGMARKT - Luftraum-/Flughafen-kapazität - Gewerkschaften
	PRODUKTE - Flugzeugproduktivität - Technologieausprägungen - Preisentwicklung - Produktlebensdauer - Kundenorientierung	PRODUKTE - Triebwerks-/Überschalllärm - Abgasemissionen
TRIEBWERKSHERSTELLER - Marktanteile - Produktivität - Werkstofftechnologie - Energieträger - Antriebstechnologie	FLUGZEUGPRODUZENTEN - Varietät - 'Commonality' - Größenvorteile - Produktsubstitution - Marktanteile	ANGEBOTSSEITE - Entwicklungs-/Stückkosten - Erfahrungskurve/Flugunfälle
LEASINGGESELLSCHAFTEN - Leasingmotivation - Marktanteile - Leasingkonditionen - Flugzeugbestellungen - Finanzierungskosten	AIRLINES - 'Hub and Spoke' - Verkehrsaufkommen - Streckenrechte - Fusionen/Kooperationen - Reservierungssysteme	NACHFRAGESEITE - Regulierung - Tarifstruktur
	PASSAGIERE - Mobilität - Zeitvorteile - Budget - Kunden-Service - Freizeitverhalten	PASSAGIERE - Geldbudget - Vermögensdisparitäten

Abb. 1.9: Schlüsselfaktoren und Störgrößen

Tab. 1.1: Spezifische Zeitkonstanten VFB und LVB

	Tätigkeit	Jahre
Verkehrsflugzeugbranche:		
	- Basistechnologiezyklus	ca. 55 - 80
	- Produktlebenszyklus	ca. 40 - 45
	- Flugzeuglebenszyklus	ca. 22 - 30
	- Aufbau von Marktanteilen	ca. 10 - 20
	- Serienlebensdauer	ca. 12 - 18
	- Triebwerksentwicklung	ca. 5 - 7
	- Flugzeugentwicklung	ca. 3 - 5
	- Lieferzeiten	ca. 2 - 4
Luftverkehrsbranche:		
	- Flughafenbau (incl. Planung)	ca. 15 - 20
	- Flugzeugwerftaufbau	ca. 3 - 5
	- Einlösen von Flugzeugoptionen	ca. 2 - 3
	- Pilotentraining	ca. 2 - 3
	- Streckenaufbau	ca. 0 - 1

Die Präzisierung von Zeithorizonten wird im Rahmen der Studie durch Analogieschlüsse angestrebt. Im Gegensatz zu sonst üblichen Zukunftsprognosen soll hier jedoch überwiegend auf quantitative Detailanalysen verzichtet werden. Es werden keine Punktprognosen bezüglich des Parameters Zeit oder bestimmter Systemgrößen angestrebt, vielmehr sollen die maßgeblichen Entwicklungstrends innerhalb konkreter Zeiträume beschrieben werden.

- Entwicklungsphasen

Die technologische Entwicklung ist eine tragende Kraft bei der Bewältigung des strukturellen Wandels der Verkehrsflugzeugbranche./47/ Im Zusammenhang mit dem Auftreten einer Basistechnologie sollen fünf Entwicklungsphasen unterschieden werden:

a) Einführungsphase
b) Wachstumsphase
c) Reifephase
d) Sättigungsphase
e) Degenerierungsphase

Eine Degenerierungsphase findet nicht immer statt, vielmehr kann die Technologie unter starken Marktanteilsverlusten in spezifischen Marktnischen auch bestehen bleiben, wie beispielsweise die Propellertechnologie verdeutlicht.

Durch die dynamischen Veränderungen der Systemumwelt und die Interaktion zwischen systeminternen und -externen Parameter prägen sich unterschiedliche Zielsetzungen der Marktteilnehmer heraus, die den Prozeß der Produktinnovation stimulieren. Hierbei bleiben die ursprünglichen Zielsetzungen meist auch weiterhin bestehen, obwohl durch den Wandel innerhalb des Systems und in der Systemumwelt ständig neue Zielprioritäten hinzukommen. Tabelle 1.2 zeigt eine Übersicht über die in den einzelnen Entwicklungsperioden herausgebrachten Flugzeugtypen. Bei den Oberzielen lassen sich folgende fünf Entwicklungsphasen für die Zielträger Flugzeugproduzenten und Luftverkehrsgesellschaften zeitlich charakterisieren:

- 1950 - 1960: Verbesserung des Einsatzwertes
- 1960 - 1970: Erhöhung der Transportleistung
- 1970 - 1985: Verbesserung der Wirtschaftlichkeit
- 1985 - 1995: Verringerung der Umweltbelastung
- 1995 - 2010: Erhöhung der Vernetzung und Flexibilität

- 1950 - 1960: Verbesserung des Einsatzwertes - Phase a)

Die fünfziger Jahre waren gekennzeichnet durch ein starkes wirtschaftliches Wachstum und den 'Kalten Krieg' zwischen Ost und West, wobei insbesondere der letzte Parameter durch die Vergabe von Militäraufträgen an die Flugzeugbauer den Weg ins Jet-Zeitalter stark forcierte. In der Einführungsphase der Strahlflugzeugtechnologie war die primäre Zielsetzung die Verbesserung des Einsatzwertes. Betrug die Reisegeschwindigkeit der Comet 1 1952 noch ca. 790 km/h so betrug diese 1959 bei der DC8 Srs 40 bereits 943 km/h. Im Vergleich zu damaligen Propellermaschinen, die mit ca. 400 - 500 km/h flogen, war dies fast eine Verdopplung der Fluggeschwindigkeiten. Die Geschwindigkeit von ca. 950 km/h wird bis heute kaum überschritten, da der Schallbereich hier eine natürliche Wirtschaftlichkeitsgrenze setzt.

Die Reichweite der DC8 aus dem Jahre 1959 mit 9.000 km setzte neue Maßstäbe. Im Vergleich zur Reichweite von ca. 5.600 km der B314 Yankee Clipper aus dem Jahre 1938 trat hier eine markante Reichweitenerhöhung ein. Der Zuwachs, den die B747-100 B im Jahr 1970 brachte, war weniger durch die Reichweitenerhöhung auf 10.655 km gekennzeichnet, als vielmehr durch die Erhöhung der Transportkapazität durch den Einsatz von Großraumflugzeugen. Mit der Reichweite der neuen B747-400 von fast 13.000 km kann heute nahezu jeder Punkt der Erde im 'Non-Stop'- Flug erreicht werden.

Bezüglich der Flugsicherheit hat die Zahl der Todesopfer pro 100 Millionen geflogener Passagiermeilen von 1.15 im Jahre 1950 auf 0.43 im Jahre 1958 abgenommen. Hierbei reduzierte sich die Zahl der Todesopfer in den nachfolgenden Jahren exponentiell, so daß diese sich beispielsweise im Jahr 1978 auf 0.006 belief.[/48/] Dieser Rückgang ist nicht nur auf die verbesserte Technik im Flugzeugbau zurückzuführen, sondern auch auf Fortschritte im Bereich der Flugsicherung.

Die Bequemlichkeit und der Komfort wurden durch die Einführung der Druckkabine bei Reiseflughöhen über 10.000 m (geringere Turbulenzen) nachhaltig gesteigert. Auch wurde die Zuverlässigkeit der Strahlflugzeuge unter Beweis gestellt, welche eine

Bem.: - Militärflugzeuge finden nur insoweit Beachtung wie deren Produktinnovationen maßgebliche Impulse für das Verkehrsflugzeuggeschäft gesetzt haben
- Geschwindigkeitsangaben beziehen sich auf die Reisegeschwindigkeiten

ENTWICKLUNGSPHASEN: VERKEHRSFLUGZEUGE
ZEITRAUM: 1910 bis 2005...
TECHNOLOGIE: UNTERSCHALLSTRAHLFLUGZEUG

ENTWICKLUNGSPHASE: INVENTION
ZEITRAUM: 1910 bis 1940

PRODUKT	ENTWICKLUNG	JAHR	BEMERKUNG
o Staustrahl-Triebwerk	Patentanmeldung von Lorin	1913	Realisierung erst 30 Jahre später
o Turbostrahl-Triebwerk	Patentanmeldung von Whittle	1930	
o Pulsostrahl-Triebwerk	Patentanmeldung von Schmidt	1930	sogenannte 'Schmidt-Röhre'

ENTWICKLUNGSPHASE: EINFÜHRUNG
ZEITRAUM: 1940 bis 1960
OBERZIEL: VERBESSERUNG DES EINSATZWERTES

PRODUKT	ENTWICKLUNG	JAHR	LAND	P/B	RW(km)	V(km/h)	BEMERKUNG
Campini N. 1	Caproni	1940	I	002	?	max. 375	1. Düsenflgz., daß über 500 km/h fliegt
Me 262A	Messerschmitt	1942	D	001	1050	max. 870	1. Düsenjäger der Welt
Me 163B Comet	Messerschmitt	1944	D	001	?	max. 960	Raketenantrieb (Flugzeit nur 10 Minuten)
Bell X-1A	Bell Aircraft	1946	USA	001	?	max. 2655	1. Überschallflugzeug (hatte Raketenantrieb)
Comet 1	De Havilland	1952	GB	036-044	2815	789	1. Düsenverk.flgz. der Welt (nach Unfällen C 4)
B707-120B	Boeing	1958	USA	181	5177	919	1. Jetflugzeug von Boeing
Caravelle 10B3	Sud Aviation	1959	F	089-110	2540	825	erfolgreichstes franz. Düsenverkehrsflugzeug
DC8 Srs 40	Douglas	1959	USA	179	9000	943	2. vierstrahliges US-Verkehrsflugzeug
North Am. X-15	North American Av.	1959	USA	001	?	max. 6606	berühmtestes Testflugz. (hatte Raketenantrieb)

ENTWICKLUNGSPHASE: WACHSTUM
ZEITRAUM: 1960 bis 1970
OBERZIEL: ERHÖHUNG DER TRANSPORTLEISTUNG

PRODUKT	ENTWICKLUNG	JAHR	LAND	P/B	RW(km)	V(km/h)	BEMERKUNG
Convair 990 Cor.	Gen. Dyn. (C. Div.)	1960	USA	121	6308	1006	von CV 880/990 nur 14 Stück gebaut
DC8 Super 61	Douglas	1963	USA	259	6035	933	DC-8 S61 kostete im Jahr 72 11,5 Mio $
B707-320 C	Boeing	1963	USA	215	6317	885	bis zum Jahr 87 wurden 827 B707 gebaut
BAC VC10	British Airc. Corp.	1964	GB	135	8110	885	insgesamt nur 54 VC 10 gebaut
Trident 1	Hawker Siddeley	1964	GB	103	3283	975	Kurz- und Mittelstrecken-Jet
DC-9 Sr 10	McDonnell Douglas	1965	USA	090	1601	903	starke Ähnlichkeit mit der franz. Caravelle
BAC 1-11 Sr 200	British Airc. Corp.	1965	GB	089	1410	875	erfolgreichstes engl. Düsenverkehrsflgz.
B727-200	Boeing	1967	USA	155-189	2970	964	B727-100 ab 64, zweiterfolgr. Nachkriegsflgz.
B737-200	Boeing	1967	USA	130	2868	903	Lufthansa war 'Launching-Customer'
Ilyushin Il-62	Staatsindustrie	1967	SU	186	6700	901	Il-62 'Classic' der engl. VC 10 nachgeahmt
Tupolev Tu-134A	Staatsindustrie	1967	SU	080	2400	750	Tu-134 A 'Crusty' der DC-9 nachgeahmt
F28 Fellowship	Fokker	1969	NL	065	2037	687	erfolgreicher niederländ. Kurzstreckenjet

ENTWICKLUNGSPHASE: WACHSTUM, REIFE
ZEITRAUM: 1970 bis 1985
OBERZIEL: VERBESSERUNG DER WIRTSCHAFTLICHKEIT

PRODUKT	ENTWICKLUNG	JAHR	LAND	P/B	RW(km)	V(km/h)	BEMERKUNG
B747 100B	Boeing	1970	USA	374-490	10655	940	erstes Großraumpassagierflugzeug der Welt
DC-10 Sr 10	McDonnell Douglas	1971	USA	270-345	5643	908	Sr 10 für Kurz- und Mittelstrecke konzipiert
Tupolev Tu-154	Staatsindustrie	1971	SU	158	2520	850	Tu-154 'Careless' der B727 nachempfunden
L-1011	Lockheed Tristar	1972	USA	246-330	5290	ca. 910	Rückkehr Lockheeds zum Verkehrsflugzeugmarkt
DC-10 Sr 30	McDonnell Douglas	1972	USA	255-270	7413	908	Sr 30 für Interkontinentalflüge konzipiert
Mercure	Dassault-Brequet	1974	F	150	1110	926	Flugz. war gegenüber B737 nicht konkurrenzfähig
A300B	Airbus Industrie	1974	EU	261	2500	920	Großraumverk.flgz. für Kurz- und Mittelstrecken
MD-81	McDonnell Douglas	1979	USA	155	2896	924	Derivat der DC-9, Erstmuster der MD-80 Familie
Ilyushin Il-86	Staatsindustrie	1980	SU	236-350	3600	950	größtes sowjet. Verkehrsflgz. ('Widebody')
MD-82	McDonnell Douglas	1981	USA	172	3445	924	erweiterte Reichweite gegenüber der MD-81
B767-200	Boeing	1981	USA	220-290	5910	909	Mittelstreckenflugzeug hoher Sitzplatzkapazität
Yakovlev Yak-42	Staatsindustrie	1981	SU	104-120	1740	810	Kurzstreckenjet mittlerer Kapazität
A310-300	Airbus Industrie	1983	EU	280	6950	897	Flugzeug für mittlere Sitzplatzkapazität
BAe 146	British Aerospace	1983	GB	096-109	2987	784	Ersteinsatz der BAe-146 bei DAN-Air
B747-300	Boeing	1983	USA	509-660	10500	939	Sitzplatzerhöhung auf über 600 Sitze
B757-200	Boeing	1983	USA	176-239	6150	930	Cockpit-Kommunalität mit der B767
A300-620	Airbus Industrie	1983	EU	375	4285	890	erweiterte Version der A-300 B4
B737-300	Boeing	1984	USA	149	2923	908	B737-Serie erfolgreichstes Nachkriegsflgz.

ENTWICKLUNGSPHASE: REIFE
ZEITRAUM: 1985 bis 1995
OBERZIEL: VERRINGERUNG DER UMWELTBELASTUNG

PRODUKT	ENTWICKLUNG	JAHR	LAND	P/B	RW(km)	V(km/h)	BEMERKUNG
MD-83	McDonnell Douglas	1985	USA	172	4387	924	höhere Reichweite gegenüber MD-81 und MD-82
Fokker 100	Fokker	1986	NL	107	2161	845	Nachfolgemodell der Fokker 28
MD-88	McDonnell Douglas	1987	USA	172	3445	924	ähnliche Daten wie MD-82, verbesserte Avionik
A320-200	Airbus Industrie	1988	EU	179	4300	903	innovativstes Flugzeug der 80er Jahre
B737-400	Boeing	1988	USA	168	3611	912	Reichweitenerhöhung gegenüber der B737-300
B747-400	Boeing	1989	USA	660	12780	939	Einführung des 2-Mann-Cockpit im 'Jumbo'
MD-11	McDonnell Douglas	1990	USA	405	11100	946	Langstreckennachfolgemodell der DC-10
Tupolev-204	Staatsindustrie	1990	SU	170-219	2400	850	sowjetisches Pendant zur B 757
A330-300	Airbus Industrie	1992	EU	375	6950	930	Mittelstr.flgz. mit hoher Passagierkapazität
A340-200	Airbus Industrie	1992	EU	262	11600	930	Langstreckenflgz. mittlerer Passagierkapazität
Ilyushin Il-96	Staatsindustrie	?	SU	300	9000	900	Derivat der Il-86

ENTWICKLUNGSPHASE: SÄTTIGUNG
ZEITRAUM: 1995 bis 2005...
OBERZIEL: ERHÖHUNG DER VERNETZUNG UND FLEXIBILITÄT

PRODUKT	ENTWICKLUNG	JAHR	LAND	P/B	RW(km)	V(km/h)	BEMERKUNG
B777	Boeing, Jap. Firmen?	1995	USA	300-350	10000	ca. 940	ev. neue Triebw.gen. (GE90 Potential bis 408 kN)
MD-11 STR	McDonnell Douglas	?	USA	?	?	?	gestreckte Version der MD-11
A350	Airbus Industrie	?	EU	?	?	?	Konkurrenz zur B747

Tab. 1.2: Entwicklungsphasen des Verkehrsflugzeugmarktes

wesentliche Voraussetzung für das Wachstum der nachfolgenden Jahre war. Diese Zielsetzung wird heute mit immer aufwendigeren logistischen Systemen optimiert, um ein Maximum an täglicher Flugstundennutzung zu erreichen. So wurde die tägliche Nutzungsdauer von Flugzeugen deutlich gesteigert, wie am Beispiel der B747 bei der Lufthansa deutlich zu erkennen ist:/49/50/51/

Typ	Jahr	Nutzungsdauer (h:min)
B 747-230B	1973	12:32
B 747-230B	1980	13:32
B 747-230B	1987	14:50

- 1960 - 1970: Erhöhung der Transportleistung - Phase b)

In den 60er Jahren galt das Hauptaugenmerk der Erhöhung der Transportleistung. Hierbei wurde die Transportkapazität deutlich gesteigert. Beispielsweise konnte die DC8 Super 61 aus dem Jahre 1963 bereits 259 Passagiere befördern. Diese Zielsetzung ist bis heute ein wesentlicher Faktor geblieben, da sie die Wirtschaftlichkeit des Verkehrsflugzeuges nachhaltig beeinflußt. Zudem konnte auch die Kapazität an Verkehrsflughäfen deutlich gesteigert werden, ohne daß sich die Zahl der Starts und Landungen erhöhte. Triebkraft der Kapazitätssteigerung in den 70er Jahren waren die inflationsbedingte Steigerung der Betriebskosten sowie die kontinuierlich wachsende Nachfrage nach mehr Lufttransportleistung. Konstruktive Verbesserungen, Fortschritte in der Werkstofftechnologie sowie reduzierte Treibstoffverbräuche werden auch in den 90er Jahren den Anteil der Nutzlast am maximalen Startgewicht weiter erhöhen.

Mit dem zunehmendem Wachstum des Verkehrsflugzeugmarktes nahm auch die Berechenbarkeit des Luftverkehrs zu. Hierbei sind vor allem die Faktoren Regelmäßigkeit und Pünktlichkeit hervorzuheben. Dieser Indikator hat sich allerdings durch Kapazitätsengpässe des Luftraumes und der Flughäfen in den 80er Jahren deutlich verschlechtert.

Bei der Instandhaltung und Wartung sind vor allem die von den großen Airlines aufgebauten Wartungs- und Instandhaltungssysteme hervorzuheben. Diese haben maßgeblichen Anteil daran, daß Flugzeuge heute auch in hohem Lebensalter noch zuverlässig und sicher eingesetzt werden können, wobei die direkten Betriebskosten (DOC) durch Nachrüstung mit neueren Triebwerken gesenkt werden können.

Des weiteren waren die 60er Jahre durch eine Erweiterung der Produktpalette der Flugzeugproduzenten geprägt. Im Jahre 1965 brachte die Douglas Aircraft Company die DC9 heraus (1967 wurde Douglas Aircraft von McDonnell Aircraft übernommen). Boeing antwortete mit der Erweiterung der Produktpalette durch die Maschinen des Typs B727 und B737 in den folgenden Jahren. Dieser Trend setzte sich in den darauffolgenden Jahren durch das Anbieten einer kompletten Flugzeugfamilie bis hin zum Großraumflugzeug verstärkt fort.

Im Bereich der Verkehrsinfrastruktur wurden nachhaltige Verbesserungen im Bereich der Navigationsmethoden, der Flugsicherung, der Flugmeteorologie sowie der Fluggastabfertigung an den Flughäfen erzielt.

- 1970 - 1985: Verbesserung der Wirtschaftlichkeit - Phase b) und c)

Die 70er Jahre waren geprägt durch Energiekrisen, Rezessionen, hohe Löhne und hohe Inflationsraten. Hierdurch traten die wirtschaftlichen Zielsetzungen zwangsweise in den Vordergrund. Mit der Einführung des Großraumflugzeuges Boeing 747-100 B aus dem Jahre 1970 konnten erstmals nahezu 500 Passagiere befördert werden. Bedeutende Neuentwicklungen in dieser Zeit waren die DC-10 Sr10, die Lockheed Tristar L-1011 sowie der Airbus A300B. Durch die hohen Entwicklungskosten für Flugzeugprogramme versuchten die Hersteller zu Beginn der 80er Jahre Produktderivate herauszubringen oder Familienkonzepte umzusetzen. Des weiteren wurden die Fertigungskosten durch zunehmende Rationalisierung und Automatisierung gesenkt. Produzenten wie Boeing und McDonnell Douglas hatten hierbei durch die hohen produzierten Stückzahlen Kostenvorteile gegenüber ihren Konkurrenten Lockheed und Airbus Industrie. Heute sind die Kosten DM/kg Flugzeug bei Airbus jedoch niedriger als bei der Konkurrenz./52/

Für die Fluggesellschaften wurde aufgrund der anziehenden Ölpreise die Senkung der direkten Betriebskosten zur vorrangigen Aufgabe. Von Herstellerseite sind als maßgebliche technische Verbesserungen zur Senkung des Treibstoffverbrauches vor allem die Verwendung sparsamerer Triebwerke, die Einführung superkritischer Profile, 'Winglets', Trimmtanks, leichterer Bauweisen und des 2-Mann-Cockpits hervorzuheben. Die Luftverkehrsgesellschaften selbst versuchten vor allem durch Erhöhung ihrer Auslastungsfaktoren und eine verstärkte Kostenkontrolle eine bessere Wirtschaftlichkeit zu erzielen.

Ein weiterer wesentlicher Faktor ist die Erhöhung der Erträge durch andere geschäftliche Aktivitäten. Hierbei haben die amerikanischen Hersteller die zyklischen Schwankungen des Flugzeugmarktes durch militärische Aufträge ausgeglichen. Des weiteren haben sowohl Hersteller als auch Produzenten durch Diversifikationen ihre Geschäftsrisiken gestreut. Nach den Ölkrisen wurde zusehends auch die Bewertung alternativer Energiequellen erörtert. Dies führte dazu, daß in Projektstudien zunehmend der Antriebsstoff Wasserstoff berücksichtigt wurde.

- 1985 - 1995: Verringerung der Umweltbelastung - Phase c)

Anfang der 80er Jahre waren die Absatzzahlen von Verkehrsflugzeugen rückläufig. Maßnahmen wie Deregulierung, Privatisierung, Zusammenschlüsse sowie stärkere Automatisierung leiteten eine neue Ära des intensiven Wettbewerbes ein. Die Flugzeugproduzenten sahen sich verstärktem Druck ausgesetzt, zu niedrigeren Produktionskosten leistungsfähigere und sparsamere Flugzeuge auf den Markt zu bringen. Unter dem Schlagwort der 'product commonality' werden neue Flugzeugtypen lanciert.

Obwohl bereits in den 60er und 70er Jahren durch Auflagen der FAA und der ICAO wesentliche Verbesserungen der Lärm- und Abgasemissionen erzielt wurden, ist der zivile Luftverkehr heute einer zunehmenden Kritik bezüglich dieser Parameter ausgesetzt. Auch wenn durch neue Triebwerke eine deutliche Lärmminderung erzielt werden konnte, so hat die Sensibilisierung der Bevölkerung deutlich zugenommen. Mit dazu beigetragen haben vor allem auch militärische Tiefflüge, deren Lärmbelästigungen die Toleranzgrenzen oft bei weitem übersteigen. Die Schadstoffemissionen werden durch den stark wachsenden Verkehrsflugzeugmarkt und somit steigendem Verkehrsaufkommen auch bei tendenziell geringeren spezifischen Treibstoffverbräuchen nicht abnehmen. Die Notwendigkeit für die nächsten Flugzeuggenerationen alternative Kraftstoffkonzepte zu entwickeln wird also weiter steigen.

Ein wesentlicher Faktor bei der Bewertung zukünftiger Technologien und deren Energieträger ist die Technologiefolgenabschätzung. In den 70er Jahren hat die Analyse der Auswirkungen des Überschallfluges dazu geführt, daß das amerikanische Projekt (Boeing 2707-300 SST) gestoppt wurde. In den 80er ist durch Katastrophen wie Tschernobyl die Notwendigkeit der Technologiefolgenabschätzung stark ins öffentliche Bewußtsein getreten.

- 1995 - 2010: Erhöhung der Vernetzung und Flexibilität - Phase d)

Ab dem Jahr 1995 bis zum Beginn der Sättigungsphase des Marktes für kerosinbetriebene Unterschallstrahlflugzeuge um das Jahr 2005 wird die Erhöhung der Vernetzungen und der Flexibilität zur primären Zielsetzung innerhalb der Branche werden. Hierzu zählen sowohl strategische Allianzen zwischen Produzenten (eventuell zwischen Boeing und japanischen Herstellern bei der B777) als auch zwischen Luftverkehrsgesellschaften (zum Beispiel SAS-Swissair-Finnair-AUA)

Die Optimierung von Zeitressourcen wird in einer auf Telekommunikation ausgerichteten Umwelt zu einer Schlüsselgröße avancieren. Hierzu werden die Hersteller neue Kommunikationssysteme in die Flugzeuge integrieren müssen, um den Anforderungen der zunehmenden weltweiten Vernetzung gerecht zu werden. Im Bereich der Flugzeugsysteme werden optimierte Systemregelkreise entwickelt werden, die die Flugleistungen weiter verbessern.

Des weiteren müssen die Luftverkehrsgesellschaften heute und zukünftig noch vermehrt Informationsdienstleistungen anbieten, um im internationalen Konkurrenzkampf bestehen zu können. Platzbuchungs- und Reservierungssysteme sind hier nur der Anfang der Entwicklung. Die Zunahme der Komplexität erfordert Informations- und Steuerungssysteme, die anfallende Datenmengen transparenter aufbereiten. Hierzu zählen vor allem leistungsfähige Managementinformationssysteme bei den Airlines oder computerintegrierte Produktionssteuerungen (CIM) bei den Produzenten.

2. STRUKTURANALYSE UNTERSUCHUNGSOBJEKT

2.1 Schlüsselfaktoren und Megatrends Systemumgebung

2.1.1 Management

Schlüsselfaktoren:
- Organisationsstruktur
- 'Corporate Culture'
- Ethik, Moral und Macht
- Flexibilität
- Kommunikation

Im Management geht es um Menschen, wobei die Hauptaufgabe darin besteht, Menschen gemäß ihrer effektiven Stärken zu gemeinsamer Leistung zu motivieren und ihre Schwächen unerheblich werden zu lassen./53/ Die Einführung neuer komplexer Technologien kann ohne Fortschritte im Managementwissen nicht stattfinden. Nur wenn die Managementfähigkeiten sich parallel zur Komplexitätszunahme entwickeln, können neue Problemlösungen erfolgreich eingeführt werden. Das Widerstreben gegen innovative Veränderungen ist eine Krisenerscheinung des heutigen Managements:/54/

"The people responsible for an existing business will therefore always be tempted to postpone action on anything new, entrepreneurial, or innovative until it is too late."

Es ist eine der wichtigen Gestaltungsaufgaben von Managern, die Lenkbarkeit von Systemen zu ermöglichen und zu verbessern./55/ Die weltweit zunehmenden Vernetzungen erfordern heute ein Management, das sich den Anforderungen an ganzheitlichem Systemdenken, vermehrter Kommunikation und gezieltem Informationsmanagement stellt. Dies gilt ganz besonders für multinational operierende Unternehmen, wie Peter Drucker folgendermaßen ausführt:/56/

"Top-management structure in the multinational, therefore, has to be built on the most complex and most difficult of all design principles: system's management ... This means that the multinational has complexity built into its very structure. It is muliticultural, it is multinational, it is multimarket, and also multi-management."

Neue Impulse für die Managementlehre gehen insbesondere von der Managementkybernetik Stafford Beer's aus, der die Probleme der Anpassungsfähigkeit, Flexibilität, Lernfähigkeit, Evolution, Selbstregulierung und Selbstorganisation in seinem Modell des lebensfähigen Systems in den Vordergrund stellt./57/

- Organisationsstruktur

Das Modell des lebensfähigen Systems kann als das grundlegende Paradigma jeglicher organisatorischen Gestaltung und für die Lokalisierung existierender Problemstellungen angesehen werden./58/ Die Verwendung dieses Modells erfordert allgemeine kybernetische Prinzipien, wie zum Beispiel das der intensiven Interaktion, der negativen Rückkopplung, der dichten Vernetzung, der Mehrfachnutzung, des Recycling und des biologischen Grunddesigns sowie spezifische Gestaltung- und Anwendungsprinzipien, wie der Subsystembildung, der Strukturvollständigkeit, der Rekursivität, der relativen Autonomie und der Viabilität./59/ Für die Regelung von Systemen ist für Beer folgendes essentiell/60/

"...the regulator has to be capable of generating a variety equivalent to the variety that has to be regulated - or the regulator will fail ... Only variety absorbs variety."

Dies erfordert den Aufbau von lokalen Netzen innerhalb der Unternehmen und somit den Übergang von hierarchischen zu heterarchischen Strukturen./61/ Des weiteren setzt die Umsetzung neuer Organisationsstrukturen voraus, daß das Management eine Vision von der Zukunft entwickelt. Firmen brauchen heute unternehmerische Visionen zur Sicherung ihrer Lebensfähigkeit, um die Organisationsstruktur der Dynamik der Systemumgebung anzupassen.

MEGATRENDS	ORGANISATIONSSTRUKTUR
T1	Abflachung der Managementstrukturen
T2	Top-Management führt visionär
T3	Aufbau hierarchieloser intelligenter Strukturen

- 'Corporate Culture'

Die Unternehmenskultur ist ein wesentliches Kriterium erfolgreich geführter Firmen. Die Unternehmenskultur wird durch menschliches Glauben, Denken und Handeln geschaffen, wobei es durch seine Wechselwirkung mit den Strukturen und Führungspraktiken wiederum das Verhalten der einzelnen Organisationsmitglieder prägt und steuert./62/ Das Schaffen von Symbolen, Ideologien, Idiomen, Überzeugungen, Gebräuchen und Mythen durch das Top-Management baut ein Zusammengehörigkeitsgefühl auf, gemeinsam an den richtigen Zielen zu arbeiten und erhöht die Transparenz für getroffene Entscheidungen./63/ Die Unternehmenskultur muß deshalb dafür sorgen, daß in Firmen ein aktives Kommunikationsklima geschaffen wird, wobei Erfahrungsaustausch mit anderen nicht als Mittel der Organisation zu verstehen ist sondern als deren Modus./64/ Hierdurch entsteht eine zeit-dynamische Unternehmenskultur, die ein Höchstmaß an Selbstorganisation aufweist./65/ Dies bedeutet allerdings eine Traditionsvernichtung im Unternehmen, weil der Anpassungsdruck alle wesentlichen Felder der Lebensorientierung erfaßt./66/

Der Anpassungsdruck auf die Firmen wird dazu führen, daß die Integration des Umweltschutzes und der Abrüstung in die Firmenkultur zu einem wesentlichen Erfolgsfaktor wird. Nur umweltbewußte Unternehmen werden langfristig überleben können, denn ohne eine umweltbewußte Wirtschaftsstruktur wird kein menschenwürdiges Überleben sicherzustellen sein. Hierbei wird zunehmend die soziale Funktion von Unternehmen innerhalb von komplexen sozioökonomischen Systemen an Bedeutung gewinnen./67/ Je mehr die Globalisierung der Weltwirtschaft voranschreitet, desto wichtiger wird gerade die Komponente der sozialen Verantwortung.

MEGATRENDS	'CORPORATE CULTURE'
T1	Aufbau von neuen Werthaltungen
T2	Ökologieorientierte Unternehmenskulturen
T3	Sozial orientierte Unternehmenskulturen

- Ethik, Moral und Macht

Ethische und moralische Gesichtspunkte sind sicherlich für das Systeminnere genauso wichtig wie für die Systemumwelt, dennoch haben diese auf einer höheren Metaebene immer eine Vorbildfunktion für tieferliegende Ebenen.

Für die Bewältigung der Zukunft ist eine neue Ethik erforderlich, in der die handelnden Menschen sich ihrer globalen Verantwortung bewußt sind, da der Umbruch am Ende dieses Jahrhunderts eine Gratwanderung zwischen Sein und Nichtsein der Menschheit darstellt./68/ Vor allem im Hinblick auf die Umweltzerstörung muß ein Umdenkungsprozeß im Management stattfinden, um die heutigen Probleme lösen zu können. Da sich unsere Gesellschaft angewöhnt hat, alles das 'sozial' zu nennen, was der Staat für den einzelnen tut, sind hier neue Wertvorstellungen notwendig, die insbesondere die Verantwortung in den Mittelpunkt stellen und 'sozial' eher als das verstanden wird, was der einzelne für die Gesellschaft tut./69/

Carl F. von Weizsäcker sieht die potentielle Krise der Neuzeit in der Krise der politischen Moral./70/ Aufgabe der Moral ist normalerweise zu bewahren und nicht zu verändern, was ihr einen normativen Charakter gibt, wobei der Moralkodex durch die Unerklärtheit der Moral von Land zu Land und von Person zu Person verschieden ist./71/ Das Szenario des Moralverlustes in unserer Gesellschaft stellt wohl einen der bedeutendsten Einflußfaktoren dar, da dies uns alle angeht.

Macht ist eine Regelgröße die höchste Verantwortung, eine Rechenschaftspflicht und moralische Prinzipien erfordert./72/ Dieses Bewußtsein für die Verantwortung der Macht ist für den Erhalt der Lebensfähigkeit von Systemen elementar. Die Tragik der Macht liegt stets darin, daß sie an ihrer eigenen Unwahrheit scheitert./73/ Dies hat der Recruit Cosmos - Finanzskandal in Japan 1988 deutlich offenbart, als Politiker ihre Macht in unverantwortbarer Weise mißbraucht haben.

MEGATRENDS	ETHIK, MORAL UND MACHT
T1	Zerstörung alter Denkstrukturen
T2	Zunahme der ökologiebewußten Manager
T3	Global verantwortliches Management

- Flexibilität

Flexibilität ist in einer Zeit sich verkürzender Produktlebenszyklen, zunehmender Diskontinuitäten und neu aufkommender Trends zu einem überlebenswichtigen Schlüsselfaktor avanciert. Flexibilität ermöglicht die Optimierung der Adaptionsfähigkeit auf veränderte Systemzustände und macht die Unternehmung unverwundbarer gegenüber auftretenden Störgrößen, wozu Drucker folgendes schreibt:/74/

"We need to encourage habits of flexibility, of continuous learning, and of acceptance of change as normal and as opportunity - for institutions as well as for individuals."

Die Zunahme der Anpassungsfähigkeit bedeutet, daß heute mehr denn je Alternativen betrachtet und ständig "Was wäre wenn-Fragen" gestellt werden müssen./75/ Auch die niedersten Organismen stellen dauernd Fragen an die Welt und versuchend dauernd, Probleme zu lösen, denn dort wo keine Fragen gestellt werden, können die Antworten nicht verstanden werden./76/ Jedes System bleibt nur dann lebensfähig, wenn es nach Gleichgewicht und Harmonie mit seiner Systemumwelt strebt. Flexibles Denken und Handeln, mit dem Ziel nach neuen Gleichgewichten zu suchen, ist ein wesentliches Element der konfuzianischen Lehre:/77/

"Das Gleichgewicht ist die große Wurzel der Welt und die Harmonie ist das die Welt durchdringende Prinzip. Herrschen Gleichgewicht und Harmonie, nehmen Himmel und Erde ihre richtige Stellung ein, gedeihen alle Dinge."

MEGATRENDS	FLEXIBILITÄT
T1	Zunahme der Anpassungsbereitschaft
T2	Zunahme der Flexibilität
T3	Fließendes integrales Management

- Kommunikation

Ebenso wie der menschliche Körper nur durch ein höchstentwickeltes Kommunikationsmanagement gesteuert werden kann, ebenso werden auch Firmen nur durch ein Höchstmaß an kommunikativen Regelkreisen innerhalb des Systems und mit der Systemumwelt lebensfähig bleiben. Deshalb brauchen Unternehmen eine Kommunikationsstrategie, die hilft Unsicherheiten zu reduzieren und die Glaubwürdigkeit zu sichern./78/

Unsere heutige Zeit ist geprägt durch sich immer schneller vollziehende Innovationen, die mit einer Informationssexplosion einhergehen. Die Zunahme der Vernetzungen führt zu einem Anstieg der internationalen Abhängigkeiten. Deshalb müssen multinationale Unternehmen ständig mit ihrer Systemumwelt kommunizieren, um ihre Strategien implementieren zu können.

Wie so oft, kann hierbei das japanische Management als Vorbild dienen. Das durch die Vergänglichkeit alles Irdischen im Buddhismus begründete Verhalten der Japaner, ständig nach Innovationen zu suchen, ist von der Bereitschaft geprägt, Probleme sehr ausführlich zu diskutieren und zu analysieren, das heißt auf allen Ebenen intensiv zu kommunizieren. Hierbei gilt der Grundsatz, daß nur derjenige Zeit gewinnen kann, der Zeit investiert./79/ Weltweite Kommunikationsvernetzungen, die die Trägermedien von Informationen darstellen, werden für die Erlangung von Wettbewerbsvorteilen zukünftig immer wichtiger. So wird es zukünftig durch drahtlose Kommunikation einfacher sein, komplexe Netzwerke in Unternehmen zu installieren./80/ Das eigentlich Neue für die Unternehmen wird hierbei sein, daß die Kommunikation nicht der Organisation folgt, sondern die Organisation der Kommunikation./81/

Die Kommunikation ist jedoch nicht deshalb schwierig, weil ihre hardwaremäßigen Voraussetzungen nicht geschaffen werden könnten, sondern weil diese zwischen Menschen stattfindet. Diese kommunizieren nicht einfach weil es jetzt nötig ist, sondern Sie tun dies, wenn Sie eine gemeinsame Sprache sprechen oder dieselben Wertvorstellungen haben. Durch die globale Vernetzung und automatisierte Kommunikation kann sich auch zu Beginn des Jahres 2000 das Bedürfnis nach einer universellen Sprache herauskristallisieren, die eine Brücke zwischen dem asiatischen und dem europäischen Sprachraum herstellen könnte./82/

MEGATRENDS	KOMMUNIKATION
T1	Zunahme der kommunikativen Vernetzungen
T2	Stetige Zunahme des Vernetzungsgrades
T3	Kommunikation schafft Zeitvorteile

2.1.2 Demographie und sozialer Wandel

Schlüsselfaktoren:
- Altersverteilung
- Einwohnerzahl
- Beschäftigtenstruktur
- Bildungsniveau
- Einkommen

- Altersverteilung

Die Veränderung soziologischer Faktoren, wie der Altersverteilung, ist für die zukünftige Marktpositionierung von essentieller Bedeutung, da bestimmte Altersgruppen wesentlichen Einfluß auf gesellschaftliche Veränderungsprozesse ausüben:/83/

"Particular important in age distribution - and with the highest predictive value - are changes in the centre of population gravity, that is, in the age group which an any given time constitutes both the largest and the fastest-growing age cohort in the population ... When a change in perception takes place, the facts do not change. Their meaning does. The meaning changes from 'The glass is half full' to 'The glass is half empty'."

Der 'Baby-Boom' der 60er Jahre wurde jedoch von einer 'Baby-Krise' abgelöst. Da niedrige Geburtenraten jedoch die Überalterung der Industriestaaten forcieren, wird es für Firmen zukünftig schwieriger werden, eine ausreichende Zahl hochqualifizierter Arbeitskräfte zu bekommen. Diese Lücke wird auch nicht durch eine Einwanderungswelle aus Osteuropa zu füllen sein. In den nächsten beiden Jahrzehnten wird deshalb ein verstärkter Wettbewerb um die besten Arbeitskräfte stattfinden./84/

Die Entwicklungen der 90er Jahre werden vor allem durch die Werthaltungen der 'Babyboomer'-Generation bestimmt sein. Menschen dieser Generation werden, wenn sie in Führungspositionen gelangt sind, den sozioökonomischen Umbruch der Industriegesellschaften forcieren. Die Werthaltungen werden vor allem im ökologischen Bereich neue Verhaltensweisen entstehen lassen.

MEGATRENDS	ALTERSVERTEILUNG
T1	Überalterung der Industriestaaten
T2	'Babyboomer' in Verantwortungspositionen
T3	'Babyboomer' im Top-Management

- Einwohnerzahl

Die bedeutendste Veränderung in der Welt findet durch die Veränderung der Bevölkerungszahl statt. Nach Frank Notenstein sind drei Stufen der Bevölkerungsentwicklung zu beobachten (siehe Tabelle 2.1):/85/

Tab. 2.1: Stufen der Bevölkerungsentwicklung

Merkmal/Stufe	Stufe 1	Stufe 2	Stufe 3
Geburtenrate	hoch	hoch	niedrig
Sterberate	hoch	fällt	niedrig
Bevölkerungswachstum	langsam	hoch	minimal
Status	Ärmste Länder	Entwicklungsländer	Industrie-/ Schwellenländer

- Entwicklungsländer

Das Problem der heutigen Zeit besteht darin, daß die Entwicklungsländer in der zweiten Stufe verharren und somit unfähig sind, die sozialen Voraussetzungen für eine Verringerung der Geburtenrate zu erreichen. Die demographische Falle bewirkt eine wirtschaftliche Aufsplittung der Welt mit der Gefahr für viele Länder der Stufe 2 durch die zunehmende Nord-Süd-Polarisierung wieder in die Stufe 1 zurückzufallen. Nicht umsonst wird heute von der weltwirtschaftlichen Triade zwischen Nordamerika, Europa und dem Pazifikraum gesprochen. Die Länder Lateinamerikas, Afrikas sowie Indien und China sind wegen ihres niedrigen Bruttosozialprodukts/Einwohner noch weit davon entfernt, mit den modernen Industriestaaten Schritt zu halten.

Betrachtet man die Bevölkerungsentwicklung in Asien, so werden in 20 Jahren dort etwa 4 Mrd. Menschen leben. Die Versorgung der Einwohner in China (etwa 1,4 Mrd. Menschen) und Indien (etwa 1,2 Mrd. Menschen) mit Nahrung und Energie wird deshalb die größte Aufgabe des nächsten Jahrhunderts werden. Wenn es nicht gelingt einen effizienteren Ressourceneinsatz zu erreichen, kann das ökologische Gleichgewicht außer Kontrolle geraten./86/ Dies hätte zur Folge, daß die Bevölkerungsentwicklung zur Triebfeder von Bürgerkriegen, Hungerskatastrophen, seuchenartigen Krankheiten und Völkerwanderungen wird. Heute leben etwa 78 % der Weltbevölkerung in Entwicklungsländern und dieser Prozentsatz wird sich bis zum Jahr 2000 auf etwa 85 % erhöhen./87/ Die Bevölkerungsballung in Großstädten von Entwicklungsländern wie Mexiko, Sao Paulo oder Kairo forciert ein soziales Elend unvorstellbarer Größenordnung, in der Gewalt, Morde, Müllprobleme und Trinkwassermangel den täglichen Überlebenskampf bestimmen./88/

- Industrienationen

Betrachtet man die Bevölkerungsentwicklung von Europa, Nordamerika und den Pazifikraum bis zum Jahre 2010 (siehe Tabelle 2.2/89/), so ergeben sich für diese Wirtschaftsräume folgende erreichbare Marktgrößen:

Triade	Marktgröße
Nordamerika	450 Mio. Menschen
Europa	600 Mio. Menschen (ohne Sowjetunion)
Pazifik	390 Mio. Menschen (ohne China)

Berücksichtigt man für Europa noch den europäischen Teil der Sowjetunion, so entsteht ein gigantisches Marktpotential von nahezu 800 Mio. Menschen. Deutschland, Japan und die USA sind die zentralen Staaten der entstehenden Wirtschaftsräume und werden die Hauptprofiteure dieser gigantischen Märkte sein. Deshalb haben sie auch die dringende Verpflichtung, Ressourcen in die ärmsten Staaten der Welt umzuleiten und Patenschaften für diese Staaten zu übernehmen, um das globale Gleichgewicht nicht außer Kontrolle geraten zu lassen.

MEGATRENDS EINWOHNERZAHL	
T1	Starkes Bevölkerungswachstum in Entwicklungsländern
T2	Zunahme der Überbevölkerung in Entwicklungsländern
T3	Weitere Zunahme der Überbevölkerung in Entw.ländern

Tab. 2.2 Bevölkerungsentwicklung in Europa, Nordamerika und dem Pazifikraum

P O T E N T I E L L E   B I N N E N M A R K T G R Ö S S E N

				Partner im Binnenmarkt
EG-BINNENMARKT ab 1993	1993	ca.	320 Mio.	PARTNER IM BINNENMARKT
	2000	ca.	390 Mio.	
	2010	ca.	600 Mio.	
SOWJET-MARKT ab 2005	2005	ca.	325 Mio.	
	2010	ca.	340 Mio.	

BEVÖLKERUNG	1990	2000	2010	W-Faktor	1990	2000	2010	BSP/EINW. in DM 1988	BSP/E. normiert
BELGIEN	9,9	10,0	10,1	1,0008	9,9	10	10,1	27032	0,63
BUNDESREPUBLIK	61	61	60,9	0,9998	61	61	60,9	33796	0,79
BULGARIEN	9	9	9,1	1,0006			9,1	12975	0,30
DÄNEMARK	5,2	5,2	5,2	1,0006		5,2	5,2	23443	0,55
DDR	16,6	16,5	16,4	0,9994		16,5	16,4	21401	0,50
FINNLAND	5	5,1	5,2	1,0028		5,1	5,2	23332	0,54
FRANKREICH	56,2	58,2	60,3	1,0035	56,2	58,2	60,3	20471	0,48
GRIECHENLAND	10	10,3	10,6	1,0026	10	10,3	10,6	7136	0,17
GROSSBRITANNIEN	57,2	58	58,9	1,0016	57,2	58	58,9	19212	0,45
IRLAND	3,5	3,5	3,5	0,9989		3,5	3,5	9728	0,23
ISLAND	0,25	0,27	0,3	1,0080		0,27	0,3	33120	0,77
ITALIEN	57,8	58,7	59,8	1,0018	57,8	58,7	59,8	24796	0,58
JUGOSLAWIEN	23,9	25,4	27,0	1,0061			27	12076	0,28
LUXEMBURG	0,36	0,36	0,4	1,0003	0,36	0,36	0,4	24039	0,56
NIEDERLANDE	14,9	15,6	16,4	1,0050	14,9	15,6	16,4	27158	0,63
NORWEGEN	4,2	4,3	4,4	1,0028		4,3	4,4	30030	0,70
ÖSTERREICH	7,6	7,7	7,8	1,0011	7,6	7,7	7,8	17044	0,40
POLEN	38,4	40,6	42,9	1,0056			42,9	13219	0,31
PORTUGAL	10,5	11,3	12,1	1,0068	10,5	11,3	12,1	6332	0,15
RUMÄNIEN	23,2	24,4	25,6	1,0049			25,6	5876	0,14
SCHWEDEN	8,4	8,5	8,6	1,0010		8,6	8,6	24745	0,58
SCHWEIZ	6,6	6,6	6,8	1,0028		6,8	6,8	36644	0,85
SPANIEN	39,6	41,8	44,1	1,0053	39,6	41,8	44,1	13905	0,32
CSFR	15,7	16	16,4	1,0024			16,4	17232	0,40
TÜRKEI	56,5	70,1	79,4	1,0125			79,4	2026	0,05
UNGARN	10,5	10,3	10,1	0,9980		10,3	10,1	14789	0,34
EUROPA OHNE SOWJETUNION	552	579	602	1,0040	325	394	602		
SOWJETUNION (europ. Teil)	150	162,4	175,9	1,0080			175,9		
EU + UDSSR (europ. Teil)	702	741	778	1,0050	325	394	778		
GESAMTE SOWJETUNION	291	315,2	341,3	1,0080		315,2	341,3	15896	0,37

				Partner im Binnenmarkt
PAZIFISCHER BINNENMARKT	1990	ca.	125 Mio.	PARTNER IM BINNENMARKT
	2000	ca.	250 Mio.	
	2010	ca.	390 Mio.	
INDIEN ab 2010	2010	ca.	1200 Mio.	

BEVÖLKERUNG	1990	2000	2010	W-Faktor	1990	2000	2010	BSP/EINW. in DM 1988	BSP/E. normiert
JAPAN	123,8	129,6	133,5	1,0030	123,8	129,6	133,5	42981	1,00
AUSTRALIEN	16,6	18,7	23,9	1,0250		18,7	23,9	22599	0,53
BIRMA	41,3	50,6	58,7	1,0150				366	0,01
BRUNEI	0,38	0,86	2,0	1,0862		0,86	2	21243	0,49
FIDSCHI-INSELN	0,77	0,95	1,2	1,0211		0,95	1,2	3185	0,07
HONGKONG	5,7	6,4	7,1	1,0105		6,4	7,1	13554	0,32
INDONESIEN	191,3	232,9	267,6	1,0140				883	0,02
KAMBODSCHA	6,7	8,7	10,1	1,0150				291	0,01
LAOS	4	5	5,8	1,0150				328	0,01
MALAYSIA	16,4	17,1	19,8	1,0150		17,1	19,8	3558	0,08
NEUSEELAND	3,4	3,7	4,0	1,0088		3,7	4	13808	0,32
NORDKOREA	23,1	29,3	34,7	1,0170			34,7	1671	0,04
PHILLIPINEN	66,6	86,7	102,6	1,0170				959	0,02
SINGAPUR	2,7	3	3,6	1,0090		3	3,6	15348	0,36
SÜDKOREA	43,9	50,1	54,8	1,0100		50,1	54,8	6055	0,14
TAIWAN	20,5	22,9	25,3	1,0114		22,9	25,3	7726	0,18
THAILAND	56,5	66,8	76,0	1,0130			76	1536	0,04
VIETNAM	68,5	87,5	103,6	1,0170				360	0,01
PAZIFISCHER RAUM	692	821	934	1,0138	124	253	386		
INDIEN	850	1037	1203	1,0150				522	0,01
GESAMT TIGERSTAATEN	1542	1858	2138	1,0151					

				Partner im Binnenmarkt
NORDAMERIKANISCHER BINNENMARKT	1990	ca.	250 Mio.	PARTNER IM BINNENMARKT
	2000	ca.	300 Mio.	
	2010	ca.	450 Mio.	

BEVÖLKERUNG	1990	2000	2010	W-Faktor	1990	2000	2010	BSP/EINW. in DM 1988	BSP/E. normiert
VEREINIGTE STAATEN	250,4	273,6	298,9	1,0089	250,4	273,6	298,9	34491	0,80
KANADA	26,5	28,9	31,5	1,0085		28,9	31,5	26547	0,62
MEXIKO	86,5	105,8	117,9	1,0109			117,9	3422	0,08
COSTA RICA	3	3,9	4,8	1,0200				2504	0,06
DOMINIK. REPUBLIK	7,5	9,6	11,7	1,0200				1256	0,03
EL SALVADOR	5,6	7,2	8,8	1,0200				1349	0,03
GUATEMALA	9,2	11,6	13,9	1,0180				1616	0,04
HAITI	6,5	7,7	8,9	1,0150				590	0,01
HONDURAS	5,3	7,2	9,2	1,0250				1227	0,03
JAMAIKA	2,5	2,8	3,1	1,0109				1451	0,03
KUBA	10,5	11,6	12,7	1,0093				3223	0,07
NICARAGUA	3,6	4,7	6,0	1,0250				1372	0,03
PANAMA	2,4	3	3,5	1,0150			3,5	4210	0,10
TRINIDAD	1,3	1,7	2,0	1,0150			2,0	9442	0,22
NORDAMERIKA	421	479	533	1,0112	250	303	454		

- Beschäftigtenstruktur

Die modernen Industriestaaten sind vom Übergang des Industriezeitalters in ein Dienstleistungszeitalter geprägt, wobei sich jedoch bereits neue Strukturen herausbilden. Alle hochentwickelten Industriestaaten werden sich zu postindustriellen Informationsgesellschaften entwickeln. Dieser Trend wird vor allem durch die 'Babyboomer' geprägt, die die 'Trendsetter' für eine kommunikative Kultur darstellen./90/ Der Übergang in die Info-Ökonomie wird jedoch eine Vielzahl von klassischen Berufen rationalisieren, wie zum Beispiel die der Verkäufer, Büroangestellten und Manager aus den mittleren Führungsbereichen./91/ Der Transformationsprozeß hin zu Informationsarbeitsplätzen muß mit dem gesellschaftlichen Strukturwandel im Gleichschritt verlaufen, da sonst in allen Industrienationen die Zahl der Arbeitsplätze und das Gesamt-Arbeitsvolumen stark zurückgehen wird./92/

MEGATRENDS	BESCHÄFTIGTENSTRUKTUR
T1	'Babyboomer' drängen in Arbeitsmarkt
T2	Starkes Wachstum der Informationsarbeitsplätze
T3	Wissen hat starke Bedeutung bei den Beschäftigten

- Bildungsniveau

Niedrige Pro-Kopf-Einkommen, sowie teilweise vollständige Besitzlosigkeit verhindern Kapitalbildung und erzeugen hohe Analphabetenquoten in den Entwicklungsländern. Die Kluft zwischen Industriestaaten und Entwicklungsländern wird durch die Polarisierung der Bildungsniveaus zukünftig noch verstärkt. Daß ein hohes Bildungsniveau für die gesamte Volkswirtschaft zu Wettbewerbsvorteilen führt, zeigt der Vergleich einiger Indikatoren zwischen Japan und den USA. Japan hat auf dem Weg ins Informationszeitalter die Führungsrolle von den USA übernommen (siehe Tabelle 2.3):/93/

Tab. 2.3: Bildungsniveau in den USA und Japan

Indikator	USA	Japan
Analphabetenquote	8 %	1 %
Erfolgreicher 'High-School'- Abschluß	70 %	95 %
Durchschnitts-IQ	100	111

Während die Industriegesellschaft die Massenproduktion perfektionierte, steht in der Wissensgesellschaft die Kreativität und die Intelligenz des einzelnen im Mittelpunkt./94/ Dies forciert den Übergang zu dezentralen Strukturen, in denen vermehrte Selbstorganisation, intelligente Netzwerke und intensive Kommunikation die Lernfähigkeit der Menschen erhöhen.

MEGATRENDS	BILDUNGSNIVEAU
T1	Anstieg des Bildungsniveaus in Industriestaaten
T2	Weiterer Anstieg des Bildungsniveaus in Industriestaaten
T3	Aufbau von Wissensgesellschaften

- Einkommensverteilung

Innerhalb der Industriestaaten entwickelt sich zusehends der Trend zur Fragmentierung. Dies zeigt sich durch den Anstieg der Einkommmensunterschiede bei den Arbeitnehmern, durch die Diversifikation in den Verbraucherwünschen und die Differenzierung bei den Werthaltungen./95/ Für das kommende Jahrzehnt wird weltweit von einem Wachstum der Einkommen ausgegangen, das etwa 1 % über dem durchschnittlichen Wachstum der Weltwirtschaft von etwa 3 % liegt./96/ In Regionen starken Wachstums, wie im Pazifikraum und in Europa, werden die Einkommen weiter überdurchschnittlich steigen, während das Wachstum der Entwicklungsländer stagniert und somit die internationale Einkommensdisparität sich weiter vergrößern wird. Durch die gigantische Verschuldung der zurückliegenden Jahre ist die Dritte Welt in eine Fundamentalkrise geraten, die durch Bevölkerungsexplosion, Hungersnot und Vernichtung der Lebensräume (Klimaverschiebung) zusätzlich verstärkt wird./97/ Auch in Osteuropa türmen sich durch die 40-jährige Mißwirtschaft gewaltige Altlasten auf, die Rückzahlungen bereits aufgenommener und zukünftiger Kredite in Frage stellen. Sowohl das Nord-Süd-, als auch das West-Ost-Gefälle können zukünftig zu gewaltigen Bevölkerungswanderungen in den sogenannten 'Goldenen Westen' führen, was erhebliche soziale Probleme mit sich bringen wird. Nur eine zunehmende Vernetzung und Globalisierung der Weltwirtschaft bietet die Chance, die Einkommensentwicklung in den Ländern der Dritten Welt und in Osteuropa sukzessive zu verbessern.

MEGATRENDS	EINKOMMENSVERTEILUNG
T1	Fragmentierung der Gesellschaft steigt
T2	Nord-Süd-Gefälle vergrößert sich
T3	Nord-Süd-Gefälle wächst weiter

2.1.3 Ökologie

Schlüsselfaktoren:
- Abbau der Ozonschicht
- Waldsterben
- Wasserverschmutzung
- Luftverschmutzung
- Treibhauseffekt

Durch eine Reihe von Umweltkatastrophen wie Tankerunglücke (Exxon Valdez), Unfälle in Atomkraftwerken (Tschernobyl), Chemieunfälle (Schweizerhalle) und das Waldsterben (Schwarzwald) hat das Umweltbewußtsein in den 80er Jahren stark zugenommen. Die Zerstörung der Biosphäre durch die Verschmutzung der Atmosphäre, den Abbau der Ozonschicht sowie den Treibhauseffekt schreitet voran und verlangen nach konkreten Lösungsansätzen. Hierbei kann nur ein Wandel im Bewußtsein der Menschen die treibende Kraft sein, welche die Einführung neuer umweltschonender Basistechnologien beschleunigen wird, ja vielleicht sogar lebensnotwendig macht.

Der Umweltschutz ist eine junge und dynamisch expandierende Wachstumsbranche, wobei die wesentlichen Impulse von der jungen Generation und den eingeforderten gesetzlichen Auflagen gegeben werden. Schätzungen gehen davon aus, daß allein in der Bundesrepublik (ohne ehemalige DDR) bis zum Jahr 2000 etwa 250 Mrd. DM für die Umwelt ausgegeben werden müssen./98/ Dies ist sicherlich noch zuwenig, wenn man bedenkt was bisher bereits zerstört wurde. Es zeigt jedoch auf, daß dieser Zweig in den nächsten Jahren für führende Industrienationen eine nachhaltige Bedeutung erlangen wird, und der Druck auf die Substitution unökologischer Technologien zunehmen wird.

Auf die fünf bedeutendsten Indikatoren für das Verkehrswesen, nämlich den Abbau der Ozonschicht, das Waldsterben, die Wasserverschmutzung, die Luftverschmutzung und den Treibhauseffekt soll hier in Kürze eingegangen werden.

- Abbau der Ozonschicht

Das Ozon-Loch über der Antarktis weitet sich Jahr für Jahr aus. Ozon verzehrt in der Stratosphäre die energiereichen lebensbedrohenden UV-Strahlen und übt somit eine bedeutende Schutzfunktion für unser Ökosystem aus. Die Hauptverursacher des Ozonabbaus sind die Fluorchlorkohlenwasserstoffe, die insbesondere in Spraydosen, bei Autoklimaanlagen und Kühlschränken Verwendung finden. Chloratome wirken als Katalysator für die Ozonzerstörung, wobei ein einziges Chloratom bis zu 100.000 Ozonmoleküle zerstören kann./99/Die Konsequenzen einer Ozonverringerung sind eine Schädigung von Menschen, Tieren und Pflanzen durch die erhöhte UV-Strahlung, wobei mit einem verstärkten Anstieg von Hautkrebserkrankungen, einer Schädigung von Meeresplankton und Kulturpflanzen sowie hohen Ernteeinbußen in der Landwirtschaft zu rechnen wäre./100/ Da die Atmosphäre ein kompliziertes System von chemischen und physikalischen Regelkreisen darstellt, könnten sich durch negative Rückkopplungswirkungen der Ozonabbau und der Treibhauseffekt sogar gegenseitig verstärken, was zur Folge hätte, daß die Wahrscheinlichkeit abrupter Trendbrüche beim Klima größer wird.

MEGATRENDS	ABBAU DER OZONSCHICHT
T1	Bekämpfung des Ozonloches
T2	Bekämpfung der Klimaverschiebung
T3	Verstärkte Bekämpfung der Klimaverschiebung

- Waldsterben

Das Waldsterben durch 'Sauren Regen' und die Abholzung der tropischen Regenwälder gehören zu den größten Tragödien der Menschheit. Die Handlungsunfähigkeit heutiger Regierungen, in dieser Frage globale Maßnahmen einzuleiten, kann zur Überlebensfrage der Menschheit schlechthin werden. Unsere Wälder tragen maßgeblich dazu bei, das ökologische Gleichgewicht zu erhalten, indem sie Sauerstoff produzieren und CO_2 absorbieren. Mit jedem sterbenden Baum, sei es durch Abholzen oder durch sauren Regen stirbt nicht nur ein Teil des Gesamtsystems, sondern auch ein Teil von uns. In Mitteleuropa sind 50 % der Wälder bereits durch sauren Regen geschädigt, was dazu führt, daß Orkane und Stürme verheerende Wirkungen zeigen.[/101/] Gesunde Bäume haben diesen Stürmen früher standgehalten, heute knicken Bäume reihenweise und dort wo früher Wälder waren, entsteht eine trostlose Ruinenlandschaft aus Baumstümpfen.

Schätzungen gehen davon aus, daß der Anstieg der CO_2-Konzentration zu 10 bis 30 % durch die Abholzung der Tropenwälder verursacht wird, was besonders kritisch ist, da ein Abholzen der Wälder in Brasilien durch die Rückkopplung über den Treibhauseffekt die effektive Erwärmung der Erde um mehrere Grad Celsius in den nächsten 50 Jahren wahrscheinlicher macht.[/102/] Hierdurch wird mittelfristig auch ein Überleben der Wälder Mitteleuropas und Nordamerikas gefährdet, da Bäume nach Angaben von Wissenschaftlern eine schnellere Erwärmung als maximal 1 Grad Celsius/pro Hundert Jahre aufgrund der geringen Anpassungszeit nicht überleben können.[/103/]

Des weiteren induziert das Abholzen der tropischen Regenwälder ein gewaltiges Artensterben. Es ist jedoch gerade diese Artenvielfalt (nur 1% der dortigen Pflanzen sind bisher erforscht), die die Erde in unserem Sonnensystem so einzigartig macht. Nur die Erklärung der Regenwälder zu internationalen Naturschutzgebieten und die drakonische Bestrafung dieses Raubbaus, können die Zerstörung aufhalten. Zwischen 1981 und 1990 büßten Afrika, Asien und Lateinamerika jährlich riesige Waldbestände ein (siehe Tabelle 2.4):[/104/]

Tab. 2.4: Verlust von Waldbeständen in Afrika, Asien und Lateinamerika

	Fläche in Mio. ha pro Jahr	in % der Waldbestände
Afrika	4,8	1,7
Asien	4,7	1,4
Lateinamerika	7,3	0,9

MEGATRENDS	WALDSTERBEN
T1	Zunahme der Schutzbemühungen um Regenwälder
T2	Bekämpfung des weltweiten Waldsterbens
T3	Bekämpfung des Artensterbens

- Wasserverschmutzung

Die weltweite Verseuchung der Binnengewässer (Seen, Flüsse und Grundwasser) sowie von Meeresregionen ist bereits weit fortgeschritten. In den USA sind unzählige Seen im industriellen Norden des Landes biologisch tot oder sterben gerade ab; etwa 50 Pestizide haben das Grundwasser in 32 Bundesstaaten verseucht, wobei hinzu kommt, daß der Grundwasserspiegel in den USA wie auch in Afrika, China und Indien immer weiter absinkt./105/ Vor allem in der Sowjetunion stellt die Gewässerverschmutzung eine schwere Hypothek für die Zukunft dar, da sowohl das Kaspische Meer, das Schwarze Meer und der Aralsee sowie deren Zuflüsse als besonders verschmutzte Gewässer gelten./106/ Die Nordsee und Teile des Mittelmeeres sind heute schon so verseucht, daß nur noch ein sofortiger Stop jeglicher Einleitungen eine Katastrophe verhindern kann. Um das Fisch-, Robbensterben und Algenpest zu bekämpfen sind radikale Maßnahmen einzuleiten.

MEGATRENDS	WASSERVERSCHMUTZUNG
T1	Bekämpfung der Gewässerverschmutzung
T2	Bekämpfung der Meeresverschmutzung
T3	Verstärkte Bekämpfung der Meeresverschmutzung

- Luftverschmutzung

Von besonderer Bedeutung sind die synergetischen Effekte einzelner Verschmutzungskomponenten, wie beispielsweise Smog in Großstädten oder der Arktis, der zu erheblichen gesundheitlichen Beeinträchtigungen für Menschen und Tiere führt oder saurer Regen, der einen wesentlichen Beitrag zur Zerstörung unserer Wälder liefert./107/ Beispielhaft soll hier auf die CO_2-Konzentration und Kohlenmonoxid eingegangen werden.

- CO_2-Konzentration

CO_2-Moleküle halten einen Teil der Wärmestrahlung, die die Erde fortlaufend ins Weltall abstrahlt, zurück, was neben der Luftverschmutzung vor allem zur Aufheizung der Atmosphäre beiträgt. Von den weltweit zur Zeit emittierten 20 Mrd. Tonnen Kohlendioxid, stammen von Nordamerika 28 %, dem ehemaligen Ostblock 21,6 %, von der EG 15,4 % sowie von China 13 %, was insgesamt etwa 80 % der gesamten Emissionen ausmacht./108/ Hierbei stammen 17 % von der Verbrennung fossiler Treibstoffe./109/ Die Prognosen der Welt-Energiekonferenz zeigen, daß der kritische Zeitpunkt für die Kohlendioxid-Konzentration (CO_2) in der Atmosphäre (ppm) spätestens im Jahre 2010 - 2020 erreicht sein wird./110/ Es sollte beachtet werden, daß Katalysatoren in Automobilen die CO_2-Konzentration nicht verringern. Hier kann nur durch Energiesparen oder durch Wechsel des Energieträgers Abhilfe geschaffen werden.

- Kohlenmonoxid

Neben der CO_2-Konzentration leistet auch Kohlenmonoxid (CO) einen erheblichen Beitrag zur Luftverschmutzung. In den OECD-Staaten sind Automobile, Lastwagen und Busse für 75 % der Kohlenmonoxid-Emissionen verantwortlich./111/ Die Brandrodungen tropischer Regenwälder und das Abbrennen von Savannen setzen ebenso wie die Industrie und der Verkehr viel von dem starken Atemgift frei.

MEGATRENDS	LUFTVERSCHMUTZUNG
T1	Bekämpfung der SMOG-Belastung
T2	Bekämpfung der Luftverschmutzung
T3	Verstärkte Bekämpfung der Luftverschmutzung

- Treibhauseffekt

Der Hauptverursacher des Treibhauseffektes ist neben einer Reihe weiterer Gase das Kohlendioxid. So zeigen die am meisten entwickelten Klimamodelle, daß eine Verdopplung des Kohlendioxidausstoßes die globale Temperatur in den nächsten 30 Jahren um 1,5-4,5 Grad Celsius erhöhen kann. Dies kann Überflutungen durch das Abschmelzen der Polkappen (Anstieg des Meeresspiegels), Schlammlawinen in den Alpen (Abschmelzen der Gletscher), ein Waldsterben in Kanada, einen Anstieg der Waldbrände durch Trockenheit sowie unermeßliche Schäden in der amerikanischen Landwirtschaft (Getreidekammer der Welt) zur Folge haben./112/ Daneben kann es zu weiteren ernsten Klimaveränderungen kommen:/113/

"A warming is likely to change rainfall patterns, prevailing winds, and ocean currents, which might lead to more severe storms as the temperature differential between the equatorial region and higher latitudes widens."

MEGATRENDS	TREIBHAUSEFFEKT
T1	Bekämpfung der CO_2-Emissionen
T2	Bekämpfung des Treibhauseffektes
T3	Verstärkte Bekämpfung der Treibhauseffektes

2.1.4 Technologie

Schlüsselfaktoren:
- Basistechnologien
- Werkstoffe
- Fertigungstechnik
- Informationstechnologie
- Innovationszyklen

Neue technologische Entwicklungen bringen Produktivitäts- und Kostenvorteile. Hierbei sind in 'High-Tech'-Bereichen wie dem Flugzeugbau vor allem Fortschritte bei der Werkstofftechnik (intelligente Werkstoffe), der Mikrosystemtechnik (Mikroelektronik), der Energiegewinnung (Wasserstoffgewinnung) sowie der Antriebstechnik (Hyperschallantriebe) von entscheidender Bedeutung./114/ Globale Technologie- und Energieversorgungsansätze könnten den Prozeß der Einführung von Methan- und Wasserstoffantrieben dramatisch beschleunigen. Die Entwicklung von Lösungsansätzen für eine Erdgas- und Wasserstoffwirtschaft ist im Hinblick auf die sich zuspitzenden ökologischen Probleme heute eine Pflichtaufgabe.

- Basistechnologien

- Sättigung

Die bisherige Entwicklung zeigt, daß die Sättigung von Basistechnologien stets von Trendbrüchen, strukturellen Diskontinuitäten, starken Preisschwankungen und abnehmenden Wachstumsraten begleitet war./115/ Die Revolutionen in Osteuropa, die sich vollziehende Demokratisierung Lateinamerikas, Umstürze in Afrika sowie Studentenunruhen in China sind solche Trendbrüche und Diskontinuitäten, die neue Märkte und Absatzchancen eröffnen.

Die starken Schwankungen der Energiepreise in den 70er und 80er Jahren können als Frühindikator für die beginnende Sättigung in Industriezweigen (Automobile) und Infrastrukturen (Straßen, Erdöl) gesehen werden. Am deutlichsten zeigt sich heute die zunehmende Sättigung der Automobilindustrie und der Straßen in Form von Staus und Massenauffahrunfällen auf den Autobahnen der Industriestaaten.

Betrachtet man beispielhaft die wirtschaftliche Entwicklung in der Bundesrepublik von 1950 bis heute, so zeigt sich, daß die Wachstumsraten mit sich immer stärker einkerbenden Konjunkturtälern abnehmen./116/ Die Verlangsamung der Wachstumsraten kann ebenso ein Frühindikator für einen Wechsel in den Basistechnologien sein. Zusätzliche Impulse wie die deutsche Wiedervereinigung können zwar das Wachstum nochmals anheben, ändern mittelfristig jedoch nichts an der zuvor getroffenen Aussage.

- Technologiewettstreit

Betrachtet man die Basistechnologien der führenden Industriestaaten so findet hier ein Technologiewettstreit zwischen Nordamerika, Europa und dem Fernen Osten statt. Hierbei geht es um den technologischen Führunganspruch der größten Industrieländer der Welt, nämlich den USA, Deutschland und Japan im Bereich der Anwendung neuer Technologien. In den zurückliegenden Jahren hat sich das Tempo des technischen Wandels erheblich verstärkt und ist zu einem Motor des wirtschaftlichen Handels geworden. Tabelle 2.5 gibt einen Überblick über die Marktstellung der führenden Industrienationen in zukünftigen Schlüsseltechnologien:/117/

Tab. 2.5: Marktstellung bei Schlüsseltechnologien

Schlüsselbereiche/Länder	USA	Japan	Deutschland
- Optoelektronik	Rang 2	Rang 1	Rang 3
- Sensortechnik	Rang 1	Rang 2	Rang 3
- Software	Rang 1	Rang 2	Rang 3
- Mikroelektronik	Rang 2	Rang 1	Rang 3
- Werkstoffe	Rang 2	Rang 1	Rang 3
- Biotechnologie	Rang 1	Rang 2	Rang 3
- Energietechnik	Rang 2	Rang 3	Rang 1
- Umwelttechnik	Rang 2	Rang 3	Rang 1
- Verkehrstechnik	Rang 3	Rang 2	Rang 1
- Automation	Rang 3	Rang 1	Rang 2
- Büroautomation	Rang 1	Rang 2	Rang 3
- Telekommunikation	Rang 1	Rang 2	Rang 3
Durchschnittsrangfolge:	Rang 1	Rang 2	Rang 3
- Anzahl der Ränge 1:	4	5	3
- Anzahl der Ränge 2:	5	6	1
- Anzahl der Ränge 3:	2	2	8

Dieser Vergleich zeigt, daß die USA zwar in den forschungsintensiven Bereichen der Sensortechnik und Biotechnologie eine Schlüsselposition einnimmt, jedoch Japan in den wichtigen Bereichen der Mikroelektronik und Optoelektronik heute führend ist. Deutschland hat in den für die Verkehrsflugzeugbranche wichtigen Bereichen der Energietechnik, der Umwelttechnik und der Verkehrstechnik klare Technologievorsprünge aufzuweisen. Entscheidend für die technologische Wettbewerbsfähigkeit ist jedoch nicht mehr allein der Grad der Eigenherstellung neuer Basistechnologien, sondern vor allem deren Umsetzung in Systeme und Verfahren, was insbesondere eine der großen Stärken der deutschen Industrie darstellt./118/

MEGATRENDS	BASISTECHNOLOGIEN
T1	Beginnende Sättigung heutiger Basistechnologien
T2	Sättigungsphase heutiger Basistechnologien
T3	Einführung neuer Basistechnologien

- Werkstoffe

Die Produktrevolution korreliert mit passenden Werkstoffen, ob als innovative Komponente in der Mikroelektronik, Sensortechnik oder Lasertechnik, oder als Produktbestandteil eines Großsystems wie Raumschiff, Flugzeug oder Hochgeschwindigkeitszug. Beim Einsatz von neuen Werkstoffen sind vor allem die Ziele zur Verringerung des Materialeinsatzes, der Reduzierung des Materialgewichtes (Faserverbundwerkstoffe, Aluminium), der Senkung der Energiekosten sowie der Miniaturisierung von Produkten (Feinmechanik, Computer, Elektronik) zu beachten. Zukünftig werden auch intelligente Werkstoffe mit neuen Strukturen in den Vordergrund rücken, die in Abhängigkeit zur Systemumwelt optimale Zustände einnehmen können. Ein weiterer Trend zeigt sich im zunehmenden

Recycling eingesetzter Werkstoffe. So werden Hersteller künftig ihre verkauften Produkte zurücknehmen, wenn sich die Produktlebensdauer dem Ende neigt.

Eine revolutionäre Entwicklung ergab sich am Ende der 80er Jahre durch das Entdecken der Supraleitung bei höheren Temperaturen. Die Anwendung der Supraleitung wird in den kommenden Jahren zahlreiche Erfindungen in vielen Technologiebereichen maßgeblich beeinflussen. Japan nimmt auf dem Werkstoffsektor, der für den Flugzeugbau von hoher strategischer Bedeutung ist, vor den USA und Deutschland Rang 1 (siehe Tabelle 2.5) ein.

MEGATRENDS	WERKSTOFFE
T1	Vermehrter Einsatz von Faserverbundwerkstoffen
T2	Neue hochfeste und temperaturbeständige Werkstoffe
T3	Starke Bedeutung von intelligenten Werkstoffen

- Fertigungstechnik

CIM (Computer Integrated Manufacturing) wird heute von allen weltweit führenden Unternehmen implementiert. Das hier verwendete Schlagwort heißt 'Economy of scope', wobei in Zukunft kleine, flexible Produktionszellen für Spezialprodukte im Vordergrund stehen werden. CIM soll durch die informationstechnische Infrastruktur gezielt Datenflüsse in alle Richtungen steuern und die zukünftige Wettbewerbsfähigkeit im Hinblick auf Qualitätssicherung, Flexibilität und Kostenminimierung sicherstellen. Die wesentliche Wirkung bei der Implementierung der computer-integrierten Produktion ist die gesteigerte Autonomie pro Job und Team bei gleichzeitig abnehmender Kontrollierbarkeit, was zwangsläufig eine Abflachung von Hierarchien zur Folge hat.[/119/] Bei den Industriestaaten Deutschland, USA und Japan sind die strategischen Ausrichtungen von CIM unterschiedlich. Während CIM in Deutschland vor allem flexibilitätsorientiert ist, dominiert in den USA die Hardwareorientierung und in Japan die Organisationskomponente.[/120/]

MEGATRENDS	FERTIGUNGSTECHNIK
T1	Zunahme der 'Just-In-Time'-Produktion
T2	Zunahme von integrierten CIM-Produktionsstätten
T3	Intelligente selbstorganisierende Fertigungssysteme

- Informationstechnologie

Die Informations- und Kommunikationstechnologie erweist sich immer mehr als eine wesentliche Triebfeder des Fortschritts. Während heute in Europa rund 13 Mio. Arbeitsplätze zu Telekom-Produktion und Dienstleistung gezählt werden, rechnet die EG-Kommission bis zum Jahr 2000 mit 60 Mio. Arbeitsplätzen.[/121/]

Dem Top-Management kommt heute die Aufgabe zu, durch den zielgerichteten Einsatz des Produktionsfaktors Information, Risiken zu vermindern und Innovationspotentiale freizusetzen, die sonst nur durch einen höheren Einsatz an 'Manpower' und damit verbundenen hohen Kosten realisiert werden können. Die Tatsache, daß in in japanischen Luftverkehrsgesellschaften ein Vorstandsressort für das Informationsmanagement vorgesehen ist, zeigt die zukünftige Bedeutung der Informationstechnologie für die Unternehmensführung./122/ Die Informationstechnik einer Organisation erhält immer mehr den Charakter eines 'Zentralen Nervensystems'./123/ In der Wissensgesellschaft reicht Datenverarbeitung alleine nicht mehr aus, vielmehr wird durch Informationen gewonnenes 'Know-How' zum entscheidenden Engpaßfaktor avancieren.

MEGATRENDS	INFORMATIONSTECHNOLOGIE
T1	Zunehmende Bedeutung der Informationstechnologie
T2	Informationsmanagement wird zu einem Schlüsselressort
T3	Aufbau von Informations- und 'Know-How'-Zentren

- Innovationszyklen

Inventionen und Innovationen determinieren die metasystemische Entwicklung der Branche. Die Zeit, die vergeht bis Inventionen in Innovationen umgesetzt werden, kann Jahrzehnte in Anspruch nehmen. Entscheidend ist jedoch, daß Innovationen selten durch völlig neue Technologien entstehen, sondern meistens als eine Verknüpfung bereits bestehender technischer Lösungen zu einem neuartigen effizienteren Produkt den Markt gewinnen. Peter Drucker beschreibt die Faktoren, die Innovationen beeinflussen folgendermaßen:/124/

- Das Unerwartete, wie zum Beispiel unerwarteter Erfolg oder Mißerfolg oder ein außerordentliches Ereignis
- Die Nichtübereinstimmung zwischen angenommener und aktueller Realität
- Das Bedürfnis oder die Notwendigkeit für einen Veränderungsprozeß
- Veränderungen in Industrie- oder Marktstrukturen
- Veränderungen in der Bevölkerungsentwicklung
- Veränderungen in den Werthaltungen
- Neue Erkenntnisse in wissenschaftlichen oder anderen Gebieten

Systematische Innovationsfindung besteht deshalb in der Suche nach Veränderungen und in der systematischen Analyse der Gelegenheiten, die solche Veränderungen für die wirtschaftliche und soziale Innovation liefern./125/ Die Innovation in wissensintensiven Bereichen ist dadurch gekennzeichnet, daß es nur ein kurzes Zeitintervall gibt, innerhalb dessen der Markteintritt möglich ist./126/ In 'High-Tech'-Bereichen ist deshalb Timing als

Schlüsselfaktor für den zukünftigen Geschäftserfolg von besonderer Bedeutung. Die Innovation ist deshalb als tägliche Herausforderung zu begreifen:/127/

"...Every organism needs to eliminate its waste products or else it poisons itself ... The enterprise that does not innovate inevitably ages and declines. And in a period of rapid change such as the present, an entrepreneurial period, the decline will be fast...But innovative efforts do not carry certainty; they have a high probability of failure and an even higher one of delay..."

Untersuchungen von Marchetti zeigen, wie sich Inventionen und Innovationen (siehe Abbildung 2.1) in den letzten Jahrhunderten entwickelt haben./128/ So zeigt die logarithmische Darstellung des Sättigungsverlaufes, daß Innovationszyklen nie gleichzeitig mit Erfindungszyklen, sondern erst mit erheblicher Zeitverzögerung stattfinden. Jede Innovation kann sich somit nur aus ihrem morphologischen Kasten der bestehenden Inventionen entwickeln. In den nächsten Jahren werden noch wesentliche Erfindungen gemacht werden, die danach wieder eine hohe Innovationsrate und einen langanhaltenden wirtschaftlichen Aufschwung induzieren./129/

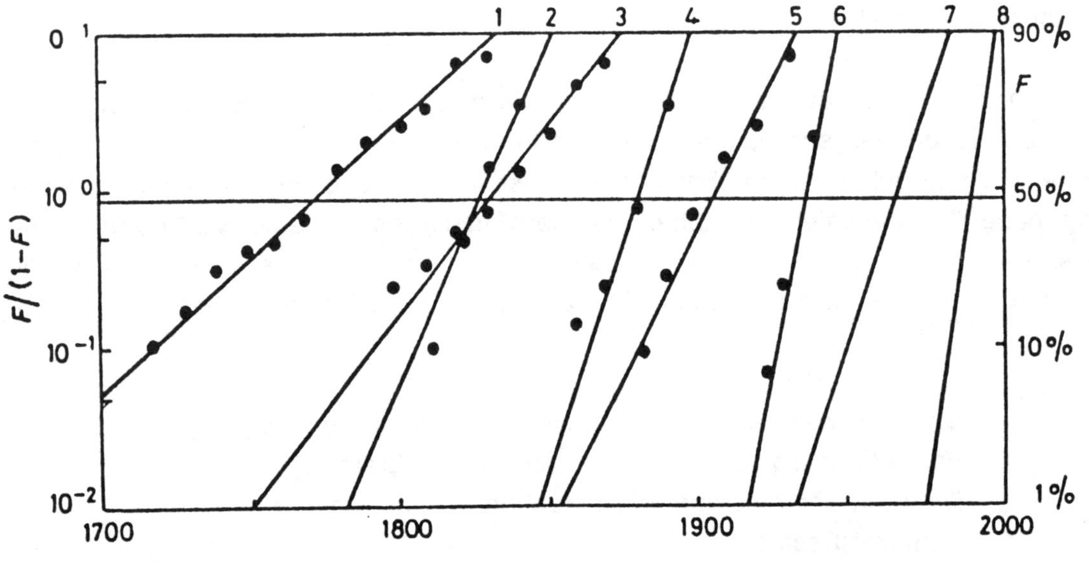

Quelle: IIASA

Abb. 2.1: Inventions- und Innovationswellen (gerade Zahlen - Innovationen; ungerade Zahlen - Inventionen)

Innovationen schaffen Werte für die Systemumwelt und müssen deshalb vor allem marktorientiert sein./130/ Derjenige Konkurrent, welcher die Ausprägungen so kombiniert, daß diese den Kundennutzen bei vertretbarem Ressourcenverzehr maximieren, wird mit seiner Innovation strategische Wettbewerbsvorteile erlangen. Des weiteren zeigt sich eine Beschleunigung in den Zeithorizonten der Inventions- und Innovationszyklen etwa um den Faktor 1,5, was sich heute vor allem in den beschleunigten Produktlebenszyklen wiederspiegelt./131/

MEGATRENDS	INNOVATIONSZYKLEN
T1	Ständige Produktinnovationen
T2	Innovationszyklen werden immer kürzer
T3	Neue Phase von Inventionen

2.1.5 Wirtschaft

Schlüsselfaktoren:
- Verschuldungsproblem
- Kapitalströme
- Wachstumszentren
- Marktstrukturen
- Rohstoffpreise

Die Weltwirtschaft wird in räumlicher Hinsicht immer kleiner, da die Kosten der Kommunikation und des Transports bezogen auf die Entfernungen sinken. Dies führt zu einer starken Verdichtung der Außenbeziehungen und zu transnationalem Wettbewerb, wobei Kapital und Arbeitskräfte zusehends mobiler werden. Die weltwirtschaftlichen Verteilungskämpfe werden zukünftig kein Nullsummenspiel mehr sein, in dem der Gewinn der einen Seite den Verlust der anderen Seite kompensiert.[/132/] Vielmehr kann zukünftig nur der interdependente Erfolg vieler Marktteilnehmer die weltwirtschaftliche Integration voranbringen. Positiv für die weltwirtschaftliche Entwicklung sind hierbei geringe Inflationsraten bei verminderter Arbeitslosigkeit, ein Abbau der internationalen Handelsungleichgewichte, steigende private Einkommen und Unternehmensgewinne, ein verbessertes Investitionsklima, Verringerung der Staatsverschuldung (vor allem USA und Japan), die Vermeidung von Protektionismus sowie die Schuldenreduktion bei den Dritte-Welt-Ländern.

- Verschuldungsproblem

Die heutige Verschuldungsproblematik in der Welt ist die Folge einer gewaltigen Ressourcenfehlleitung infolge des Kalten Krieges und von undemokratischen Systemen in den meisten Entwicklungsländern. Die eigentliche Gefahr für das Weltfinanzsystem geht jedoch nicht von der Verschuldung der Entwicklungsländer aus, sondern vom 'Deficit Spending' der großen Industrienationen.[/133/] Dies schließt nicht nur den Staat, sondern auch Unternehmen und private Haushalte mit ein. So hat die Gesamtverschuldung der USA Ende der 80er Jahre einen neuen Höhepunkt seit den 30er Jahren erreicht und dies obwohl bis Ende 1989 noch keine Rezession in Sicht war.[/134/] Mit dazu beigetragen hat auch der weltweite Verfall der Rohstoffpreise.

Die Schulden der ehemaligen RGW-Staaten beliefen sich Ende 1988 auf etwa 160 Mrd. US-$.[/135/] Die Verschuldung der Entwicklungsländer ist so stark angewachsen, daß nur noch ein Schuldenerlaß das wirtschaftliche Desaster in diesen Ländern verhindern kann.

So betrugen 1989 die Auslandsschulden der Entwicklungsländer weltweit etwa 1.200 Mrd. US-$, wobei die Länder Lateinamerikas mit etwa 400 Mrd US-$, die Länder Afrikas mit etwa 200 Mrd. US-$ und die Länder Asiens mit etwa 320 Mrd. US-$ verschuldet waren./136/ Da das eigentliche Übel in vielen Ländern jedoch die politischen Systeme sind, macht ein Schuldenerlaß nur dann Sinn, wenn dies mit einem Demokratisierungsprozeß und einer generellen Landreform in diesen Ländern einhergeht. So ist es in Lateinamerika nicht ungewöhnlich, daß 5 % der Bevölkerung 4/5 des Farmlandes besitzen./137/ Dies zeigt, daß der eigentliche Grund des wirtschaftlichen Niedergangs dieser Länder struktureller Natur ist.

MEGATRENDS	VERSCHULDUNGSPROBLEM
T1	Liquiditätsverknappung in führenden Industriestaaten
T2	Starke wirtschaftl. Instabilitäten und Marktschwankungen
T3	Transnationale Entwicklungshilfeprojekte

- Kapitalströme

Die internationalen Kapitalmärkte haben heute Handelsvolumina angenommen, die die bei Gütern um ein Vielfaches übersteigen. So haben die internationalen Kapitalmärkte heute tägliche Handelsvolumina von etwa 250 bis 400 Mrd. $ erreicht, wovon nur noch etwa 5 bis 10 % auf den internationalen Warenaustausch entfallen./138/ Diese Diskrepanz zeigt die Entkopplung der Kapitalbewegungen und des Güterhandels./139/ Die Folgen sind starke Turbulenzen an den internationalen Finanzmärkten wie der New Yorker Aktiencrash 1987 sowie der Tokioter Kurssturz von 1990. Die immensen spekulativen Gelder führen zu realwirtschaftlich nicht mehr erklärbaren Bewegungen an den Finanzmärkten.

Diese Krise der Kapitalströme rückt immer stärker den Faktor Information in den Vordergrund. In sich vernetzenden Wissensgesellschaften wird die zielgerichtete Informationssteuerung in eine neue Bedeutungsdimension hineinwachsen. Erfolgreiche Unternehmer versuchen stets Rohstoffe zu veredeln oder Ressourcen produktiver zusammenzufassen, um neue und verschiedene Werte und Zufriedenheiten zu schaffen./140/ Der Rohstoff der Zukunft heißt Information und es wird nötig sein, ein Preisbewußtsein für diesen Rohstoff zu entwickeln. Der Substitutionsprozeß von arbeits- zu wissensintensiven Industriezweigen wird dazu führen, daß der Verkauf von Wissen mehr Arbeitsplätze schaffen wird als der Export von Gütern./141/

MEGATRENDS	KAPITALSTRÖME
T1	Kapitalbewegungen treibende Kraft der Weltwirtschaft
T2	Kapitalströme verlieren gegenüber Informationsströmen an Bedeutung
T3	Informationsströme steuern Kapitalströme

- Wachstumszentren

Als heutige Wachstumszentren der Weltwirtschaft müssen vor allem der Pazifikraum sowie Europa angesehen werden. Letzteres bekam durch die Ost-West-Öffnung vor allem im Hinblick auf die Sowjetunion ein gewaltiges Marktpotential hinzu, daß insbesonders für Deutschland, daß im Zentrum dieser Entwicklung steht, zu ungeahnten neuen Absatzmärkten führen wird. Jedoch braucht die wirtschaftliche Umgestaltung des Ostens Zeit. Heute genannte Zeithorizonte müssen angesichts der aktuellen weltwirtschaftlichen Verfassung für die zweite Hälfte der 90er Jahre determiniert werden. Sicherlich wird die europäische Integration (Binnenmarkt 1993) diese Entwicklung eher beschleunigen, jedoch werden in den nächsten Jahren gewaltige Veränderungen stattfinden, die neue Wachstumsimpulse in der gesamten Weltwirtschaft schaffen werden.

Zukünftige Wachstumszentren könnten hierbei ebenso durch die Schaffung eines nord- und mittelamerikanischen Binnenmarktes, eines pazifischen Binnenmarktes sowie eines lateinamerikanischen Binnenmarktes entstehen. Darüberhinaus stellen auch die Länder China und Indien ein gewaltiges Potential für die zunehmende weltwirtschaftliche Integration zu einem globalen Markt dar. Entscheidend für den wirtschaftlichen Aufschwung dieser Regionen wird sein, inwieweit es gelingt marktwirtschaftliche Wirtschaftsformen einzuführen, und somit die Versorgungslage der Bevölkerung sicherzustellen, die Geburtenraten unter Kontrolle zu bringen, das Bildungsniveau der Bevölkerung zu erhöhen und die Pro-Kopf-Einkommen sukzessive zu steigern.

MEGATRENDS	WACHSTUMSZENTREN
T1	Integration des europäischen Binnenmarktes
T2	Integration des amerik. und pazifischen Binnenmarktes
T3	Bedeutungszunahme des chinesischen und lateinamerikanischen Binnenmarktes

- Marktstrukturen

Folgende im Systemumfeld stattfindende Veränderungen determinieren die Marktstrukturen:/142/143/

- zunehmende Verflechtung von Staat und Privatwirtschaft
- vermehrte internationale Kooperationen
- anwachsende nationale Konzentrationen
- Entkopplung des Primärgütersektors vom industriellen Sektor
- Entkopplung der Produktion und der Beschäftigung innerhalb des industriellen Sektors
- Kapitalbewegungen und nicht der Güterhandel sind die treibenden Kräfte der Weltwirtschaft
- Sozioökonomische Reformen

Die Verflechtung von Staat und privater Wirtschaft zeigt sich beispielsweise bei der Vergabe von Rüstungsaufträgen an die Flugzeugproduzenten. Da durch die relativ hohe Schwankungsbreite des zivilen Flugzeugmarktes eine hohe Unternehmensflexibilität erforderlich ist, stellt die Vergabe von staatlichen Entwicklungsaufträgen im militärischen Sektor eine Risikominderung für die Hersteller dar, wobei hier jedoch der Trend vermehrt zu zivilen Aufträgen gehen wird.

Aufgrund der immens hohen Entwicklungskosten von 'High-Tech'- Produkten sind unternehmerische Alleingänge für Hersteller mit einem hohen Risiko verbunden. 'High Tech' ist für lange Zeit nicht profitabel, da immer wieder mehr Geld in Forschung und Entwicklung investiert werden muß, um im Wettbewerb zu bleiben./144/ Es zeigt sich deshalb eine zunehmende Bereitschaft zu 'Joint Ventures' bei der Realisierung neuer Projekte sowie eine zunehmende Diversifizierung in neue Geschäftsfelder.

Innerhalb einzelner Staaten sind zunehmende Konzentrations erscheinungen innerhalb unterschiedlicher Industriezweige zu sehen. Insbesondere in der Bundesrepublik Deutschland ist durch die Beteiligungspolitik der Daimler Benz AG eine Monopolsituation im Bereich des Flugzeugbaus eingetreten, die vor allem mit dem Argument des globalen Wettbewerb begründet wird.

Bisherige Produktionszentren werden sich immer mehr zu 'Know-How'-Zentren wandeln. Die zunehmende Automatisierung der Produktionsprozesse und die Einführung kybernetischer Kontrollmechanismen setzt bei einer gleichzeitigen Erhöhung der Produktivität zunehmend Arbeitsplätze frei. Dies wird dazu führen, daß die modernen Industrienationen im Jahr 2010 nur noch soviel Arbeitsplätze in der industriellen Produktion einsetzen wie heute in der Landwirtschaft (etwa 10 % der Erwerbstätigen)./145/

In den modernen Industriestaaten wird die vermehrte Anwendung von Umwelt- und Informationstechnologien zu einer Reorganisation der heutigen Industriegesellschaft führen. Der zunehmende Grad an Automatisierung wird Arbeitskräfte freisetzen, die jetzt für die Rekultivierung zerstörter Landstriche, Umweltschutz- und neue Infrastrukturprojekte eingesetzt werden können.

MEGATRENDS	MARKTSTRUKTUREN
T1	Wirtschaftskrise in den Staaten Osteuropas und den Entwicklungsländern
T2	Sozioökonomische Reformen und Entstehung der Info-Ökonomie
T3	Wissen als treibende Kraft der Weltwirtschaft

- Rohstoffpreise

Von besonderer Bedeutung für die Wirtschaft sind die Rohstoffpreise, da diese bei geringen eigenen Vorräten die Abhängigkeit erhöhen und bei einem hohen Preisniveau eine

Belastung für die Handelsbilanz darstellen. Hierbei sind für das Verkehrswesen vor allem die Preisentwicklungen beim Erdöl, Erdgas und der Kohle von Bedeutung. Durch ständige Produktinnovationen ist der Bedarf an Rohstoffen, der für eine Wertschöpfungseinheit benötigt wird, stark gesunken. Hierbei hat sich die Industrieproduktion von materialintensiven zu weniger materialintensiven Produkten und Prozessen verlagert./146/

Im Automobil- und Flugzeugbau kann durch die Reduzierung des Treibstoffverbrauches sowie durch die Verwendung neuer Werkstoffe und alternativer Kraftstoffe (Solarautomobile, H_2-Automobile, CH_4-/H_2-Flugzeuge) die Rohstoffabhängigkeit weiter verringert werden. Insbesondere rohstoffabhängige Länder wie Japan und die Bundesrepublik Deutschland werden deshalb den Prozeß zur Ressourceneinsparung und neuen Energiegewinnungstechniken weiter nachhaltig vorantreiben.

MEGATRENDS	ROHSTOFFPREISE
T1	Rohstoffwirtschaft abgekoppelt von Industriewirtschaft
T2	Starke Schwankungen der Rohstoffpreise für Erdöl und Erdgas
T3	Wasserstoff gewinnt als Energieträger an Bedeutung

2.1.6 Politik

Schlüsselfaktoren:

- Internationale Beziehungen
- Handelshemmnisse
- Abrüstung
- Staatsverschuldung
- Steuerpolitik

- Internationale Beziehungen

Die gewaltigste Veränderung in der Weltpolitik stellt die Überwindung des Kalten Krieges und der Aufbruch zu neuen Formen des Zusammenlebens zwischen den Ostblockstaaten und der westlichen Welt dar. Voraussetzung für den Erfolg der Perestroika sind die Bewältigung zweier Schlüsselprobleme, nämlich der Demokratisierung des gesamten gesellschaftlichen Lebens sowie radikale Wirtschaftsreformen in den kommunistischen Staaten./147/ Dieser Prozeß wird ein Europa entstehen lassen, dessen Größe und Vielfalt ungeahnte Chancen der Veränderung und des Wandels eröffnet. Dieser Prozeß ist jedoch auch mit Risiken verbunden, wozu Michael Gorbatschow bemerkt:/148/

"Gewiß, Risiken sind in jedem Beginnen, zumal einem neuen, unvermeidlich. Aber die Folge des Auf-der-Stelle-Tretens, der Stagnation und Gleichgültigkeit sind weit schlimmer und kostspieliger als Risiken, die beim Schaffen neuer Formen des gesellschaftlichen Zusammenlebens zeitweilig entstehen."

Die Bedeutung der Öffnung des Brandenburger Tores für Europa und die ganze Welt besteht in der Chance, sich mehr denn denn je zu vernetzen und alte Strukturen durch Wechsel der zugrundeliegenden Paradigmen zu überwinden:/149/

"In der Tat liegen die Größe und Neuartigkeit unserer Zeit darin, daß die Völker immer offener und unmißverständlicher die Vorderbühne der Geschichte betreten."

Die '2+4'-Gespräche in Moskau haben als Resultat die Wiederherstellung der vollen Souveränität des vereinten Deutschland gebracht, was politisch eine Rückkehr Deutschlands in den Kreis der Weltmächte bedeutet. Der Grundlagenvertrag zwischen Deutschland und der Sowjetunion ist ebenso wie der deutsch-französische Freundschaftsvertrag als Eckpfeiler für ein neues Europa zu sehen, in dem Deutschland eine besondere integrative Verantwortung zukommt.

Wenn das neue Europa gefestigt aus der Überwindung des Kalten Krieges hervorgehen soll, darf es keine bilaterale Machtmonopolisierung geben, vielmehr muß das ganze Europa eine multinationale Einheit werden, die transnationale Interessen innerhalb den entstehenden Wirtschaftsblöcken der weltwirtschaftlichen Triade und innerhalb einer zukünftigen integrierten Weltwirtschaft verfolgt. Dieser Prozeß der Globalisierung bedeutet jedoch, daß die modernen Industriestaaten lernen müssen zu teilen, nationale Interessen zurückzuschrauben, und mit ihrer Macht behutsam umzugehen.

Gelingt der Sanierungsprozeß der maroden osteuropäischen Wirtschaften, kann dies beispielgebend für den Aufbau einer transnationalen Weltwirtschaft sein, die auch die Entwicklungsländer aus ihrem Stagnationstrauma herausreißt. Es ist aber gerade der wirtschaftliche Aufbau der Entwicklungsländer, der zu einem Prüfstein der internationalen Beziehungen werden wird.

MEGATRENDS	INTERNATIONALE BEZIEHUNGEN
T1	Überwindung des 'Kalten Krieges'
T2	Ökologie beeinflußt die Beziehungen zwischen den Ländern
T3	Überbevölkerung und Armut in vielen Ländern belasten die internationalen Beziehungen

- Handelshemmnisse

Wichtig für ein konfliktfreies Funktionieren des internationalen Handels in einer zukünftig tripolaren Welt, ist ein völliger Abbau von Handelshemmnissen und zwar nicht nur innerhalb sondern auch zwischen den einzelnen Wirtschaftsräumen, weshalb den GATT-Verhandlungen zukünftig eine noch größere Bedeutung zukommen wird. Heute ist es nicht mehr der transatlantische Handel, der den internationalen Handel dominiert, sondern der transpazifische Handel (siehe Tabelle 2.6):/150/

Tab. 2.6: Welthandelsströme 1963 und 1987		
Welthandelsströme	1963 in Mrd. $	1987 in Mrd. $
transatlantisch	23,7	252,2
transpazifisch	8,8	266,4
euroafrikanisch-pazifisch	7,8	167,6

Zwischen den entstehenden Wirtschaftsräumen muß für eine erfolgreiche Handelspolitik das Prinzip der Gegenseitigkeit (Reziprozität) im Abbau von Handelsschranken gelten./151/ Durch den zukünftigen Triadencharakter der Weltmärkte besteht jedoch die Gefahr von Zweierallianzen, beispielsweise zwischen den USA und Japan, Japan und Europa oder USA und Europa, die zu gefährlichen Instabilitäten in der Weltwirtschaft führen können./152/

Das heutige Konfliktpotential zwischen den USA und Japan resultiert vorwiegend in der mangelnden Öffnung des japanischen Marktes und den daraus resultierenden hohen Produktpreisen auf dem japanischen Binnenmarkt, die es den japanischen Firmen ermöglichen in Übersee ihre Produkte billig zu verkaufen und ausländische Konkurrenten aus deren Heimatmärkten zu verdrängen. Ein möglicher Protektionismus des Westens ist sicherlich die größte Bedrohung für Japan, da jede westliche Abschottung die exportabhängige japanische Wirtschaft in eine Rezession führen würde, weshalb Japan versucht, durch die Verlagerung von Produktionsstätten ins Ausland, dieser Gefahr zu begegnen./153/ Insbesondere das japanische MITI (Ministry of International Trade and Industry) hat den wirtschaftlichen Aufstieg Japans zur wirtschaftlichen Supermacht entscheidend geprägt. Die Internationalisierung des Handels und die Öffnung des japanischen Marktes wird jedoch bewirken, daß die beeinflussende Macht des MITI zurückgehen wird./154/ Auf Schlüsselindustrien, wie der Luftfahrt, wird das MITI jedoch weiterhin einen dominierenden Einfluß ausüben, um das strategische Langfristziel einer weltweit wettbewerbsfähigen Flugzeugbauindustrie zu erreichen.

MEGATRENDS	HANDELSHEMMNISSE
T1	Abbau von nationalen Marktbeschränkungen (vor allem in Japan)
T2	Abbau von internationalen Hemmnissen zwischen den Wirtschaftsblöcken
T3	Fortschreiten des globalen Abbaus von Ungleichgewichten

- Abrüstung

Die Verteidigungsausgaben und die Verteidigungstechnologie stellen einen ernstzunehmenden Aderlaß für die Zivilwirtschaft dar, wie das Beispiel der Entwicklungsländer in Lateinamerika und der Sowjetunion zeigt, wo die hohen Verteidigungslasten zu einer wesentlichen Einzelursache für wirtschaftliche Stagnation, Inflation und Entwicklungsstillstand geworden sind./155/ Die USA haben den Sieg im Rüstungswettlauf mit der Sowjetunion, der 1989 im wirtschaftlichen Niedergang des Kommunismus endete, mit einer gewaltigen Staatsverschuldung und einem hohen Handelsbilanzdefizit bezahlen müssen. So ist der wirtschaftliche Aufschwung Japans und Deutschlands vor allem auch auf die Tatsache zurückzuführen, daß wesentlich weniger Geld in die Rüstung gesteckt wurde, als in anderen Industrienationen. Die weltweite Abrüstung stellt deshalb ein gewaltiges Einsparungs- und Umleitungspotential von Ressourcen dar. Insofern kann die Abrüstung den Aufbau neuer Sicherheitssysteme forcieren, zu neuen Wachstumsimpulsen im zivilen Bereich führen, die Staatsverschuldung in den USA reduzieren helfen und der wirtschaftlich darnieder liegenden Sowjetunion den Wiederaufbau der Marktwirtschaft erleichtern. Die Vergangenheit hat klar gezeigt, daß jeder Rüstungswettlauf kontraproduktiv für eine gesunde Volkswirtschaft ist und diese Gelder besser in die Ökologie, soziale Bereiche oder Entwicklungshilfeprojekte für die Dritte Welt geflossen wären. Neue transnationale Bündnissysteme werden helfen durch Ressourcenkonzentration Milliardenbeträge einzusparen und die ökologische Umgestaltung der Weltwirtschaft zu finanzieren.

MEGATRENDS	ABRÜSTUNG
T1	Internationale Abrüstungsbestrebungen
T2	Aufbau von neuen transnationalen Sicherheitsstrukturen (UNO-Bedeutung wächst)
T3	Aufbau weltweiter Sicherheitsstrukturen

- Staatsverschuldung

Die Folge der Wirtschaftspolitik der Vereinigten Staaten in den 80er Jahren war der Übergang Amerikas vom größten Gläubiger zum größten Schuldner der Welt mit einem gewaltigen Budget- und Handelsbilanzdefizit. Da die Rückerstattung der Auslandsschulden hohe Kosten verursachen wird, kann diese zu einer Lähmung des amerikanischen Wirtschaftswachstums in den 90er Jahren führen./156/ Zwar können die USA bei einer Entwertung der eigenen Währung die Schulden auf $-Basis leichter zurückbezahlen, dies geht jedoch vor allem zu Lasten des Hauptgläubigers Japan. Des weiteren sind in den USA durch den Bankrott der 'Loan'- und 'Saving'- Banken Sanierungskosten von etwa 400 - 500 Mrd US-$ entstanden, was ebenfalls noch zu großen Belastungen für die amerikanische Volkswirtschaft führen wird./157/ Die Konsequenz dieser Verschuldung ist, daß der Dollar seine Funktion als Schlüsselwährung der Welt verliert und Währungen wie die DM und der Yen immer mehr an Bedeutung gewinnen. Während die Weltdevisenreserven noch 1975 zu mehr als drei Viertel auf Dollar lauteten, ist dieser Anteil bis zum Ende der 80er Jahre auf weniger als 60 % abgesunken, gegenüber einem Anstieg des DM-Anteils von 9 auf 19 % und des Yen-Anteils von 2 auf 8 %./158/

Aber auch Japan steckt in einer tiefen Krise. Der Immobilien- und Aktienboom der 80er Jahre hat spekulative 'Seifenblasen' entstehen lassen, wie die bisher schlimmste Baisse an der Tokioter Börse im Jahr 1990 (ca. 50 %-iger Kursrückgang innerhalb von 10 Monaten) verdeutlicht. Die spekulativen Auswüchse wurden durch die Finanzgeschäfte der Unternehmen an den Wertpapierbörsen ('Zaitech') noch zusätzlich verstärkt. Falls einige japanische Banken in Liquiditätsschwierigkeiten geraten, könnte ein Abzug japanischen Kapitals von den US-Bondmärkten, das Zinsniveau in den USA auf hohem Niveau halten oder sogar in die Höhe schrauben, was eine mögliche Rezession verstärken würde. Hierbei wirkt ein durch den Ölpreisanstieg bewirkter Inflationsdruck noch verschärfend auf die angeführte Problemstellung.

Der Umbruch in Osteuropa sowie in der gesamten Sowjetunion hat einen solch immensen Kapitalbedarf zu Tage treten lassen, daß die führenden Industrienationen durch die immense Staatsverschuldung heute überfordert erscheinen, Kapital in ausreichender Menge zur Verfügung zu stellen. So lassen sich die Kosten der Deutschen Einheit auf mindestens 1.200 Mrd. DM bis zum Jahre 2000 beziffern, was einer jährlichen Neuverschuldung der Bundes- und Länderhaushalte von etwa 100 Mrd. DM (inclusive Zinszahlungen) bedeuten würde. Die alte Regel, daß derjenige der über seine Verhältnisse lebt, anfangen muß zu sparen, bekommt hier fundamentale Gültigkeit. Folgende Zahlen verdeutlichen den hohen Grad der Staatsverschuldung der Industrienationen (siehe Tabelle 2.7):[/159/]

Tab. 2.7: Staatsverschuldung der Industrienationen

Land	Staatschulden 1989 in % der Wirtschaftsleistung
Italien	97
Japan	68
USA	51
Frankreich	47
BR Deutschland	43
Großbritannien	40

MEGATRENDS	STAATSVERSCHULDUNG
T1	Zunahme der Staatsverschuldung
T2	Rückgang der Verteidigungsetats entlastet Staatshaushalte
T3	Belastung der Staatshaushalte durch ökologische Sanierungsprojekte

- Steuerpolitik

Die Steuerpolitik hat eine Schlüsselfunktion für die Wachstumsdynamik von Volkswirtschaften. Steuererleichterungen bringen Wachstumsimpulse, da sie den Verbraucher entlasten und die Investitionsbereitschaft der Unternehmer fördern. Darüberhinaus hat die Steuerpolitik auch regulierenden Einfluß auf die Investitionsbereiche der Unternehmen und das Konsumverhalten der Bürger. Die wesentlichste Aufgabe der Steuerpolitik der nächsten Jahre wird es sein, die ökologische Umgestaltung der Gesellschaft sinnvoll zu steuern. So ist zum Beispiel die Einführung einer 'Ökosteuer' bei gleichzeitiger Reduzierung der Unternehmensbesteuerung und der Einkommenssteuer ein probates Mittel, Unternehmen und Haushalte gemäß dem tatsächlichen Energieverbrauch und den benötigten Recyclingkosten zu besteuern. Somit kann die Steuerpolitik als Katalysator für die Einführung neuer Basistechnologien dienen und einen wesentlichen Beitrag zur Reduzierung der Schadstoffemissionen leisten. Zu dieser Thematik führte Alfred Herrhausen aus:/160/

"Wir brauchen ein Abgabensystem, das, wo immer möglich, vom Äquivalenzprinzip Gebrauch macht. Über Marktpreise, Gebühren, Beiträge und Zwecksteuern muß wieder ein direkter Bezug zu den Staatsleistungen hergestellt werden, die der einzelne in Anspruch nimmt. Nur dann tragen die Nutznießer auch die Kosten der öffentlichen Dienste und Güter."

MEGATRENDS	STEUERPOLITIK
T1	Besteuerung von hohen Energieverbräuchen
T2	Zunahme von Umweltsteuern und Besteuerung von Luxusgütern
T3	Steuererleichterungen für ökologieorientierte Investitionen

2.1.7 Verkehrswesen

Schlüsselfaktoren:
- Geographische Faktoren
- Energieversorgung
- Infrastrukturen
- Industriestandorte
- Verkehrstechnologien

▪ Geographische Faktoren

Die geographischen Gegebenheiten spielen bei der Nutzung verschiedener Verkehrsträger eine wesentliche Rolle. So sind zum Beispiel in Lateinamerika, aufgrund des tropischen Regenwaldes und Gebirgsketten, wie den Anden, Flugzeuge ein unverzichtbares Verkehrsmittel. Die Größe Amerikas, Australiens, Chinas und der Sowjetunion sowie der Inselcharakter der Staaten im Pazifikraum machen hier ebenso das Flugzeug zum idealen Instrument der Raumüberwindung. Überschwemmungen im indischen Subkontinent und äquatorialen Gebieten Afrikas führen regelmäßig zum Wegspülen von Straßen und Bahnstrecken und prädestinieren auch dort das Flugzeug als Verkehrsmittel für längere Strekken. Nur in dicht besiedelten Regionen wie Europa, Japan und Teilen der USA sind die geographischen Randbedingungen für die Nutzung von Hochgeschwindigkeitszügen optimal ausgeprägt.

MEGATRENDS	GEOGRAPHISCHE FAKTOREN
T1	Räumliche Integration im Pazifikraum (Inselstaaten)
T2	Europäische Geographie unterstützt die räumliche Integration
T3	Zunehmende Globalisierung der Verkehrsstrecken (große Distanzen)

- Energieversorgung

In den letzten 130 Jahren entwickelte sich der Weltprimärenergieverbrauch mit einer Wachstumsrate von etwa 2,2 % jährlich, wobei die Substitution älterer Energieträger nicht aus Kostengründen oder wegen mangelnder Vorräte erfolgte, sondern vor allem auf die höhere Energiedichte (technologische Effizienzsteigerung) des neuen Energieträgers zurückzuführen war.[/161/] So ist trotz der hohen Vorräte von Erdöl und Kohle der Primärenergieverbrauch der Bundesrepublik Deutschland (ohne ehemalige DDR) von Erdgas in den vergangenen Jahren stetig gestiegen und liegt heute gemessen am gesamten Primärenergieverbrauch bereits bei 15,6 %, gegenüber 35,8 % von Mineralöl, 21,1 % an Braunkohle und 15,6 % von Steinkohle.[/162/] Ebenso sind die nachgewiesenen Vorräte von Erdgas in den zurückliegenden Jahren viel schneller gestiegen als die von Erdöl, sodaß sich das Verhältnis Erdgas zu Erdölvorräten von 48 % im Jahre 1970 auf 91 % im Jahre 1985 zugunsten des Erdgases verschoben hat.[/163/]

Die Vorteile des Erdgases gegenüber Erdöl liegen in der hohen weltweiten Verfügbarkeit (keine seltenen Lagerstätten), in der Komprimierbarkeit und der thermischen Stabilität bis in Tiefen von rund 30 km.[/164/] Die Umweltfreundlichkeit von Methan zeigt sich darin, daß die NO_x-Emissionen niedriger sind als bei anderen Brennstoffen und rund 50 % weniger CO_2 als bei der Verbrennung von Kohle und 30 % weniger als bei der Verfeuerung von Heizöl entsteht.[/165/] Der Energieträger Erdgas hat somit das höchste Potential, den Weg in eine CO_2-freie Wasserstoffwirtschaft zu ebnen. Marchetti führt zur kommenden Bedeutung von Erdgas folgendes aus:[/166/]

"It will be at any case clear that the dominant primary fossil energy in the next 100 years will be natural gas, and that most of the CO_2 will come out of this combustion, even if it is the fuel with lowest carbon content and highest efficiency in use".

Der Preisverfall des Erdöls während der 80er Jahre ist im wesentlichen auf Effizienzsteigerungen im Energieverbrauch der führenden Industrienationen zurückzuführen. Dieser Trend kann sich vor allem durch die verstärkte Nutzung von Erdgas und Wasserstoff weiter verstärken. Folgende Übersicht zeigt die Effizienzsteigerung bei der Energieverwendung von Japan, Deutschland und den USA in den letzten 17 Jahren (siehe Tabelle 2.8):[/167/]

Tab. 2.8:	Effizienzsteigerung bei der Energieverwendung		
BSP/Energieverbrauch; 1973 = 100			
Land	1973	1979	1989
Japan	100	115.8	152.3
Deutschland	100	106,0	140.4
USA	100	109.8	148.2

Die 3. Ölkrise, die durch den Einfall des Irak in Kuwait induziert wurde, kann der Initiator zu einem radikalen Umdenkungsprozeß gegenüber dem Erdöl sein. Bedenkt man die gigantischen Militärausgaben, die die Präsenz Amerikas in der Golf-Region kostet, so könnte dies durchaus eine Abkehr der westlichen Industriestaaten vom Öl-Paradigma hin zu Erdgas (Methan) und Wasserstoff induzieren. Die bei einer vermehrten Nutzung von Erdgas errichteten Infrastrukturen, könnten darüberhinaus auch bei einer zukünftigen Wasserstoffwirtschaft genutzt werden. Die größten Reserven für Erdgas liegen in der Sowjetunion und im Nahen Osten (siehe Tabelle 2.9):/168/

Tab. 2.9: Erdgasförderung und Erdgasreserven der Welt		
Region	Erdgasförderung 1988 in Mrd. m^3	Erdgasreserven 1988 in Mrd. m^3
UDSSR/Osteuropa	827	43.280
Naher Osten	89	33.457
Nordamerika	562	7.989
Ferner Osten/Austr.	139	7.769
Welt gesamt	1.943	111.820

Bemerkenswert ist auch, daß bisherige Depressionsphasen der Wirtschaft durch die Sättigungsphase des jeweiligen Primärenergieträgers gekennzeichnet waren./169/ Da sich der Energieträger Erdöl momentan in dieser Sättigungsphase befindet, könnte dies ein Indikator für eine schwere Rezession (siehe Kapitel Wirtschaft), ja sogar Depression, in dem 90er Jahren sein. Danach könnte die verstärkte Nutzung von Erdgas einen neuen Innovationsschub auslösen, von dem insbesondere die Sowjetunion, die über große Erdgasvorkommen verfügt, profitieren würde.

MEGATRENDS	ENERGIEVERSORGUNG
T1	Einsparung von Energie und Effizienzsteigerung
T2	Vermehrte Nutzung von Erdgas und alternativen Energien
T3	Aufbau von Solarkraftwerken und H_2-Produktionsstätten

- Verkehrsinfrastrukturen

- Infrastrukturwachstum

Verkehrsinfrastrukturen sind Schlüsselinnovationen innerhalb langfristiger Zyklen von Basistechnologien und wirtschaftlichen Wellenbewegungen. Innovationen, die technische, wirtschaftliche und soziale Anforderungen von Gesellschaftssystemen besser gelöst haben als Vorgängertechnologien, haben diese allmählich ersetzt beziehungsweise deren Marktanteil reduziert./170/ Insbesondere die Integration Europas, wo sich das Transportvolumen in Ost-West-Richtung bis zum Jahr 2010 verzehnfachen wird, macht neue Verkehrsinfrastrukturen nötig, die einen Zusammenbruch des Transportsystems durch Staus und Verspätungen verhindern./171/ Zum evolutionären Strukturwandel im Transportsektor führt Grübler aus:/172/

"Thus, the long-term development and structural changes in the transport sector portray features of self-organizing systems."

Der Luftverkehr hatte im Hinblick auf Geschwindigkeit, Flexibilität und Dienstleistungsqualität die besten Voraussetzungen, ältere Technologien wie die Bahn und das Automobil in fast allen Bereichen des Passagierverkehrs über längere Strecken (etwa über 1000 km) zu eliminieren./173/

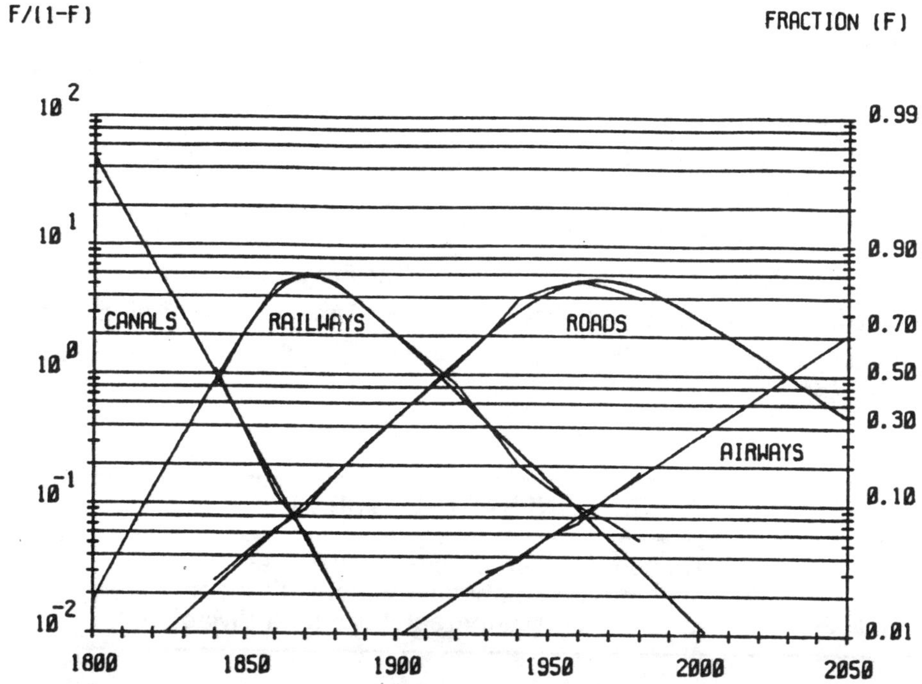

Quelle: IIASA

Abb. 2.2: Substitution der Verkehrsinfrastrukturen (Streckenlängen) in den USA

Trotzdem bleiben ältere Infrastrukturen bestehen und es bilden sich in bestimmten Marktsegmenten neue hinzu (wie zum Beispiel Hochgeschwindigkeitszüge). Heutige und zukünftige Transportsysteme mit komplexen Infrastrukturen brauchen länger für die Expansion und wahrscheinlich auch für den gesamten Lebenszyklus als ihre Vorgänger, was Abbildung 2.2 für das Wachstum der Eisenbahnstrecken, des Straßennetzes sowie der Luftstraßen in den USA verdeutlicht./174/ Wie aus den Marktanteilen F erkennbar ist, wird der Anteil der Luftverkehrsstraßen erst im Jahr 2030 den gleichen Marktanteil wie das Straßennetz erreicht haben. Bedeutsam beim stetigen Wachstum der Verkehrsinfrastrukturen ist die Tatsache, daß diese durch die Depression in den Dreißiger Jahren und den 2. Weltkrieg keine markanten Trendbrüche aufweisen./175/ Dies bedeutet das zukünftige politische Krisen oder weltwirtschaftliche Abschwünge wahrscheinlich keinen markanten Trendbruch im Wachstum der Luftverkehrsinfrastrukturen induzieren werden, weshalb diese Entwicklung homeostatisch genannt werden kann./176/

- Verkehrsflughäfen

Der Ausbau und Neubau von Verkehrsflughäfen stößt heute durch die hohe Siedlungsdichte und die vermehrte Ökologieorientierung vermehrt auf Widerstände in der Bevölkerung. Zwar wird es vereinzelt noch neue Großflughäfen geben, der Schlüssel zur Bewältigung des Luftverkehrswachstums liegt jedoch in Effizienzsteigerungen bei bestehenden Infrastrukturen und der Einführung neuer Technologien. Eine Möglichkeit, Lärm von der Bevölkerung fernzuhalten, könnte im Bau von Verkehrsflughäfen in Meeresbuchten liegen. Dies gilt insbesondere im Hinblick auf zukünftige Überschall- und Hyperschallflüge, wo Flughäfen durch die immense Lärmentwicklung vor den Küsten oder in dünn besiedelten Regionen liegen müssen. Wichtig beim Neubau solcher transnationaler 'Super-Hubs' (auch 'Remote Transfer Airports' genannt) ist, daß bei diesen die Integration von Wasserstoff- oder Erdgas-Versorgungsanalgen berücksichtigt wird. Der Bau des japanischen 'Kansai'-Flughafens bei Osaka kann beispielhaft für zukünftige Flughäfen auf dem Meer sein, die den Vorteil haben, daß jahrzehntelange Planfeststellungsverfahren vermieden werden können. Der Flughafen, dessen Kosten sich auf 1 Bio. Yen belaufen, besitzt eine Startbahn von 3.500 m Länge und eine Kapazität von 30 Millionen Passagieren, die in einer zweiten Ausbaustufe problemlos verdoppelt werden könnte./177/178/

MEGATRENDS	VERKEHRSINFRASTRUKTUREN
T1	Ausbau der Verkehrsinfrastrukturen
T2	Ausbau von Hochgeschwindigkeitsbahnnetzen
T3	Ausbau von Magnetbahnstrecken ('Maglevs')

- Industriestandorte

Industriestandorte bilden ein Sammelbecken für Millionen von Menschen wie Chicago, Tokio, Sao Paulo, Mexiko City oder Shanghai belegen. Der Handel findet primär sowohl in Binnenmärkten, als auch auf den Weltmärkten, zwischen den großen Industriestandorten statt, so daß sich die Verkehrsinfrastrukturen zwischen diesen Standorten bildeten. Hierbei spielt es keine Rolle, ob diese Städte als Industrie-, Dienstleistungs- oder Informationsstandorte anzusehen sind. Wesentlich ist, daß zwischen diesen Sammelbekken nationaler und transnationaler Handel stattfindet. Die zu beobachtende Dezentralisierung und Fragmentierung von Wirtschaftszweigen führt zu großen Verkehrsdrehscheiben und zu einer Vielzahl von Zubringerwegen zu diesen Knotenpunkten. Im amerikanischen Luftverkehr ist dieses System als 'Hub and Spoke'- System bekannt geworden. Der Weg in eine integrierte Weltwirtschaft wird transnationale 'Hubs' entstehen lassen, deren Anbindung an nationale Verkehrsknotenpunkte durch Hochgeschwindigkeitszüge und Magnetbahnen erfolgen könnte.

MEGATRENDS	INDUSTRIESTANDORTE
T1	Dominanz von Industriestandorten nimmt ab
T2	Dominanz von Dienstleistungsstandorten
T3	Bedeutung von Informationsstandorten wächst

- Verkehrstechnologien

Die Einführung neuer Verkehrstechnologien wird durch die zunehmende Sättigung bestehender Infrastrukuren immer dringlicher. Die Staus auf deutschen Autobahnen oder die Verspätungen im europäischen Luftverkehr zeigen deutlich, daß bestehende Verkehrssysteme an Kapazitätsgrenzen gestoßen sind. Insbesonders für Deutschland wird durch die West-Ost-Öffnung eine Erhöhung der Verkehrsdichte eintreten, wobei hier nur noch durch intelligente Verkehrsleit- und Informationssysteme oder neue Verkehrssysteme, wie Hochgeschwindigkeitszüge oder Magnetbahnen, eine Entlastung herbeigeführt werden kann. Die Weiterentwicklung bestehender Verkehrsmittel ist insbesondere unter den Prämissen einer wirksameren Energieausnutzung und einer geringeren Umweltbelastung zu sehen (Solar-, H_2-, Elektro-Automobile). Daneben werden sich zukünftige Verkehrsmittel durch eine höhere Intelligenz und Kommunikationsfähigkeit sowie höhere Geschwindigkeiten auszeichnen.[/179/] Als neue Verkehrssysteme sind vor allem Hochgeschwindigkeitszüge auf konventioneller Basis und Magnetbahnen, wie der deutsche 'Transrapid' oder der japanische 'Maglev', als potentielle Konkurrenten für den Luftverkehr zu untersuchen.

- Hochgeschwindigkeitszüge

Zukünftiger Schnellbahnverkehr ist besonders für Entfernungen von 200 bis 1.000 km für Tagesreisen und bis 2.500 km für Nachtreisen geeignet, wobei hierfür die geographische Verteilung der Großstädte in der europäischen Gemeinschaft besonders günstig erscheint.[/180/] Eine Verkürzung der Fahrzeiten des Schienenverkehrs gegenüber heute um etwa die Hälfte wird die Bahnen gegenüber dem Flugzeug nur unwesentlich konkurrenzfähiger machen. Das technologische Entwicklungspotential von Eisenbahnen scheint bei

Geschwindigkeiten um 500 km/h ausgeschöpft zu sein, da der relative Leistungszuwachs an technologische Grenzen stößt. Wie bereits zuvor aus Abbildung 2.2 ersichtlich war, ist der Marktanteil der Eisenbahnen seit 1875 stetig zurückgegangen, so daß aus integraler Sicht eine Trendwende äußerst unwahrscheinlich ist. Es erscheint realistisch, daß die direkte Verbindung von Nachbarstädten bis zu 500 km Entfernung dem Luftverkehr Marktanteile nehmen kann. Strecken wie München-Wien, Stockholm-Rom oder Hamburg-Madrid können kaum vom konventionellen Bahnverkehr substituiert werden, möglicherweise aber durch den Einsatz von Magnetbahnen.

- Magnetschwebebahnen

Die Argumente, die für ein Magnetbahn-Hochgeschwindigkeitsnetz in Europa sprechen, sind die geringere Luftverschmutzung gegenüber dem Strassen- und Luftverkehr und die wirtschaftliche Schubwirkung in der europäischen Maschinenbauindustrie. Außerdem ist insbesondere bei langen Fahrstrecken, der enorme Zeitvorteil von Personen- sowie Autoreisezügen gegenüber dem PKW zu beachten. Ein Hochgeschwindigkeitsnetz kann also sowohl für den PKW-Verkehr im Langstreckenbereich, als auch für den Luftverkehr im Kurzstreckenbereich als attraktive Alternative aufgefaßt werden. Die entscheidende Frage ist jedoch, ab welcher Geschwindigkeit Züge zu einem ernsthaften Konkurrenten für bestehende Verkehrssysteme werden können. Magnetschwebebahnen mit Geschwindigkeiten um 500 km/h würden die heute möglichen Reisegeschwindigkeiten von Hochgeschwindigkeitszügen nochmals verdoppeln. Marchetti sieht deshalb in Magnetschwebezügen mit Geschwindigkeiten über 500 km/h die einzigen realistischen Wettbewerber zu Flugzeugen:[/181/]

"These trains moving at a mean speed of 500 km (better 1.000) are perfectly equivalent to an airplane, as the traveler sees basically only speed (and cost!)."

Deutschland und Japan sind führend in der Magnetbahntechnologie. So möchte Japan beispielsweise bis zum Jahr 2004 die Hauptstadt Tokio mit Osaka verbinden, wobei die Kosten auf etwa 65 Mrd. DM geschätzt werden.[/182/] Die Schweiz plant ein unterirdisches Tunnelsystem für ca. 8 Mrd Fr., in dem Magnetbahnen ('Swissmetros') die Schweizer Großstädte verbinden sollen.[/183/] Durch teilweisen Luftentzug aus den Röhren, könnte der Luftwiderstand erheblich vermindert werden, wobei geschätzt wird, daß der Energieverbrauch bei einer Geschwindigkeit von 400 bis 500 km/h nur etwa 1/8 so groß wäre, wie der des französischen TGV bei Tempo 250 km/h.[/184/]

- Tilt-Rotor-Konzept

Eine interessante Alternative zu den herkömmlichen Flugzeugen sind die sogenannten 'Tilt-Rotor'-Flugzeuge, die senkrecht starten und anschließend in den Horizontalflug übergehen. Vorteil dieses Konzepts sind die der geringe Platzbedarf und die Zeiteffizienz bei Starts und Landungen. Japan plant ein Klein-Passagierflugzeug (TW-68) dieses Typs unter Führung der Toyota-Gruppe, daß ab dem Jahr 1997 etwa 18 Passagiere befördern soll.[/185/] Zwar ist dieses Flugzeug eher als Konkurrenz für Hubschrauber anzusehen, jedoch könnten größere Flugzeuge dieser Technologie angesichts der Kapazitätsbeschränkungen an Verkehrsflughäfen durchaus Kurzstreckenflugzeuge substituieren. Hierbei ist vor allem an eine Verlagerung des Inlandverkehrs von großen 'Hubs' auf Regionalflughäfen zu denken.

- Raumfahrtprojekte

Durch den Wegfall des Ost-West-Konfliktes hat die Raumfahrt eine wesentliche Triebfeder verloren. Die Raumfahrt verursacht heute gewaltige Forschungs-, Entwicklungs- und Betriebskosten. So werden die 'F+E'-Kosten für den Bau des Raumgleiters Hermes auf etwa 8,5 Mrd. DM, die Forschungsmodule der Raumstation Columbus auf etwa 10,8 Mrd. DM und für die Ariane-Rakete auf etwa 8,6 Mrd. DM beziffert.[/186/] In einem Umfeld knapper Liquidität und der Bewältigung der ökologischen Strukturprobleme wird sich die Raumfahrt während der nächsten 10 Jahre in einer sehr schwierigen Orientierungsphase befinden, wobei es vor allem gilt, Subventionen des Staates durch privatwirtschaftliche Initiative zu ersetzen. Dies kann nur durch stärkeres Engagement von multinationalen Großfirmen und die stärkere Integration von kleinen und mittelständischen Unternehmen in Raumfahrtprojekten erfolgen. Hierbei müssen Raumfahrtprojekte vermehrt den Veränderungen in der Systemumwelt Rechnung tragen, beispielsweise durch satellitengestützte Erdbeobachtung, die einen wesentlichen Beitrag zur Lösung von Umweltfragen, zur Bekämpfung von Umweltverbrechen und zur Klimaforschung liefern kann. Daneben trägt die weltraumgestützte Telekommunikation, Ortung und Navigation (Beispiel GPS) in hohem Maße dazu, bestehende Infrastrukturen und Dienstleistungen zu verbessern. Auch die Kontrolle von Abrüstungsabkommen kann durch Aufklärungssatelliten nachhaltig verbessert werden. Diese Beispiele zeigen, wo ein konkreter Bedarf für die Raumfahrt besteht, den die Industrie kommerziell nutzen kann.

Die Entwicklung der Verkehrsflugzeugbranche wird in Zukunft enger mit der Entwicklung des Raumfahrtbranche gekoppelt sein, da neue 'Aerospace'-Projekte wie 'Sänger' an der Schnittstelle zweier bisher getrennt verlaufener Technologiezweige stehen.[/187/] Die Synthese dieser beiden stark wissensorientierten Zweige muß vor allem auf den Markt ausgerichtet sein, um zukünftige Kundenbedürfnisse optimal zu befriedigen. Erst die verstärkte Zeitorientierung und der Aufbau der Wissensgesellschaft am Anfang der ersten Dekade des 21. Jahrhunderts wird den Bedarf nach Raumflügen und Raumstationen erheblich ansteigen lassen. Deshalb müssen Prestigeobjekte wie Sänger oder Hermes zeitlich in die Zukunft verlagert werden, um mit bestehenden Budgets zur Lösung von aktuellen Problemen beizutragen.

MEGATRENDS	VERKEHRSTECHNOLOGIEN
T1	Aufbau von intelligenten Verkehrsleitsystemen
T2	Einführung neuer Verkehrssysteme (Elektro-, H_2-, Solar-Automobile, Magnetbahnen)
T3	Starke Zunahme von Raumfahrtprojekten

2.2 Schlüsselfaktoren und Megatrends Verkehrsflugzeugbranche

2.2.1 Verkehrsflugzeugmarkt

Schlüsselfaktoren:
- Luftverkehrspolitik
- Industriepolitik
- Marktstrukturen
- Luftverkehrswachstum
- Träger von Regelfunktionen

- Luftverkehrspolitik

Die luftverkehrspolitischen Ziele der einzelnen Staaten sind, die Sicherheit im Luftverkehr zu verbessern, dessen Zuverlässigkeit und Leistungsfähigkeit zu erhöhen, die Wirtschaftlichkeit des Luftverkehrs zu steigern, den Umweltschutz zu fördern sowie eine verstärkte internationale Zusammenarbeit anzustreben./188/ Darüberhinaus hat die Luftverkehrspolitik durch ihren regelnden Charakter, auch eine starke Wirkung auf die Verkehrsflugzeugbranche und deren Marktteilnehmer.

Der Eintritt in den Luftverkehrsmarkt wird durch eine Vielzahl staatlicher Maßnahmen erschwert. Hierzu gehören staatliche Vorschriften und Konzessionen, die Verfügbarkeit von internationalen Verkehrsrechten sowie die Gewährleistung der Lufttüchtigkeit. Das Nichterteilen einer Luftverkehrszulassung für den amerikanischen oder europäischen Binnenmarkt kann für einen Flugzeugproduzenten eine erhebliche Beeinträchtigung seines Absatzmarktes darstellen. Auch schon eine verzögerte Zulassung, um die Absatzchancen der heimischen Industrie zu unterstützen, ist ein Instrument, um auf ausländische Flugzeughersteller politischen Druck auszuüben. Der Aufbau einer europäischen Zulassungsbehörde stärkt deshalb vor allem auch die europäische Industriepolitik. Die Kopplung zwischen Luftverkehrspolitik und Industriepolitik zeigt sich auch bei nationalen Konzentrationen im Flugzeugbau und internationalen Kooperationsprojekten. Oft wird von Regierungsseite Druck auf die 'Flag-Carrier' ausgeübt, Flugzeuge eines bestimmten Herstellers zu kaufen. Beispielsweise hat die französische Regierung ein großes Interesse daran, daß Air France Airbus-Flugzeuge ordert und daß die 'Flag-Carrier' der anderen Partnerländer ebenso handeln.

- Luftverkehrsmarkt

Die Entwicklung des Luftverkehrsmarktes ist im wesentlichen von der Entwicklung der Luftverkehrsnachfrage geprägt, wobei hier im wesentlichen Veränderungen in der Kostenstruktur des Luftverkehrs und der Einkommensstruktur der Kunden eine Rolle spielen. Abbildung 2.3 gibt einen Überblick über die wesentlichen Ausprägungen des Luftverkehrsmarktes. Der Luftverkehr zeichnet sich im Vergleich zu anderen Verkehrsarten durch seine hohe Netzbildungsfähigkeit, seine hohe Transportgeschwindigkeit, seine von der Geographie unabhängige Streckenführung sowie seine Berechenbarkeit aus, wozu Newhouse ausführt:/189/

"Whatever may be said against the world's air travel system, it does manage each day to move vast numbers of people from place to place in considerable harmony with schedules, and with an exceptionally high degree of safety."

- Amerikanische Deregulierung

Im amerikanischen Binnenmarkt sind im Rahmen der Deregulierung ('Airline Deregulation Act' von 1978) die Firmengründungen und in der Folge die Firmenübernahmen erheblich gestiegen. So schnellte im Zeitraum von 1978 bis 1984 die Gesamtzahl der amerikanischen Linienfluggesellschaften trotz 160 Konkursen und zahlreichen Fusionen von 36 auf 123 hoch./190/ Der verschärfte Wettbewerb führte dazu, daß viele neue Gesellschaften sich auf die wenigen profitablen Strecken konzentrierten. Bedienten im Jahr 1978 die großen 'Carrier' noch 470 Flughäfen, so flogen diese Ende 1988 nur noch 232 große Flughäfen an./191/ Die Folge war daß sie alle gemeinsam Geld verloren, anstatt Gewinne zu erzielen. Hierzu bemerkte Jack Parker, der ehemalige Vizepräsident von General Electric:/192/

"I just don't know of an industry that is more dedicated to self-liquidation than the airline industry, the way it handles its fare problems"

Die Deregulierung zielt auf individuelle Produkt- und Preispolitik. Dies hohe Maß an Flexibilität bei den Routen und den Preisen, hat jedoch dazu geführt, daß die amerikanische Airline-Industrie zu einem Oligopol wurde, die Verluste stark anstiegen, der Kundendienst sich verschlechterte und die Flugzeugwartung vernachlässigt wurde./193/ Insgesamt sind die Flugpreise von 1978 bis 1985 in den USA (bei konstantem $-Wert) um mehr als 15 % gesunken, wobei die 'Discount'-Angebote stark gewachsen sind und 1987 mehr als 90 Prozent der Einnahmen im inneramerikanischen Luftverkehr ausmachten, wobei die Tarife im Mittel 60 % unter den Normaltarifen lagen./194/

- Europäische Liberalisierung

In Europa wird keine Deregulierung wie in den USA stattfinden, da Kapazitätsprobleme und nationale Interessenkonflikte diesem entgegenwirken. Deshalb werden die Vorgänge in Europa besser mit dem Wort Liberalisierung umschrieben, jedoch werden hier ebenfalls Konzentrationsprozesse stattfinden, sei es durch Übernahmen oder durch die Bildung von Kooperationen, wobei insbesondere kartellrechtliche Bestimmungen der einzelnen Länder oder auch der europäischen Gemeinschaft zu beachten sind. Durch den härteren Wettbewerb in der EG werden zunächst die Gewinnmargen der Luftverkehrsgesellschaften schrumpfen, um nach einem harten Verdrängungswettbewerb um Marktanteile wieder anzusteigen. Der Gefahr einer Verringerung der Sitzladefaktoren werden die Luftverkehrsgesellschaften mit Kostensenkungsmaßnahmen, optimierten Flugbuchungssystemen sowie strategischen Allianzen begegnen müssen.

Die Liberalisierung des Luftverkehrs in Europa bedeutet, daß bisherige nationale Befugnisse an europäische Institutionen übergeben werden./195/ Endziel des liberalisierten Luftverkehrs in Europa wird sein, daß jede Fluggesellschaft zwischen jedem Flughafen der europäischen Gemeinschaft verkehren kann, ohne das die Flugpreise oder Kapazitäten Preiskartellen oder einer staatlichen Genehmigung unterliegen. Die wird Veränderungen in den Tarifstrukturen hervorrufen und eine stärkere Nutzung des Transportmittels Flugzeug in Europa begünstigen. Ob dies dann tatsächlich zu großen Preissenkungen führt, bleibt abzuwarten, da durch den Charterverkehr ein wesentliches Liberalisierungselement in Europa bereits vorweggenommen wurde. Für den Charterverkehr werden durch die Konkurrenz der staatlich subventionierten Linienfluggesellschaften härtere Zeiten anbrechen. Ein Preiskrieg in Europa wird durch die EG-Ratsrichtlinie vom 14. 12. 1987 verhindert, die vorschreibt, daß Tarife durch die Regierungen der beteiligten Staaten genehmigt werden müssen und 'Discounts' (max. 35 %) oder 'Superdiscounts' (max. 55 %) nur im Rahmen von Flexibilitätszonen, die Restriktionen bezüglich der Verwendbarkeit der Tickets unterliegen, gewährt werden können./196/ Da in Europa ab 1993 die zollfreien Verkäufe abgeschafft werden sollen und auf den innereuropäischen Luftverkehr eine Mehrwertsteuer erhoben werden soll, ist nur ein geringer Spielraum für Preissenkungen gegeben./197/

- Transnationale Deregulierung

Das Fernziel der Luftverkehrspolitik muß eine transnationale Deregulierung sein, die den Bilateralismus überwindet und zu neuen multilateralen Abkommen führt. Da bilaterale Abkommen eine besondere Form des Protektionismus darstellen, wäre es sinnvoll die GATT-Prinzipien des freien Welthandels auch auf den Luftverkehrsmarkt anzuwenden./198/ Da die Regierungen ihre Staatsanteile an 'Flag-Carriern' zusehends verringern, die Deregulierung der Binnenmärkte voranschreitet und die Globalisierung der Luftverkehrsnachfrage sowohl im Tourismusbereich, als auch im Geschäftsreiseverkehr stetig ansteigt, werden multilaterale Lösungsansätze zukünftig immer dringlicher werden. In einer transnationalen Gesellschaft sind folgende Prinzipien notwendig, wobei diese teilweise auch eine Revision der nationalen Rechtsprechungen erfordern:/199/

- keine Diskriminierung ausländischer Airlines und Wegfall von Meistbegünstigungsklauseln
- freier Marktzugang für ausländische Airlines
- Gleichstellung von ausländischen und nationalen Airlines
- freie Beteiligung von ausländischen an nationalen Airlines
- Verpflichtung zu fortschreitender Liberalisierung
- Eliminierung von Subventionen für nationale Airlines
- Unterstützung der Airlines aus Entwicklungsländern

MEGATRENDS	LUFTVERKEHRSPOLITIK
T1	Nationale Konzentrationen im Flugzeugbau und europäische Deregulierung
T2	Internationale Kooperationsprojekte und internationale Deregulierung
T3	Transnationale Projekte bei der Entwicklung von Überschallflugzeugen und transnationale Deregulierung

- Industriepolitik

Die Luft- und Raumfahrtindustrie ist wegen ihrer Technologieintensität und den vielfältigen Multiplikatoreffekten von strategischer Schlüsselbedeutung für hochindustrialisierte Staaten./200/ So hat die USA stets darauf geachtet, eine Abschächung der Wettbewerbsposition ihrer Luftfahrtindustrie zu vermeiden:/201/

"..., it is in the national security interest of the United States to have a viable civil aviation industry - including both airlines and aircraft manufacturers."

Die nachfolgenden Aktivitäten kennzeichnen die Industriepolitik und sind für das Gesamtsystemverständnis von besonderer Bedeutung:

- Verteidigungspolitik
- Handelspolitik
- Förderung von 'F+E'-Vorhaben
- Technologietransfer
- Wohlfahrtsökonomische Aspekte

- Verteidigungspolitik

Durch die starke Inderdependenz des militärischen Flugzeugbaus mit den außenpolitischen Zielvorstellungen der Regierungen, treten stets Rückkopplungseffekte mit dem zivilen Flugzeugbau auf. In den ersten Jahrzehnten nach dem 2. Weltkrieg stimulierte die Entwicklung der Militärflugzeuge den zivilen Flugzeugbau. Dieser Trend scheint sich immer mehr umzukehren, wie verbesserte Wirtschaftlichkeit und Wartbarkeit, der Einsatz von 'Flight-Management'-Systemen sowie die Verwendung von Verbundwerkstoffen bei Zivilflugzeugen belegen. Bis ins Jahr 2000 hinein wird der zivile Flugzeugbau den militärischen noch weiter zurückdrängen und somit die innovative Vorreiterrolle übernehmen. In einem Umfeld der internationalen Abrüstung und der hohen Staatsverschuldung werden die Verteidigungsetats weiter zurückgehen. Hierbei können vermehrt Gelder in die Realisierung ziviler Flugzeugprojekte umgelenkt werden. Die politische Durchsetzung von Flugzeugprojekten wie den europäischen Jäger 90 in einer Zeit des historischen Wandels muß im Hinblick auf die Wählergunst der politischen Parteien als äußerst fragwürdig angesehen werden. Der Rückgang des amerikanischen Verteidigungsetats zu Beginn der 90er Jahre hat vor allem die Erträge von McDonnell Douglas reduziert, deren Anteil an Militärprojekten wesentlich größer ist als bei Boeing (siehe Tabelle 2.10):/202/203/204/

Tab. 2.10: Umsatzbereiche bei Boeing und McDonnell Douglas

Bereich	in % der Umsätze Boeing 1986	1990	McDonnell Douglas 1986	1990
Zivile Flugzeuge	59,5	70,9	28,8	28,8
Militärflugzeuge	29,9	20,6	46,1	43,8
Raketen	6,9	4,4	15,7	17,3
Sonstiges	3,8	4,0	9,3	10,0

Der Rückgang des militärischen Flugzeugbaus in den USA kann dazu führen, daß der zivile Flugzeugbau bei Produzenten wie Lockheed oder General Dynamics (Convair) wieder aufgenommen wird. Deshalb sind 'Joint-Ventures' dieser traditionsreichen Luftfahrtfirmen mit europäischen oder japanischen Flugzeugbauern zukünftig durchaus denkbar.

- Handelspolitik

In der Anfangsphase wurde die amerikanische Verkehrsflugzeugbranche durch Handelshemmnisse wie dem 'Buy-American-Act' (Schlechterstellung ausländischer Mitbewerber um 12 %), durch Einfuhrzölle auf importierte Flugzeuge und die 'Dumping'-Gesetzgebung geschützt./205/ Die US-amerikanische Luftfahrtindustrie sieht sich heute einem Wettbewerb mit den Regierungen der europäischen Airbus-Partnerländer ausgesetzt. Langfristig muß hier eine privatwirtschaftliche Verantwortlichkeit für europäische Flugzeugprojekte angestrebt werden. Es sollte jedoch beachtet werden, daß amerikanische Luftfahrtfirmen in hohem Maße mit Rüstungsaufträgen unterstützt werden. Wie wichtig der Flugzeugbau für die Vereinigten Staaten ist, zeigt am besten die Gegenüberstellung des zivilen Umsatzes von Boeing mit dem Bruttosozialprodukt, der Industrieproduktion und dem Fahrzeugbau (siehe Tabelle 2.11):/206/207/

Tab. 2.11: Boeing-Anteil am Bruttosozialprodukt, der Industrieproduktion und dem Fahrzeugbau in den USA

USA (Preise von 1980)	Absolute Zahlen in Mrd. US-$			
E=geschätzt	1984	1988	1994	2000
Bruttosozialprodukt	2.983	3.429	3.990E	4.670E
Industrieproduktion	668	791	921E	1.092E
Prod. Fahrzeugbau	73	84	97E	110E
Ind.prod. in % BSP	22,4	23,1	23,1	23,4
Boeing-Umsätze ziv.	6,1	12,2	22,0E	18,0E
Boeing-U. in % BSP	0,20	0,35	0,55	0,39
Boeing-U. in % I.p.	0,91	1,55	2,39	1,65
Boeing-U. in % F.b.	8,35	14,52	22,68	16,36

So erwirtschaftete im Jahr 1983 die amerikanische Luftfahrtindustrie 2,2 % des Bruttosozialproduktes der USA./208/ Boeing allein wird zu Beginn der 90er Jahre etwa 0,5 Prozent des Bruttosozialproduktes, 2,4 Prozent der Industrieproduktion und 22,7 Prozent der Produktion der Fahrzeugbaus in den USA erwirtschaften. Untersucht man die Anteile an der weltweiten Industrieproduktion in den USA, der EG und von Japan, so zeigt sich folgendes Bild (siehe Tabelle 2.12):/209/

Tab. 2.12: Anteile an der weltweiten Industrieproduktion in den USA, der EG und von Japan

(Preise von 1980)	Absolute Zahlen in Mrd. US-$			
E=geschätzt	1984	1988	1994	2000
I.p. USA	668	791	921E	1.092E
I.p. EG	849	941	1.089E	1.257E
I.p. Japan	412	520	662E	843E
I.p. Welt	2.067	2.412	2.855E	3.399E
I.p. USA in % Welt	32,3	32,8	32,2	32,1
I.p. EG in % Welt	41,1	39,0	38,1	37,0
I.p. JAPAN in % W.	19,9	21,6	23,2	24,8

Der Kampf um Marktanteile im Flugzeugbau wird im wesentlichen ein Dreikampf zwischen den Wirtschaftsblöcken der weltwirtschaftlichen Triade werden. So hat Japan größtes Interesse, Marktanteile am zivilen Flugzeugbau, einem der bedeutendsten 'High-Tech'-Märkte der Welt, zu erobern. Trotz der hohen Industrieproduktion Japans wird dies in der Anfangsphase kaum ohne staatliche Subventionierung gelingen können. Hinzu kommt, daß durch die Öffnung Osteuropas, Europa und insbesondere die europäische Gemeinschaft, weiter an Bedeutung gewinnen werden. Das Beispiel der USA und Europas hat gezeigt, wie wichtig leistungsfähige Verkehrsmärkte für den Aufbau einer zivilen Flugzeugproduktion sind. In den USA betrugen die Leistungen des Verkehrs- und Kommunikationsbereiches im Jahr 1988 etwa 6,4 % des gesamten Bruttosozialproduktes, wobei dieser Anteil bis zum Jahr 2000 auf etwa 8 % steigen wird (siehe Tabelle 2.13):/210/

Tab. 2.13: Leistungen des Verkehrs- und Kommunikationsbereiches am Bruttosozialprodukt in den USA, der EG und von Japan

(Preise von 1980)	Absolute Zahlen in Mrd. US-$			
E=geschätzt	1984	1988	1994	2000
V./K. USA	181	218	282E	355E
V./K. EG	200	235	289E	355E
V./K. Japan	74	84	99E	119E
V./K. Welt	500	589	733E	903E
V./K. USA in % Welt	36,2	37,0	38,5	39,3
V./K. EG in % Welt	40,0	39,9	39,4	39,3
V./K. JAPAN in % W.	14,8	14,3	13,5	13,2
USA, EG, J in % W.	91,0	91,2	91,4	91,8

Dies verdeutlicht, daß Japan nur durch die Integration eines pazifischen Binnenmarktes höhere Weltmarktanteile bei Verkehrs- und Kommunikationsdienstleistungen erreichen kann. Dies dürfte, trotz der hohen Industrieproduktion, die wesentliche Voraussetzung für den Aufbau einer eigenständigen japanischen Flugzeugproduktion sein.

- Förderung von 'F+E'-Vorhaben

Forschungs- und Entwicklungsvorhaben in der Verkehrsflugzeugbranche werden durch die Regierungen stark gefördert, wie zum Beispiel Entwicklungsaufträge der NASA (National Aeronautics and Space Administration), des DoD (Department of Defense) oder der FAA für die USA belegen.[/211/] Bei der Förderung von 'F+E'-Vorhaben spielt auch der Prestigeaspekt eine Rolle, in bestimmten 'High-Tech'-Bereichen führend zu sein.

Kennzeichnend für die Realisierung neuer Technologievorhaben im Flugzeugbau werden auch in Zukunft die langen Anlaufzeiten und die hohen Aufwendungen für die Entwicklung sowie für die Erstellung von Produktionsanlagen sein.[/212/] Diese hohen Investitionen sind jedoch für die Sicherung der zukünftigen Lebensfähigkeit der Flugzeughersteller unumgänglich. Wie hoch diese Kosten sind zeigt das Beispiel Airbus Industrie, wo in den zurückliegenden Jahren etwa 15 Mrd. DM an Subventionen hineinflossen.[/213/]

Bei den Pro-Kopf-Aufwendungen für 'F+E' führt Japan mit 550 US-$, vor der Bundesrepublik mit 520 US-$ und den USA mit 500 US-$.[/214/] Um im internationalen Wettbewerb bestehen zu können, müssen die führenden Industrienationen ihre 'F+E'-Aufwendungen weiter erhöhen, da die Bedeutung von 'Know-How' als Handelsware zunehmen wird. Hierbei werden zukünftig international orientierte Vorhaben (z. B. 'F+E'-Förderung innerhalb der EG) von wesentlicher Bedeutung sein, um schneller bereits verfügbares 'Know-How' nutzbar zu machen, und somit Zeitvorteile zu erzielen.

- Technologietransfer

Der heute erfolgreichste Weg technologischen Anschluß an Spitzentechnologien zu gewinnen, ist die internationale Zusammenarbeit durch Lizenznahme oder gegenseitige Arbeitsteilung. Hierbei tritt jedoch das Problem auf, daß der Technologietransfer meist nur einseitig geschieht. Japan wendet diese Strategie relativ häufig an, auch wenn diese mit höheren Kosten verbunden ist, als ein Direktkauf fertiger Produkte im Ausland. Dies schwächt einerseits die Infrastruktur der amerikanischen Zulieferindustrie, andererseits wird die Grundlage für zukünftige japanische Verkehrsflugzeuge geschaffen.[/215/]

Da die Internationalisierung sich nicht aufhalten lassen wird, werden die oben beschriebenen Methoden des 'Know-How'-Transfers in Zukunft noch häufiger praktiziert werden. Was Japan nach dem 2. Weltkrieg geschafft hat, wird auch für Korea, Taiwan, Singapur, Indonesien, Thailand und Malaysia der Schlüsselfaktor zum technologischen Anschluß sein.

- Wohlfahrtsökonomische Aspekte

Die Luftfahrtindustrie ist von hoher volkswirtschaftlicher Bedeutung, da diese sowohl einen wichtigen Beitrag zum Export liefert, als auch Wachstumsimpulse für den Binnenmarkt (Infrastrukturausbau, Luftverkehrwachstum) induziert. Außerdem hat der Flugzeugbau einen nicht unerheblichen Einfluß auf die Strukturpolitik bestimmter Industrieregionen. So haben die Flugzeughersteller in bedeutendem Maße dazu beigetragen, das eine Vielzahl von Arbeitsplätzen in strukturschwachen Gebieten geschaffen wurde. Dies gilt sowohl für Boeing in der Gegend um Seattle, für Airbus Industrie in der Gegend um Toulouse sowie für die Deutsche Airbus im norddeutschen Raum. Durch Industrieansiedlungen erhalten die Städte und Gemeinden Steuereinnahmen, die zum Ausbau von sozialen und kulturellen Einrichtungen genutzt werden können. Das Vorhandensein einer 'High-Tech'- Industrie wie dem Flugzeugbau benötigt außerdem hochqualifizierte Mitarbeiter, was den Ausbau von Universitäten und Berufsausbildungszentren aktiv unterstützt.

MEGATRENDS	INDUSTRIEPOLITIK
T1	Abnahme der militärischen Aufträge für Flugzeugbaufirmen
T2	Abbau der Subventionen für den europäischen Großflugzeugbau
T3	Subventionierung des japanischen Flugzeugbaus ('infant-industry')

▪ Marktstrukturen Verkehrsflugzeugbau

→ Primärmarkt

Der Primärmarkt der Verkehrsflugzeugbranche wird durch den Kauf- und Verkauf von neuen Verkehrsflugzeugen zwischen Produzenten und Airlines oder Leasing-Gesellschaften gebildet.

→ Sekundärmarkt

Am Sekundärmarkt werden Gebrauchtflugzeuge gehandelt. Hierbei treten vorwiegend Leasinggesellschaften und Airlines als Marktteilnehmer auf.

- Strukturwandel Großflugzeugbau

Der wesentlichste Strukturwandel der letzten Jahre war die Marktpenetration von Airbus Industrie, sowie die Aufgabe der zivilen Flugzeugproduktion durch Lockheed. Die starken zyklischen Schwankungen des Verkehrsflugzeugmarktes verzeihen aufgrund des hohen Kapitalbedarfes keine Managementfehler, wozu Newhouse ausführt: /216/

"In deciding to build a new airliner, a manufacturer is literally betting the company, because the size of the investment may exceed the company's entire net worth."

In einem für Boeing idealen wettbewerbsstrategischen Zustand kam Mitte der 60er Jahre die Idee eines gemeinsamen europäischen Verkehrsflugzeuges auf, welche zur letztendlichen Gründung von Airbus Industrie führte. Da die Markteintrittsbarrieren sehr hoch waren, konnte kein einzelnes Unternehmen gegen die amerikanischen Produzenten bestehen, sondern nur ein staatlich subventioniertes Konsortium, bestehend aus folgenden Partnerfirmen: Aerospatiale (37,9 %), Deutsche Airbus (37,9 %), British Aerospace (20,0 %) und CASA (4,2 %). Die Erreichung der heute dominanten Weltmarktposition verdankt Boeing der Existenz des amerikanischen Binnenmarktes. Die Erfahrungen, die Boeing im harten Konkurrenzkampf mit amerikanischen Mitwettbewerbern hier sammelte, haben den Weg zur weltweiten Vormachtstellung ab den 70er Jahren geebnet. Ein vergleichbarer Binnenmarkt entsteht gerade in Europa, dessen Existenz eine Voraussetzung für eine lebensfähige europäische Luftfahrtindustrie darstellt. Japan hat gegenüber den USA und Europa den entscheidenden Nachteil des fehlenden Binnenmarktes. Ein Gleichgewicht hierzu kann nur durch den Aufbau einer fernöstlichen Wirtschaftsgemeinschaft oder durch transnationale Kooperationen erfolgen.

Der Trend bei der Verkehrsflugzeugproduktion geht heute in Richtung einer zunehmenden Internationalisierung. Hiermit soll eine bessere Kapitalaufbringung und eine Risikominderung für die beteiligten Partnerfirmen erreicht werden. Dies setzt voraus, daß eine neue Form des Managements beherrscht wird, nämlich die der transnationalen Zusammenarbeit. Insbesondere der Aufbau des EG-Binnenmarktes sollte eine verstärkte Integration der europäischen Luftfahrtunternehmen mit seinen etwa 500.000 Arbeitsplätzen nach sich ziehen, wobei hier dem Airbus-Projekt durch seinen Modellcharakter eine Schlüsselrolle zukommt.[/217/] Ähnliche Integrationsbemühungen sind unter japanischer Federführung mittlerweile auch im Pazifikraum zu beobachten.

Der Anteil dieser 3 großen Produzenten am insgesamt eingesetzten Fluggerät (die UDSSR-Produktion ausgenommen) beträgt etwa 90 %. Aufgrund der hohen Markteintrittsbarrieren, die heute im Verkehrsflugzeugmarkt vorherrschen, ist das Hinzukommen eines vierten großen Herstellers vor der Einführung einer neuen Basistechnologie eher unwahrscheinlich. Jedoch könnte Lockheed durch den Rückgang des amerikanischen Verteidigungsetats sich veranlaßt sehen, zusammen mit einem anderen amerikanischen Produzenten (beispielsweise McDonnell Douglas oder General Dynamics) eine Kooperation einzugehen. Eine Kooperation mit McDonnell Douglas würde hierbei die strategische Ausgangsposition von 3 großen Produzenten nicht verändern. Anders wäre dies bei einer Kooperation zwischen Lockheed und General Dynamics oder Lockheed und japanischen Flugzeugproduzenten. Hierbei könnte eine Lockerung des Anti-Kartell-Gesetzes ein Zusammengehen zweier amerikanischer Produzenten wahrscheinlicher werden lassen.

Die größten Chancen, auf dem Weltmarkt Fuß zu fassen, sollten dem japanischen Flugzeugbau eingeräumt werden, sei es als 'Joint-Venture' mit amerikanischen Produzenten oder in einem nationalen Alleingang. Die japanischen Anstrengungen Markteintrittsbarrieren zu überwinden, sollten nicht unterschätzt werden, da die japanische Industrie außerordentlich lernfähig ist und ständig ihren innovativen Vorwärtsdrang beweist. Im Jahre 1977 haben sich die drei japanischen Firmen Mitsubishi, Kawasaki und Fuji Heavy Industrie zu einer Art Konsortium zusammengeschlossen, wobei diese heute Teile der Rumpfsektion der B767 produzieren und am zukünftigen 'Widebody-Twin-Jet' 777 mit 15-20 % der Teilelieferungen partizipieren wollen./218/ Der technologische Führungsanspruch der Japaner hat in jüngster Zeit vermehrte Anstrengungen bezüglich der 'F+E'-Ausgaben im Verkehrsflugzeugmarkt nach sich gezogen, da das japanische 'Ministry of International Trade and Industry' (MITI) die 'Aerospace'-Industrie als eine der zukünftigen Schlüsselindustrien definiert hat./219/ Als Haupteintrittsbarrieren für die Japaner sind vor allem das bisherige Fehlen eines großen Binnenmarktes, die fehlende Stückkostendegression sowie die nicht vorhandene Vergangenheit im Großflugzeugbau (Schwierigkeit der Marktakkzeptanz) zu nennen. Diese Punkte sind jedoch dann nicht mehr stichhaltig, wenn neue Basistechnologien und Kooperationsformen eingeführt werden. So kann durch das Aufkommen von Methan- und Wasserstoffantrieben oder Überschallflugzeugen den amerikanischen und europäischen Flugzeugbauern ernsthafte japanische Konkurrenz erwachsen.

Chancen auf dem Weltmarkt Marktanteile zu erobern, hat bei einer deutlichen Erhöhung der Produktqualität auch der sowjetische Flugzeugbau, der bislang in erster Linie den einheimischen Bedarf abdeckte. Aufgrund der hohen bisher produzierten Stückzahlen (Erfahrungskurve) besitzt der sowjetische Flugzeugbau keine absoluten Kostennachteile gegenüber seinen westlichen Konkurrenten. Bislang fehlen jedoch genaue Daten bezüglich der Flugsicherheit und der Einsatzzuverlässigkeit sowjetischer Flugzeuge. Durch die Öffnung und das neue Denken der Sowjetunion kann die Marktakkzeptanz sowjetischer Flugzeuge bei gemeinsamen westlich-sowjetischen 'Joint-Ventures' in den nächsten Jahren durchaus zunehmen und bei Verwendung westlicher Zulieferaggregate wie Triebwerken und Avionikbauteilen sogar einen zusätzlichen Beschleunigungseffekt erfahren. Niedrige Lohnkosten in der Sowjetunion erhöhen darüberhinaus die Chancen der russischen Luftfahrtindustrie im weltweiten Wettbewerb. Außerdem stellt die UDSSR mit der Aeroflot die größte Fluggesellschaft der Welt.

Die Möglichkeiten für China, seinen Binnenmarkt für den Aufbau einer eigenständigen Flugzeugindustrie zu nutzen, sind zwar vorhanden, jedoch sollten die hier getätigten optimistischen Zeitvorstellungen eher nach hinten revidiert werden. Auch muß aus heutiger Sicht bezweifelt werden, ob chinesische Flugzeuge auf dem Weltmarkt die nötige Marktakkzeptanz finden werden. Eine Verlagerung der Produktionsstädten westlicher Flugzeugproduzenten in Niedriglohnländer wie China oder 'Joint-Ventures' mit diesen, könnte unter der Voraussetzung politischer Stabilität in China jedoch für beide Seiten Vorteile schaffen.

Aufgrund der hohen Investitionskosten kann ein Markteintritt nicht von vollständig neuen Unternehmen erfolgen, sondern nur von etablierten Firmen, die eine notwendige Mindestfirmengröße besitzen oder diese in einem 'Joint-Venture' erreichen. Eines der größten Probleme für jeden potentiellen neuen Wettbewerber stellt neben der Finanzierung das technologische 'Know-How' im 'Maintenance'-Bereich und der 'After-Sales-Service' dar. Das Scheitern der europäischen Flugzeugprojekte in den 60er Jahren war vor allem auch auf das fehlende 'Know-How' im 'Maintenance'-Bereich zurückzuführen, das ein Höchstmaß an logistischen Fähigkeiten erfordert. Die Wettbewerbsvorteile, die amerikanische Hersteller hier gegenüber Airbus-Industrie haben, werden zunehmend geringer, jedoch sind diese gegenüber potentiellen neuen Konkurrenten nahezu unüberwindlich groß.

- Strategische Allianzen

Der Aufbau von strategischen Allianzen muß im Hinblick auf zukünftige Flugzeugprojekte betrachtet werden. Für Europa und die USA ist der Flugzeugbau eine Schlüsselindustrie, deren Wettbewerbsvorsprung verteidigt werden muß. Die großen Hersteller in den USA in Europa haben es nicht unbedingt nötig mit Japan Kooperationsprojekte im Flugzeugbau einzugehen, die langfristig letztendlich zu einem Verlust von Marktanteilen führen werden. Anders sieht es bei kleineren Produzenten aus, für die es geradezu lebensnotwendig ist, eine nötige Mindestgröße zu erreichen oder bestehende Positionen auszubauen. Dies trifft vor allem auf die Produzenten McDonnell Douglas und Fokker zu. Das Überleben dieser Firmen wird zukünftig nur durch neue Formen von Beteiligungen zu sichern sein. Darüberhinaus könnte auch Lockheed durch Zusammenarbeit mit neuen Partnern in den zivilen Flugzeugbau zurückkehren. Abbildung 2.4 gibt einen Überblick über die möglichen strategischen Allianzen im Großflugzeugbau. Bei einer Fortsetzung der Demokratisierung Osteuropas, ergeben sich insbesondere für europäische Flugzeugbauer Chancen zu gemeinsamen Flugzeugprojekten mit der sowjetischen Flugzeugbauindustrie. Beispielsweise könnte ein Gemeinschaftsprojekt zwischen Aerospatiale und Tupolev zur Entwicklung eines Überschallflugzeuges positive Synergieeffekte schaffen.

Abb. 2.4: Auswahl möglicher strategischer Allianzen im Großflugzeugbau

Firmen	Europa	Amerika	Japan
	Airbus	Boeing	Mitsubishi H.
	Fokker	McDonnell D.	Fuji H.
	Aerospatiale	Lockheed	Kawasaki H.
	British A.		
	Deutsche Airbus		
	DASA		
	Aeritalia		
	Ilyushin		
	Tupolev		
Allianzen	Europa	Amerika	Japan
Fall a)	Fokker		Jap. Konsortium
Fall b)		Lockheed	Jap. Konsortium
Fall c)	Fokker	Lockheed	
Fall d)		McDonnell D.	Jap. Konsortium
Fall e)	Tupolev/ Aerospatiale		
Fall f)	Tupolev/ Ilyushin/ Deutsche Airbus		
Fall g)	Tupolev	Lockheed	
Fall h)	Aerospatiale/ Aeritalia/DASA		

- Gebrauchtflugzeugmarkt

Der Markt für Gebrauchtflugzeuge hat in den letzten Jahren stark an Bedeutung gewonnen, da die Lieferzeiten stark angestiegen sind und die Finanzierung teurer Neuflugzeuge immer schwieriger geworden ist. Die Preise für 'Second-Hand'-Flugzeuge sind im Zuge der verstärkten Nachfrage ebenfalls sukzessive gestiegen. Der Wiederverkaufswert von Flugzeugen, die nachweislich eine sehr gute Instandhaltung und Wartung erfahren haben (z. B. Flugzeuge der Swissair und Lufthansa) sind sehr hoch, weshalb die Preise deutlich über den sonst üblichen Marktpreisen liegen. So erzielt die Swissair in den Jahren 1991/92 durch Verkäufe von 6 DC-10-30 Maschinen (Kosten 1973: 77 Mio Fr.) und 4 DC-10-30ER (Kosten 1982: 103 Mio Fr.) Erlöse von etwa 350 Mio. Fr.[/220/] Im selben Maße wie neue innovative Flugzeuge auf den Markt kommen, sind die führenden Airlines aus Wirtschaftlichkeitsgründen gezwungen, ihre Flotten zu modernisieren. Die zu verkaufenden Flugzeuge sind jedoch technisch den bisherigen Gebrauchtflugzeugen überlegen und substituieren diese, wobei dieser Prozeß primär von finanzstarken zu finanzschwachen Airlines sowie von Industriestaaten zu Entwicklungsländern stattfindet.

Die Gebrauchtflugzeugpreise hängen stark vom Alter des Fluggerätes ab. Bei älteren Flugzeugen ist die Ersatzteilbevorratung und Wartung teurer, da diese oft mit uneinheitlichen Systemen und Triebwerken verschiedener Hersteller ausgerüstet sind. Neben der geringeren Treibstoffeffizienz und dem höheren strukturellen Gewicht ist die Einsatzzuverlässigkeit bei zunehmendem Flugzeugalter geringer. Lautere Triebwerke und höhere Personalkosten beim Drei-Mann-Cockpit gegenüber dem Zwei-Mann-Cockpit sprechen ebenfalls gegen den Kauf von Gebrauchtflugzeugen. Trotzdem kann durch eine gezielte Einkaufsstrategie, die versucht diese Negativpunkte weitgehend zu eliminieren, eine sicherlich preiswerte und technisch hochwertige Flotte zusammengestellt werden. In Zeiten niedriger Ölpreise hat der Faktor Treibstoffeffizienz ebenfalls nicht die Bedeutung früherer Tage. Ein Ölpreisanstieg forciert jedoch die Bedeutung modernen Fluggeräts und übt Druck auf die Gebrauchtflugzeugpreise aus, wobei insbesondere die Kurzstreckenflugzeuge sowie alte Jumbo-Jets und DC-8 Maschinen von einem starken Preisverfall betroffen sind.[/221/] In reifen Märkten zeichnen sich die Produkte durch ein hohe Innovationsrate aus, wobei Produktivitätszuwächse, die die Umweltverträglichkeit verbessern, immer stärker auf die Preise von Gebrauchtflugzeugen drücken. So sind insbesondere Flugzeuge aus den 60er und 70er Jahren mit ineffizienten Triebwerken einem starken Preisverfall ausgesetzt. Der Zeitverfall von Gebrauchtflugzeugen verläuft ähnlich dem Verfall einer Kaufoption für Aktien, wobei am Ende des Flugzeuglebenszyklusses ein sehr starker Preisverfall zu verzeichnen ist. Für finanzschwache Airlines bleibt der Gebrauchtflugzeugmarkt jedoch neben dem 'Leasen' von Flugzeugen, die einzige Möglichkeit sich eine wettbewerbsfähige Flugzeugflotte zusammenzustellen.

Auch eine Serie von Flugzeugabstürzen kann die Preise eines bestimmten Flugzeugtypes unter Druck bringen, insbesondere wenn Aufsichtsbehörden wie die FAA restriktivere Vorschriften und Modifikationen verlangen.

- Oligopolistische Aspekte

→ Angebotsseite

Die Tatsache, daß in der Verkehrsflugzeugbranche wenige Anbieter mit ähnlichen Produkten und großen Marktanteilen auftreten, gibt diesem einen oligopolistischen Charakter. Hinzu kommen die enormen Markteintrittsbarrieren, wie beispielsweise die für die Massenproduktion benötigten Kostenvorteile ('large scale economics'), die spezifischen Kundenpräferenzen, der Bekanntheitsgrad der etablierten Produzenten, die Notwendigkeit eine komplette Flugzeugfamilie anzubieten sowie die Elastizität der Nachfrage. Im Hinblick auf Preise, Lieferkonditionen und Produktpolitik findet aufgrund des starken Wettbewerbs eine ständige Interaktion zwischen den drei Konkurrenten Boeing, McDonnell Douglas und Airbus statt. Auch können neue Flugzeuge ohne effektive oder mit zeitverzögerter Realisierungsabsicht angekündigt werden, um Zeit zu gewinnen und mögliche Bestellaufträge für die Konkurrenten hinauszuzögern.

Durch die starke staatliche Beeinflussung des Marktes muß hier jedoch die strikte Anwendung einer volkswirtschaftlichen Oligopol-Theorie versagen. Störgrößen hierbei sind die direkte Subventionierung des Airbus-Programmes durch die beteiligten Länder oder die indirekte Subventionierung von Boeing und McDonnell Douglas durch Militäraufträge des amerikanischen Verteidigungsministeriums und deren interne Verrechnungen mit den zivilen Geschäftsbereichen.

Ebenso wie der Markteintritt von Airbus Industrie unter dem staatlichen Schutzmantel Europas vorangetrieben wurde, kann auch der Eintritt eines weiteren Konkurrenten mit staatlicher Hilfe erfolgen. Ein entsprechender Eintritt Japans mit staatlicher Subventionierung ist zukünftig durchaus denkbar. In der Aufbauphase der amerikanischen Verkehrsflugzeugindustrie wurden erhebliche staatliche Mittel investiert. So wurden vom Militär etwa 400 Maschinen des Typs B707 bestellt, was erhebliche Rationalisierungsvorteile für die Produktion ziviler Maschinen mit sich brachte.[/222/]

Boeing ist heute nahezu unabhängig von militärischen Aufträgen des Pentagon, da es Mitte der 60er Jahre entschied, daß die Regierung kein verläßlicher Kunde für seine Flugzeuge sei und die Hauptakzente im zivilen Flugzeugbau setzte. Maynard Pennell führte dazu folgendes aus:[/223/]

"Building a commercial airplane is where the excitement is. It is fun working with airline people - at least, compared with the military, where there are a thousand people who can say no and nobody who can say yes."

Es soll nun untersucht werden, ob nachfolgende oligopolistische Merkmale auch in der Verkehrsflugzeugbranche auftreten:[/224/]

- offene und verborgene Vereinbarungen
- Preisführerschaft
- 'Daumenregeln'
- 'focal points'
- 'Backlog'-Anpassung

Offene Vereinbarungen lassen sich darin erkennen, daß Marktprognosen zu fast identischen Ergebnissen kommen ('Selffullfilling Prophecy'). Verborgene Vereinbarungen sind darin zu sehen, daß jeder Produzent unter der Hand den Fluggesellschaften spezifische Konditionen einräumt, die in der Branche einschlägig bekannt sind.

Boeing hat mit einem dominierenden Marktanteil von über 50 % die klare Preisführerschaft im homogenen Markt der Verkehrsflugzeuge. Boeing erhöht zwar in gewissen Abständen die Preise, versucht aber gleichzeitig das Ausmaß von Preisschwankungen auszugleichen.

In den Verkaufspreisen von Flugzeugen sind neben den Stückkosten bestimmte prozentuale Gewinnspannen enthalten, die der langfristigen Unternehmensentwicklung Rechnung tragen ('Daumenregel').

Bei der Preisfestsetzung von Flugzeugen werden spezifische runde Summen festgesetzt ('focal points'). So kostete gemäß Preisliste im Jahr 1988 eine Boeing B747-400 126.000.000 $, ein Airbus A320-100 35.000.000 $ und eine McDonnell Douglas MD-88 27.500.000 $./225/

Bevor die Produktionskapazitäten hochgefahren werden, wird zunächst eine Zunahme der 'Backlogs' unter Erhöhung der Lieferfristen in Kauf genommen. Bei einem Rückgang der Ordereingänge wird dieser 'Backlog' wieder abgebaut, ohne die Preise zu senken. Metzler schreibt hierzu, daß in oligopolistischen Märkten, die Planungsphase zwischen Nachfrageänderungen und Produktionsänderungen im Durchschnitt 5 Monate beträgt./226/ Im Verkehrsflugzeugmarkt dürfte die Zeitdauer bei etwa 1 bis 2 Jahren liegen. Angesichts der gewaltigen Ordereingänge der letzten Jahre und den Gefahren einer weltweiten Rezession müssen die Produzenten mit dem Hochfahren der Produktionsraten sehr vorsichtig sein. Eine Wachstumsabschwächung könnte die Fluggesellschaften sehr schnell veranlassen, die Auslieferung bestellter Flugzeuge zu strecken und Flugzeugoptionen zu stornieren.

→ Nachfrageseite

Auf der Nachfrageseite sind etwa 200 Fluggesellschaften und einige Leasinggesellschaften vorhanden, wobei 25 (50) von diesen etwa 60 % (75 %) des Weltluftverkehrs abdecken./227/ Im Rahmen der amerikanischen Deregulierung fand in den 80er Jahren ein starker Verdrängungswettbewerb statt, wobei der Marktanteil der 3 US-'Carrier' bezogen auf alle in den USA eingesetzten Flugzeuge Ende 1988 ca. 33 % betrug (siehe Tabelle 2.14), gegenüber ca. 23 % der 3 größten Euro-'Carrier' in Europa und 22 % bei den 3 größten Airlines entlang der Seidenstraße (Naher und Ferner Osten). Der relative Marktanteil (Verhältnis der Flugzeuganzahl einer Airline zu den 3 größten 'Mega-Carriern') betrug bei American Airlines (USA-Rang 1) 37,1 %, bei British Airways (EU-Rang 1) 42,5 % und bei Japan Air Lines (SI-Rang 1) 36,3 %. Bei den Airlines auf Rang 15 betrug der relative Marktanteil bei Braniff (USA) 4,3 %, bei Finnair (EU) 7,3 % und beo CAAC (SI) 10,5 %. Bezogen auf die verkauften Sitzmeilen stieg der Marktanteil der 9 größten US-'Carrier' von 85 % im Jahr 1979 auf 92 % im Jahr 1987 an, wobei allein die größten vier einen Marktanteil von 66 % besitzen, was einer klassischen Oligopolsituation entspricht./228/ Durch die Integration der Binnenmärkte wird es zukünftig auch bei europäischen und pazifischen Airlines zu einer Verstärkung der oligopolistischen Strukturen kommen, sei es durch Fusionen oder durch Marketing-Allianzen.

Tab. 2.14: Marktanteile der Airlines bezogen auf den Gesamtbestand der Flugzeuge in USA, Europa und entlang der Seidenstraße

NR.	REGION	BETREIBER	GESAMT	MARKT-ANTEIL %	REL. M.-ANTEIL %	FLOTTENDURCHSCHNITTSALTER Jahre
USA-AIRLINES						
	US	USA GESAMT	3867	100,00	32,66	13,0
1	US	American Airlines	469	12,13	37,13	10,0
2	US	United Air Lines	405	10,47	32,07	14,0
3	US	Delta Air Lines	389	10,06	30,80	9,1
4	US	Continental Airlines	332	8,59	26,29	12,1
5	US	Northwest Airlines	311	8,04	24,62	15,0
6	US	Eastern Air Lines	255	6,59	20,19	15,0
7	US	USAir	235	6,08	18,61	9,9
8	US	Trans World Airlines	215	5,56	17,02	15,1
9	US	Piedmont Airlines	195	5,04	15,44	10,1
10	US	PAN AMERICAN	137	3,54	10,85	14,6
11	US	Federal Express	108	2,79	8,55	16,5
12	US	United Parcel Service	94	2,43	7,44	17,0
13	US	Southwest Airlines (Texas)	85	2,20	6,73	5,9
14	US	America West Airlines	67	1,73	5,30	6,7
15	US	Braniff	54	1,40	4,28	17,5
EUROPÄISCHE AIRLINES						
NR.	REGION	BETREIBER	GESAMT	MARKT-ANTEIL %	REL. M.-ANTEIL %	FLOTTENDURCHSCHNITTSALTER Jahre
	EU	EUROPA GESAMT	1935	100,00	23,36	11,1
1	EU	British Airways	192	9,92	42,48	10,7
2	EU	Lufthansa	134	6,93	29,65	8,5
3	EU	Air France	126	6,51	27,88	11,4
4	EU	SAS	97	5,01	21,46	12,7
5	EU	Iberia	88	4,55	19,47	14,7
6	EU	Alitalia	72	3,72	15,93	11,0
7	EU	KLM Royal Dutch Airlines	54	2,79	11,95	9,5
8	EU	Swissair	53	2,74	11,73	6,3
9	EU	Interflug	51	2,64	11,28	12,1
10	EU	Balkan-Bulgarian Airlines	46	2,38	10,18	13,2
11	EU	Air Inter	46	2,38	10,18	13,3
12	EU	CSA	39	2,02	8,63	12,2
13	EU	Dan-Air Services	37	1,91	8,19	15,1
14	EU	Olympic Airways	36	1,86	7,96	14,1
15	EU	Finnair	33	1,71	7,30	10,0
SEIDENSTRASSE-AIRLINES						
NR.	REGION	BETREIBER	GESAMT	MARKT-ANTEIL %	REL. M.-ANTEIL %	FLOTTENDURCHSCHNITTSALTER Jahre
	SI	SEIDENSTRASSE GESAMT	1110	100,00	22,34	9,5
1	SI	Japan Air Lines	90	8,11	36,29	8,8
2	SI	All Nippon Airways	85	7,66	34,27	8,4
3	SI	Garuda	73	6,58	29,44	9,4
4	SI	Saudia	68	6,13	27,42	9,3
5	SI	Korean Air	57	5,14	22,98	9,8
6	SI	Japan Air System	44	3,96	17,74	8,1
7	SI	Indian Airlines	41	3,69	16,53	11,2
8	SI	Iraqi Airways	40	3,60	16,13	8,1
9	SI	Singapore Airlines	35	3,15	14,11	5,4
10	SI	Thai International	35	3,15	14,11	6,6
11	SI	CAAC	33	2,97	13,31	9,8
12	SI	Iran Air	33	2,97	13,31	14,8
13	SI	Cathay Pacific Airways	30	2,70	12,10	10,4
14	SI	Pakistan Int'l. Airlines	28	2,52	11,29	11,9
15	SI	CAAC-Air China	26	2,34	10,48	6,4

Für die Produzenten ist bedeutsam, daß einige große Airlines in der Lage sind ein gesamtes Flugzeugprojekt zu initialisieren oder zu stoppen. Dem 'Launching Customer' kommt heute eine wesentliche Bedeutung zu, da er die Grundlage für den Produktionsbeginn schafft und bei entsprechendem Renommée andere Airlines mitbeeinflußt. Waren in den zurückliegenden Jahren vorwiegend amerikanische Fluggesellschaften 'Launching-Customer' für ein neues Flugzeugprogramm, so wird sich dieser Trend aufgrund der verstärkten Nachfrage nach Verkehrsleistungen in Europa und in die den fernöstlichen Wachstumszentren stärker in diese Regionen sowie hin zu den Leasing-Firmen verlagern. So ist ILFC 'Launching-Customer' für den neuen Airbus A321-100. Abbildung 2.5 zeigt die Erstkunden von verschiedenen Flugzeugtypen:/229/

Jahr	Typ	Erstkunden
1955	B707	PanAm, American
1960	B727	Eastern, United
1965	B737	Lufthansa, United
1966	B747	PanAm, JAL
1978	B757	Eastern, British A.
1990	B777	United

Jahr	Typ	Erstkunden
1955	DC8	PanAm, United
1963	DC9	Delta, Bonanza
1968	DC10	American, United
1977	MD80	Swissair, Austrian

Jahr	Typ	Erstkunden
1971	A300	Air France
1979	A310	Lufthansa, Swissair
1984	A320	British Caledonian, Adria, Cyprus
1988	A340	Lufthansa
1989	A321	ILFC, Gulf Air

Abb. 2.5: Flugzeugtypen - Erstkunden

Da wenige finanzstarke Luftverkehrsgesellschaften als 'Launching-Customer' auftreten und die 3 größten Gesellschaften bestimmter Regionen etwa 1/4 bis 1/3 der jeweiligen Flugzeuge besitzen, kann hier von oligopolistischen Strukturen auf der Nachfrageseite gesprochen werden. Durch den nach dem Erwerb eines Flugzeuges benötigten 'Product-Support' ergibt sich nach einem Vertragsabschluß zwischen Hersteller und Kunde eine starke Bindung für einen Zeitraum von ca. 10 - 15 Jahren. Eine monopolhafte Abhängigkeit wird dadurch vermieden, daß Airlines Produkte von mindestens zwei verschiedenen Produzenten oder Triebwerksherstellern einsetzen.

MEGATRENDS	MARKTSTRUKTUREN VERKEHRSFLUGZEUGBAU
T1	Beteiligung von Japan am Großflugzeugbau (Boeing777 ?)
T2	Beteiligung von Japan und Schwellenländern am Großflugzeugbau
T3	Neue Anbieter von Verkehrsflugz. (Japan, Lockheed, UDSSR)

- Luftverkehrswachstum

Das Entwicklung der Luftverkehrsnachfrage ist stark vom Wachstum der Bruttosozialprodukte der Industrieländer und des Welthandels abhängig. Seit den 70er Jahren entwickelt sich das Luftverkehrswachstum der beförderten t-km im nationalen und im internationalen Bereich nahezu identisch./230/ Zukünftig könnten allerdings Magnetbahnen den Luftverkehr im nationalen Kurzstreckenbereich substituieren, so daß die international beförderten t-km überwiegen würden. Bezüglich der Marktanteile hinsichtlich Passagieren, Fracht und Post zeigt sich, daß die Wachstumsrate des Frachtverkehrs heute deutlich über der des Passagierverkehrs und der Post liegt. Bei einer Fortsetzung des bisherigen Wachstumstrends bis zum Jahr 2000 wird 30 % der weltweit geflogenen t-km aus Luftfracht bestehen (siehe Abbildung 2.6):/231/

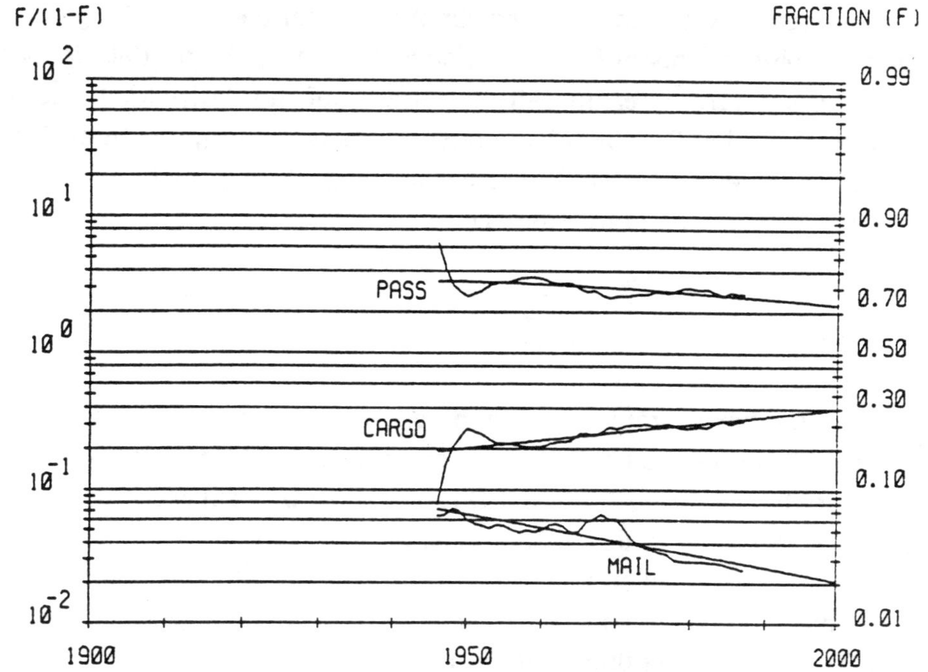

Quelle: IIASA

Abb. 2.6: Marktanteil des Passagier-, Fracht- und Postverkehrs im Linienverkehr in Tonnen-km weltweit (inclusive der UDSSR; seit 1973 - Daten aus IATA-Statistiken)

- Passagierverkehr

Allein auf Linienflügen wurden bereits 1987 mehr als 1 Mrd. Menschen befördert, wobei im Jahr 2000 diese Zahl bereits 2 Mrd. Menschen betragen dürfte./232/ In den nächsten 20 Jahren wird weltweit ein Wachstum der verkauften Passagierkilometer von durchschnittlich 5 % pro Jahr erwartet./233/ Hierbei wird der Pazifikraum, der durch seinen Inselcharakter für den Luftverkehr prädestiniert erscheint, überdurchschnittliche Wachstumsraten verzeichnen. Die wesentlichen Wachstumsimpulse werden innerhalb der Binnenmärkte vor allem von Europa und dem Pazifikraum ausgehen, während zwischen den Binnenmärkten vor allem die Verkehrsflüsse Europa-Pazifik, Nordamerika-Pazifik, Nordamerika-Lateinamerika sowie Europa-Lateinamerika von Bedeutung sind (siehe Tabelle 2.15):/234/

Tab. 2.15: Verkehrsflüsse zwischen Regionen (Pax-km)

Verkehrsflüsse	1989-1998	1999-2008
Europa-Pazifik	7.7 %	6.0 %
Nordamerika-Pazifik	7.8 %	5.9 %
Europa-Lateinamerika	5.6 %	4.9 %
Nordamerika-Lateinamerika	7.8 %	5.7 %

Durch die bevorstehende Liberalisierung des europäischen Luftverkehrs und die neue politische Lage in Osteuropa (Bevölkerungszuwachs ohne Sowjetunion 140. Mio. Menschen) wird in Europa eine neue Wachstumsdynamik entstehen. Der strukturelle Wandel von Systemumwelt und Luftfahrtbranche macht es schwierig, die Nachfragesteigerungen absolut zu quantifizieren. Sicher scheint jedoch, daß insbesondere die Sowjetunion, die aufgrund ihrer Infrastruktur stark auf den Luftverkehr ausgerichtet ist, bei einer Fortsetzung des Demokratisierungsprozesses einen gewaltigen Markt für Luftverkehrsdienstleistungen darstellt. Dasselbe gilt längerfristig auch für China, wo ebenfalls enorme Marktpotentiale vorhanden sind.

- Frachtverkehr

Die zukünftigen Wachstumsraten des Frachtverkehrs werden mit etwa 7 % pro Jahr beziffert.[/235/] So sollen sich die im Jahr 1988 geflogenen 60 Mrd. Tonnenkilometer bis zum Jahr 2007 verdreifachen, wobei von der Deutschen Airbus ein Marktpotential von 1.500 Nurfrachtern (45 % davon in den USA) gesehen wird, wobei jedoch etwa 90 % dieser Flugzeuge umgebaute Passagiermaschinen sein werden.[/236/] Der Frachtverkehr findet in Nurfrachtern, mit Kombi-Versionen, als auch im Unterdeck von Passagierflugzeugen statt, wobei für Langstreckenflüge mit Nurfrachtern Boeing-Maschinen des Typs B747F eingesetzt werden. Gegenwärtig wird rund 60 % des weltweiten Frachtaufkommens als Beiladefracht mit Passagierflugzeugen befördert,[/237/] wobei etwa 98 % der Fracht aus Stücken besteht, die ein Gewicht von unter 150 lb. (etwa 68 kg) haben.[/238/]In den letzten beiden Jahrzehnten hat der Luftfrachtverkehr durch die Zunahme der internationalen Arbeitsteilung und der Wertigkeitssteigerung der Transportgüter einen gewaltigen Aufschwung erfahren und ist heute eine noch junge Industrie mit hoher Produktivität. Vergleicht man das Tonnenaufkommen mit den transportierten Warenwerten so zeigt sich, daß zum Beispiel im Jahr 1983 nur 0,5 % der Tonnage des U.S. Außenhandels auf dem Luftweg abgewickelt wurden, was jedoch einem äquivalenten Warenwert von 23 % des gesamten Außenhandels entsprach.[/239/] Die heute im Flugzeug beförderten Güter machen einen Wert von rund 10 % des Welthandels aus, obwohl ihr Mengenanteil erst knapp 1 % beträgt.[/240/] Rund 60 % der Luftfrachtsendungen enthalten Ersatzteile, Maschinenteile, elektronische und optische Geräte, wobei es durch die direkte Einbindung der Luftfracht in den Produktionsprozeß vor allem auf die Schnelligkeit, Sicherheit, Pünktlichkeit sowie die Regelmäßigkeit der Lieferungen ankommt.[/241/] Ein Beispiel hierfür ist die Verlängerung der Produktionslinie von General Motors zwischen Italien und den USA über den Luftweg durch die Lufthansa im Rahmen eines 'Just-In-Time'- Konzeptes, wobei hier einerseits die Vorratshaltung minimiert, und andererseits die Marktflexibilität erhöht wird.[242] Vor allem Japans sogenannte 'Off-Shore'-Fabriken werden zunehmend Rohmaterialien und Teile zwischen Japan, Europa und Amerika mit dem Flugzeug transportieren.[243] Der stetige Wertigkeitsanstieg der Transportgüter eröffnet dem Luftfrachtverkehr zukünftig noch gewaltige Wachstumspotentiale. So ist nicht auszuschließen, daß in einigen Jahrzehnten sogar Überschallflugzeuge für den Transport zeitsensibler Waren eingesetzt werden.

Wer heute im Frachtbereich erfolgreich sein will, muß insbesondere auf dem europäischen Kontinent 'Carrier-LKW'- Zulieferdienste einrichten. Dies ist insbesondere deshalb von Bedeutung, da bestehende Kapazitätsbegrenzungen, die durch Reziprozität und Nachtflugbeschränkungen bedingt sind, durch den 'Trucking'-Verkehr umgangen werden können. Einen Spezialzweig im Luftfrachtbereich stellen die Expressdienste/'Integrators' dar, da sie dem Verlader einen 'Haus-zu-Haus'-Service bieten. Federal Express, der Marktführer der 'Integrators', wählte Brüssel als einen Europa-'Hub', während Emery Maastricht, UPS und TNT Köln/Bonn als ihren zentralen Umschlagplatz in Europa auswählten.[244] Durch die Expressdieste sind ganz neue Formen des integrierten Verkehrs entstanden, die insbesondere im Kurzstreckenbereich durch ihre hohe Wirtschaftlichkeit und Verkehrswertigkeit hervortreten.

Ein weiterer Aspekt der im Frachtbereich an Bedeutung gewinnen könnte, ist die Tatsache, daß Europa über keine Transporterflotte für schweres Gerät wie die USA oder die Sowjetunion verfügt, die jedoch in Krisenzeiten (Kriegseinsatz, Hungerhilfe oder Katastrophenhilfe) benötigt werden könnte. Dies ist auch deshalb interessant, da die für den Teiletransport bei Airbus Industrie eingesetzte 'Super-Guppy'-Flotte an Kapazitätsgrenzen stößt und hier auch ein neues Frachtflugzeug realisiert werden muß.

MEGATRENDS	LUFTVERKEHRSWACHSTUM
T1	Stetiger Wachstumstrend des weltweiten Passagier- und Frachtverkehrs
T2	Starkes Wachstum der internationalen Direktverbindungen (vor allem 'non-stop')
T3	Abschwächung des Luftverkehrswachstums zwischen den Industrienationen

- Träger von Regelfunktionen

Die drei bedeutendsten Träger der internationalen Luftverkehrspolitik sind die ICAO (International Civil Aviation Organization), die IATA (International Air Transport Association) und die Zulassungsbehörden. Die ICAO ist ein staatlicher Zusammenschluß, der sich zum Ziel gesetzt hat, Grundsätze der Technik der internationalen Luftfahrt zu erarbeiten und Planung und Entwicklung des Luftverkehrs zu fördern.[245] Ziel der IATA, die wie die AEA (Association of European Airlines) einen Interessenverband der Luftverkehrsgesellschaften darstellt, ist ebenfalls die Förderung und Entwicklung des internationalen Luftverkehrs.[246] Das zukünftige Zusammenwachsen der Weltwirtschaft zu einem nalen Luftverkehrs.[246] Das zukünftige Zusammenwachsen der Weltwirtschaft zu einem globalen Markt wird multilaterale rechtliche Regelungen nötig machen, die die bisherigen bilateralen Abkommen (z. B. Bermuda-Abkommen zwischen den USA und Großbritannien) ersetzen. Ein weiterer Zukunftstrend wird sein, daß die Preisbildung im Luftverkehr nicht mehr über das Tarifkartell der IATA stattfinden wird. Bisher genießen amerikanische und ausländische Airlines, die über die IATA grenzüberschreitende Tarifabsprachen treffen, die Immunität vor den amerikanischen 'Anti-Trust'-Gesetzen.[247] Die weltweite Liberalisierung des Luftverkehrs und des Welthandels (GATT) wird hier Änderungen mit sich bringen. Die Luftfahrtbehörden werden unter dem Eindruck sich verschärfender Umweltprobleme zunehmend gezwungen sein, die Restriktionen gegenüber Flugzeugen mit alten Triebwerken zu verschärfen, und auch für die Neuentwicklung von Triebwerken konkrete Umweltauflagen zu setzen. Dies betrifft sowohl Auflagen bezüglich der Abgasemissionen als auch der Lärmentwicklung von Triebwerken.

MEGATRENDS	TRÄGER VON REGELFUNKTIONEN
T1	Verschärfung der Restriktionen für veraltete und laute Triebwerke
T2	Veränderung der IATA vom Tarifkoordinator zum Interessenverband
T3	Verstärkte Umweltauflagen gegen Abgasemissionen

2.2.2 Produkte

Schlüsselfaktoren:
- Flugzeugproduktivität
- Technologieausprägungen
- Preisentwicklung
- Produktlebensdauer
- Kundenorientierung

Die Analyse des Flottenbestandes durch die Deutsche Airbus vom Jahresende 1988 ergab einen weltweiten Bestand von 7.460 Flugzeugen, wobei 5.515 davon einen, und 1.945 zwei Kabinengänge besaßen (siehe Tabelle 2.16).[248] Tabelle 2.17 zeigt die Bestandsentwicklung der weltweiten Flugzeugflotte von 1964 bis 1988 gemäß Boeing-Zählung, wobei hier auch Flugzeuge von privaten Betreibern, Leasingfirmen und Regierungen berücksichtigt wurden:[249]

Tab. 2.16: Weltweiter Flottenbestand nach Flugzeugtypen Ende 1988

Flugzeugtyp	im Einsatz	Flugzeugtyp	im Einsatz
DC9 (alle Serien)	725	B737 (alle Serien)	1520
MD80 (alle Serien)	565	B727-100/200	1450
DC10 (alle Serien)	370	B747 (alle Serien)	680
A300/A310	420	B757	200
L1011 (alle Serien)	230	B767-200/300	245

Tab. 2.17: Weltweiter Flottenbestand von 1964 - 1988 (Jahresende)

Quelle: Boeing

MODEL	<63	63	64	65	66	67	68	69	70	71	72	73	74	75	76	77	78	79	80	81	82	83	84	85	86	87	88	TOTAL
707	27	7	16	27	37	69	79	35	15	6	4	10	21	7	9	8	13	6	3	2	8	8	8	3	4	9	-	441
720	17	1	2	3	-	-	-	-	-	-	-	-	-	-	-	-	-	-	-	-	-	-	-	-	-	-	-	23
727-100	-	5	83	104	121	144	39	9	10	9	2	-	-	-	-	-	-	-	-	-	-	-	-	-	-	-	-	526
727-200	-	-	-	-	-	7	110	104	42	22	39	91	87	90	61	66	117	135	131	92	25	11	8	-	-	-	-	1238
737-100	-	-	-	-	-	3	16	10	-	-	-	1	-	-	-	-	-	-	-	-	-	-	-	-	-	-	-	30
737-200/T43A	-	-	-	-	-	1	86	95	34	26	21	22	51	49	38	24	40	74	90	103	93	82	60	32	21	23	7	1072
737-300/400	-	-	-	-	-	-	-	-	-	-	-	-	-	-	-	-	-	-	-	-	-	-	7	83	120	137	158	505
747	-	-	-	-	-	-	-	4	86	67	28	28	21	21	27	19	31	66	71	53	25	22	16	24	35	23	24	691
757	-	-	-	-	-	-	-	-	-	-	-	-	-	-	-	-	-	-	-	-	2	25	18	36	35	40	48	204
767	-	-	-	-	-	-	-	-	-	-	-	-	-	-	-	-	-	-	-	-	20	55	29	25	27	37	53	246
******************	44	13	101	134	158	224	330	257	187	130	94	152	180	167	135	117	201	281	295	250	173	203	146	203	242	269	290	4976
DC-8-20/30/50	24	9	10	14	23	1	9	-	-	-	-	-	-	-	-	-	-	-	-	-	-	-	-	-	-	-	-	90
DC-8-60	-	-	-	-	-	22	43	33	20	8	3	-	-	-	-	-	-	-	-	-	-	-	-	-	-	-	-	129
DC-8-70	-	-	-	-	-	13	40	45	10	2	-	-	-	-	-	-	-	-	-	-	-	-	-	-	-	-	-	110
DC-9-10/20	-	-	-	4	63	43	13	8	-	-	-	-	-	-	-	-	-	-	-	-	-	-	-	-	-	-	-	131
DC-9-30/40/50/C9	-	-	-	-	-	99	176	104	50	43	30	28	44	40	48	22	22	39	18	16	10	-	-	-	-	-	-	789
MD-80	-	-	-	-	-	-	-	-	-	-	-	-	-	-	-	-	-	-	5	60	32	51	44	71	85	94	119	561
DC-10-10/15	-	-	-	-	-	-	-	-	-	13	45	12	13	14	1	1	5	9	9	9	1	2	-	-	-	-	-	134
DC-10-30/40/KC-10A	-	-	-	-	-	-	-	-	-	-	4	39	32	29	18	10	13	27	30	16	10	9	10	11	17	10	10	295
L-1011 STD BODY	-	-	-	-	-	-	-	-	-	-	15	38	40	25	16	11	8	6	11	13	8	2	-	-	-	-	-	193
L-1011-500	-	-	-	-	-	-	-	-	-	-	-	-	-	-	-	-	-	6	13	15	6	4	4	2	-	-	-	50
880	19	1	-	1	-	-	-	-	-	-	-	-	-	-	-	-	-	-	-	-	-	-	-	-	-	-	-	21
990	2	-	1	-	-	-	-	-	-	-	-	-	-	-	-	-	-	-	-	-	-	-	-	-	-	-	-	3
******************	45	10	11	19	86	178	281	190	80	66	97	117	129	108	83	44	48	87	86	129	67	68	58	84	102	104	129	2506
A300	-	-	-	-	-	-	-	-	-	-	-	-	4	9	12	16	15	23	37	38	45	19	19	16	10	11	17	291
A310	-	-	-	-	-	-	-	-	-	-	-	-	-	-	-	-	-	-	-	-	-	17	29	26	19	21	28	140
A320	-	-	-	-	-	-	-	-	-	-	-	-	-	-	-	-	-	-	-	-	-	-	-	-	-	-	15	15
BAC 1-11	-	-	-	29	42	20	23	39	20	9	6	2	3	2	-	6	3	-	3	2	2	1	2	-	2	3	-	219
BAE 146	-	-	-	-	-	-	-	-	-	-	-	-	-	-	-	-	-	-	-	-	-	10	9	18	23	23	21	104
CARAVELLE	9	2	8	4	8	10	8	9	5	4	5	3	-	-	-	-	-	-	-	-	-	-	-	-	-	-	-	75
COMET	1	1	-	-	-	-	-	-	-	-	-	-	-	-	-	-	-	-	-	-	-	-	-	-	-	-	-	2
CONCORDE	-	-	-	-	-	-	-	-	-	-	-	-	-	1	6	2	-	-	5	-	-	-	-	-	-	-	-	14
F28	-	-	-	-	-	-	-	8	8	9	11	15	7	17	19	13	10	12	13	12	10	16	16	12	11	2	-	221
F100	-	-	-	-	-	-	-	-	-	-	-	-	-	-	-	-	-	-	-	-	-	-	-	-	-	-	9	9
MERCURE	-	-	-	-	-	-	-	-	-	-	-	-	6	4	-	-	-	-	-	-	-	-	-	1	-	-	-	11
TRIDENT	-	-	-	-	2	1	-	-	-	3	2	3	4	4	7	7	4	-	-	-	-	-	-	-	-	-	-	37
VC10	-	-	5	-	4	8	3	1	1	-	-	-	-	-	-	-	-	-	-	-	-	-	-	-	-	-	-	22
******************	10	3	13	33	56	39	34	57	34	25	24	23	24	37	44	44	32	35	58	52	57	63	75	73	65	60	90	1160
GRAND TOTAL	99	26	125	186	300	441	645	504	301	221	215	292	333	312	262	205	281	403	439	431	297	334	279	360	409	433	509	8642

A30: A300	A33: A330	146: BAE146	CVL: CARAVELLE	TRD: TRIDENT	M80: MD-80	L10: L-1011	737:737-100/200
A31: A310	A34: A340	CMT: COMET	F10: FOKKER F100	V10: VC10	D10: DC-10	727: 727-100	73Q:737-300/400/500
A32: A320	BAC: BAC 1-11	CON: CONCORDE	MRC: MERCURE	CVR: CONVAIR 880/990	M11: MD-11	72S: 727-200	

■ Flugzeugproduktivität

Die rasche Expansion des Luftverkehrs wurde hauptsächlich durch die Verbesserung der Produktivität (Größe, Reichweite und Geschwindigkeit) der Flugzeuge erreicht. Durch die Schallmauer war den Verkehrsflugzeugen in den zurückliegenden Jahrzehnten eine natürliche Wirtschaftlichkeitsgrenze gesetzt, so daß die Geschwindigkeit keinen Beitrag zur Produktivitätssteigerung leisten konnte. Eine Lockheed-Studie aus den 70er Jahren zeigt, daß ca. 78 % der realisierten Produktivitätssteigerungen auf Kapazitätserhöhungen und nur 22 % auf technologische Verbesserungen zurückzuführen waren.[/250/] Da die Streckbarkeit von Flugzeugen und die Kapazität von Infrastrukturen durch das anhaltende Luftverkehrswachstum an Grenzen stoßen, wird jedoch zukünftig der Produktivitätsfaktor Geschwindigkeit wieder an Bedeutung gewinnen.

- Produktivitätsentwicklung von 1900 bis 2040

Das immense Wachstum des Verkehrsflugzeugmarktes der letzten Jahrzehnte ist im wesentlichen auf die Steigerung der Produktivität zurückzuführen. So hat sich in den ersten Jahren der Prop-Technologie die Produktivität etwa alle 5 Jahre verdoppelt.[/251/] Sieht man von den Phasen der Diffusion und der Substitution neuer Basistechnologien ab, so stellt sich die grundlegende Frage, ob sich die Produktivität der Flugzeuge und das Verkehrswachstum gleichförmig entwickeln. Des weiteren stellt sich die Frage nach der Produktivitätsgrenze der Flugzeuge über längere Zeiträume hinweg.

Die heute übliche Einteilung der Flugzeuge erfolgt nach den Kriterien Sitzplatzanzahl und Reichweite. Entscheidend für den Kunden eines Flugzeugproduzenten ist jedoch nicht, daß das Flugzeug in ein Sitzplatz- und Reichweitenschema paßt, sondern welche technologischen und wirtschaftlichen Leistungskennziffern das Flugzeug aufweist. Da sich die Leistungsdaten ständig verbessern, kann hier nur eine dynamische Markteinteilung, die die Produktivitätssteigerung mitberücksichtigt, zu brauchbaren Ergebnissen führen. Eine Einteilung nach diesem Kriterium, erscheint durch die Berücksichtigung technologischer Innovationsdynamik als sinnvoller Ansatz für eine Markteinteilung. Als Kennzahl soll hierzu das Produkt aus Sitzplatzzahl, Reichweite und Fluggeschwindigkeit herangezogen werden. Abbildung 2.7 zeigt die Entwicklung der Flugzeugproduktivität von 1900 bis zum Jahr 2040 (Werte ab 1994 simuliert):

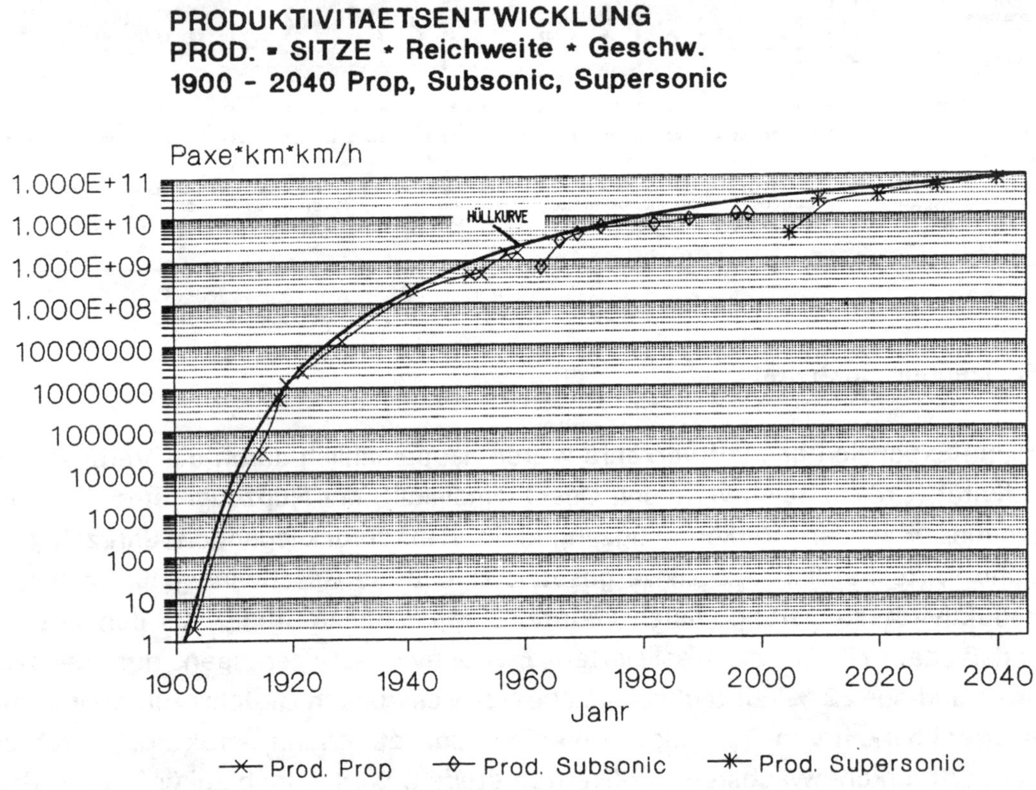

Abb. 2.7: Entwicklung der Flugzeugproduktivität von 1900 bis 2040

Es zeigt sich, daß man sowohl für die Entwicklung der Prop- als auch der Jet-Flugzeuge eine Hüllkurve einzeichnen kann. Zeichnet man des weiteren eine potentielle Kurve für Überschall- und Hyperschallflugzeuge und verbindet man die Tangentialpunkte, so erhält man die Gesamteinhüllende der technologischen Entwicklung der Flugzeuge.

- Entwicklung der Flugzeugproduktivität von 1925 bis 1990

Untersucht man die Steigung der Produktivität in den spezifischen Marktsegmenten, so zeigt sich, daß die Produktivitätssteigerungen auf parallelen Geraden liegen (siehe Abbildung 2.8). Hierbei betrugen die Steigerungsraten etwa 4,5 - 5,0 % pro Jahr, was innerhalb von 20 Jahren nahezu einer Verdreifachung der Produktivität entspricht. Es gibt nur wenige Hochtechnologiebereiche, die solch immense Wachstumsraten aufweisen können. Interessanterweise liegen alle erfolgreichen Flugzeuge in etwa auf den eingezeichneten Produktivitätsgeraden. Sogar der Übergang von der Prop- zur Jet-Technologie erweist sich entlang der eingezeichneten Produktivitätsgeraden als völlig nahtlos. Dies zeigt die starke Interaktion die zwischen dem Technologiewachstum und dem Marktwachstum besteht./252/ Produktivitätssteigerungen müssen im Gleichklang mit dem Luftverkehrswachstum erfolgen, wenn ein Flugzeugprojekt zu einem kommerziellen Erfolg werden soll. Dies gilt beispielsweise auch für die neue Boeing 777, deren Leistungsdaten zum Zeitpunkt ihres ersten Einsatzes im Linienverkehr auf einer dieser Geraden liegen sollten. Es ist ziemlich wahrscheinlich, daß dieser Trend sich auch in einem Zyklus mit neuen Basistechnologien in ähnlicher Weise fortsetzen wird.

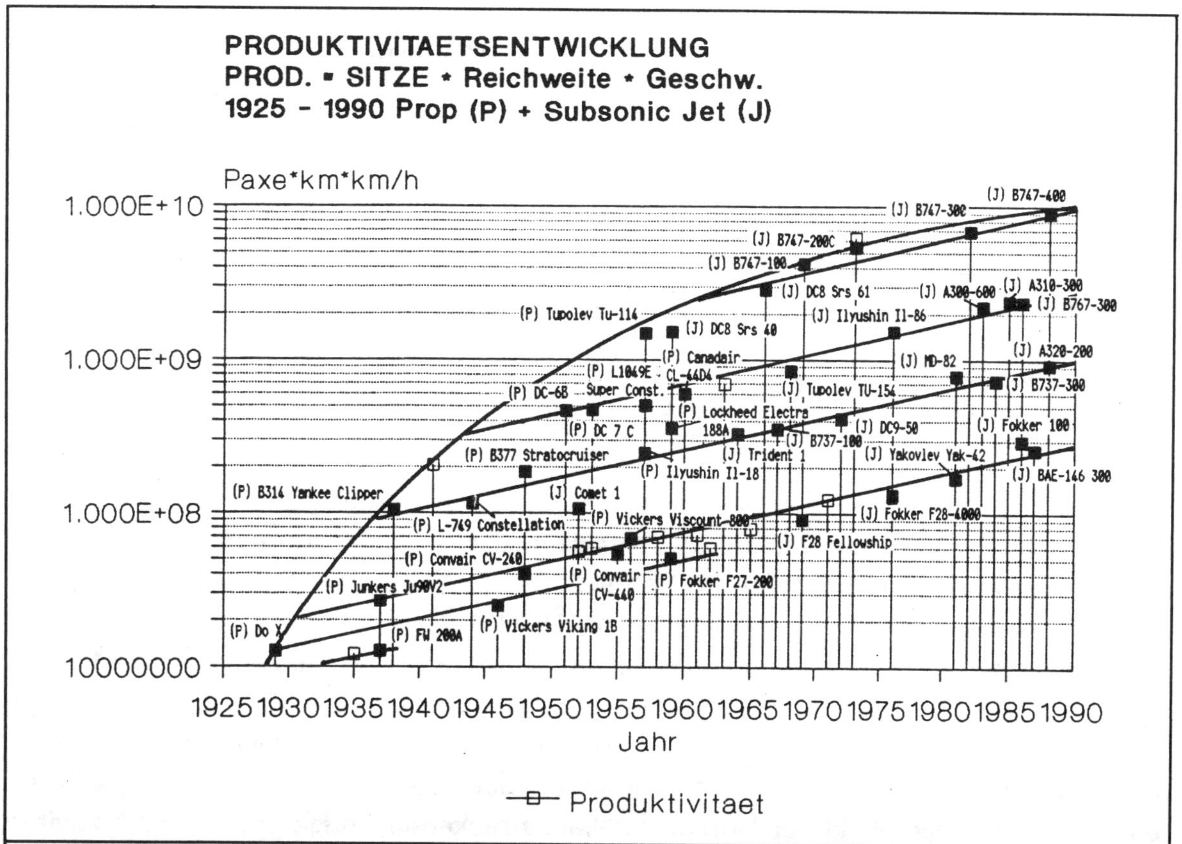

Abb. 2.8: Entwicklung der Flugzeugproduktivität von 1925 bis 1990

- Produktivitätsentwicklung bis zum Jahr 2010

Bei der Untersuchung der Produktivitätsentwicklung bis zum Jahr 2010 wurde von der Annahme ausgegangen, daß die Produktivitätsentwicklung weiterhin entlang den ermittelten Geraden erfolgt. Hierbei wurden mögliche Produktivitätsparameter der Flugzeuge simuliert. Abbildung 2.9 zeigt potentielle Produkte, die auf den Produktivitätsgeraden liegen könnten. Tabelle 2.18 zeigt die Daten dieser fiktiven Flugzeuge:

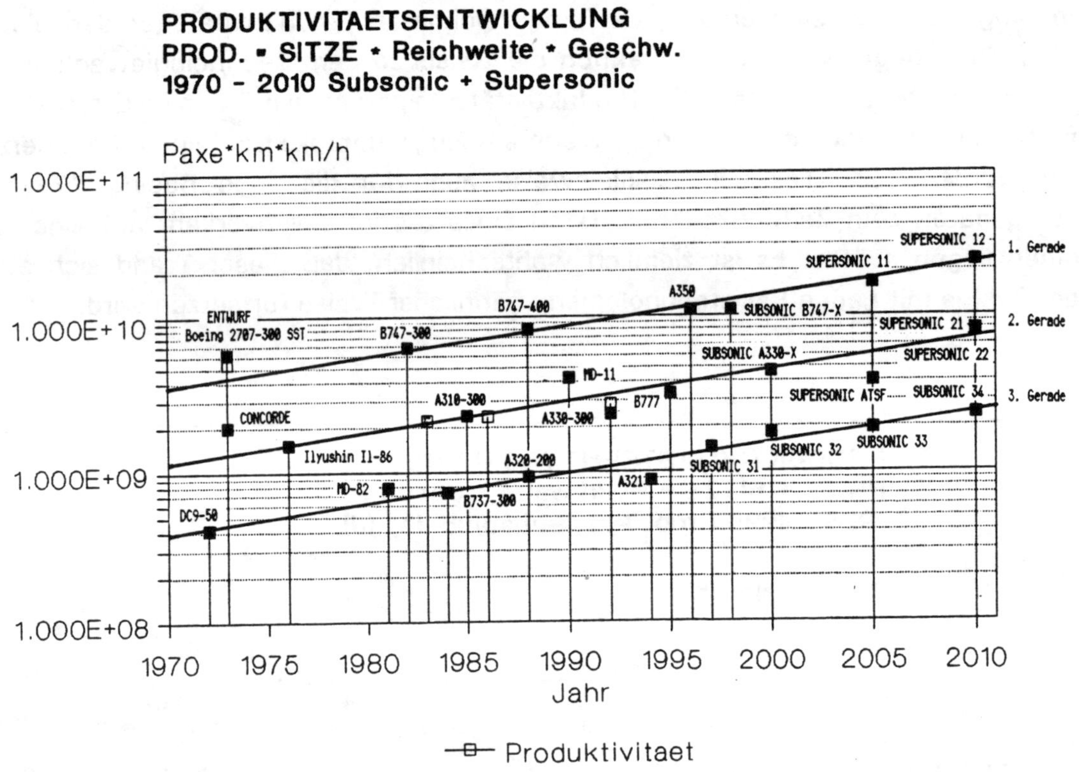

Abb. 2.9: Entwicklung der Flugzeugproduktivität von 1970 bis 2010

Analysiert man diese Kennzahlen, so zeigt sich, daß eine Substitution des Jumbo-Jets auf der 1. Produktivitätsgeraden im Jahre 2005 nur durch ein Überschallflugzeug mit einer Machzahl von 4, einer Reichweite von 15.000 km sowie einer Kapazität von 300 Passagieren erfolgen kann. Im Jahr 2010 müßte die Geschwindigkeit bereits Mach 4,5 bei einer Reichweite von 16.000 km und einer Kapazität von 350 Passagieren betragen. Die Realisierung solch großer und leistungsfähiger Überschallflugzeuge erscheint jedoch unter Kostengesichtspunkten in der ersten Dekade des 21. Jahrhunderts noch nicht realisierbar. Da der Markt für Unterschall-Langstreckenflugzeuge der 1. Produktivitätsgerade mit hoher Wahrscheinlichkeit bis zum Jahr 2020 bestehen bleiben wird, könnte ein zukünftiges Unterschall-Langstreckenflugzeug von Airbus (A350/A360) durchaus das Boeing-Monopol in diesem Marktsegment gefährden.

Tab. 2.18: Produktivitätskennzahlen von 1970 bis 2010

PRODUKTIVITÄTSSIMULATION:

TYP	JAHR	SITZE	REICHWEITE km	GESCHW. km/h	PRODUKTIVITÄT (S*R*V)
DC9-50	1972	139	3326	898	4,15E+08
Boeing 2707-300 SST	1973	321	9656	2000	6,20E+09
CONCORDE	1973	128	7215	2179	2,01E+09
Ilyushin Il-86	1976	350	4600	950	1,53E+09
B767-200	1981	255	9501	900	2,18E+09
MD-82	1981	172	4941	924	7,85E+08
B747-300	1982	587	12400	939	6,83E+09
B737-300	1984	148	5482	898	7,29E+08
A310-300	1985	280	9501	896	2,38E+09
B747-400	1988	587	15569	982	8,97E+09
A320-200	1988	180	5556	925	9,25E+08
MD-11	1990	405	11100	946	4,25E+09
A330-300	1992	375	6950	930	2,42E+09
A321	1994	200	4700	925	8,70E+08
B777	1995	350	10000	950	3,33E+09
A350	1996	750	17000	935	1,19E+10
SUBSONIC 31	1997	260	6000	925	1,44E+09
SUBSONIC B747-X	1998	800	16000	930	1,19E+10
SUBSONIC A330-X	2000	500	10000	930	4,65E+09
SUBSONIC 32	2000	300	6500	925	1,80E+09
SUPERSONIC ATSF	2002	200	10000	2000	4,00E+09
SUPERSONIC 11	2005	300	15000	4000	1,80E+10
SUBSONIC 33	2005	350	6000	925	1,94E+09
SUPERSONIC 12	2010	350	16000	4500	2,52E+10
SUPERSONIC 21	2010	250	10000	3500	8,75E+09
SUPERSONIC 22	2010	250	12000	2800	8,40E+09
SUBSONIC 34	2010	400	6500	925	2,41E+09

Anders sieht es mit der Substitution von Flugzeugen auf der 2. Produktivitätsgeraden aus. Diese könnten schon in wenigen Jahren durch Überschallflugzeuge substituiert werden, da Fluggeschwindigkeiten von Mach 2 bis Mach 3,5 bis zum Jahr 2010 technisch realisiert werden können. Insbesondere das Flugzeug ATSF von Aerospatiale (Entwurf von 1989) würde bei einer Erhöhung der Machzahl auf etwa 2,5 im Jahr 2005 auf der 2. Produktivitätsgeraden liegen. Ein potentielles Flugzeug des Jahres 2010 würde bei einer Machzahl von 2,8, einer Reichweite von 10.000 km und einer Passagierzahl von 250 ebenfalls auf der 2. Geraden liegen. Aufgrund der Lärmentwicklung von Überschallflugzeugen wurden im Mittelstreckenbereich die Parameter subsonischer Flugzeuge nicht variiert.

- Bestandsanalyse

Für das Jahr 1988 sind folgende Daten der ICAO für den internationalen und nationalen Linien- und Charterflugverkehr (ohne UDSSR) zu berücksichtigen:/253/

Input	1988
Zahl der Flugzeuge	ca. 7.400 A/C
Geflogene Kilometer	12.879 Mio.
Beförderte Passagiere	951 Mio.
Beförderte Passagier-km	1.573 Mrd.

Die Quotienten (Passagier-km/Passagiere) und (Passagier-km/Geflogene km) ergeben die durchschnittlichen km/Flug und Paxe/Flug. Dividiert man die beförderten Passagier-km durch die beiden ermittelten Quotienten und den Bestand der Flugzeuge, so ergibt sich die durchschnittliche Zahl der Starts pro Flugzeug:

Output	1988
Durchschnitt km/Flug	1.652 km
Durchschnitt Paxe/Flug	122 Paxe
Durchschnitt Starts	1.055 T/O

Wie oben bereits gezeigt, wird das Wachstum des Weltluftverkehrs jedoch nicht allein durch die Veränderung des Flugzeugbestandes kompensiert, sondern auch durch den effektiven Produktivitätszuwachs der neuen Flugzeuge, wobei sich folgende Zusammenhänge definieren lassen:

Luftverkehrswachstum = Bestandswachstum · Effekt. Produktivitätswachstum

Effekt. Produktivitätswachstum = Reichweitenwachstum · Kapazitätswachstum · Frequenzwachstum (Starts)

Kapazitätswachstum = Sitzplatzangebotswachstum · Sitzladefaktorwachstum

Erweitert man das effektive Produktivitätswachstum im Zähler und Nenner mit dem Geschwindigkeitswachstum, so läßt sich die zuvor ermittelte Produktivität in folgende Form bringen:

Effekt. Produktivitätswachstum = Produktivitätswachstum (S,R,V) · Frequenzw./Geschwindigkeitswachstum

Aus dem bisherigen Verkehrs- und Bestandswachstum (siehe Tabelle 2.19), läßt sich das benötigte effektive Produktivitätswachstum errechnen, daß nötig ist, um den Verkehr zu bewältigen (Bestand 2008 = 11.000 Flugzeuge, Pax-km = 4.250 Mrd. Pax-km):/254/

Tab. 2.19: Luftverkehrs-, Bestands- und effektives Produktivitätswachstum

Jahr	Pax-Km in Mrd.	LV-Wachstum	Bestand A/C	Bestands-wachstum	Eff. Prod.-wachstum
1960	109		362		
1968	310	14,0 %	2.630	28,1 %	-14,1 %
1978	794	9,9 %	5.017	6,7 %	3,2 %
1988	1.573	7,1 %	7.460	4,0 %	3,1 %
2008	4.250	5,1 %	11.000	2.0 %	3,1 %

Die Zahlen zeigen, daß sowohl das Bestandswachstum (quantitatives Wachstum) als auch das effektive Produktivitätswachstum (qualitatives Wachstum) einen Beitrag zur Bewältigung des Verkehrsaufkommens liefern. Allerdings nahm das Bestandswachstum in der Vergangenheit ständig ab, während sich das effektive Produktivitätswachstum bei etwa 3 % eingependelt hat. Die Zunahme der Streckenlängen, größere und schnellere Flugzeuge und der Einsatz hochentwickelter Computer-Reservierungssysteme (weiterer Anstieg der Sitzladefaktoren) unterstützen den Übergang von einer Wettbewerbs- in eine vernetzte, globale Kooperationswirtschaft. Diese Trends werden das Produktivitätswachstum weiter auf einem hohen Niveau halten. Würde das effektive Wachstum der Produktivität dem Wachstum des Luftverkehrs entsprechen, so könnte der zukünftige Luftverkehr sogar mit einem gleichbleibenden Bestand an Flugzeugen bewältigt werden.

Der Unterschied im Wachstum der Produktivität und der effektiven Produktivität beträgt mit Ausnahme der Substitutionsphase zwischen Prop- und Jet-Flugzeuge von 1960 bis 1970 etwa 1,9 %. Dieser Unterschied drückt sich im Quotienten Frequenzwachstum/ Geschwindigkeitswachstum aus. Da das Geschwindigkeitswachstum jedoch in den letzten Jahrzehnten konstant blieb, muß das Frequenzwachstum in den zurückliegenden Jahren jährlich etwa um 1,9 % abgenommen haben. Dies ist plausibel, da Flugzeuge die längere Strecken fliegen, keine so hohen Startfrequenzen im Jahr haben können. Hierbei ist bemerkenswert, daß die Größenordnung der Abnahme der Startfrequenzen in etwa der Abnahme der jährlichen Airline-Erträge entspricht:[/255/]

Airline Erträge		Frequenzwachstum
1970-1987	-1,5 %	-1,8 %
1988-2000	-2,2 %	-1,9 %

Die Streckbarkeit von Flugzeugen ist durch bestehende Infrastrukturen an den Verkehrsflughäfen begrenzt. Eine Reichweite, die über 16.000 km hinausgeht, bringt im Langstreckenbereich kaum größere Nutzeneffekte. Dies bedeutet, daß allein durch Erhöhung der Transportgeschwindigkeit weitere Produktivitätszuwächse erzielt werden können. Geht man davon aus, daß auch bei zukünftigen Flugzeuggenerationen eine Produktivitätssteigerung von 5 % und eine effektive Produktivitätssteigerung von 3 % beibehalten werden kann, so ergibt sich folgender Zusammenhang für die Startfrequenz:

$$\text{Frequenzwachstum} = 1{,}03/1{,}05 \cdot \text{Geschwindigkeitswachstum}$$

Durch die Verdopplung beziehungsweise Verdreifachung der Geschwindigkeit wird auch die Startfrequenz nahezu im selben Verhältnis gesteigert. Da höhere Startfrequenzen den wirtschaftlichen Einsatz von Flugzeugen verbessern, dürfte das Frequenzwachstum die wesentlichste Triebfeder für die Einführung von Überschallflugzeugen sein. Die bleibt jedoch nicht ohne Folgen auf das Bestandswachstum, wie das Beispiel American Airlines in den 60er Jahren zeigt. Obwohl sich die Zahl der geflogenen Passagier-km von 1962 bis 1966 um 80 % erhöhten, veränderte sich die Zahl der eingesetzten Flugzeuge nur unwesentlich um etwa 1 % von 176 auf 178.[/256/] Abbildung 2.10 zeigt die Substitution von Propellermaschinen durch Jet-Flugzeuge bei American Airlines:

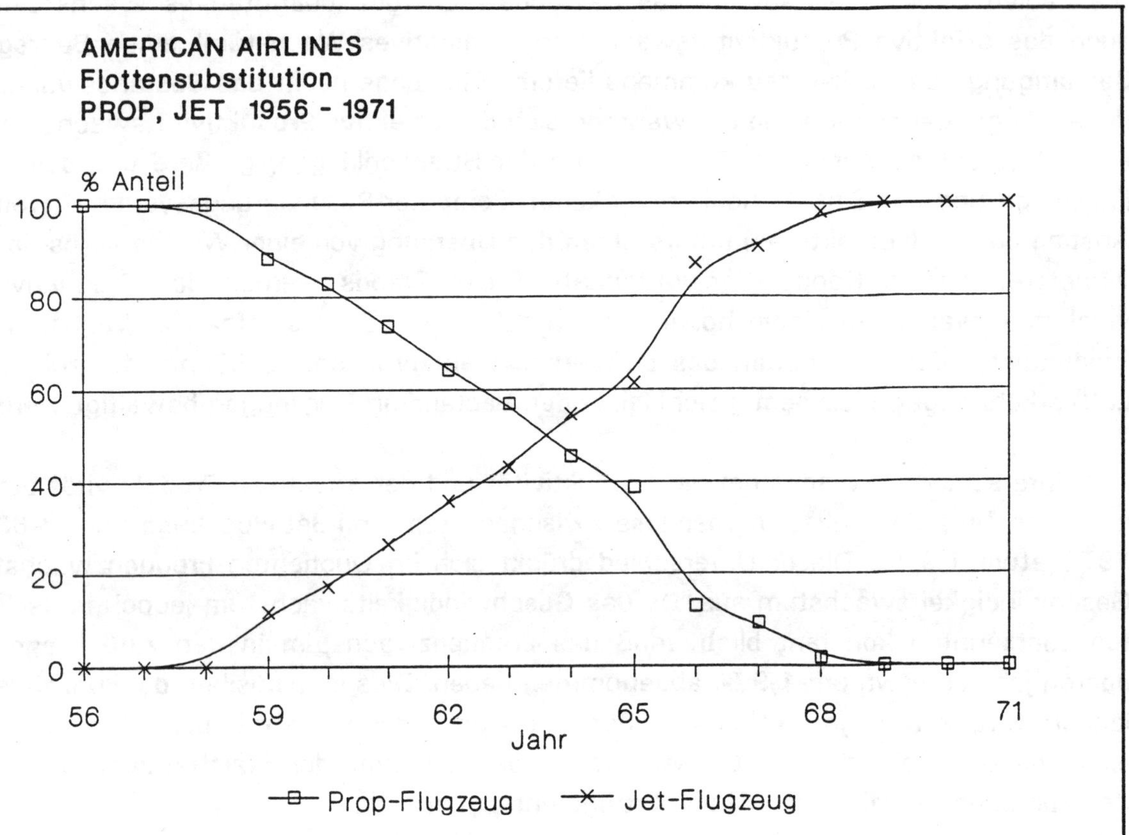

Abb. 2.10: Substitution der Propellermaschinen durch Jet-Flugzeuge bei American Airlines

Die Einführung von Überschallflugzeugen hätte sicherlich eine ähnliche Wirkung auf den benötigten Bestand an Flugzeugen ab dem Jahr 2005. Während der Phase der Substitution von Unterschall- durch Überschallflugzeuge kann das Bestandswachstum der Weltflotte durchaus stagnieren.

Mit Hilfe des ersten Formelzusammenhanges läßt sich, ausgehend von etwa 1.600 Mrd. Pax-km (ICAO) und dem Flugzeugbestand von 7.460 Flugzeugen (Deutsche Airbus) für Ende 1988 unter Variation des Luftverkehrswachstums und der effektiven Produktivitätszuwächse, der mögliche Flugzeugbestand des Jahres 2008 und das potenielle Bestandswachstum errechnen (siehe Tabelle 2.20). Die Rechnungen zeigen, daß ein Bestand von etwa 13.000 Flugzeugen, bei einer angenommenen Verdreifachung des Verkehrsaufkommens, nur bei einem durchschnittlichen Produktivitätszuwachs auftreten kann, der kleiner als 2,5 % ist. Die ermittelte Steigerungsrate der Flugzeugproduktivität von etwa 4,5 - 5,0 % und die in den letzten Jahren gleichbleibende Wachstumsrate der effektiven Produktivität von etwa 3,1 % sprechen für eine Kontinuität in diesen Trends, so daß das Bestandswachstum weiter abnehmen wird. Die fettgedruckten Zeilen zeigen, daß der Bedarf an Verkehrsflugzeugen, je nach Entwicklung des Verkehrsaufkommens real zwischen 8.000 und 12.000 Maschinen liegen dürfte.

Tab. 2.20: Variationsrechnung des Flugzeugbestandes - Pax-km und Produktivitätszuwächse variiert

Jahr	Pax-Km Wachstum	LV-Wachstum	Bestand A/C	Bestands-wachstum	Eff. Prod. wachstum
1988	1.573		7.460		
2008	3.000	3,3 %	11.660	2,3 %	1 %
	3.000	3,3 %	9.575	1,3 %	2 %
	3.000	3,3 %	8.680	0,8 %	2,5 %
	3.000	3,3 %	8.190	0,5 %	2,8 %
	3.000	**3,3 %**	**7.880**	**0,3 %**	**3 %**
	3.000	3,3 %	7.580	0,1 %	3,2 %
	3.000	3,3 %	7.150	-0,2 %	3,5 %
	3.750	4,4 %	14.460	3,4 %	1 %
	3.750	4,4 %	11.870	2,4 %	2 %
	3.750	4,4 %	10.850	1,9 %	2,5 %
	3.750	4,4 %	10.240	1,6 %	2,8 %
	3.750	**4,4 %**	**9.770**	**1,4 %**	**3 %**
	3.750	4,4 %	9.470	1,2 %	3,2 %
	3.750	4,4 %	8.870	0,9 %	3,5 %
	4.500	5,4 %	17.490	4,4 %	1 %
	4.500	5,4 %	14.370	3,4 %	2 %
	4.500	5,4 %	13.020	2,9 %	2,5 %
	4.500	5,4 %	12.280	2,6 %	2,8 %
	4.500	**5,4 %**	**11.810**	**2,4 %**	**3 %**
	4.500	5,4 %	11.370	2,2 %	3,2 %
	4.500	5,4 %	10.720	1.9 %	3,5 %

Dieses Ergebnis soll zur Kontrolle auch noch hinsichtlich der Entwicklung der Reichweite, der Sitzplatzzahl (beförderte Passagiere) und der Startfrequenz überprüft werden. Hierbei wird die Frequenzanzahl von der durchschnittlichen Reichweite, von der Fluggeschwindigkeit und von der Flughafenkapazität beeinflußt. Die Startfrequenz muß mit zunehmender Reichweite abnehmen, da ein Langstreckenflugzeug pro Tag oft nur einen Flug durchführen kann. Untersucht man die Entwicklung dieser Parameter am Beispiel spezifischer Airlines über längere Zeiträume, so zeigt sich, daß der Parameter Starts pro Jahr und Flugzeug sich hierbei relativ konstant gehalten hat, während die Zahl der beförderten Passagiere und die Längen der Flugstrecken durch den Produktivitätszuwachs der Flugzeuge ständig zugenommen haben. Als unterer Grenzwert für die Abschätzung der Starts, kann man in etwa 900 - 950 Starts pro Jahr und Flugzeug einer internationalen Airline wie der Swissair ansehen.

Folgende Übersichten zeigen die Entwicklung der durchschnittlichen Passagiere/Flug (siehe Abbildung 2.11), Reichweite/Flug (siehe Abbildung 2.12) sowie Starts/Jahr (siehe Abbildung 2.13) von 1958 bis 1988 bei American Airlines:/257/

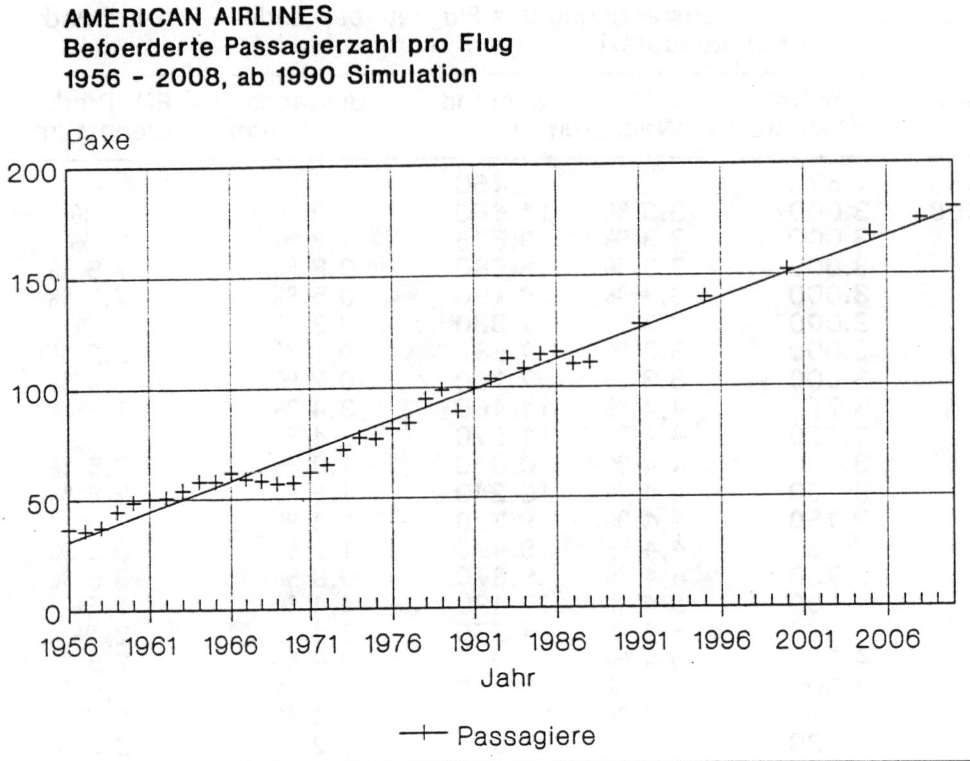

Abb. 2.11: Durchschnittlich beförderte Passagiere/Flug bei American Airlines von 1958 bis 1988 (Trend bis 2008)

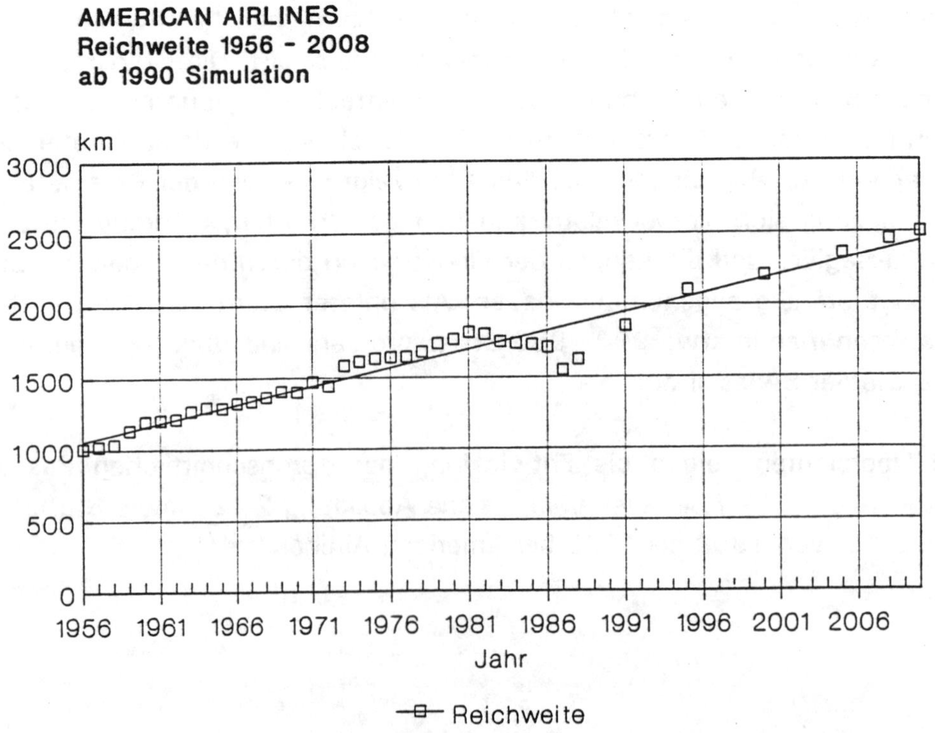

Abb. 2.12: Durchschnittliche Reichweite/Flug bei American Airlines von 1958 bis 1988 (Trend bis 2008)

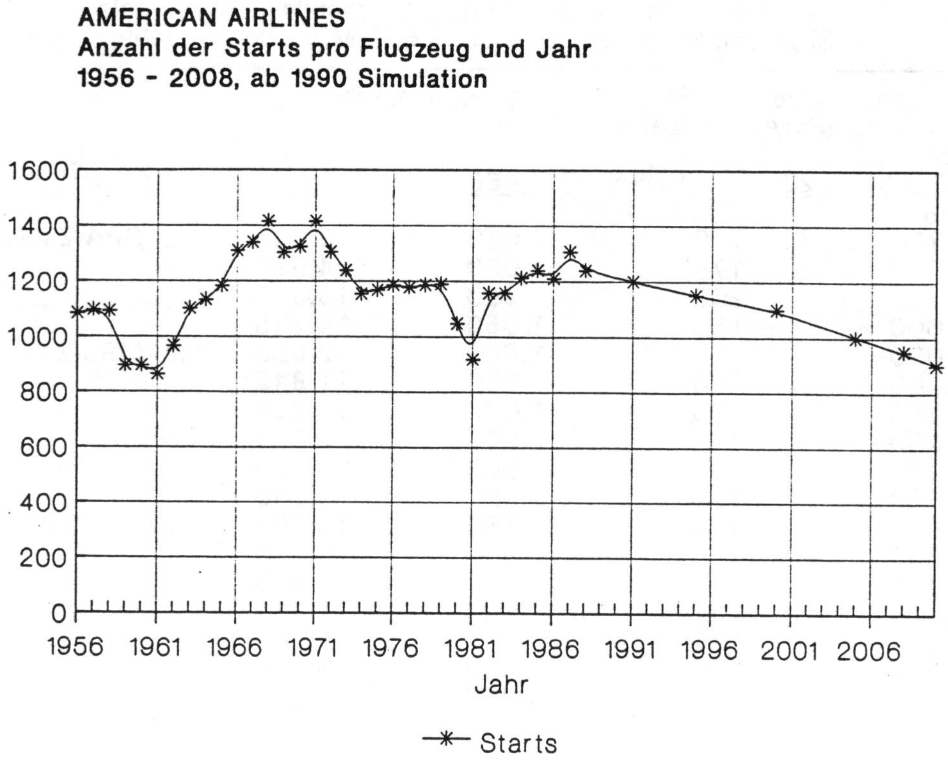

Abb. 2.13: Durchschnittliche Starts/Jahr bei American Airlines von 1958 bis 1988 (Trend bis 2008)

Die von der Deutschen Airbus gemachten Prognosen zeigen, daß die durchschnittliche verfügbare Sitzplatzzahl der Flugzeuge von 1990 bis 2008 von 175 Sitze auf etwa 225 - 240 Sitze anwachsen wird, was bei einer Sitzplatzauslastung von 65 - 70 % dann etwa 160 - 170 Sitzen entspräche. Zweitens wird angenommen, daß die mittlere Streckenlänge durch die zunehmende Vernetzung und Integration der weltwirtschaftlichen Triade weiter von 1.650 km auf 2.500 km zunehmen wird. Drittens ist anzunehmen, daß die mittlere Startzahl durch die Zunahme der internationalen Flüge von 1055 auf 950 sinkt, wenn keine Überschallflugzeuge eingesetzt werden. Tabelle 2.21 zeigt die Variationsrechnung der Streckenlängen, Sitzplatzzahlen und Starts bei einer Verdreifachung des Luftverkehrsaufkommens (optimistische Annahme!) bis zum Jahr 2008:

Output	1988
Durchschnitt km/Flug	1.652 km
Durchschnitt Paxe/Flug	122 Paxe
Durchschnitt Starts	1.055 T/O

Tab. 2.21: Variationsrechnung des Flugzeugbestandes - Streckenlängen, Sitze und Starts variiert - bei 4.500 Mrd. RPK im Jahre 2008

Strecken-länge (km)	Sitze (Paxe)	Starts (Zahl)	Flugzeugbestand (Zahl)	
1988				
1.652	122	1.055	7.460	
2008				
1.750	150	1.050	16.325	(ca. GPA-Zahlen)
1.750	175	1.000	14.695	
1.750	200	950	13.535	
2.000	150	1.050	14.285	
2.000	175	1.000	12.860	(ca. MBB-Zahlen)
2.000	200	950	11.842	
2.250	150	1.000	13.335	
2.250	175	950	12.030	
2.250	200	900	11.110	
2.500	150	1.000	12.000	
2.500	**170**	**950**	**11.150**	**(E. P-W. 3,2 %)**
2.500	200	900	10.000	
2.500	225	850	9.410	
2.750	150	1.000	10.910	
2.750	175	950	9.840	
2.750	200	900	9.090	
2.750	225	850	8.555	(E. P-W. 4,6 %)

Auch diese Rechnung zeigt, daß das Wachstum des Weltluftverkehrs, bei einem effektiven Produktivitätswachstum von etwa 3 %, mit einer Flotte von 11.000 Maschinen (ohne Sowjetunion) bewältigt werden könnte. Sollte sich der Luftverkehr innerhalb von 20 Jahren lediglich verdoppeln, würde dies unter sonst gleichen Annahmen lediglich einen benötigten Flugzeugbestand von 8000 Maschinen bedeuten. Der vermehrte Einsatz von Überschallflugzeugen ab dem Jahr 2000, könnte ebenfalls die obigen Vorhersagezahlen nach unten korrigieren.

Zusammenfassend kann festgestellt werden, daß die von den Produzenten vorhergesagten Zahlen nur bei hohen Wachstumsraten des Luftverkehrs, verminderten Produktivitätszuwächsen, minimalen Effizienzsteigerungen sowie unveränderten Basistechnologien und Rahmenbedingungen in der Systemumwelt eintreten können, was in Phasen der Turbulenz und der Diskontinuitäten als äußerst unwahrscheinlich angesehen werden muß.

MEGATRENDS	FLUGZEUGPRODUKTIVITÄT
T1	Vergrößerung der Produktivität durch Flugzeugstreckung
T2	Gewichtseinsparungen durch neue Werkstoffe
T3	Bedeutung der Geschwindigkeit als Produktivitätsfaktor wächst

■ Technologieausprägungen

- Basistechnologien

Jede Technologie baut stets auf bestehenden Problemlösungen auf, sie entsteht nur in einem technologisch herangereiftem Umfeld und sie löst stets spezifische Kundenwünsche./258/ Wenn eine technische Problemlösung ihr Leistungslimit erreicht und hierbei der relative Produktivitätsfortschritt immer kleiner wird, so folgt eine Substitution der alten Problemlösung durch einen neuen Lösungsansatz, wobei die neue Leistungsgrenze deutlich über der alten liegt. Bisher gab es in der Geschichte der Flugzeuge zwei Basistechnologien, nämlich die des Propellerflugzeuges und die des Unterschall-Strahlflugzeuges. Obwohl die Kosten der Jet-Technologie gegenüber der Prop-Technologie deutlich höher waren, konnte dies den Siegeszug des neuen Lösungsansatzes innerhalb einer hochwertigen Marktnische nicht aufhalten. Danach baute die Jet-Technologie ihren relativen Marktanteil am Gesamtmarkt immer weiter aus, bis letztendlich die Prop-Technologie nur noch in einer Marktnische überleben konnte.

Durch Vergleich der Zeithorizonte dieser Technologien, soll mittels Analogieschluß der mögliche zeitliche Bezugsrahmen für nachfolgende Überschall- und Hyperschallflugzeuge abgeschätzt werden (siehe Tabelle 2.22). Betrachtet man den Lebenszyklus der Propellertechnologie so zeigt sich eine typische Lebensdauer von 65 Jahren. Zwar hat die Technologie bis heute in einer Marktnische überlebt, jedoch war der Substitutionsprozeß von Prop- zu Jet-Flugzeugen bei den großen Airlines bereits Mitte der 60er Jahre abgeschlossen. Setzt man für die nachfolgenden Technologien unter Berücksichtigung der zeitlichen Entwicklungsdynamik (schnellere Inventions- und Innovationsraten) ähnliche Zeithorizonte an, so könnte die Substitution von Kerosin- durch Wasserstoff- oder Methan-Triebwerke bereits ab dem Jahr 2005 beginnen. Gleichzeitig könnte auch eine Substitution von Unterschall- durch Überschallflugzeuge im Langstreckenbereich (Bsp. A340 oder B777) stattfinden:

Tab. 2.22: Analogieschluß für Zeithorizonte zukünftiger Technologien

Technologie-ausprägung	Prop-Flugzeug	Jet-Flugzeug	$H_2/CH_4/$ Supersonic
Erfindungszeitraum:	1860-1925	1930-1980	1990-2030
Innovationszeitraum:	1915-1945	1975-1995	2025-2040
Diffusion:	1900-1910		
Substitution:		1960-1970	2005-2012
Sättigung:	1945-1965	1995-2015	2035-2055
Technologielebenszyklus:	1900-1965	1955-2015	2005-2055
Wendepunkt:	1932	1985	2030
Substitutionszeitdauer:		10 Jahre	7 Jahre

- Morphologie

Mit Hilfe eines morphologischen Kastens (siehe Abbildung 2.14) lassen sich potentielle technologische Entwicklungen beschreiben:

MERKMAL/ AUSPRÄGUNG	1	2	3	4	5	6	7
T E C H N O L O G I E							
T R A G W E R K							
TRAGWERKSART	Nurflügler	Einfach-tragwerk	Doppeltragwerk	Entenflügler			
FLÜGELFORM	Trapezflügel	Deltaflügel	Pfeilflügel	Tandemflügel	Ellipsenflügel		
PROFIL	Superkritisch	Laminar	S-Schlag-Profil	Hochauftriebs-profil			
TRAGWERKSLAGE	Hockdecker	Schulterdecker	Mitteldecker	Tiefdecker			
LANDEKLAPPEN	Spaltklappen	Doppelspalt-klappen	Spreizklappen	Zap-Klappe	Fowlerklappe		
R U M P F W E R K							
RUMPFAN-ORDNUNG	Einzelrumpf	Doppelrumpf	Mehrfachrumpf				
ZELLE	Aluminium-Leg.-Struktur	Faserverbund-struktur	Gemischtbau-weise	Intelligente Werkstoffe			
L E I T W E R K							
LEITWERK-ANORDNUNG	V-FORM	T-FORM	Umgekehrtes T	Kombiniert			
SEITEN-LEITWERK	Einfachleit-werk	Doppelleitwerk					
HÖHENLEITWERK	Heckleitwerk	Entenanordnung	Pendelruder				
S T E U E R W E R K							
STEUERUNG	Mechanisch	Elektrisch (Fly by Wire)	Hydraulisch	Pneumatisch	Optisch (Fly by Optics)	Kombination	
COCKPIT-STEUERUNG	Knüppel	Steuersäule	Joy-Stick				
F A H R W E R K							
FAHRWERKSART	Starres Haupt-fahrwerk	Einziehbares Hauptfahrwerk	Bugfahrwerk	Spornrad	Kufen und Skier	Flugboot	
T R I E B W E R K S A N L A G E							
TRIEBWERK	Kolbentriebwerk	TL-Turbine	ZTL-Turbine	PTL-Turbine	RAM-Triebwerk (Schmidt-Röhre)	'Hyper-Crisp'	Raketentrieb-werk
TRIEBWERKS-BEFESTIGUNG	am Tragwerk	am Rumpfheck	im Seitenleit-werk	im Rumpf			
TRIEBWERKS-ANZAHL	einstrahlig	zweistrahlig	dreistrahlig	vierstrahlig	mehrstrahlig		
MITGEFÜHRTE TREIBSTOFFE	Kerosin	Wasserstoff	Erdgas (Methan)	Methanol	Hydrazin		
ÄUSSERE AN-TRIEBSSTOFFE	Sonnenenergie	Reibungswärme	Laserenergie	Staudruck			
W I D E R S T A N D							
WIDERSTANDS-MINDERUNG	Winglets	Riblets	Grenzschicht-absaugung	Variable Wölbung	Kraftstoff-trimmung		
A V I O N I K / E L E K T R I K							
COCKPIT-ANZEIGE	analoge Anzeigegeräte	digitale Anzeige (EFIS/ECAM)	'Head-Up'-Displays	Flüssigkristall-anzeigen	Plasmabild-schirm		
STROMVER-SORGUNG	über Triebwerke	Batterien	Solarzellen				
S O N D E R A U S R Ü S T U N G							
ENTEISUNG	mechanisch	elektrisch	pneumatisch	Enteisungs-beschichtung			
RETTUNGSEIN-RICHTUNG	Notrutschen	Notsauerstoff	Fallschirme	Schwimmwesten	Rettungsboote	Kombination	
C O C K P I T							
COCKPIT-BESATZUNG	1-Mann	2-Mann	3-Mann	Fernsteuerung			
K O N S T R U K T I O N							
BAUWEISE	Holz	Metall	Gemischt	Faserverbund	Fackwerk	Spanten	Schalen und Waben
W A R T U N G U N D I N S T A N D H A L T U N G							
WARTUNGS-INTERVALLE	regelmäßig	on condition	wartungsarm				

Abb. 2.14: Morphologischer Kasten der technologischen Entwicklung im Flugzeugbau

Die realisierten Ausprägungen einer Basistechnologie kennzeichnen die jeweiligen Produkte innerhalb eines langfristigen Lebenszyklusses. Technologieinnovationen können innerhalb eines Zyklusses jedoch nur einzelne Merkmale beeinflussen, nicht jedoch die Basistechnologie substituieren, da die Kosten für die Einführung einer alternativen Technologie immens hoch sind.

- Neue technische Lösungen 1990 - 1995

Bei den heute am Markt realisierten technischen Lösungen lassen sich folgende Schwerpunkte charakterisieren:

Tragwerk	→	Einfachtragwerk
Rumpfanordnung	→	Einzelrumpf
Profil	→	superkritisch
Flügelform	→	Trapezflügel
Triebwerk	→	Fantriebwerk
Cockpit-Besatzung	→	2-Mann
Steuerungssystem	→	Fly by Wire

Auf Grund der bestehenden Infrastrukturen an Verkehrsflughäfen sind momentan übergroße Verkehrsflugzeuge ebensowenig einsetzbar wie völlig neue Antriebsstoffe (zum Beispiel Methan oder Wasserstoff). Hinzu kommen die immens hohen Entwicklungskosten für die Neukonstruktion von Verkehrsflugzeugen. Sämtliche Flugzeughersteller scheuen deshalb dieses Risiko. Bestehende Flugzeugversionen werden zunehmend differenziert, wie zum Beispiel bei Boeing (B747-100 → -200, -300, -400 bzw. SP-Version) oder bei McDonnell Douglas (DC10 → MD11, DC9 → MD81, MD82, MD83, MD87 und MD88) geschehen. Ebenso sind die Versionen A330 und A340 aus der erfolgreichen A300-Version abgeleitet. Der Airbus A320 bildet hier jedoch eine Ausnahme. Dieses vollständig neue Flugzeug von Airbus Industrie ist sicherlich eines der innovativsten Produkte des zivilen Flugzeugbaus nach dem 2. Weltkrieg.

Im Hinblick auf Atlantikflüge gewinnen Langstrecken-'Twins' (A300, A330, B767, als wirtschaftliche Alternative zu Jumbo-Jets (B747) und dreistrahligen Maschinen (L-1011, DC10, MD11), sogenannte ETOPS (Extended Twin Operations) oder EROPS (Extended Range Operations), an Bedeutung.[/259/] Deshalb forciert Boeing momentan die Entwicklung der B777, die dem Airbus A330 Marktanteile abnehmen soll.

- Neue technische Lösungen 1995 - 2005

Entscheidend für die Wahrscheinlichkeit der Realisierung einer zukünftigen Technologie ist der Nutzen für den Kunden und deren Finanzierbarkeit. Hierbei können folgende Ausprägungen zu einem weiteren Innovationsschub führen:

Profil	→	laminar
Triebwerk	→	'Crisp-Fan'/ 'Unducted Fan'/'Tilt-Rotor'
Treibstoff	→	Wasserstoff/Methan
Steuerungssystem	→	'Fly by Optics'
Kundenproblem	→	Kommunikationsproblem

Zukünftige Flugzeuge könnten als Innovationen, 'Riblets' (künstliche Rauigkeiten), Laminarflügel sowie variable Flügelwölbungen aufweisen. Dem Trend zu 'Wide-Body'-Flugzeugen großer Reichweite, versucht auch McDonnell Douglas mit der Neuentwicklung der zweistrahligen MD-XX gerecht zu werden, die mit 'Fly-by-Light'-Technologie zu Ende dieses Jahrzehnts in Serie gehen soll.[/260/] Des weiteren könnte Airbus in der zweiten Hälfte dieses Jahrzehnts mit derselben Technologie einen vierstrahligen A350/A360, als Konkurrenz zur B747 auf den Markt bringen. Auf die Triebwerksentwicklung wird separat im Kapitel Triebwerkhersteller eingegangen. Das Haupthindernis der weltweiten Vernetzung stellt das Zeitproblem dar. Das Ziel von Geschäftsreisenden ist es, durch verbale Kommunikation Informationen auszutauschen, wobei es zu beachten gilt, daß die vermehrte Nutzung von Telekonferenzen und das Angebot von 'Wide-Body-Sleeper'-Flugzeugen, die Einführung von Überschallflugzeugen verzögern könnte. So untersuchen die Hersteller die Möglichkeit, Schlafkabinen im Unterdeck von Langstreckenflugzeugen zu plazieren, deren Kosten im Vergleich zur Entwicklung von Überschallflugzeugen sicherlich nicht ins Gewicht fallen.[/261/]

- Neue technische Lösungen 2005 - 2040

Folgende potentiell neue Lösungsansätze sind denkbar:

Triebwerk	→	'Variable Cycle Engine' 'Ramjet'/'Scramjet'
Betriebsstoff	→	Wasserstoff/Methan
Flügelform	→	Deltaflügel
Zelle	→	Intelligente Werkstoffe
Fluggeschwindigkeit	→	Überschall/Hyperschall
Kundenproblem	→	Zeitproblem

Die Einsatzcharakteristika zukünftiger Über-/Hyperschallflugzeuge werden maßgeblich von der Verfügbarkeit neuer Werkstoffe mit hohen Temperaturfestigkeiten beeinflußt. Hierbei hat die Gewichtsreduzierung eine Schlüsselfunktion, da diese eine deutliche Senkung des Betriebskosten erlaubt. Potentiell neue Antriebstechnologien wie die 'Variable Cycle Engine' für Überschallflugzeuge sowie 'Ramjet'- und 'Scramjet'- Antriebe für Hyperschallflugzeuge sind gerade im Entwicklungsstadium. Der Zeitpunkt der Markteinführung für diese Antriebssysteme wird erst zu Beginn des nächsten Innovationszyklusses ab dem Jahr 2020 erfolgen. Die Komplexitätszunahme bei der Entwicklung und Integration dieser neuen Antriebssysteme wird zur Folge haben, daß das Triebwerk zur technologischen Schlüsselgröße im Verkehrsflugzeugbau avancieren wird.[/262/] Eine frühzeitige Diversifikation der Produzenten in diesen Bereich erscheint deshalb strategisch sinnvoll (z.B. mögliche Synergieeffekte MBB/MTU innerhalb der Deutschen Aerospace).

- Concorde-Programm

Die Concorde ist sicherlich eine der herausragendsten Ingenieurleistungen des 20. Jahrhunderts. Wie das Saturn-V Programm hat das Concorde-Programm schier unüberwindbar scheinende technische Hürden genommen. Dies sollte jedoch nicht darüber hinwegtäuschen, daß dieses Flugzeug vollständig am Markt vorbei entwickelt wurde und die teuerste Fehlentwicklung in der Geschichte des zivilen Flugzeugbaus wurde, wie Tabelle 2.23 veranschaulicht:/263/

Tab. 2.23: Entwicklungskosten der Concorde

	Geschätzt	Tatsächlich	Einheit
Entwicklungskosten:	150-170	1200	Mio. Engl. Pfund
Entwicklungszeit:	7	14	Jahre
Verkaufszahlen:	250	14	Stück
Verkaufspreis:	3	50	Mio. Engl. Pfund

Die Erhöhung der Treibstoffpreise in den 70er Jahren machte einen wirtschaftlichen Flugbetrieb mit der Concorde unmöglich. Ein weiterer Grund für die niedrigen Verkaufszahlen ist in der schlechteren Produktivität des Flugzeuges im Vergleich zu Konkurrenzflugzeugen wie der Boeing 747, der DC 10 oder dem Lockheed Tristar zu sehen. Ein größeres SST-Flugzeug wäre jedoch zum damaligen Zeitpunkt nicht finanzierbar gewesen, so daß ein Mißerfolg für dieses außerordentlich innovative Produkt vorprogrammiert war.

Trotzdem war dieses englisch-französische Gemeinschaftsprojekt von großem Nutzen, ebnete es doch den Weg für einen gemeinsamen europäischen Flugzeugbau. Es muß bezweifelt werden, ob ohne das Concorde-Programm Airbus Industrie je zustandegekommen wäre beziehungsweise jene innovative Vorreiterrolle hätte übernehmen können, die es heute besitzt.

- Überschall-/Hyperschallflug

Der Export von Überschallflugzeugen ab dem Jahr 2000 ist für die führenden Industriestaaten ein wichtiger Faktor, da er Ausdruck des technologischen Führungsanspruches ist, die Handelsbilanz des Produktionslandes positiv beeinflußt, Arbeitsplätze für hochqualifizierte Mitarbeiter schafft und das nationale Prestige erhöht.

Die Einführung von Überschallflugzeugen wäre der logische Zwischenschritt zwischen konventioneller Jet- und Hyperschalltechnologie. Die Erfahrungen, die mit der Concorde gemacht wurden, dürften deshalb für zukünftige Projekte äußerst wertvoll sein. Neue Generationen von SST-Flugzeugen könnten unter Ausnützung neuester Technologien eine deutlich höhere Produktivität als bisherige Großraumflugzeuge erzielen. Die Fortschritte in der Werkstofftechnologie lassen größere und somit produktivere Überschallflugzeuge ebenfalls realistisch erscheinen. Durch mögliche Gewichtseinsparungen läßt sich, im Hinblick auf die Einhaltung zulässiger Lärmgrenzwerte, der volumen- und auftriebsbedingte 'Sonic Boom'-Anteil leicht reduzieren.

Als Abgrenzung zwischen Überschall- und Hyperschallflug lassen sich folgende Geschwindigkeitsintervalle für zivile Verkehrsflugzeuge angeben, wobei Geschwindigkeiten über Mach 10 nur für militärische Flugzeuge (NASP) in Betracht kommen:

Unterschallflug:	$M < 1$
Transsonischer Flug:	$0.75 < M < 1.25$
Überschallflug:	$1 < M < 5$
Hyperschallflug:	$5 < M < 10$

Das grundsätzliche technische Problem bei Überschallflügen stellen die unterschiedlichen Missionsgeschwindigkeiten in den einzelnen Flugphasen dar. Hierbei ist die aerodynamische Effizienz (Verhältnis Auftrieb/Widerstand) der kritische Faktor für die Leistungsfähigkeit des Flugzeuges. Hieraus leitet sich die Forderung nach einer flexiblen Tragflächenstruktur ab. Aus der Unterschiedlichkeit der Fluggeschwindigkeiten resultiert auch die Forderung nach einem Triebwerk, daß sowohl für den Unter- als auch für den Überschallbetrieb geeignet ist und bei dem der Triebwerkslärm deutlich reduziert wird. Entscheidend für den Abbruch des amerikanischen SST-Projektes in den 60er Jahren war, daß noch nicht alle Technologien für die Realisierung eines wirtschaftlichen Überschallflugzeuges zur Verfügung standen.[/264/]

Für den wirtschaftlichen Durchbruch von Überschallflugzeugen ist es nötig, daß die Sitzplatzkapazität bei einer Reisegeschwindigkeit von Mach 2,5 - 3,5 auf 200 - 250 Passagiere (Concorde 128 Sitzplätze) gesteigert wird. Darüberhinaus müssen erfolgreiche Überschallflugzeuge Mindest-Reichweiten von 10.000 - 12.000 km aufweisen. Eine japanische Studie kommt zu dem Ergebnis, daß der Überschallflug dem subsonischen Flug etwa ein Drittel des Marktanteils nehmen könnte, wenn die Überschallflugpreise nicht mehr als das 1,7-fache der Preise des Unterschallfluges ausmachen, wobei alle 'Business'- und ein kleiner Teil der 'Economy'-Passagiere den Überschallflug bevorzugen würden.[/265/] Da zwischen den Flugpreisen und dem Antriebsstoff eine starke Interdependenz besteht, könnte die Einführung von Methan und Wasserstoff eine günstigere Kostensituation für den Betrieb von Überschallflugzeugen schaffen. Der technologische 'Fallout' von Methan- oder Wasserstoffflugzeugen könnte darüberhinaus starke Rückwirkungen auf andere Industriezweige haben. Abbildung 2.15 zeigt ein mögliches Netzwerk von Überschallflugstrecken im Jahr 2010. Tabelle 2.24 gibt einen Überblick über die Flugzeiten mit Mach 3 und Mach 5 zwischen Küstenstädten. Mit einer Fluggeschwindigkeit von Mach 3 ließe sich die Gesamtflugzeit von einem fiktiven Überschallflughafen bei Bremerhaven nach New York auf etwa 3 h und nach Tokio auf etwa 4 h reduzieren.

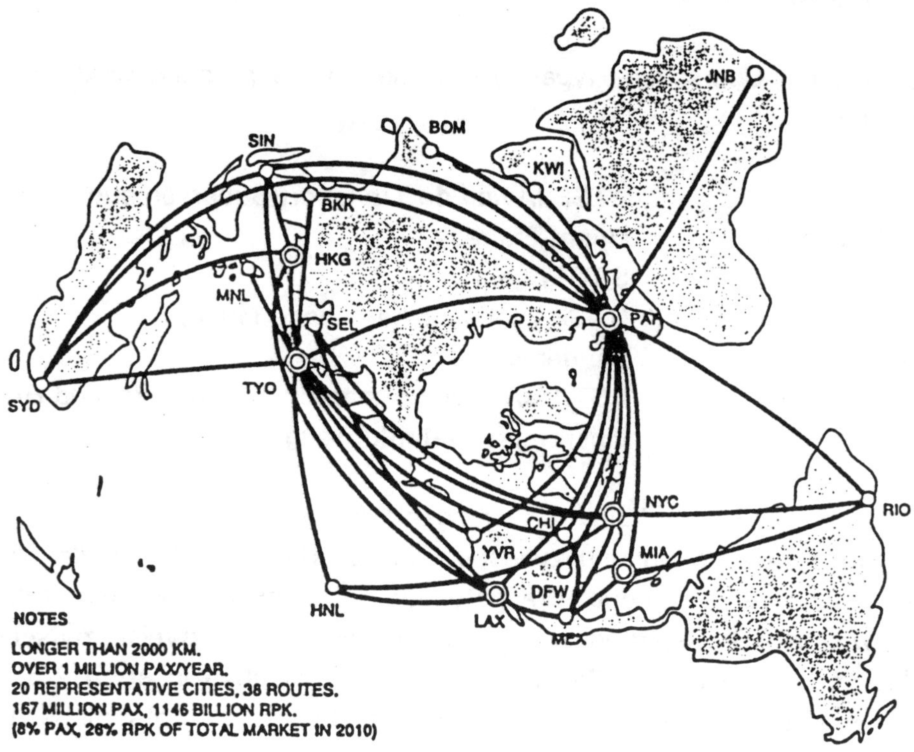

Quelle: SJAC

Abb. 2.15: Mögliches Überschall-Netzwerk im Jahr 2010

Tab. 2.24: Überschall-, Hyperschall-Flugzeiten zwischen Küstenstädten

ENTFERNUNGEN ZWISCHEN STÄDTEN IN km (Werte gerundet) UND REISEZEIT IN h (dezimal):
Entfernung: D = (km)
Geschwindigkeit: V1 = MACH 3
V2 = MACH 5
Reisezeit: T1 = (h)
T2 = (h)

Bemerkung:
- Als Entfernung wurde der entsprechende Großkreis genommen
- Es wurde für das Beschleunigen auf Überschall/Hyperschall und das Abbremsen von Überschall/Hyperschall auf Unterschall zusätzlich jeweils eine 1/2 Stunde berücksichtigt

STADT/STADT	TOKYO	NEW YORK	BREMERHAVEN	RIO DE JANEIRO	MELBOURNE	SAN DIEGO
TOKYO	**************** **************** ****************	D = 10910 T1 = 4,64 T2 = 3,18	D = 9100 T1 = 4,03 T2 = 2,82	D = 18550 T1 = 7,18 T2 = 4,71	D = 8110 T1 = 3,70 T2 = 2,62	D = 9040 T1 = 4,01 T2 = 2,81
NEW YORK	D = 10910 T1 = 4,64 T2 = 3,18	**************** **************** ****************	D = 6070 T1 = 3,02 T2 = 2,21	D = 7690 T1 = 3,56 T2 = 2,54	D = 16670 T1 = 6,56 T2 = 4,33	D = 3910 T1 = 2,30 T2 = 1,78
BREMERHAVEN	D = 9100 T1 = 4,03 T2 = 2,82	D = 6070 T1 = 3,02 T2 = 2,21	**************** **************** ****************	D = 9760 T1 = 4,25 T2 = 2,95	D = 16230 T1 = 6,41 T2 = 4,25	D = 9150 T1 = 4,05 T2 = 2,83
RIO DE JANEIRO	D = 18550 T1 = 7,18 T2 = 4,71	D = 7690 T1 = 3,56 T2 = 2,54	D = 9760 T1 = 4,25 T2 = 2,95	**************** **************** ****************	D = 13290 T1 = 5,43 T2 = 3,66	D = 9940 T1 = 4,31 T2 = 2,99
MELBOURNE	D = 8110 T1 = 3,70 T2 = 2,62	D = 16670 T1 = 6,56 T2 = 4,33	D = 16230 T1 = 6,41 T2 = 4,25	D = 13290 T1 = 5,43 T2 = 3,66	**************** **************** ****************	D = 12780 T1 = 5,26 T2 = 3,56
SAN DIEGO	D = 9040 T1 = 4,01 T2 = 2,81	D = 3910 T1 = 2,30 T2 = 1,78	D = 9150 T1 = 4,05 T2 = 2,83	D = 9940 T1 = 4,31 T2 = 2,99	D = 12780 T1 = 5,26 T2 = 3,56	**************** **************** ****************

- Zukünftige Projekte

Wenn von zukünftigen Überschall-/Hyperschall-Projekten gesprochen wird, so sind folgende im Gespräch:

a)	Aerospatiale	ATSF (Avion de Transport Supersonique Futur)
b)	McDonnell Douglas	Orient-Express
c)	Boeing	SST-Projekt
d)	USA	NASP (National Aerospace Plane)
e)	Deutsche Aerospace	Sänger
f)	British Aerospace	AST (Advanced Supersonic Transport) und Hotol
g)	Japan	Einstufiges Raumflugzeug

Fliegen mit Überschall-/Hyperschallgeschwindigkeit bedeutet kürzeste Reisezeiten im Langstreckenverkehr. Als Verbindung zwischen den großen Metropolen der Welt wird Überschall-/Hyperschallverkehr neue Wachstumsimpulse in der Weltwirtschaft freisetzen. Flüge zwischen Großstädten in Küstennähe wie beispielsweise zwischen New York und Tokio könnten bei einer Geschwindigkeit von Mach 5 in etwa 2,5 h durchgeführt werden, was etwa einem Viertel der heutigen Reisezeiten entspräche. Entscheidend für Zeiteinsparungen bei Hyperschallflügen ist jedoch nicht die Reisegeschwindigkeit, sondern die erzielte Blockgeschwindigkeit vom Wegnehmen der Bremsklötze am Ausgangsflughafen bis zum Hinlegen dieser am Zielflughafen. Längere Unterschallflugstrecken, Wartezeiten beim Anflug oder Zwischenlandungen können die Zeitersparnis erheblich senken. Um die Geschwindigkeiten optimal zu nutzen sind deshalb spezifische Infrastrukturen sowie Verbesserungen im Bereich der Flugsicherung nötig. Starts von Seeflughäfen mit Schnellbahnanbindung, die keine Nachtflugbeschränkungen haben, würden hier eine höhere Beschäftigungsdauer der Langstreckenflugzeuge erlauben.

MEGATRENDS	TECHNOLOGIEAUSPRÄGUNGEN
T1	Dominanz innovativer Produkte
T2	Umweltorientierte Produktauslegung gewinnt an Bedeutung
T3	Intelligente zeitorientierte Produkte gewinnen an Bedeutung

- Preisentwicklung

- Heutige Preissituation

Wenn man von den Verkaufspreisen der Flugzeuge spricht, so kann man aufgrund der unterschiedlichen Kundenwünsche und Finanzierungsbedingungen nur von Durchschnittspreisen sprechen. Hierbei übernimmt Boeing als größter Flugzeugproduzent die Preisführerschaft. Die Preisführerschaft erhöht im Schnitt eher die Preise und reduziert die Stärke von Preisschwankungen.[/266/] Die Konkurrenten Airbus Industrie und McDonnell Douglas können nur geringfügig von den Preisen des Marktführers abweichen. Nach

Markham tritt Preisführerschaft dann auf, wenn folgende Bedingungen erfüllt sind:/267/

"The industry is tightly oligopolistic, the sellers products are close substitutes, the oligopolists cost curves are similiar, there are barriers to the entry of new competitors, and demand for the industry's output is relatively inelastic (so that price raising pays)."

Diese Bedingungen treffen im wesentlichen auf den Verkehrsflugzeugmarkt zu. So sind die Flugzeuge in den meisten Marktsegmenten austauschbar (zum Beispiel B757/A321, B767/A310 oder B777/A330). Die Firmen wissen, daß Entscheidungen immer auch mit dem Blick zum Konkurrenten gefällt werden müssen und sind sich der gegenseitigen Abhängigkeit bewußt. Langfristig gesehen ist, aufgrund der Anpassungszeit zwischen Nachfrage und Angebot, der Wettbewerb zwischen Ersatzprodukten wesentlich effektiver als auf kurze Sicht./268/

Die Preise für Neuflugzeuge sind in den zurückliegenden Jahren exponentiell gestiegen. Wenn sich dieser Trend fortsetzt, so dürfte ein Langstreckenflugzeug des Jahres 2000 sicherlich über 200 Mio. US-$ kosten. Die Ursache für diese Entwicklung ist in den hohen Entwicklungskosten zu sehen. Boeing ist sich jedoch der Tatsache bewußt, daß eine Maximierung der kurzfristigen Gewinne (überhöhte Flugzeugpreise) langfristig zu Marktanteilsverlusten und Ertragseinbußen führt, da höhere Gewinnspannen trotz bestehender Eintrittsbarrieren neue Konkurrenten anlocken./269/ Deshalb müssen die Preise so festgelegt werden, daß die Gewinnspannen für neue Konkurrenten minimiert und diese abgeschreckt werden (Limitpreise)./270/ Dies funktioniert allerdings nicht, wenn potentielle Konkurrenten staatlich subventioniert werden. Aufgrund der hohen Subventionskosten dürften allerdings nur wenige Länder wie zum Beispiel Japan in der Lage sein, diese Gelder bereitzustellen. Die Nachfrage nach Produkten von oligopolistischen Firmen ist auf lange Sicht wesentlich preiselastischer als auf kurze Sicht, wobei jedoch zu beachten ist, daß sich der Verkehrsflugzeugmarkt langfristig durch exponentielle Preissteigerungsraten (Stückpreise/Entwicklungskosten im jeweiligen Jahr) auszeichnet (siehe Tabelle 2.25):/271/272/273/

Tab. 2.25: Preissteigerung bei den Entwicklungskosten und Stückpreisen von Verkehrsflugzeugen

Typ	Jahr	Stückpreis in Mio. US-$	Entwicklungskosten in Mrd. US-$	Verhältnis Entw.k./Stückpreis
Douglas DC8	1958	5	0,112	22
Caravelle	1959	4	0,140	35
Boeing B747-100	1969	24	1,0	42
Concorde	1973	38	2,4	63
Airbus A320	1988	35	ca. 2,5	71
Boeing B747-400	1989	126	Derivat	
Airbus A330/A340	1992	90/110	ca. 4,0	36
Boeing B777	1995	ca. 150	ca. 5,0	33

Boeing hat allein in den Jahren 1989 und 1990 Auftragseingänge im Wert von 94,3 Mrd. US-$ erhalten und hat somit Ende 1990 einen unerledigten Auftragsbestand von über 80 Mrd. US-$.[274] Geht man davon aus, daß von heute bis zum Jahr 2010/2025 etwa 10.000/20.000 Unterschallflugzeuge ausgeliefert werden, so bedeutet dies bei durchschnittlichen Stückpreisen von 60/70 Mio. US-$ bis zum Jahr 2010/2025 einen Marktwert von 600/1.400 Mrd. US-$ (Preisanstiege berücksichtigt).

- Zukünftige Preissituation

Die Preise zukünftiger Verkehrsflugzeuge richten sich hauptsächlich nach den Entwicklungskosten und sind mit großen Unsicherheiten behaftet. Für das Sänger-Projekt werden für die Entwicklung der Unter- und Oberstufe 15-20 Mrd. US$ geschätzt.[275] Die bisherigen Schätzungen bei der Concorde-Entwicklung und dem Airbus-Programm haben gezeigt, daß die tatsächlichen Kosten mit einem Multiplikator von 3 - 7 die geschätzten Kosten überschritten, bis die Entwicklung letztendlich abgeschlossen war. Betrachtet man die Tatsache, daß der Jumbo-Jet im Jahre 1969 einen Stückpreis von etwa 25 Mio. US$ hatte und im Jahr 1988 bereits 125 Mio US$ kostete, so erscheint eine starke Zunahme des Stückpreises für die 1. Generation von Überschallflugzeugen ab dem Jahr 2005 als durchaus realistisch. Die zukünftigen Entwicklungskosten werden deshalb nur noch in transnationalen Kooperationen der führenden Industrienationen finanzierbar sein. Setzt sich der bisherige Trend fort, so könnten sich die Entwicklungskosten für ein Überschallflugzeug des Jahres 2010 auf ca. 10 - 20 Mrd. US $ und für ein Hyperschallflugzeug des Jahres 2020 auf circa 30 - 40 Mrd. US $ belaufen (siehe Tabelle 2.26).[276/277] Das Verhältnis Entwicklungskosten/Stückpreis (EK/SP) lag in der Vergangenheit etwa bei 20 bis 40. Lediglich die Concorde und der sehr innovative Airbus A320 bilden hier eine Ausnahme. Unter Berücksichtigung der Faktoren 20, 30 und 40 ergeben sich folgende Stückpreise:

Tab. 2.26: Zukünftige Entwicklungskosten und Stückpreise von Verkehrsflugzeugen

Typ	Faktor EK/SP	Jahr	Stückpreis Mio. US-$	Entwicklungskosten Mrd. US-$
Überschall	20	2010	500-1.000	10-20
Überschall	30	2010	330-670	10-20
Überschall	40	2010	250-500	10-20
Hyperschall	20	2020	1.500-2.000	30-40
Hyperschall	30	2020	1.000-1.330	30-40
Hyperschall	40	2020	750-1.000	30-40

Geht man davon aus, daß bis zum Jahr 2025 ein Marktpotential von etwa 1.200 Überschallflugzeugen und etwa 250 Hyperschallflugzeugen besteht, so ergäbe sich bei Überschallflugzeugen (Stückpreis etwa 500 Mio. US-$) ein Marktwert von 600 Mrd. US-$ und bei Hyperschallflugzeugen (Stückpreis etwa 1 Mrd. US-$) ein Marktwert von etwa 250 Mrd US-$. Der Gesamtwert aus Unter- und Über-/Hyperschallflugzeugen bis zum Jahr 2025 würde sich demnach auf etwa 2.250 Mrd. US-$ belaufen./278/ Diese Zahlen belegen deutlich die Schlüsselfunktion, die dem zivilen Flugzeugbau im nächsten Jahrhundert zukommen wird.

MEGATRENDS	PREISENTWICKLUNG
T1	Stetiger Anstieg der Flugzeugpreise
T2	Verfall der Gebrauchtflugzeugpreise
T3	Starker Anstieg der Entwicklungs- und Stückkosten

■ Produktlebensdauer

- Bestellzyklen

Die Determinanten der Flugzeugproduktion sind:

- Flugzeugauslieferungen in Stückzahlen
- Flugzeugauslieferungen in Dollarbasis
- Definition von Leistungseinheiten (z. B. Sitzplatzzahl und Reichweite)

Die Bedeutung der Bestellzyklen für die Handelsbilanz der USA ist durch die hohen Preise, die für Verkehrsflugzeuge realisiert werden, essentiell. Boeing ist einer der führenden Exporteure der Vereinigten Staaten, dessen Aktienbewertung im Jahr 1980 sogar den Marktwert aller Inlandsfluggesellschaften überschritt./279/

Im Jahre 1980 orderte Delta Air Lines 60 Boeing B757 mit einem Wert von ca. 3 Milliarden Dollar, der damals den größten Auftrag in der Geschichte des Verkehrsflugzeugbaus darstellte./280/ United Airlines setzte 1989 mit der Bestellung von 370 Boeing-Flugzeugen (120 B737, 60 B757, Optionen für 130 B737 und 60 B757) im Wert von ca. 16 Milliarden Dollar einen neuerliche Rekordmarke./281/ Dieser Rekordauftrag wurde jedoch 1990 abermals von United Airlines mit einer Bestellsumme von 22 Mrd. US-$ (Bestellung von 38 B777, 30 B747, Optionen für 34 B777 und 30 B747) überboten./282/ Bei solchen Größenordnungen werden dem 'Launching-Customer' exzellente Konditionen eingeräumt, da Erstaufträge von großen Airlines Folgeaufträge nach sich ziehen. Die heute getätigten gewaltigen Bestellvolumen an Verkehrsflugzeugen zeigen eindeutig, daß der Markt sich in einer fortgeschrittenen Reifephase befindet und die Sättigungsphase früher oder später eintreten wird.

Abbildung 2.16 zeigt die Auslieferungen verschiedener Flugzeugtypen bei Boeing. Hierbei erkennt man, daß jede technische Neuerung, sei es als Produktderivat oder völlig neues Produkt einen neuen Auslieferungszyklus induziert hat, der abhängig vom jeweiligen wirtschaftlichen Umfeld unterschiedlich hoch ausfiel:/283/

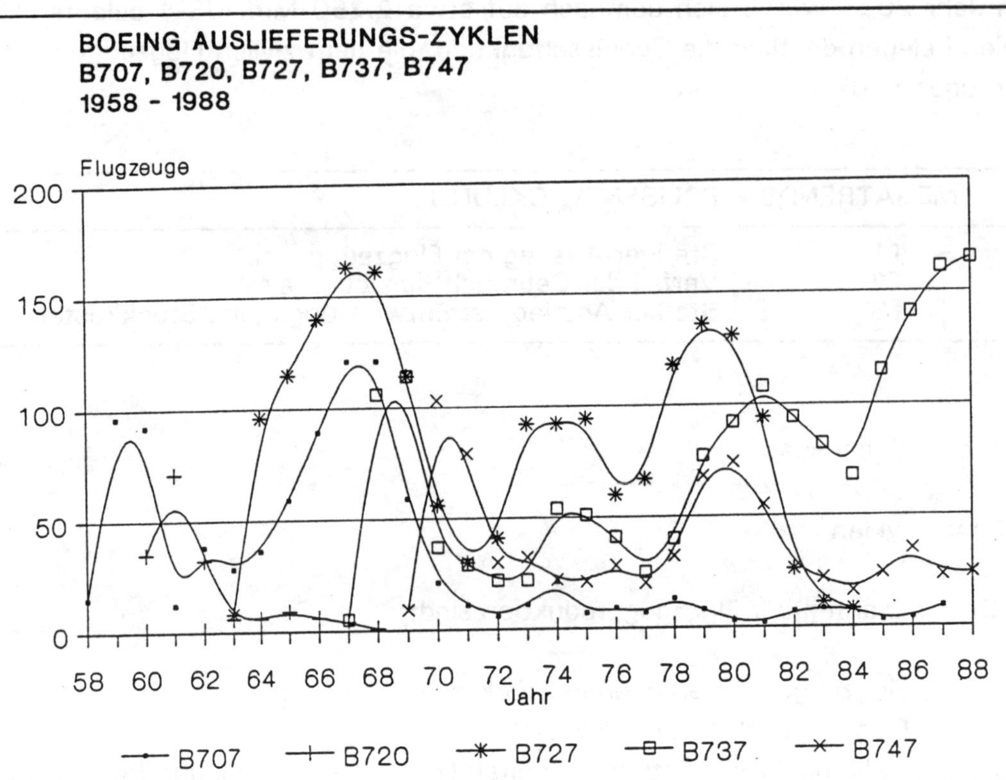

Abb. 2.16: Boeing Auslieferungszyklen von 1958 bis 1988

- Produktlebensdauer

Ausgangspunkt der Untersuchung für die Produktlebensdauer eines bestimmten Flugzeugtyps ist der Flugzeugbestand ('Inventory') sowie dessen Änderung durch reguläre Außerdienststellungen ('Out of Service') oder durch Flugzeugabstürze ('Accidents'). Untersucht man die Produktlebensdauer bisheriger Flugzeugtypen so ergibt sich hier ein typischer Zeithorizont von etwa 40 bis 45 Jahren bei der B707 sowie der B727. Die Produktlebensdauer wird mit hoher Wahrscheinlichkeit weiter anwachsen, da die Entwicklungskosten der Flugzeuge weiter stark zunehmen werden, was für eine Fortsetzung der Derivat- und Differenzierungsstrategie spricht. Dies gilt auch für kommende Generationen von Wasserstoff- und Überschallflugzeugen.

Untersucht man die Altersstruktur (siehe Abbildung 2.17) der weltweit eingesetzten Flugzeuge, so zeigt sich eine Überalterung der Flotten von US-'Carriern', wo Ende 1988 42,1 % der Flugzeuge älter als 16 Jahre waren, gegenüber 25,5 % bei europäischen Airlines und 13,1 % bei den Airlines entlang der Seidenstraße:/284/

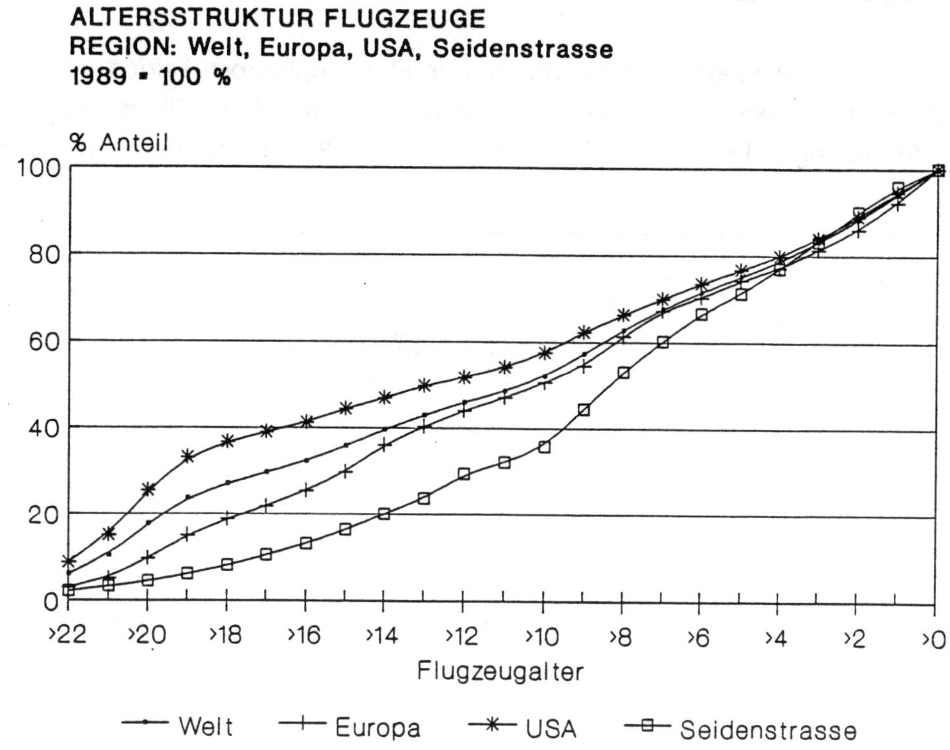

Abb. 2.17: Flugzeugalter 1989 nach Regionen und Weltbestand

- Serienlebensdauer

Von der Produktlebensdauer soll hier der Begriff der Serienlebensdauer unterschieden werden, also beispielsweise von der B727-100-Serie oder der B747-100-Serie. Unter Serienlebensdauer soll der Zeitpunkt der ersten Flugzeugauslieferung einer Serie bis zur Auslieferung des letzten Flugzeuges dieser Serie verstanden werden. Es ist eine allgemein zu beobachtende Tendenz, daß sich die Serienlebensdauern in der Elektronik- und Automobilindustrie weiter verkürzen. Die Verkürzung der Serienlebensdauer verläuft parallel zur Erhöhung der Produktvielfalt. Dies hängt damit zusammen, daß Unternehmen in sich stättigenden Märkten nur durch eine Erhöhung der Innovationsrate den Absatz steigern können. Da es den Anschein hat, daß der Flugzeugmarkt bis zum Jahr 2010 ebenfalls zur Sättigung neigt, würde es nicht überraschen, wenn sich die Serienlebensdauer im Rahmen einer Produktfragmentierung weiter verkürzen würde. Lag diese in den letzten beiden Jahrzehnten bei erfolgreichen Flugzeugen im Mittel bei 14 Jahren, so könnte dieser Wert in den nächsten beiden Jahrzehnten tendenziell bis auf etwa 10 Jahre absinken. Voraussetzung hierfür ist eine hohe Innovationsrate und eine umweltorientierte Produktauslegung, die beispielsweise 'Flugzeugrecycling' mit einschließt. Hierdurch werden auch höhere Außerdienststellungsraten ermöglicht, was den Absatz von Flugzeugen weiter auf einem hohen Niveau halten könnte.

- Flugzeuglebensdauer

Untersucht man die Flugzeuglebensdauer der Flugzeugkohorte eines spezifischen Baujahres, so ist interessant nach welchem zeitlichen Verlauf die Flugzeuge ausgemustert werden. Abbildung 2.18 zeigt die Todeskurve der DC8-Kohorte aus dem Jahre 1960:

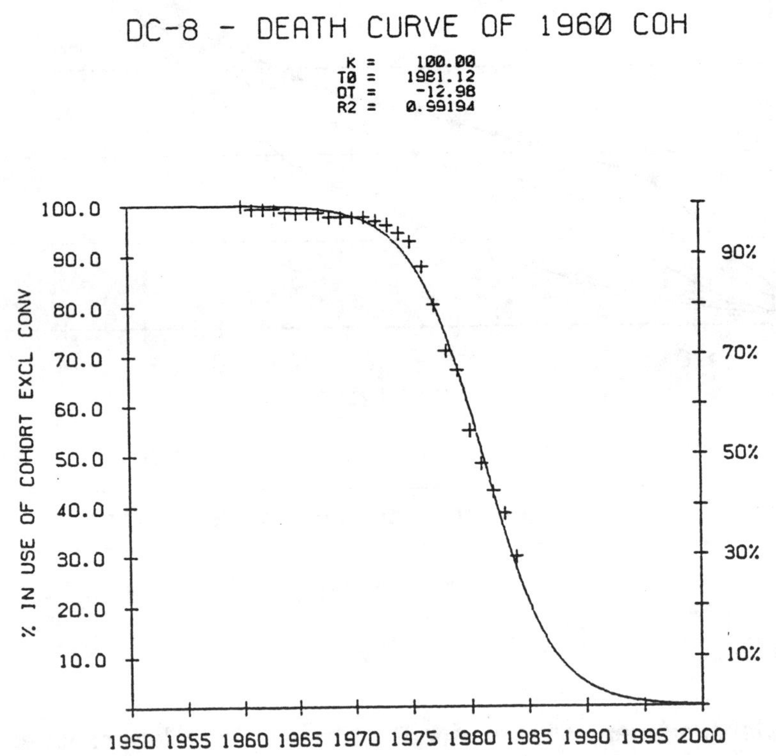

Abb. 2.18: Todeskurve DC8-Kohorte aus dem Jahr 1960

Die Flugzeuglebensdauer der Flugzeugkohorte des Jahres 1960 betrug etwa 26 Jahre Die Produzenten gehen heute davon aus, daß sich die Flugzeuglebensdauer von neuen Flugzeugen auf etwa 30 Jahre steigern wird:/285/

Durchschnittsflugzeugalter bei Außerdienststellung		
- Alte Technologie	(727-100, DC-9-10)	22-24 Jahre
- Derivate	(727-200-, DC9-30/50)	25-28 Jahre
- Neue Technologie	(MD-80, A320, B757)	28-30 Jahre

Es ist kein Widerspruch, daß eine Strategie, die einen hohen Absatz von Flugzeugen (Verkürzung der Serienlebensdauer) verfolgt gleichzeitig eine Erhöhung der Flugzeuglebensdauer durch neue Werkstoffe und Wartungsverfahren anstrebt. Auch im Automobilbau nimmt die Lebensdauer der Fahrzeuge stetig zu, obwohl in den letzten Jahren ständig neue Rekordabsatzzahlen erzielt wurden. Zwar stellt ein Großflugzeug kein Massenprodukt im Sinne eines Automobils dar, doch auch bei Flugzeugen hat sich ein funktionierender Markt für Gebrauchtprodukte entwickelt.

MEGATRENDS	PRODUKTLEBENSDAUER
T1	Produktlebensdauer wird durch Derivate verlängert
T2	Verkürzung der Serienlebensdauer von Flugzeugen (Bsp. B737-400)
T3	Einführung innovativer Flugzeuge mit hoher Produktlebensdauer

- Kundenorientierung

Der Erfolg der Luftfahrtproduzenten hängt heute in starkem Maße davon ab, die Marktstrukturen der Nachfrageseite sowie die ökonomischen Bedürfnisse und politischen Rahmenbedingungen ausländischer Luftverkehrsgesellschaften und deren Regierungen zu verstehen. Der Verkauf von Verkehrsflugzeugen erfordert eine genaue Analyse der Kundenpräferenzen, um ein attraktives Produkt mit den spezifischen Zusatzleistungenen Finanzierung, Ausstattung und 'Product-Support' anzubieten. Boeing wurde der führende Verkehrsflugzeugproduzent unter der Führung von Marketingleuten die verstanden, was die Luftverkehrsgesellschaften und die Öffentlichkeit benötigten.[/286/] Nur das Wissen um die sich ständig ändernden vielfältigen Kundenprobleme ermöglicht die Erhaltung von Marktpositionen oder die Erhöhung von relativen Marktanteilen.[/287/] In den Kaufverträgen von Verkehrsflugzeugen werden oftmals Nebenklauseln ('green stamps') vereinbart, die beispielsweise Kreditkonditionen, Direkte Betriebskosten, oder Wandlung von Optionen betreffen.[/288/]

Die heute von Airlines eingegangenen Kooperationen stellen eine gewaltige Marktmacht gegenüber den Produzenten dar, da Allianzen in der Flottenplanung oder im Wartungsbereich, auch gemeinsame Kaufstrategien für ein bestimmtes Flugzeugmuster initiieren können. Somit müssen die Flugzeugproduzenten zukünftig nicht mehr nur um einen bestimmten Kunden kämpfen, sondern auch um eine Allianz von Kunden.

MEGATRENDS	KUNDENORIENTIERUNG
T1	Verbesserung des 'Product Support' und 'After-Sales-Service'
T2	Vermehrte Orientierung auf Kundengruppen und nicht auf einzelne Kunden
T3	Vernetzungen bedingen komplexere Lösungsvorschläge für Kunden

2.2.3 Angebotsseite

Bei den nachfolgenden Kapiteln der Angebots- und Nachfrageseite werden Megatrends nur für die Schlüsselfaktoren definiert, die in der späteren Interdependenzbetrachtung herangezogen werden.

A Triebwerkhersteller

Schlüsselfaktoren:
- Marktanteile
- Produktivität
- Werkstofftechnologie
- Energieträger
- Antriebstechnologie

Die bedeutendste Zulieferindustrie für den Flugzeugbau stellen die Triebwerkshersteller dar. In den Vereinigten Staaten gehören United Technologies (Pratt & Whitney) und General Electric zu den größten Firmen (Fortune's Liste). Flugzeugtriebwerke sind das größte Geschäftsfeld innerhalb der beiden Firmen. Der dritte große Triebwerkshersteller ist Rolls Royce, der im Gegensatz zu 20 % vor 10 Jahren heute mit 70 % fast die komplette Marktbreite der Jetflugzeuge mit Triebwerken ausstatten kann.[/289/] Als weitere Konkurrenten sind CFM-International, das IAE-Konsortium, sowie zukünftig der japanische Triebwerkshersteller Ishikawajima-Harima Heavy Industrie zu nennen. Die letztgenannten Hersteller haben nur dann eine Chance ernsthaft Marktanteile aufzubauen, wenn eine neue Basistechnologie (neue Antriebsstoffe/Überschallantriebe) heranreift.

Typisch für die Triebwerkhersteller sind 'Joint Ventures'. So wurden zahlreiche Entwicklungen der letzten Jahre wie beispielsweise das Triebwerk CFM56 (General Electric/ SNECMA), CF6-50 (GE/SNECMA/MTU) oder PW 2037 (Pratt & Whitney, MTU, Fiat) durch internationale Kooperationen entwickelt.[/290/] Die Beteiligung der japanischen Firmen Mitsubishi Heavy Industrie, Kawasaki Heavy Industrie und Ishikawajima-Harima Heavy Industrie an einem internationalen Konsortium (zusammen mit den US-Firmen Pratt & Whitney und General Electric sowie den Euro-Firmen SNECMA und Rolly Royce) zur Entwicklung eines Antriebsaggregates für ein neues Überschallflugzeug ('Super-Concorde'), dient dem Ziel, den technologischen Rückstand der japanischen Flugzeugbauindustrie zu reduzieren.[/291/]

- Marktanteile

Da die Flugzeugproduzenten heute in der Regel Flugzeuge mit der Auswahl verschiedener Triebwerke anbieten, sind die Triebwerkhersteller einem starken Wettbewerb ausgesetzt. Triebwerke sind die Hauptursache für Spannungen zwischen den Flugzeugproduzenten und den Airlines, da diese sehr teuer und komplex sind sowie eine hohe

Sicherheit gegen Systemausfälle haben müssen./292/ Da Triebwerke einen höheren Wartungs- und Instandhaltungsaufwand als andere Teile des Flugzeugs benötigen, kommt dem 'Product-Support' beim Kampf um Marktanteile eine Schlüsselrolle zu. Die Erhöhung der Zuverlässigkeit ist heute wichtiger geworden, als die Reduzierung des Kraftstoffverbrauches (siehe EROPS-Forderungen bei 'Twins').

Im Verkehrsflugzeugmarkt setzen sich sowohl die Flugzeugproduzenten als auch die Triebwerkhersteller Ziele, deren Erreichung oft sehr ungewiß ist. Jack S. Parker führte hierzu aus:/293/

"This is a sporty game...Both airframe people and engine people will very frequently represent something that turns out to be something what beyond their reach in order to get a job."

Der Kampf um Marktanteile im Triebwerksbau, wird besonders am Beispiel von Rolls Royce für die Lockheed Tristar deutlich. Mit finanziellen Zugeständnissen und einer Entwicklungszeit von nur 3 Jahren für das RB 211 Triebwerk wurde mehr versprochen, als man in dieser Zeit erreichen konnte. Der durch die exponentielle Zunahme der Entwicklungskosten bedingte Bankrott von Rolls Royce führte auch den Flugzeugproduzenten Lockheed in die schwerste Krise seiner Unternehmensgeschichte.

Untersucht man die Marktanteile der Triebwerkhersteller bezogen auf die weltweite Flugzeugflotte zu Beginn des Jahres 1989, so ergeben sich bei einem Gesamtbestand von 23.282 Triebwerken (8.710 Flugzeuge - inclusive Regierungs- und Leasingflugzeuge) nachfolgende Zahlen (siehe Tabelle 2.27). Hierbei ist zu berücksichtigen, daß aufgrund von Kooperationen die effektiven Marktanteile etwas geringer sind:/294/

Tab. 2.27: Marktanteile der Triebwerkshersteller

Hersteller	Marktanteil in %
Pratt & Whitney	68,5
General Electric	12,2
Rolls Royce	10,9
CFM International	6,6
Allison	1,8

Das Verhältnis Triebwerk/Flugzeuge beträgt etwa 2,7. Dies bedeutet bei einer Auslieferung von jährlich etwa 700 Flugzeugen, eine Gesamtproduktion von weltweit etwa 1.900 Triebwerken, ohne Berücksichtigung von Ersatztriebwerken. Bei einem Marktanteil von 68,5 % produziert Pratt & Whitney etwa 1.300 Triebwerke jährlich. Die Triebwerkshersteller haben es jedoch heute leichter auf die gewaltige Orderflut flexibel zu reagieren, da im Rahmen der Militärprogramme mehr Triebwerke produziert wurden, als heute benötigt werden. Deshalb können vor allem Pratt & Whitney und General Electric die Produktion hochfahren, ohne neue Kapazitäten aufzubauen./295/ Anders sieht es bei Rolls Royce aus, dessen Überleben nur durch internationale Kooperationen (BMW-Rolls Royce oder SNECMA-Rolls Royce) gesichert werden kann.

- Produktivität

Die technologische Entwicklungskette des Jet-Triebwerks führte über das Einwellentriebwerk (JT3 von Pratt & Whitney), das Zweikreis- oder Mantelstromtriebwerk (Rolls Royce Conway), das Zweikreistriebwerk mit hohem Nebenstromverhältnis (JT9D von Pratt & Whitney), dem Dreiwellentriebwerk (RB211 von Rolls Royce) zu noch verfeinerten Mantelstromtriebwerken mit 'High-Bypass'-Technologie ('Super-Fan' von IAE). Da der beim Triebwerk realisierte Schub und die Kraftstoffsverbrauchswerte sich stets erst beim konkreten Einsatz des Flugzeuges exakt bestimmen lassen, sprechen Boeing-Ingenieure auch von einem 'Hartford pound of thrust' (Pratt & Whitney), 'Cincinnati pound of thrust' (General Electric) und einem 'Derby pound of thrust' (Rolls Royce)./296/ Abbildung 2.19 zeigt die Leistungsentwicklung der beiden Wachstumszyklen von Kolben- und Jetmotoren./297/ Hier zeigt sich, daß beide Wachstumsimpulse einem Sättigungswert zustreben. Auf der rechten Achse ist der Anteil des erzielten Triebwerksschubes bezogen auf den Sättigungswert aufgetragen ($F=x/K$), während die linke Achse das Verhältnis des erzielten Schubanteils zum noch erzielbaren Schubzuwachs darstellt ($F/(1-F)$). Bis eine neue Triebwerkstechnologie ('Ram-/Scram-Jet') einen weiteren Wachstumsimpuls erzeugt, werden vor allem Effizienzsteigerungen hinsichtlich des Treibstoffverbrauchs durchgeführt werden:

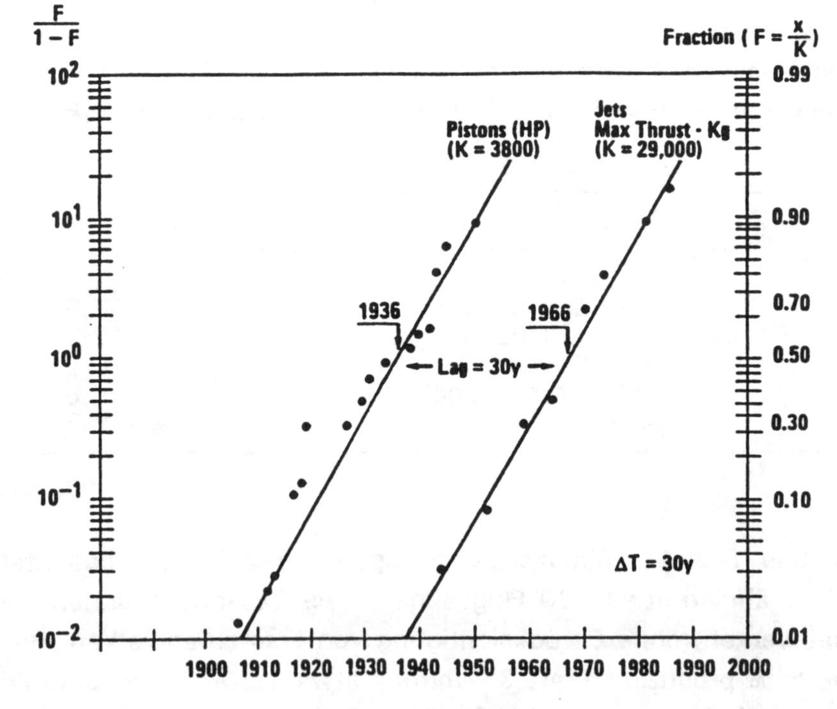

Quelle: IIASA

Abb. 2.19: Leistungsentwicklung der Triebwerke

Entscheidend für den Erfolg eines Triebwerksprogramms ist dessen Fähigkeit zur Leistungssteigerung. Ebenso wie die Produzenten mit gestreckten Versionen ihrer Flugzeuge aufwarten, wie zum Beispiel die Weiterentwicklung des A321 aus dem A320 verdeutlicht, müssen die Triebwerkshersteller heute die Triebwerke so auslegen, daß diese ein Steigerungspotential von 10 - 15 % besitzen./298/ Der Start des neuen Flugzeugprogramms Boeing 777 ist mit der Forderung an ein verbessertes neues Triebwerk gekoppelt. Der Vorschlag von General Electric hierzu ist das GE90-Triebwerk, das auch für gestreckte Versionen des A330 und des MD-11 eingesetzt werden könnte./299/ Pratt & Whitney glaubt jedoch, daß die bestehende PW-4000 Familie genügend Schub für das neue Flugzeug zur Verfügung stellen kann./300/

- Werkstofftechnologie

Sollen zukünftige Hyperschalljets die Strecke New York - Tokio mit 4-facher Schallgeschwindigkeit zurücklegen, so geht dies nur durch die Einführung neuartiger Werkstoffe. Diese sind ein Schlüsselfaktor im Kampf um Marktanteile und um Technologien im Flugzeugbau geworden. In diesem Abschnitt wird sowohl auf die Werkstoffentwicklung für den Triebwerksbau als auch für den Zellenbau eingegangen.

Im Triebwerksbau muß vor allem die Temperaturfestigkeit erhöht werden, während beim Zellenbau die Gewichtsreduzierung im Vordergrund steht. Letzteres wird vor allem durch den Einsatz neuartiger Leichtmetall-Legierungen (Al-Li) sowie von Faserverbundwerkstoffen erreicht. Zukünftig könnten etwa 60 - 70 % der Flugzeugstruktur aus Kunststoffen bestehen./301/ Im Triebwerksbau werden zukünftig auch die sehr belastungsfähigen kohlefaserverstärkten Kunststoffe (CFKs), faserverstärkte Keramiken sowie neuartige Metall-Matrix-Verbundwerkstoffe eingesetzt, was jedoch an der Dominanz von Nickel- und Titanlegierungen nichts ändern wird./302/

- Energieträger

Als zukünftiger Energieträger für den Luftverkehr ist sowohl Erdgas (siehe Subsystem Verkehrswesen) als auch Wasserstoff anzusehen, wobei bereits Triebwerke mit Methan (Japan) und mit Wasserstoff (UDSSR) getestet wurden. Der Jungfernflug eines Wasserstofftriebwerkes war am 15. April 1988 in der Sowjetunion mit einer Tupolev 155, wobei die Tanks im Rumpf untergebracht waren./303/ Abbildung 2.20 zeigt mögliche Tankintegrationen bei Wasserstoffflugzeugen./304/

Wasserstoff (H_2) kann sowohl durch Abtrennung vom Erdgas (CH_4) oder aus Wasser mittels Elektrolyse gewonnen werden./305/ Der Nachteil von Wasserstoff ist, daß er erst unter Aufwand von Energie gewonnen werden kann, wobei die Kombinationen Wasserkraft/Elektrolyse, Windkraft/Elektrolyse, Solarthermische Anlage/Elektrolyse sowie Solarzellenanlage/Elektrolyse für die Herstellung von Wasserstoff von Interesse sind. Heutige Supertanker und das bestehende Erdgasnetz (stärkere Pumpen) können problemlos für den Transport von Wasserstoff umgerüstet werden./306/ Die Energie für die Elektrolyse könnte in riesigen Solaranlagen in den großen Wüstenflächen dieser Welt gewonnen werden, wobei Rechnungen ergaben, daß mit einer Fläche von 1.000 km^2 die gesamte Energieversorgung der Welt sichergestellt werden könnte./307/ In diesem Zusammenhang

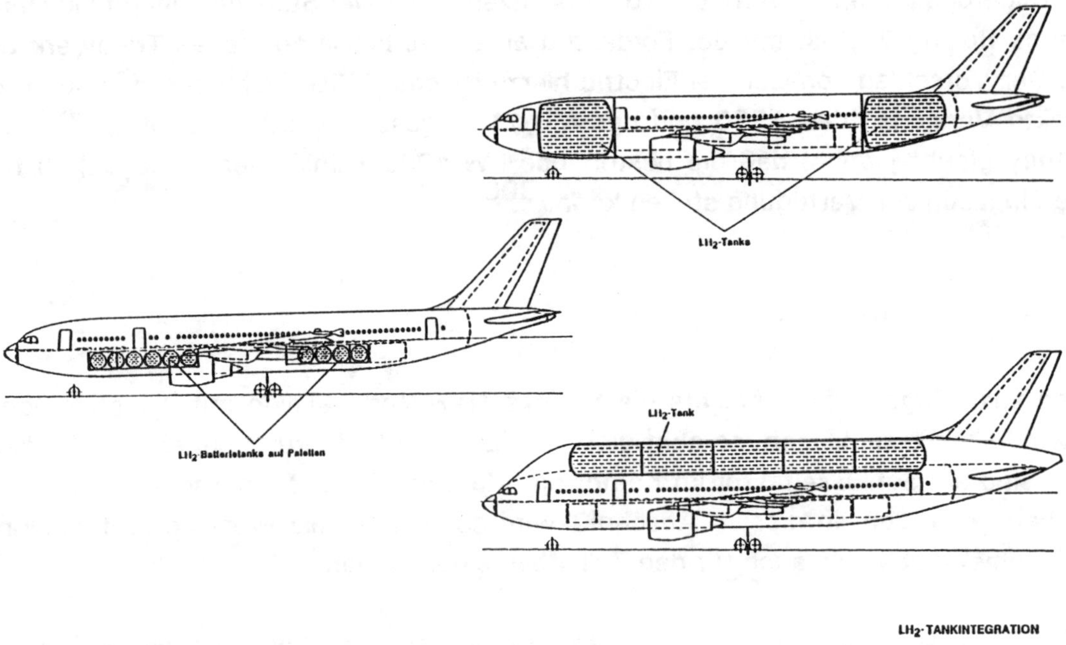

Quelle: Deutsche Airbus

Abb. 2.20: Integration von Wasserstofftanks in Jet-Flugzeuge

gewinnt die Globalisierung der Energieversorgung fundamentale Bedeutung. Fortschritte in der Werkstofftechnologie (Anwendung von Brennstoffzellen) und der Supraleitung (Energietransport) könnten dem Einsatz von Wasserstoff zusätzliche Impulse verleihen.

Da Wasserstoff etwa 10 mal soviel Raum einnimmt wie Kersosin, jedoch den dreifach höheren Heizwert hat, müßten die Wasserstoff-Tanks in Flugzeugen etwa 3 mal so groß sein wie heutige Kerosin-Tanks, allerdings bei einem um etwa 30% reduzierten Abfluggewicht (energetisch gleichwertige Menge Kerosin).[/308/] Daneben zeichnet sich flüssiger Wasserstoff durch einen verringerten spezifischen Energieverbrauch, die verminderte Luftverschmutzung, die niedrigeren Lärmwerte sowie die Möglichkeit aus, durch Kühlung ('Laminar Flow Control') die laminare Grenzschicht zu stabilisieren.[/309/] Wasserstoff-Flugzeuge wären zusätzlich wesentlich sicherer, da Wasserstoff eine geringere Entflammbarkeit besitzt und schneller verdampfen würde als Kerosin. Außerdem hätte ein Brand nur etwa ein Zehntel der Dauer eines Kerosinbrandes und dies bei einer deutlich geringeren Hitzeabstrahlung.[/310/]

- Antriebstechnologie

Der Anteil des Triebwerks am Flugzeug inclusive der Ersatzteile beträgt etwa ein Viertel des gesamten Flugzeugpreises.[/311/] Die Wirtschaftlichkeit der eingesetzten Triebwerke ist ein wesentlicher Kostenfaktor innerhalb der direkten Betriebskosten eines Flugzeuges.

Die Entwicklungskosten für ein neues Jet-Triebwerk belaufen sich heute auf 1,5 bis 2 Mrd. US-$. In den USA beträgt die Zeit für die Entwicklung eines neuen Triebwerks etwa 5 Jahre, während für die Flugzeugstruktur 4 Jahre angesetzt werden müssen./312/ Dies verdeutlicht, daß das Triebwerk den kritischen Faktor bei der Einhaltung von Entwicklungszeiträumen darstellt.

- Substitution älterer Triebwerke

Antriebskräfte für die Substitution älterer Triebwerke sind technologische Verbesserungen im Hinblick auf reduzierten spezifischen Treibstoffverbrauch, Erhöhung des Schub-/Gewichts-Verhältnisses und erhöhte Betriebstemperaturen des Gasturbinenprozesses. Außerdem beeinflussen Auflagen zur Lärmreduzierung den Ersatzprozeß bestehender Triebwerksgenerationen. Der Trend geht hier zu einem Ersatz der 'Stage 2'- durch 'Stage 3'-Flugzeuge. Dies kann durch den Neukauf von Flugzeugen, das Anbringen von Schalldämpfern ('Hush-Kits') sowie das Austauschen der Triebwerke ('Re-Engine') erfolgen. Es ist jedoch durch die Verschärfung der Umweltdiskussionen auch denkbar, daß in den nächsten beiden Jahrzehnten noch restriktivere Auflagen, als diese für 'Stage 3'-Flugzeuge gelten, eingeführt werden. Boeing rechnet mit einem kontinuierlichen Substitutionsprozeß, wobei im Jahr 2002 in den USA nur noch knapp 10 % 'Stage 2'-Abflüge (siehe Abbildung 2.21) stattfinden sollen./313/

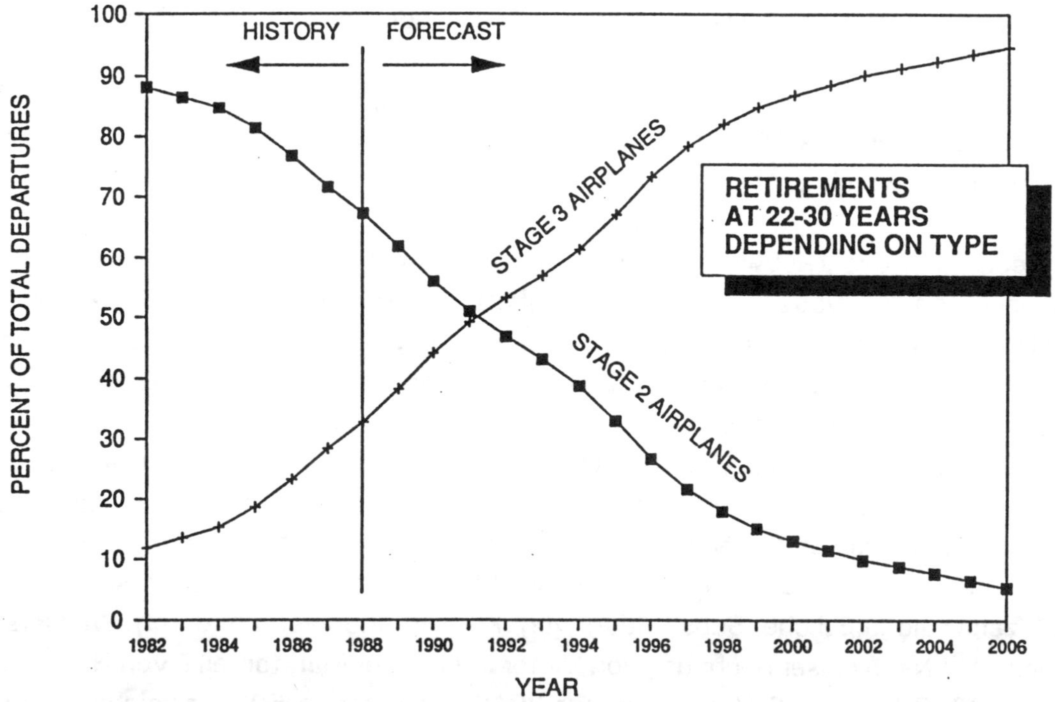

Quelle: Boeing

Abb. 2.21: Substitution von 'Stage 2' durch 'Stage 3' bei Abflügen in den USA

- 'Unducted' Fans

Die neuen UDF-Triebwerke können als Weiterentwicklung der Propellertechnologie verstanden werden. Diese Wachstumsschübe sind jedoch sekundärer Art, da die Propeller-Technologie heute nur noch eine Marktnische des Verkehrsflugzeugmarktes abdecken kann. Die Versuche mit 'Unducted'-Fans ergaben eine Treibstoffeinsparung von etwa 15 - 20 % gegenüber herkömmlichen Fan-Triebwerken neuester Bauart. Da der Primärenergieträger Erdöl sich jedoch in der Sättigungsphase befindet und eher fallende Treibstoffpreise zu erwarten sind, reichen die erzielbaren Effizienzsteigerungen nicht aus, um eine Renaissance der Prop-Technologie durch den Prop-Fan einzuleiten. Die Entwicklungskosten für ein Flugzeug mit 'Unducted-Fan'- Triebwerk sind für McDonnell Douglas am günstigsten, da der Entwurf der MD91/92 auf der bestehenden DC-9 aufbaut. Die Entwicklungskosten für ein Boeing-Flugzeug mit 'Propfan' (B7J7) dürften hier wesentlich höher liegen, obwohl Erfahrungen von der B727 einfließen könnten. Momentan räumen sowohl Boeing als auch Airbus Industrie dieser Technologie jedoch keine großen Zukunftschancen ein, insbesondere da die Wartung dieser Flugzeuge spezifische Infrastrukturen erfordert und da durch Vibrationen starke Materialermüdungen beim Prop-Fan auftreten.

- Neue Technologien

Zukünftige Flugzeuge müssen noch treibstoffeffizienter und umweltfreundlicher werden. Als Triebwerke könnten zukünftig sogenannte 'Crisp-Fans' ('Counter Rotating Integrated Shrouded Propfan') eingesetzt werden. Hierbei handelt es sich um Triebwerke mit zwei gegenläufigen Bläsern, die ummantelt sind, im Gegensatz zum offenen 'Propfan'. Der Gebläsemantel sorgt für mehr Lärmschutz und geringere Vibrationen. Auch mit diesen Triebwerken kann eine 10-20 %-ige Treibstoffeinsparung gegenüber heutigen Fan-Triebwerken erzielt werden.[/314/]

Die Bedeutung des Triebwerks für das Gesamtsystem Verkehrsflugzeug wird innerhalb des nächsten Innovationzyklusses sprunghaft zunehmen, da beim Über- und Hyperschallflugzeug das Triebwerk aus konstruktiven Gründen zur zentralen Baugruppe avancieren wird. Das Triebwerk wird dann den höchsten Kostenanteil am Kaufpreis des ausgelieferten Flugzeugs beanspruchen. Aufgrund der Umweltprobleme werden während des nächsten Technologiezyklusses Methan und Wasserstoff als Flugtreibstoffe eingesetzt werden. Durch den umweltfreundlichen Betrieb von Unterschallflugzeugen mit Methan und Wasserstoff können Erfahrungen gewonnen werden, die insbesondere für die Entwicklung von Über- und Hyperschallflugzeugen sehr wertvoll sind. Abbildung 2.22 zeigt die mögliche Substitution von Kerosin-Triebwerken durch Wasserstoffantriebe.[/315/] Nach dieser Rechnung von Victor könnte der Marktanteil F von H_2-Flugzeugen im Jahr 2010 bereits 10 % und im Jahr 2040 sogar schon 50 % erreichen, wobei von der Annahme ausgegangen wurde, daß die Hälfte der Flugzeuge mit Wasserstoffantrieb Überschallflugzeuge sein werden.[/316/]

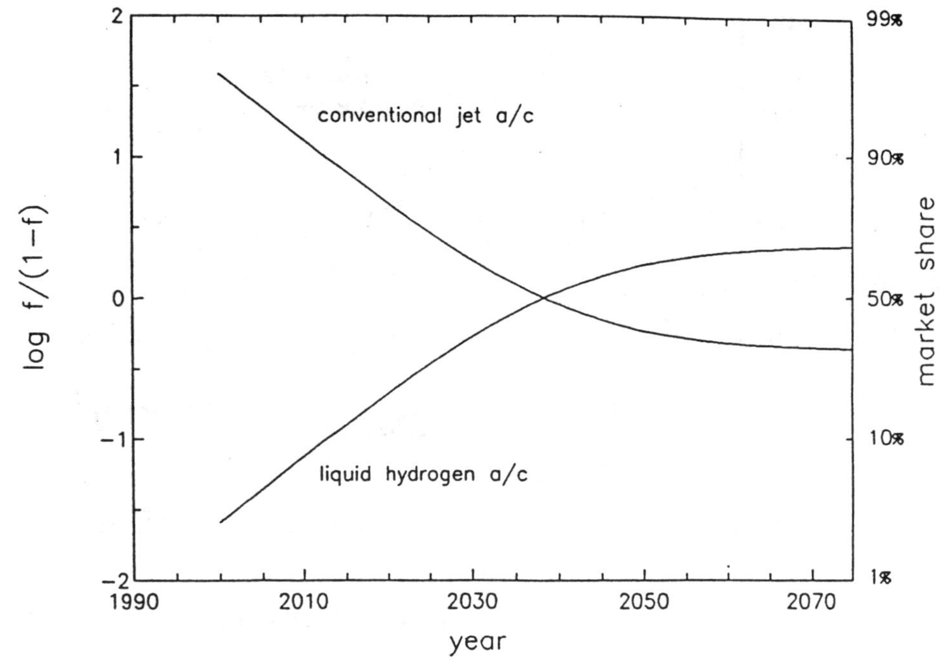

Quelle: Victor

Abb. 2.22: Marktanteilssubstitution Wasserstoff-/Kerosin-Flugzeug

Als Antriebsarten für zukünftige Über- und Hyperschallflugzeuge kommen für Geschwindigkeiten bis Mach 3,5 Turbo-Fan-Antriebe ('Variable Cycle Engine' und 'Supersonic Fan') oder Turbo-Jet-Antriebe, von Mach 3,5 bis Mach 6 'Ram-Jet'-Antriebe und ab Mach 6 'Scram-Jet'-Antriebe in Frage.[/317/] Bei 'Variable Cycle Engines' handelt es sich um Fan-Triebwerke mit veränderbarem Nebenstromverhältnis. 'Ram-Jet'/'Scram-Jet'-Antriebe nutzen die Kompressionswirkung hoher Geschwindigkeiten für die Verdichtung, wobei auch hier als Modifikation sogenannte 'Turbofan-Ramjets' (mit Nebenstrom) denkbar sind. Beim 'Scram-Jet'-Antrieb findet im Unterschied zum 'Ramjet'-Antrieb die Verbrennung im Überschallbereich statt. Abbildung 2.23 zeigt den spezifischen Impuls der verschiedenen Antriebsarten. Aufgrund der hohen Energien und Temperaturen bei Hyperschallflügen ist hierfür der Einsatz hochenergetischer und kryogener Betriebsstoffe wie Wasserstoff nötig.[/318/]

MEGATRENDS	ANTRIEBSTECHNOLOGIE
T1	Reduzierung des Treibstoffverbrauches und der Lärmemission
T2	Erprobung von Erdgas-/Wasserstoffantrieben
T3	Einführung von Erdgas-/Wasserstoffantrieben

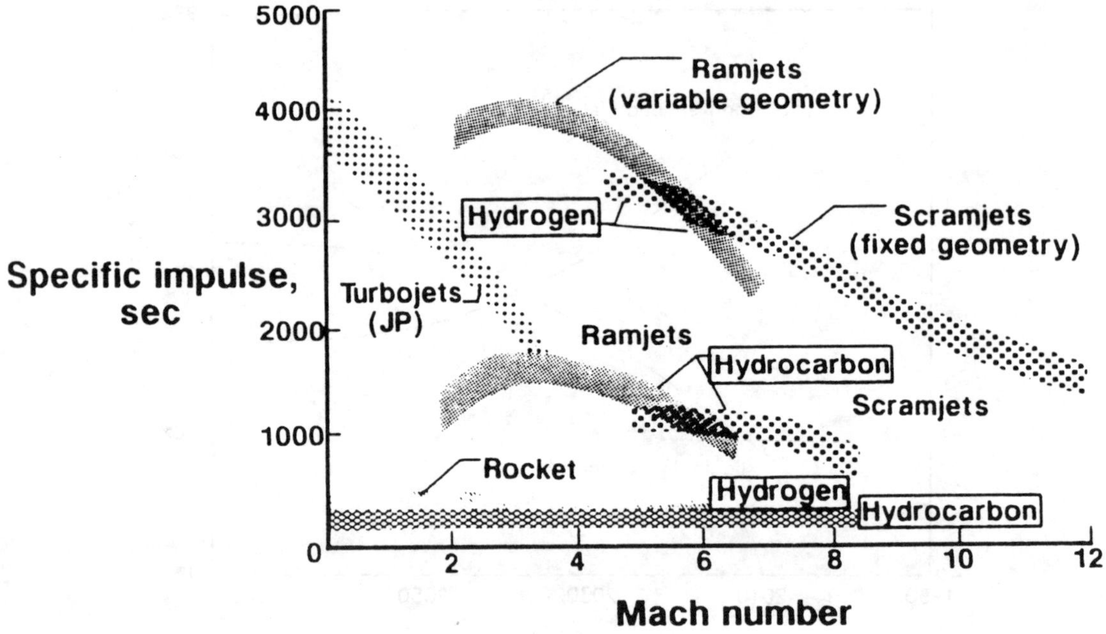

Quelle: NASA

Abb. 2.23: Spezifischer Impuls verschiedener Antriebsarten

B Flugzeugproduzenten

Schlüsselfaktoren:
- Varietät
- 'Commonality'
- Größenvorteile
- Produktsubstitution
- Marktanteile

- Varietät

Da mangelnde Vielfalt dazu führt, daß Firmen entweder gänzlich vom Markt verschwinden oder starke Marktanteilseinbußen hinzunehmen haben, müssen Flugzeughersteller oft mehr Varietät anbieten, als sie sich leisten können. Die Luftverkehrsgesellschaften benötigen heute jedoch mehr denn je Varietät in ihren Flotten - Varietät bei Sitzplatzzahl und Reichweite für den Einsatz auf Strecken variabler Länge mit variabler Passagierdichte./319/ Die Streckbarkeit des Flugzeuges bezüglich den Parametern Sitzplatzzahl und Reichweite ist heute ein wesentlicher Erfolgsfaktor. Flugzeugentwürfe müssen entwicklungsfähig sein, um den sich ändernden Kundenbedürfnissen gerecht zu werden:/320/

"...,there are inherent elements in a robust design that allow it to be stretched in various up/re/ derated versions as the technological and economic climate continous to evolve."

Der eigentliche Grund wieso das englische Flugzeug Comet in den 50er Jahren scheiterte, war die durch den Entwurf bedingte Limitierung der Varietät der Leistungsparameter des Flugzeugmusters. Das Konkurrenzflugzeug B707 hatte durch die andersartige Triebwerksverteilung eine bessere Fähigkeit zur Leistungssteigerung./321/

Airbus Industrie hat in den letzten Jahren die innovative Vorreiterrolle im Flugzeugbau übernommen, was insbesondere auch Rückwirkungen auf die Zulieferindustrie induziert. So sieht sich die US-amerikanische Zulieferindustrie zusehends einem verstärkten Wettbewerbsdruck ausgesetzt:/322/

"The most critical step in maintaining U.S. leadership in components is to preserve its lead in total aircraft system concepts, design, development, and integration. This kind of leadership is heavily dependent on launching new aircraft at reasonable intervals."

Airbus hat von Anfang an auf die Varietät seines Angebots geachtet und deckt heute durch sein differenziertes Familienkonzept (A300/A310, A320 sowie A330/A340) nahezu den gesamten Markt ab, was den Kunden die Austauschbarkeit von Bestellungen sowie Kostenvorteile bei der Ersatzteillieferung, Flugzeugwartung und Ausbildung des technischen und fliegenden Personals sichert./323/ Die Nachteile dieser Strategie liegen jedoch in den hohen verursachten Kosten. Letztendlich war dies aber die einzige Chance den heutigen Marktanteil (zukünftige Lieferpositionen) von ca. 25% aufzubauen.

Die Flugzeugproduzenten tragen das höchste Risiko innerhalb der Branche. Deshalb laufen Hersteller, die ein neues Flugzeugmuster auf den Markt bringen Gefahr, aus dem Verkehrsflugzeugmarkt geworfen zu werden, wie die Glenn Martin Company, General Dynamics (Convair), Lockheed und de Havilland leidvoll erfahren mußten. Selbst Boeing wurde bei der Einführung der B747 an den Rand des finanziellen Kollapses gedrängt./324/ Für Lockheed endete der zerstörerische Wettbewerb zwischen der L-1011 und der DC-10 von McDonnell Douglas mit der Aufgabe des zivilen Verkehrsflugzeugbaus, da der Markt für zwei nahezu identische Flugzeuge nicht groß genug war. Die finanziellen Belastungen, die McDonnell Douglas hierbei standhalten mußte, sind der Grund dafür, daß die Firma kein Konkurrenzflugzeug zum Airbus A300/A310 sowie zur Boeing B757 auf den Markt brachte.

MEGATRENDS	VARIETÄT
T1	Zunehmende Produktdifferenzierung
T2	Zunahme der Fragmentierung der Flugzeugtypen
T3	Entwicklung einer hochintelligenten Flugzeuggeneration

- 'Commonality'

Eine besondere Form von Synergienutzung ist die im Flugzeugbau verwendete 'Commonality'-Strategie (z. B. A330/A340), bei der gleiche Bauteile und Entwurfsphilosophien zu einem höheren Gesamtnutzen sowohl für den Hersteller als auch für die Luftverkehrsgesellschaften führen. 'Commonality' erlaubt den Flugzeugproduzenten heutzutage sowohl produktspezifische Erfahrungen auf andere Typen innerhalb einer Flugzeugfamilie oder die nächste Flugzeuggeneration zu übertragen, als auch fabrikspezifsche Erfahrungen als Größenvorteile auszunutzen, was zu Einsparungen bei den Entwicklungs- und Produktionskosten führt. Der Trend zu intelligenten Fertigungssystemen wird die Bedeutung des Faktors 'Commonality' vermehrt stimulieren. Auch die Luftverkehrsgesellschaften profitieren von dieser, durch eine vereinfachte Logistik bei der Ersatzteillagerung und der Wartung von Flugzeugen. Die 'Commonality'-Strategie findet insbesondere bei Airbus Industrie ihre Anwendung, wobei drei verschiedene Arten von 'Commonality' unterschieden werden:[/325/]

- Teile-Gleichheit:
  'Commonality' (%) = (Gleiche Teile/Gesamtzahl Teile) · 100
- Äußere geometrische Gleichheit
- Ähnliche Bauteile

MEGATRENDS	'COMMONALITY'
T1	'Commonality' senkt Produktions- und Wartungskosten
T2	Zunehmende Bedeutung der 'Commonality'
T3	Entwicklung von intelligenten 'Commonality'-Steuerungen (Logistik)

- Größenvorteile

Aufgrund der Nichtkonzentrierung der Ressourcen der europäischen Luftfahrtindustrie in den 60er Jahren, konnten die amerikanischen Flugzeugproduzenten ihre Wettbewerbsvorteile so stark ausdehnen, daß europäische Alleingänge zum Scheitern verurteilt waren. Ungefähr 60% aller kommerziellen Flüge werden heute von Boeing-Flugzeugen durchgeführt, die das gesamte Marktspektrum abdecken (B747, B757/B767 und B737). Boeing erreichte durch Kostenführerschaft (B727), Differenzierungsvorteile (B737) sowie eine hohe Konzentrationstiefe (B747) eine Art Quasi-Monopolstellung, wozu Scherer folgendes ausführt:[/326/]

"Large firms may realize higher profit returns not only because of superior efficency but because the possess more monopoly power...How high concentration must be to secure production efficiency depends, ..., upon the balance between technology and market size."

Boeing hat die Forschungs- und Entwicklungsaufwendungen in den letzten Jahren stetig abgebaut und konzentriert sich heute voll auf Effizienzsteigerungen in der Produktion.[/327/] Es sind heute jedoch genügend Ressourcen vorhanden, um die 'F+E'-Aufwendungen wieder stark anzuheben.

McDonnell Douglas hat heute den Nachteil, daß nur zwei Produktserien (MD80 und MD11) zur Auswahl stehen, wobei das Segment der 'Wide-Body'-Mittelstreckenflugzeuge unberücksichtigt bleibt. Das Vernachlässigen dieses Segments ist darauf zurückzuführen, daß McDonnell Douglas in seinen militärischen Bereichen bisher gut verdient hat und die Kosten für eine völlige Neuentwicklung scheute. Bei stagnierenden Militärausgaben und weiter wachsenden Märkten stellt jedoch gerade diese Lücke eine ernste Gefahr für die Zukunftssicherung des Unternehmens dar, da sie zum Verlust von Marktanteilen führt und damit zu höheren Kosten im Vergleich zur Konkurrenz. Es ist sehr wahrscheinlich, daß die Entwicklung der MD-XX zu spät kommt, um diese Lücke erfolgreich zu schließen.

Größenvorteile können sowohl produktspezifisch als auch fabrikspezifisch von Nutzen sein. Produktspezifisch spielt vor allem die Erfahrungskurve eine besondere Rolle, während fabrikspezifisch vor allem die Erweiterung bestehender Produktionsanlagen bedeutend ist. Hierbei fallen die Stückpreise mit steigendem Produktionsvolumen, Fabrik- und Firmengrößen, wobei es allerdings einen kritischen Punkt gibt, ab dem große Anlagen durch steigende Stückkosten wieder unwirtschaftlich werden und die Größenvorteile aufwiegen./328/ Die von 'Mergern' angestrebten Größenvorteile können im Marketing folgendermaßen ausgenützt werden:/329/

"...through the pooling and streamlining of field sales forces, the ability to offer distributors a broader line, the use of common advertising themes and the sharing of advertising media quantity discounts."

So hat der Zusammenschluß europäischer Flugzeugproduzenten zu Airbus Industrie dem Konsortium im Hinblick auf den transnationalen Wettbewerb klare Größenvorteile gebracht. Dieser Konzentrationsprozeß wurde durch staatliche Subventionierung flankiert. Ebenso haben die militärischen Aufträge den amerikanischen Flugzeugbauern stets geholfen, kritische Phasen in der Unternehmensentwicklung zu überstehen und 'Know-How'-Vorteile aufzubauen:/330/

"Boeing's rise to leadership in the jet airliner field was based in part upon experience accumulated through the B47 bomber programm, but the Air Force required to share its B-47 production workload with Douglas (now McDonnell Douglas) and Lockheed - a decision that helped those companies regain a position in the commercial airliner market after their propeller-driven mainstays fell from favor."

Eine zu starke Positionierung eines einzelnen Herstellers wie Boeing ist jedoch von den Airlines nicht erwünscht, da diese Flugzeuge in einem Markt des Wettbewerbs erwerben möchten, der ständig neue und innovativere Flugzeuge mit verbesserter Leistungsfähigkeit und Zuverlässigkeit hervorbringt.

- Produktsubstitution

- Substitutionswettbewerb

Zwischen den einzelnen Produkten besteht ein starker Substitutionswettbewerb. Abbildung 2.24 zeigt die sich in den verschiedenen Marktsegmenten gegenüberstehenden Flugzeugtypen und deren Derivate:/331/

Manufacturer	Single-Aisle		Twin-Aisle		Out of Production *)	
AIRBUS	A320	(159)	A310	(209)	A300 B2/B4	(251)
	A321	(195)	A300-600	(255)		
			A330	(300)		
			A330 STR	(350)		
			A340-200	(260)		
			A340-300	(290)		
BOEING	737-500	(117)	767-200	(216)	737-100/-200	(118)
	737-300	(135)	767-300	(264)	727-100/-200	(141)
	737-400	(148)	777	(350)	747-100	(389)
	757-200	(204)	777 STR	(400)		
			747 SER.	(389)		
			747 STR	(500+)		
MDC	MD-87	(137)	MD-11	(250)	DC9-10/-15	(79)
	MD-88	(142)	MD-12	(360)	DC9-30	(111)
	MD-90				DC10-10/-15	(249)
	Series	(130-180)			DC10-30/-40	(270)
FOKKER	Fo.100	(93)	------		F.28	(73)
BAe	BAe 146		------		BAC 1-11	(96)
	Series	(75-100)				
Deutsche Airbus + Partners	MPC		------		------	
	Series	(80-120)				

*) still in significant use

(Typical Comparable Seating)

Quelle: Deutsche Airbus

Abb. 2.24: Konkurrierende Flugzeugtypen

Ein Flugzeug, das in den 60 er Jahren ein Langstreckenflugzeug war, würde bei heutiger Betrachtung der Flugzeugparameter als Mittelstreckenflugzeug bezeichnet werden. Die Beurteilung der Flugzeugsubstitution muß deshalb an Hand der zuvor ermittelten Produktivitätsgeraden erfolgen.

Im Bereich der Kurzstreckenflugzeuge höherer Produktivität wie der B737, der DC9 und dem A320 herrscht seit jeher ein starker Substitutionswettbewerb. Zukünftig wird sich auch der Wettbewerb bei den Kurzstreckenflugzeugen niedrigerer Produktivität, also der Fokker 100 und der BAE-146 beschleunigen. Flugzeugprojekte wie die MPC75 und Kooperationen von Aerospatiale und Aeritalia (über die ATR-72 hinaus) zielen auf dieses Marktsegment.

Der entscheidende Megatrend bei der Produktsubstitution ist heute das verstärkte Angebot von 'Wide-Body'-Flugzeugen, der durch die Globalisierung der Airlines und durch Kapazitätsbeschränkungen an den Flughäfen forciert wird. Hier seien beispielhaft die Airbus-Flugzeuge A330 und A340 erwähnt. Boeing war gezwungen die B777 zu lancieren, die als Konkurrent in diesem Marktsegment fungiert und eine höhere Produktivität als die Airbus-Flugzeuge aufweisen soll. Zukünftig wird sich der Substitutionswettbewerb auch wieder auf die oberste Produktivitätsgerade ausdehnen, die seit etwa 20 Jahren durch das Boeing-Monopol des 'Jumbo-Jet' geprägt ist. Beträgt heute der Marktanteil von Flugzeugen mit 211 bis 500 Sitzen etwa 22 %, so wird sich dieser Anteil bis zum Jahr 2010 auf etwa 40 % erhöhen.[/332/] Hier könnten zukünftige Überschallflugzeuge oder Neuentwicklungen von Unterschall-Langstreckenflugzeugen (z. B. A350/A360) den Wettbewerb beschleunigen. Aufgrund der Zeitkostanten der Verkehrsflugzeugbranche müßte ein Airbus-'Jumbo-Jet' jedoch noch vor dem Jahr 2000 auf den Markt kommen, um das Boeing-Monopol in diesem Marktsegment zu brechen. Ab dem Jahr 2010 dürfte das Aufkommen von Überschallflugzeugen, das Marktpotential von Unterschall-Langstreckenflugzeugen auf den Frachtbereich begrenzen, wobei die Umwandlungsrate von Passagier- zu Frachtmaschinen berücksichtigt werden muß. Der Substitutionswettbewerb wird zukünftig vor allem eine umweltorientierte Komponente bekommen, die durch Veränderungen in der Systemumgebung ausgelöst wird.

MEGATRENDS	PRODUKTSUBSTITUTION
T1	Verstärktes Angebot von 'Wide-Body'-Flugzeugen
T2	Verstärktes Angebot von Langstreckenflugzeugen
T3	Verstärktes Angebot von umweltfreundlichen und schnelleren Flugzeugen

- Sättigungsmodell

Da Wachstumsprozesse Sättigungsgrenzen zustreben, ist es von Interesse zu untersuchen, wie ein potentieller Sättigungsverlauf des Marktes aussehen könnte. Die heute in der Industrie verwendeten Ansätze zur Abschätzung des Marktpotentials ('Top-Down'-Analyse/'Bottom-Up'-Analyse) liefern zwar auf kurze Sicht sehr gute Prognosen, sind jedoch für eine Langfristanalyse nicht unbedingt geeignet, da sie die vorherrschenden Substitutions- und Diffusionsvorgänge nur unzureichend oder überhaupt nicht berücksichtigen. Bei der 'Top-Down'-Analyse wird eine globale Bewertung des Marktes (ICAO-Luftverkehrswachstum) durchgeführt, während bei der 'Bottom-Up'-Analyse die Streckennetze, die Auslastung und der Kapazitätsbedarf der wichtigsten Fluggesellschaften analysiert werden. Im Gegensatz zu den genannten Methoden soll hier mit Hilfe eines Simulationsmodells ein möglicher logistischer Verlauf für die Sättigung des Flugzeugbestandes untersucht werden, der auf der Lockheed-Datenbank von 1985 aufbaut. Hierzu wurden folgende Annahmen getroffen:

Bestand der Flugzeuge Ende 1984: 7.271 Flugzeuge

In diesem Bestand sind sämtliche 'Operator' enthalten, also auch Flugzeuge von Regierungen und solche die zwar noch zugelassen sind, jedoch sich nicht mehr im regelmäßigen Einsatz befinden. Deshalb muß das im Rahmen eines Simulationslaufes erzielte Ergebnis für das Jahr 2008 auf eine vergleichbare Basis zu den Zählungen der Deutschen Airbus, Airbus Industrie und Boeing umgerechnet werden. Die Auswertung des Datenmaterials ist hierbei sehr umfangreich, da für jeweils sämtliche Jahre und Flugzeugtypen, die genaue Zahl der Außerdienststellungen, Flugzeug-Konversionen sowie der Unfälle bekannt sein müssen. Analysiert man die zur Verfügung stehenden Zahlen, so errechnet sich ein logistischer Verlauf mit folgenden Zahlen:

Bestand der Flugzeuge Ende 2008 unkorrigiert: 12.112 Flugzeuge

Korrigiert man diese Zahl jetzt um den höheren Ausgangsbestand nach der Lockheed-Zählweise gegenüber den Zahlen der Deutschen Airbus, so ergibt sich ein Korrekturfaktor von 10 %:

Bestand der Flugzeuge Ende 2008 korrigiert: 10.840 Flugzeuge

Die oben ermittelte Zahl deckt sich ziemlich exakt mit der aus der Variationsrechnung ermittelten Bestandszahl von 11.150 Flugzeugen. Die Deutsche Airbus kam bei der Zählung der Verkehrsflugzeuge in der Sowjetunion auf 1.325 Flugzeuge zu Beginn des Jahres 1990./333/ Da dieser Bestand in etwa der Differenz der Lockheed-Daten zu den korrigierten Daten entspricht (1990: 927 Flugzeuge), können die simulierten Lockheed-Daten in etwa als Abschätzung des Bestandes der Weltflotte (inclusive UDSSR) bis zum Jahr 2008 angesehen werden. Abbildungen 2.25 bis 2.30 zeigen die Simulation der Lockheed-Daten. Tabelle 2.28 zeigt eine ausführliche Übersicht über das verwendete Zahlenmaterial.

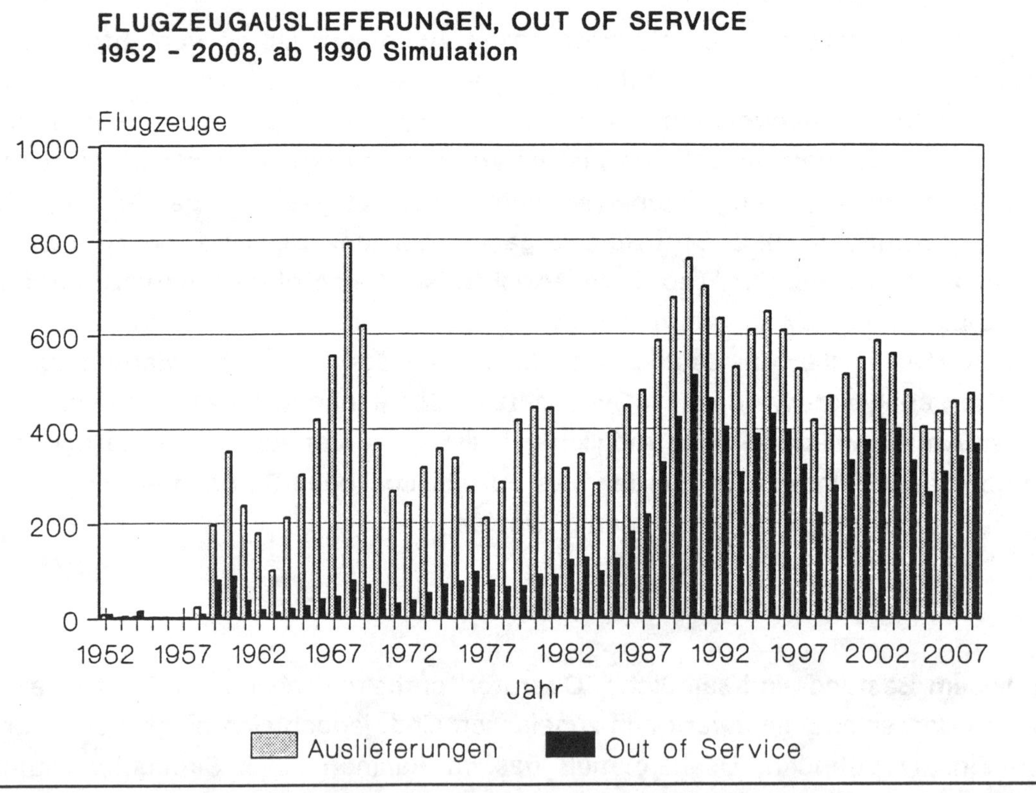

Abb. 2.25: Auslieferungen und Außerdienststellungen ('Out of Service') von Flugzeugen - 1952 bis 2008

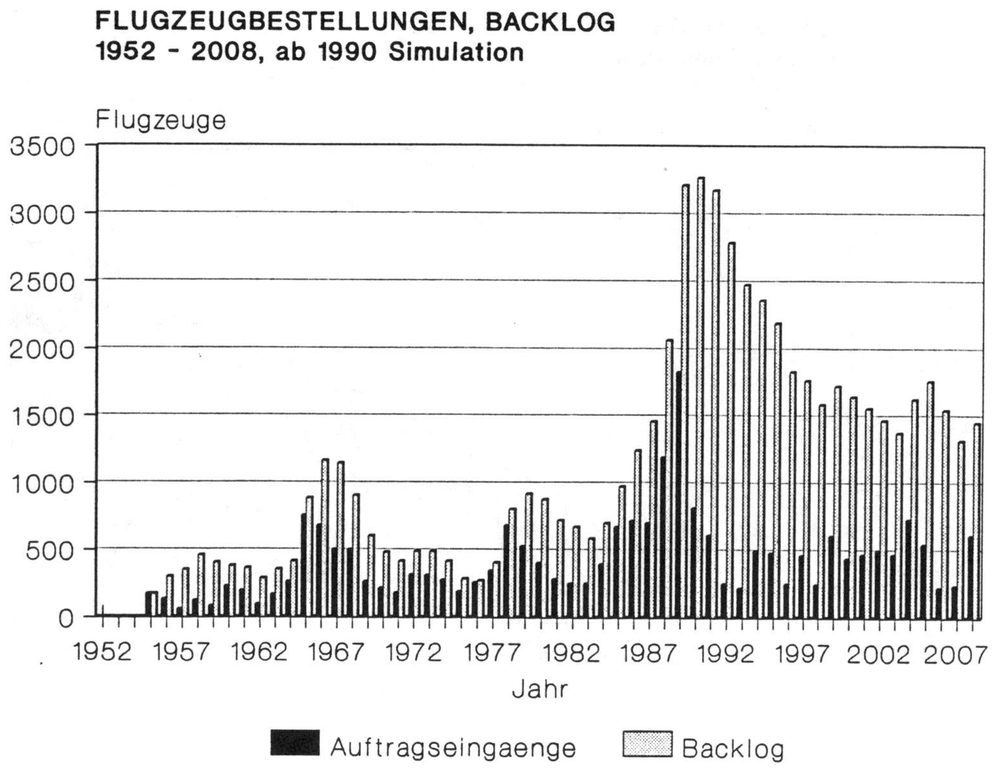

Abb. 2.26: Flugzeugbestellungen und 'Backlog' von Flugzeugen - 1952 bis 2008

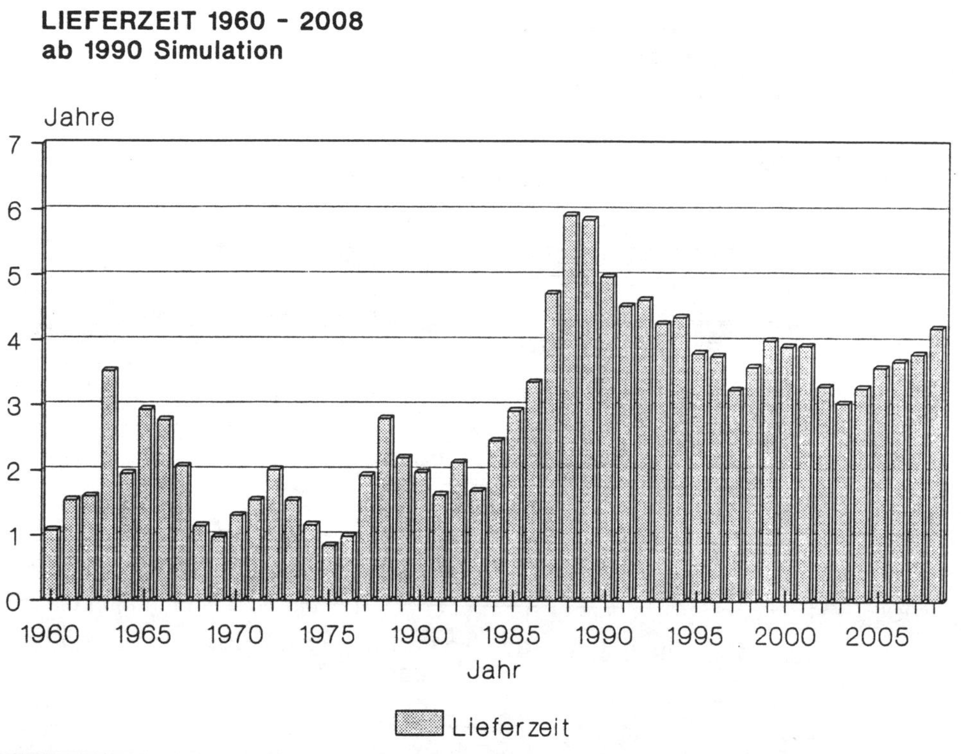

Abb. 2.27: Lieferzeit von Flugzeugen - 1952 bis 2008

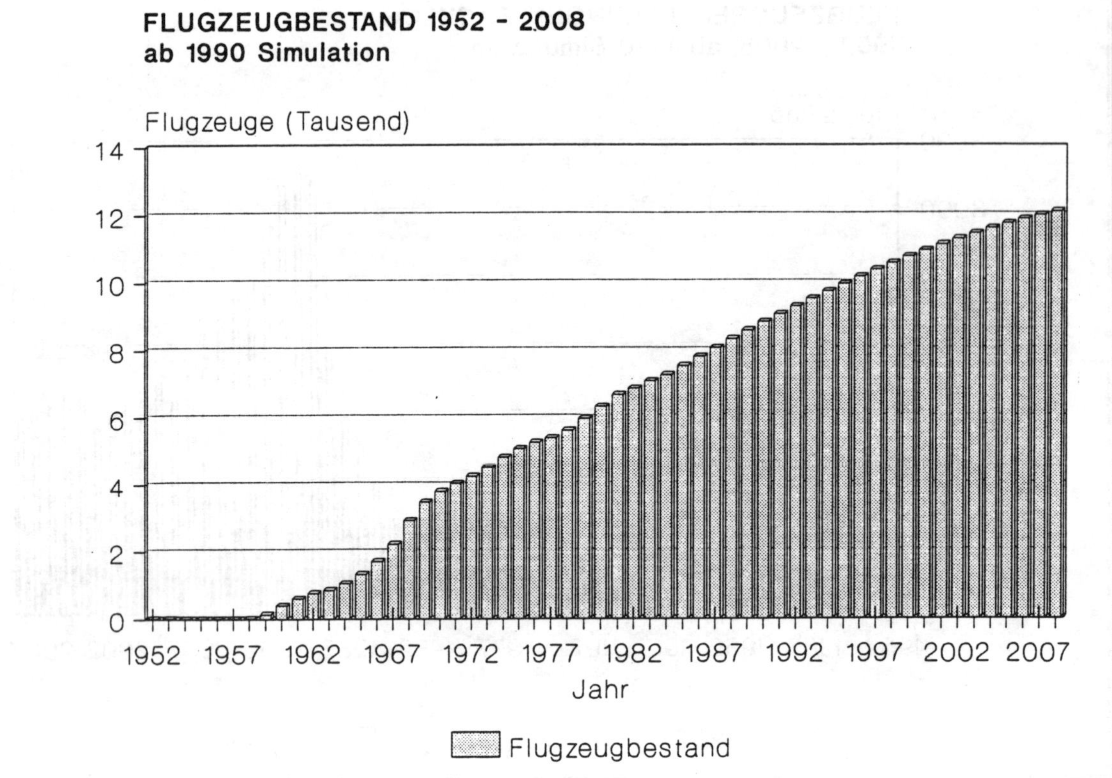

Abb. 2.28: Bestand der Flugzeuge bis zum Jahr 2008

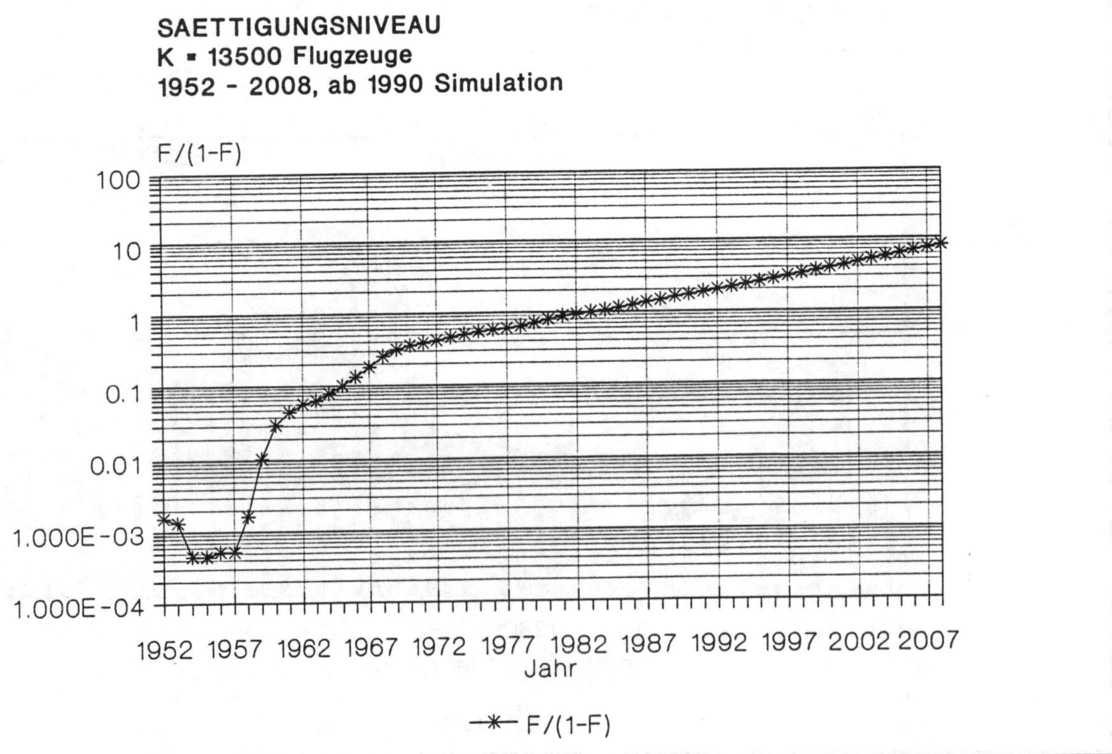

Abb. 2.29: Logistischer Verlauf der Bestandsentwicklung - 1952 bis 2008

SIMULATIONSMODELL: 10/90 F L U G Z E U G B E S T Ä N D E

BEM.:
- ZAHLENMATERIAL AUS LOCKHEED-DATENBANK 1985 - VON WESTLICHEN PRODUZENTEN GEBAUTE FLUGZEUGE-ORDEREINGÄNGE UND BACKLOG VON BOEING-INVENTORY 1988.
- DIE INVENTORY-ZAHLEN SIND UM CA. 300 FLUGZEUGE KLEINER ALS BEI BOEING, DA DIE ZÄHLWEISE DER DELIVERIES UND CONVERSIONS DIFFERIERT.
- ZUM JAHRESENDE 1988 WURDEN VON MBB 7460 FLUGZEUGE GEZÄHLT, WÄHREND SICH NACH AUSWERTUNG DER LOCKHEED-DATENBANK 8335 FLUGZEUGE ERGEBEN. DA SICH DIE MBB-DATEN AUF DIE TATSÄCHLICH IM EINSATZ BEFINDLICHEN FLUGZEUGE BEZIEHEN, SIND DIE LOCKHEED-BESTANDSDATEN UM DEN FAKTOR 0,9 ZU KORRIGIEREN.
- BIS 1985 WURDEN DIE ZYKLISCHEN SCHWANKUNGEN DES BACKLOGS UND DER AUSLIEFERUNGEN BEZOGEN AUF DEN BESTAND UNTERSUCHT UND ANSCHLIESSEND ZYKLEN MIT ABNEHMENDER SCHWANKUNGSBREITE UNTER BERÜCKSICHTIGUNG DER DIFFERENZ BISHERIGER BOOM-PHASEN (ETWA 21 JAHRE) SIMULIERT.

	ABS H		DIFFERENZ DEL-BOOM	ABS T		DIFFERENZ DEL-FLAUTE
		1960			1957	
	8	1968		6	1963	
	6	1974		9	1972	
	6	1980		5	1977	
	11	1991	23	7	1984	21
	4	1995	21	10	1994	22
	7	2002	22	5	1999	22
	9	2011	20	6	2005	21
D-SCHNITT	7		21,5	7		21,5 JAHRE

JAHR	INVENTORY	INV K	F	LOG.	GLÄTTUNG	F/(1-F)	DELTA I	YEAR	errechnet DELIVERY	simuliert DEL/INV	HOCH/TIEF
1952	21	19	0,00			0,00	0	1952	8	0,3810	
1953	18	16	0,00			0,00	-3	1953	1	0,0556	
1954	6	5	0,00			0,00	-12	1954	3	0,5000	
1955	6	5	0,00			0,00	0	1955	1	0,1667	
1956	7	6	0,00			0,00	1	1956	1	0,1429	
1957	7	6	0,00			0,00	0	1957	0	0,0000	TIEFPUNKT
1958	22	20	0,00	1,05		0,00	15	1958	23	1,0455	
1959	139	124	0,01	1,54		0,01	117	1959	197	1,4173	HOCHPUNKT
1960	404	362	0,03	2,71		0,03	265	1960	353	0,8738	
1961	605	541	0,04	3,86		0,05	201	1961	238	0,3934	
1962	768	687	0,06	3,02		0,06	163	1962	180	0,2344	
1963	858	768	0,06	1,77		0,07	90	1963	101	0,1177	TIEFPUNKT
1964	1052	942	0,08	1,29		0,08	194	1964	213	0,2025	
1965	1331	1191	0,10	1,20		0,11	279	1965	303	0,2276	
1966	1713	1533	0,13	1,20	1,02	0,15	382	1966	421	0,2458	
1967	2225	1991	0,16	1,26	0,96	0,20	512	1967	556	0,2499	
1968	2939	2630	0,22	1,28	0,90	0,28	714	1968	793	0,2698	HOCHPUNKT
1969	3490	3124	0,26	1,30	0,85	0,35	551	1969	620	0,1777	
1970	3800	3401	0,28	1,27	0,89	0,39	310	1970	370	0,0974	
1971	4039	3615	0,30	1,20	0,95	0,43	239	1971	269	0,0666	
1972	4247	3801	0,31	1,11	0,99	0,46	208	1972	244	0,0575	TIEFPUNKT
1973	4514	4040	0,33	1,07	0,99	0,50	267	1973	319	0,0707	
1974	4803	4299	0,36	1,06	0,98	0,55	289	1974	359	0,0747	HOCHPUNKT
1975	5066	4534	0,38	1,06	0,98	0,60	263	1975	339	0,0669	
1976	5247	4696	0,39	1,06	0,97	0,64	181	1976	277	0,0528	
1977	5381	4816	0,40	1,05	0,97	0,66	134	1977	212	0,0394	TIEFPUNKT
1978	5605	5017	0,42	1,04	0,97	0,71	224	1978	288	0,0514	
1979	5959	5333	0,44	1,03	0,98	0,79	354	1979	420	0,0705	
1980	6315	5652	0,47	1,04	0,99	0,88	356	1980	447	0,0708	HOCHPUNKT
1981	6670	5970	0,49	1,05	1,00	0,98	355	1981	445	0,0667	
1982	6864	6143	0,51	1,06	1,00	1,03	194	1982	317	0,0462	
1983	7084	6340	0,52	1,05	1,00	1,10	220	1983	347	0,0490	
1984	7271	6508	0,54	1,04	1,00	1,17	187	1984	285	0,0392	TIEFPUNKT
1985	7542	6751	0,56	1,04	1,00	1,27	271	1985	350	0,0465	
1986	7811	6991	0,58	1,04	1,00	1,37	268	1986	399	0,0511	
1987	8075	7228	0,60	1,03	1,00	1,49	265	1987	428	0,0530	
1988	8335	7460	0,62	1,03	1,00	1,61	260	1988	521	0,0625	
1989	8589	7687	0,64	1,03	1,00	1,75	254	1989	601	0,0700	
1990	8835	7908	0,65	1,03	1,00	1,89	247	1990	674	0,0763	
1991	9074	8121	0,67	1,03	1,00	2,05	239	1991	701	0,0772	HOCHPUNKT
1992	9304	8327	0,69	1,03	1,00	2,22	230	1992	603	0,0648	
1993	9530	8529	0,71	1,02	1,00	2,40	226	1993	581	0,0610	
1994	9751	8727	0,72	1,02	1,00	2,60	222	1994	541	0,0555	TIEFPUNKT
1995	9968	8921	0,74	1,02	1,00	2,82	217	1995	575	0,0577	HOCHPUNKT
1996	10179	9111	0,75	1,02	1,00	3,07	211	1996	541	0,0531	
1997	10385	9295	0,77	1,02	1,00	3,33	205	1997	517	0,0498	
1998	10584	9473	0,78	1,02	1,00	3,63	199	1998	475	0,0449	
1999	10776	9645	0,80	1,02	1,00	3,96	192	1999	460	0,0427	TIEFPUNKT
2000	10961	9810	0,81	1,02	1,00	4,32	185	2000	506	0,0461	
2001	11137	9968	0,82	1,02	1,00	4,71	177	2001	539	0,0484	
2002	11305	10118	0,84	1,02	1,00	5,15	168	2002	554	0,0490	HOCHPUNKT
2003	11464	10261	0,85	1,01	1,00	5,63	159	2003	538	0,0469	
2004	11614	10395	0,86	1,01	1,00	6,16	150	2004	472	0,0406	
2005	11754	10520	0,87	1,01	1,00	6,73	140	2005	404	0,0344	TIEFPUNKT
2006	11884	10637	0,88	1,01	1,00	7,35	130	2006	429	0,0361	
2007	12003	10743	0,89	1,01	1,00	8,02	119	2007	450	0,0375	
2008	12112	10840	0,90	1,01	1,00	8,72	108	2008	466	0,0385	
SÄTTIGUNG	13500	12083						Summe:	10628	(1989-2008)	
KORREKTUR-F		0,895						Korrektur:	9512	(1989-2008)	

errechnet ORDER	errechnet BACKLOG	JAHR	DEL-TIME BL/DEL	simuliert BL/INV	errechnet DEL ACC.	errechnet OUT OF SERV.	errechnet OOS ACC.
		1952			8	8	8
		1953			9	4	12
		1954			12	15	27
174	174	1955			13	1	28
134	302	1956			14	0	28
60	354	1957			14	0	28
122	461	1958			37	8	36
81	407	1959	2,065989		234	80	116
228	380	1960	1,076487		587	88	204
195	367	1961	1,542016		825	37	241
93	289	1962	1,605555		1005	17	258
168	357	1963	3,534653		1106	11	269
265	416	1964	1,953051		1319	19	288
758	889	1965	2,933993		1622	24	312
680	1168	1966	2,774346		2043	39	351
502	1148	1967	2,064748		2599	44	395
503	909	1968	1,146279		3392	79	474
265	604	1969	0,974193		4012	69	543
214	485	1970	1,310810		4382	60	603
182	416	1971	1,546468		4651	30	633
313	491	1972	2,012295		4895	36	669
312	491	1973	1,539184		5214	52	721
277	416	1974	1,158774		5573	70	791
191	285	1975	0,840707		5912	76	867
258	273	1976	0,985559		6189	96	963
345	407	1977	1,919811		6401	78	1041
682	805	1978	2,795138		6689	64	1105
528	921	1979	2,192857		7109	66	1171
405	880	1980	1,968680		7556	91	1262
284	724	1981	1,626966		8001	90	1352
251	673	1982	2,123028		8318	123	1475
249	586	1983	1,688760		8665	127	1602
395	700	1984	2,456140		8950	98	1700
672	1022	1985	2,914970		9300	79	1779
719	1341	1986	3,359922		9700	131	1910
700	2019	1987	4,719095	0,25	10127	163	2073
1192	3084	1988	5,918865	0,37	10649	261	2334
1830	3521	1989	5,856020	0,41	11250	348	2682
510	3357	1990	4,979386	0,38	11924	428	3110
519	3176	1991	4,532504	0,35	12625	462	3572
218	2791	1992	4,626416	0,30	13228	374	3945
268	2478	1993	4,262295	0,26	13809	355	4301
426	2362	1994	4,364059	0,24	14351	320	4621
406	2193	1995	3,810873	0,22	14926	359	4979
384	2036	1996	3,765684	0,20	15467	329	5308
158	1677	1997	3,244807	0,16	15984	311	5620
507	1709	1998	3,600119	0,16	16458	276	5896
594	1843	1999	4,004287	0,17	16919	268	6164
641	1978	2000	3,913655	0,18	17424	321	6485
677	2116	2001	3,923464	0,19	17963	363	6847
264	1826	2002	3,295918	0,16	18517	386	7233
346	1634	2003	3,038379	0,14	19055	378	7612
383	1545	2004	3,273645	0,13	19527	322	7934
311	1452	2005	3,592051	0,12	19931	264	8198
558	1581	2006	3,686122	0,13	20360	299	8497
580	1710	2007	3,797516	0,14	20810	331	8828
711	1956	2008	4,198880	0,16	21276	358	9186
10291						6851	
9211						6132	

Tab. 2.28: Datenbasis für Simulationsmodell von 1952 - 2008

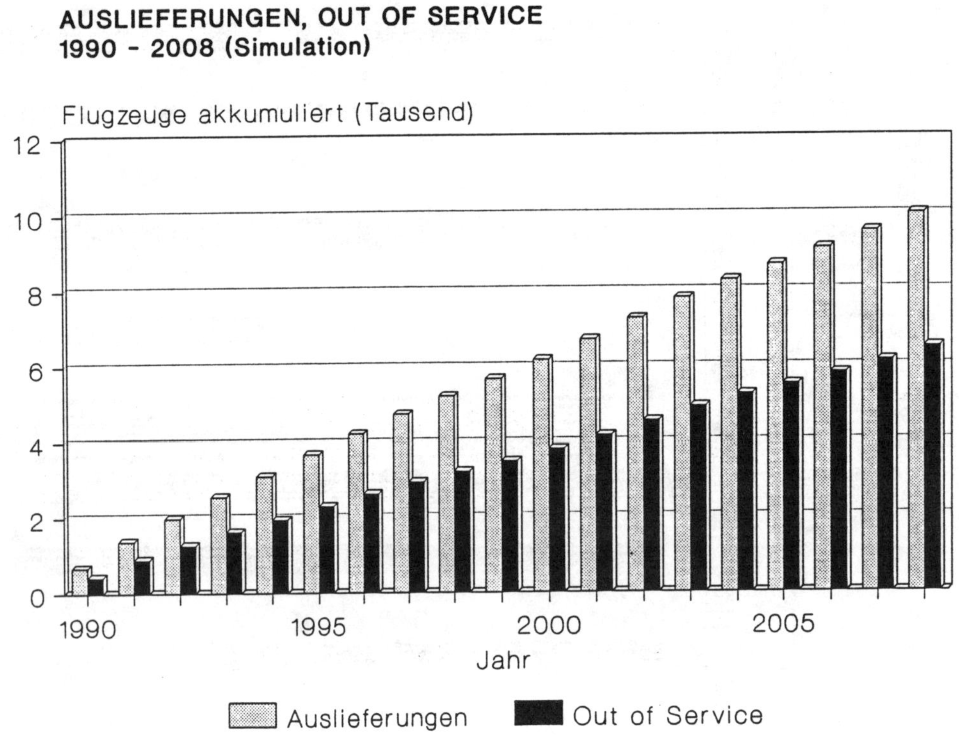

Abb. 2.30: Auslieferungen und Außerdienststellungen akkumuliert - 1990 bis 2008

- Marktanteile

- Marktpositionierung

Grundvoraussetzung für den Markterfolg von Verkehrsflugzeugen ist die technologische Konkurrenzfähigkeit des angebotenen Produkts. Die Weiterentwicklung bestehender Flugzeuge erfolgt in enger Zusammenarbeit mit den Luftverkehrsgesellschaften, da nur eine ständige Interaktion die Anpassung an spezifische Kundenbedürfnisse ermöglicht.

Die heutigen Zielsetzungen der Konkurrenten sind differenziert zu betrachten, wozu Condom folgendes ausführt:[/334/]

"While Boeing and McDonnell Douglas are playing poker, Airbus Industrie is playing bridge. The European consortium has neither the same objectives nor the same constraints as its US competitors. While Boeing and McDonnell Douglas are geared to profitability, Airbus Industry is geared to market share. The first two are thinking in terms of financial restraints, while the third is thinking about social and political considerations."

Die obige Charakterisierung kennzeichnet den heutigen Erfolg von Airbus Industrie. Die Gewinnung von Marktanteilen ist für die Zukunftssicherung neuer Marktteilnehmer von fundamentaler Bedeutung:[/335/]

"...market position becomes a means of long-term profit maximization under conditions of uncertainty."

Der Aufbau eines größeren Marktanteils funktioniert nur dann, wenn das Wachstum der Firma über dem Wachstum des Gesamtmarktes liegt. Dem Aufbau von Marktanteilen liegt also eine Wachstumsstrategie zu Grunde, die langfristig die gesamte Produktpalette des Marktes abdecken muß, um eine wettbewerbsfähige Position zu erreichen. Durch Ressourcenkonzentration und staatliche Subventionierung gelang es Airbus Industrie in die Phalanx der amerikanischen Hersteller einzubrechen und Marktanteile von diesen zurückzuerobern. Das Unterschätzen des europäischen Vorstoßes durch Boeing war ein wichtiger Grund für den Erfolg von Airbus Industrie. Hierbei sind insbesondere die Verkaufserfolge entlang der sogenannten 'Seidenstraße' (Verkäufe an Air India, Korean Airlines, Pakistan International, Singapore Airlines, Thai Airways International usw.) zu erwähnen, die für die Zukunft des Konsortiums sehr wichtig sind, da hier starke Wachstumszentren der Weltwirtschaft liegen. Durch den im Jahr 1987 rapide gefallenen Dollar wurde Airbus Industrie gezwungen seine Produktivität erheblich zu verbessern, was sich in den 90er Jahren im internationalen Konkurrenzkampf als Wettbewerbsvorteil erweisen kann. Abbildung 2.31 zeigt die Entwicklung der Marktanteile der Flugzeugproduzenten bezogen auf den Verkaufswert,/336/ während Abbildung 2.32 die Marktanteile der Flugzeughersteller bezogen auf den Bestand der Flugzeuge Ende 1988 in den Regionen USA und Europa sowie entlang der Seidenstraße verdeutlicht. Hieraus läßt sich erkennen, daß es das Ziel von Airbus Industrie sein muß, einen hohen Bestandsanteil an der Weltflotte (1988 betrug der Anteil nur 10 %) zu erreichen, da dies auch ständige Flugzeugnachbestellungen induziert. Dies ist jedoch nur durch die bereits oben angesprochene Wachstumsstrategie zu erreichen.

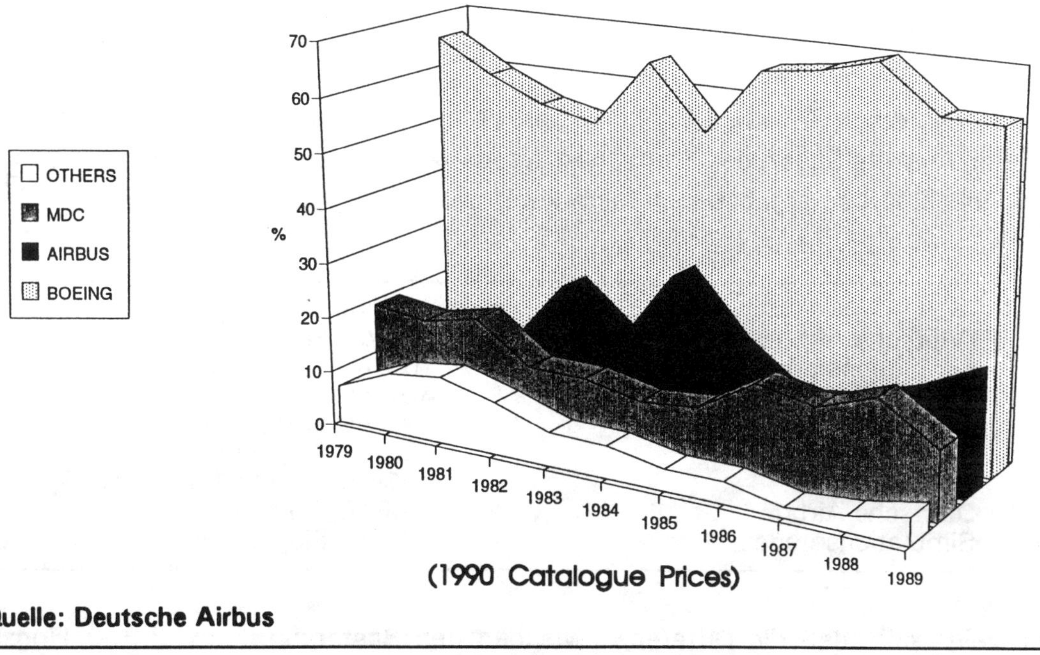

Quelle: Deutsche Airbus

Abb. 2.31: Marktanteile der Flugzeugauslieferungen bezogen auf die Verkaufswerte (Katalogpreise)

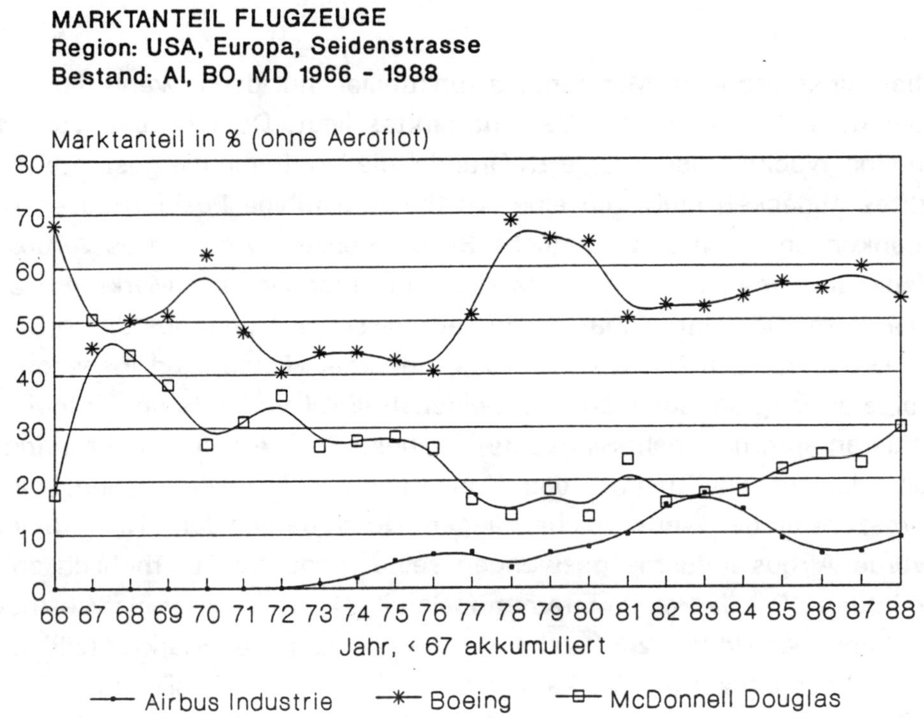

Abb. 2.32: Marktanteile von Airbus, Boeing und McDonnell Douglas 1967 - 1988 (bezogen auf Bestand 01/1989)

- Produktionsplanung

Für die Produktionsplanung ist die Zahl der Flugzeugauslieferungen wesentlich wichtiger, als der Bestand an Flugzeugen im Jahre 2008. Die Auslieferungen von Flugzeugen, werden stark durch das wirtschaftliche Wachstum, die Außerdienststellung älterer Flugzeuge durch regulative Einflüsse (Ökosteuern) oder die Außerdienststellung aufgrund von Substitutionen durch neuartige Technologien ('Maglevs') beeinflusst. Vergleicht man die Zahlen der Auslieferungen der Deutschen Airbus und des Simulationsmodells von 1989 bis zum Jahr 2008 so ergeben sich folgende Unterschiede (Zahlen ohne UDSSR):/337/

	Bestandszahlen (INV.)
Deutsche Airbus	13.100 Flugzeuge
Simulationsmodell	10.840 Flugzeuge
	Auslieferungen (DEL.)
Deutsche Airbus	11.150 Flugzeuge
Simulationsmodell	9.512 Flugzeuge
	Außerdienststellungen (OOS)
Deutsche Airbus	5.510 Flugzeuge
Simulationsmodell	6.132 Flugzeuge

Hierbei zeigt sich, daß die Differenz zwischen den Bestandszahlen (2.260 Flugzeuge) wesentlich größer ist als die Differenz zwischen den Auslieferungen (1.638 Flugzeuge). Dies ist darauf zurückzuführen, daß im Simulationsmodell von einer vermehrten Außerdienststellung älteren Fluggerätes ausgegangen wird. Hierbei können die Zahlen unter Berücksichtigung folgender Berechnungsformel variiert werden:

INV 2008 = INV 1989 + DEL - OOS

Für die Produzenten sind die Bestellzyklen und die Zahl der Auslieferungen für die Gestaltung der Produktionsplanung von elementarer Bedeutung. Gemessen an den durchschnittlichen Produktionszahlen von 610 Flugzeugen (Rechnung der Deutschen Airbus/338/) bis zum Jahr 2008 ergibt sich für Airbus Industrie in etwa ein mittlerer Ausstoß von 17 Flugzeugen pro Monat. Berücksichtigt man mögliche Auslieferungsspitzen von 870 Flugzeugen pro Jahr, so ergibt sich eine monatliche Produktion von ca. 24 Flugzeugen. Hierbei wurde von der Annahme ausgegangen, daß bedingt durch Werksferien bei allen Herstellern nur ca. 11 volle Produktionsmonate pro Jahr zur Verfügung stehen. Tabelle 2.29 zeigt den möglichen monatlichen Produktionsausstoß (Marktanteile variiert) der drei Hauptkonkurrenten:

Tab. 2.29: Monatlicher Produktionsausstoß der Hauptkonkurrenten

Hersteller	Marktanteil in%	Produktion/J. Flugzeuge	Produktion/M. Flugzeuge
Airbus	30% D-Schnitt	610	17
Airbus	30% 1992	870	24
Airbus	35% D-Schnitt	610	19
Airbus	40% 2005	500	18
Boeing	55% D-Schnitt	610	30
Boeing	55% 1992	870	44
Boeing	50% D-Schnitt	610	28
Boeing	45% 2005	500	20
McDonnell D.	15% D-Schnitt	610	8
McDonnell D.	15% 1992	870	12
McDonnell D.	13% D-Schnitt	610	7
McDonnell D.	10% 2005	500	5

Die Spitzenwerte der Produktion lassen sich nur durch den Aufbau völlig neuer Fertigungsstraßen erzielen. Da die Auslieferungen um das Jahr 2000 wieder auf etwa 500 Flugzeuge zurückfallen werden, könnte Airbus bei einer Erhöhung der Produktionskapazität auf durchschnittlich 20 Flugzeuge auch in Zukunft nahezu Vollauslastung fahren, wenn es gelingt, den Marktanteil kontinuierlich auf etwa 40 % während der nächsten beiden Dekaden auszubauen.

Anders sieht die Situation bei Boeing aus. Bei einer jährlichen Auslieferung von 610 Flugzeugen, produziert Boeing bei einem Marktanteil von 55% etwa 28 Flugzeuge pro Monat. Erhöht Boeing die Produktionsraten wegen Lieferspitzen auf etwa 40 Flugzeuge im Monat, so würde Boeing bei einem Marktanteilsverlust von 10% bis zum Jahr 2005 nur noch die Hälfte der Flugzeuge des Jahres 1992 produzieren. Während Airbus durch Steigerung seines Marktanteils in eine Erhöhung der Produktionskapazität hineinwachsen kann, besteht für Boeing die Gefahr, daß es bei einer zu starken Erhöhung der Produktionskapazität unter Berücksichtigung des Durchschnittswertes von 610 Flugzeugen seine Produktionsanlagen ab dem Jahr 2000 nur noch zu 60-70% auslasten kann. Ähnlich sieht die Situation bei McDonnell Douglas aus, wobei jeder Prozentpunkt Marktanteilsverlust sich noch stärker auswirkt als bei Boeing. Verliert McDonnell Douglas 5% Marktanteil, so bedeutet dies bereits bei einer jährlichen weltweiten Durchschnittsproduktion von 610 Flugzeugen nahezu eine Halbierung des Produktionsausstoßes. Diese Zahlen verdeutlichen, welche Bedeutung zukünftig die Erhöhung der Produktionsflexibilität und 'Commonality'- Strategien (siehe Schlüsselfaktor 'Commonality') für die Hersteller haben werden.

MEGATRENDS	MARKTANTEILE
T1	Dominanz von drei großen Flugzeugherstellern
T2	Verstärkte japanische Flugzeugbauaktivitäten ('Commuter'-Flugzeuge)
T3	Aufkommen von neuen Großflugzeugherstellern (Japan, Lockheed, UDSSR)

2.2.4 Nachfrageseite

A Leasinggesellschaften

Schlüsselfaktoren:
- Leasingmotivation
- Marktanteile
- Leasingkonditionen
- Flugzeugbestellungen
- Finanzierungskosten

Das Leasen von Flugzeugen, hat in den letzten Jahren zunehmend an Bedeutung gewonnen. Dies zeigt sich auch in der Markteinschätzung der Leasing-Firmen, die Ende 1989 etwa ein Fünftel der noch nicht ausgelieferten Festbestellungen ('Backlog') beanspruchten. Durch frühzeitiges Sichern von Lieferpositionen, sind geleaste Flugzeuge schnell verfügbar.

- Leasingmotivation

Die Flexibilität bei der flugbetrieblichen Auslastung ist ein wesentlicher Punkt, der für das Flugzeug-Leasing spricht. Beim Leasen ist ein Tausch in ein anderes Flugzeugmuster oder die Rückgabe von Flugzeugen möglich. Das Betriebs-Leasing hat also eine stark varietätserhöhende Wirkung für die 'Carrier', die die Leasing-Firmen durch die Bereitstellung eines ausgewogenes Produktportfolios (Flugzeuge aller drei Hersteller) für sich ausnützen können. Die zunehmende Privatisierung der Airlines, einhergehend mit dem Wegfall staatlicher Garantien, macht das Betriebs-Leasing für diese Firmen zu einer interessanten Finanzierungsalternative./339/ Hinzu kommt, daß zukünftig verstärkt alte Jet-Flugzeuge ('Stage 2') mit hohem Kersosin-Verbrauch und Lärmentwicklung außer Dienst gestellt werden. Die zunehmende Liberalisierung des europäischen Luftverkehrsmarktes wird den Bedarf an Kurzstreckenflugzeugen erhöhen, da die Airlines versuchen werden, durch Frequenzerhöhung Marktanteile zu gewinnen.

Ein weiterer Vorteil für die Luftverkehrsgesellschaften ist die Tatsache, daß die Volatilitätsrisiken des Luftverkehrsmarktes auf die Leasing-Firmen übertragen werden, da die 'Carrier' bei einem Nachfragerückgang ihre Kapazitäten zunächst durch die Rückgabe geleaster Flugzeuge verringern können. Zusammenfassend haben die Luftverkehrsgesellschaften durch das Leasing folgende Vorteile:

- Frequenz- und Kapazitätsflexibilität
- Kostenvorteile für finanzschwache 'Carrier'
- frühzeitige Verfügbarkeit von Flugzeugen
- Rezessionsrisiko bei Leasinggesellschaften

Diese Vorteile des Leasing haben zur Gründung vieler neuer Airlines geführt, die sonst die immens hohen Eigenmittel für den Erwerb von Verkehrsflugzeugen nicht hätten aufbringen können, wobei hier jedoch das unternehmerische Risiko (z. B. Lauda Air) erheblich ansteigt. Die Gründungswelle von europäischen Charterfluggesellschaften ist vor allem auf die Existenz von Leasing-Firmen zurückzuführen.

Im Jahr 1989 sind etwa 30 Prozent aller im US-Markt eingesetzten Flugzeuge geleast./340/ Aufgrund der Preisanstiege für Neuflugzeuge und Liquiditätsengpässe bei den Luftverkehrsgesellschaften könnte in den nächsten Jahren der %- Anteil an geleasten Flugzeugen im US-Markt auf bis zu 70 % anwachsen./341/ In den USA beträgt der Anteil der geleasten Flugzeuge an der Gesamtflotte bei American Airlines 57 % und bei Delta Air Lines 40 %./342/343/ Insgesamt sind heute etwa 50 % der in den USA ausgelieferten Flugzeuge geleast, wobei Mitte der 90er Jahre Leasing-Firmen etwa 10% des Bestandes (etwa 1.100 Flugzeuge) der westlichen Weltluftflotte besitzen werden./344/ Bei den größten europäischen Airlines stellt sich der Anteil der Leasingflugzeuge an der Gesamtflotte heute folgendermaßen dar (siehe Tabelle 2.30):/345/

Tab. 2.30: Anteil der Leasingflugzeuge bei europäischen Airlines

Flugzeuge		davon geleast	in %
Air France	105	39	37,1
Alitalia	111	31	27,9
British Airways	199	51	25,6
SAS	107	19	17,8
Swissair	56	4	7,1
Lufthansa	131	5	3,8

■ Marktanteile

Die heute bedeutendsten Leasing-Firmen haben ihren Sitz in den Vereinigten Staaten und in Irland:/346/

- Polaris Aircraft Leasing (San Francisco)
- Guiness Peat Aviation/GPA (Shannon/Irland)
- International Lease Finance Corporation (Beverly Hills)
- GATX Leasing Corporation (San Francisco)

Der größte Anbieter auf dem Leasing-Markt ist die amerikanische Polaris Aircraft Leasing, die Gebrauchtflugzeuge ankauft und diese weitervermietet. Bei den weltweit geleasten Neuflugzeugen stammt bereits jedes zweite von GPA, deren Flottengröße in den nächsten Jahren auf über 800 Flugzeuge mit einem Marktwert von rund 30 Mrd. US-$ ansteigen wird./347/

Einen bedeutenden Anteil am Flugzeug-Leasing halten auch die Produzenten, die durch 'Financial Leasing' unter Mithilfe von Banken für ihre Kunden maßgeschneiderte Finanzierungen zusammenstellen. Wesentliche Punkte, die die Leasing-Firmen beachten müssen, sind die steuerliche Behandlung des Leasings sowie Produktinnovationen im Flugzeugbau, die ihre Flotten veralten lassen, bevor der 'Break-Even'-Punkt erreicht wird.

■ Leasing-Konditionen

Man unterscheidet generell zwischen dem 'Financial-Leasing' und dem Betriebs-Leasing. Viele Airlines, vor allem aus Drittländern und die durch die Deregulierung geschwächten US-Gesellschaften, verfügen nicht über den Kreditrahmen, um Flugzeuge selbst zu erwerben. Hier bietet sich entweder die Finanzierung auf Sachwertbasis (Aktivafinanzierung) an, wobei die Geldgeber das Eigentum an den von ihnen finanzierten Flugzeugen behalten und sich gegen den Kursverfall auf dem Gebrauchtflugzeugmarkt durch eine Restwertversicherung schützen können oder die Finanzierung wird zur Schonung der Bilanz durch das Betriebs-Leasing realisiert, wobei die typischen Vertragslaufzeiten zwischen 3 und 5 Jahren liegen./348/

Beim Betriebs-Leasing liegen die monatlichen Leasingraten je nach Alter der Flugzeuge, der Kreditwürdigkeit, der Leasingdauer und den Konditionen ('Wet'-/'Dry'-Leasing) etwa zwischen 1 und 2,5 % des aktuellen Flugzeugwertes./349/ Hierbei sind auch Sonderformen der Finanzierung, wie das Betriebs-Leasing mit Optionen denkbar, daß in eine langfristige Finanzierung zum vollständigen Erwerb umgewandelt werden kann./350/ Eine besondere Variante des Leasing ist der Ankauf von bereits von Airlines eingesetztem Fluggerät und dessen sofortiges Zurückleasen durch die Luftverkehrsgesellschaften, was einen Teil des sonst gebundenen Kapitals für andere Investitionszwecke freisetzt ('Sale-Lease-Back'-Verfahren)./351/ Tabelle 2.31 gibt einen Überblick über die Leasingraten verschiedener Flugzeuge im März 1990:/352/

Tab. 2.31: Leasingraten verschiedener Flugzeugtypen

Typ	Baujahr	Leasingkosten März 1990 in US-$	Monatliche Leasingrate in % des Flugzeugwertes
B737-200	1967	80.000	1,52
B737-500	1989	325.000	1,27
B727-100	1963	60.000	2,18
B757-200	1986	475.000	1,22
B747-100	1969	300.000	1,36
B747-400	1989	1.200.000	0,94
A300B2	1972	250.000	1,28
A300B4-600R	1988	650.000	1,03
DC9-10	1965	50.000	2,22
MD-88	1988	310.000	1,17

- Flugzeugbestellungen

Durch die mittlerweile erreichte Zahl von Festbestellungen haben sich die Auslieferungszeiten für Verkehrsflugzeuge erheblich erhöht. Die Leasing-Firmen haben frühzeitig neuestes Fluggerät bestellt und können somit den Luftverkehrsgesellschaften dringend benötigte wettbewerbsfähige Flugzeuge anbieten. GPA, die zweitgrößte Leasingfirma, plazierte im April 1989 einen Bestellauftrag von 308 Flugzeugen (54 Airbus-, 182 Boeing und 72 McDonnell-Maschinen) mit einem Gesamtwert von 16,8 Milliarden US-Dollar.[/353/] Die seit 1973 auf dem US-Markt etablierte ILFC, möchte ihren Bestand von 74 Flugzeugen (Stand Ende 1989) bis zum Jahresende 1993 auf etwa 157 Flugzeuge (Marktwert etwa 6 Mrd. US-$)[/354/] verdoppeln und bis Ende des Jahres 1995 auf etwa 300 Flugzeuge (Marktwert etwa 12 Mrd. US-$) verfünffachen.[/355/]Die klassischen eigen- oder bankfinanzierten Flugzeugkäufe werden zukünftig weiter zurückgehen. Aus dem Backlog der Bestellungen der Leasinggesellschaften läßt sich etwa folgende Markteinschätzung abgeben:

Transaktion		Marktanteil der Flugzeugkäufe
1)	Neukäufe	30 - 40 %
2)	Produzenten-Leasing	10 - 20 %
3)	klassisches Leasing	20 - 30 %
4)	Gebrauchtflugzeug-Leasing	20 - 30 %

- Finanzierungkosten

Für die Leasingfirmen, die teilweise mit einer sehr dünnen Eigenkapitaldecke ausgestattet sind, stellen die Finanzierungskosten ein nicht unerhebliches Gefahrenpotential dar. Eine Hochzinsphase verbunden mit einer konjunkturellen Abschwächung kann den Leasing-Firmen erhebliche Schwierigkeiten bereiten. Bei ILFC sind 70 % der Verbindlichkeiten auf Festzinsbasis, wobei die restlichen 30 % durch folgende Maßnahmen abgesichert werden:[/356/]

a) Automatische vertragliche Zinsanpassung
b) Sogenannte 'Pre-Lease-Agreements', die Zinsänderungen bis zur Flugzeugauslieferung berücksichtigen
c) Anpassung bei abgelaufenen kurzfristigen Leasingverträgen ('Short-Term-Leases' von 2-5 Jahren)

Beim 'Sale-Lease-Back'-Verfahren ist es üblich, daß die Jets mit Aufpreis (bis zu 40 %) an die Leasinggesellschaften weiterverkauft werden, wodurch die Buchwerte der Flugzeuge in den Bilanzen der Leasingunternehmen extrem in die Höhe getrieben werden. Ein nicht kalkulierbares Risiko sind hierbei die zukünftigen Preise auf dem Gebrauchtflugzeugmarkt. Bei Leasingvertragslaufzeiten von teilweise über 20 Jahren ist schwer vorherzusagen, wie lange die wirtschaftliche Nutzungsdauer eines Jets sein wird. Bei einem Preisverfall auf dem Sekundärmarkt oder Konkursen von Luftverkehrsgesellschaften muß der Vermieter die Maschinen zurücknehmen, wodurch ein hoher Wertberichtungsbedarf entsteht, der für einige Leasing-Firmen in den finanziellen Ruin führen kann.

Ein weiteres Risiko stellen Rezessionen in der Luftverkehrsbranche dar. Da die Airlines in diesen Phasen versuchen, ihre Frequenzen beizubehalten, in dem sie kleinere Flugzeuge einsetzen, muß das Flugzeugportfolio einer Leasingfirma dieser Sachlage Rechnung tragen. So entfallen beispielsweise bei ILFC etwa 70 der festen Orders auf Maschinen des Typs A320, B737 und der MD-80 Serie./357/ Die nachfolgenden Trends berücksichtigen auch die Finanzierungsituation bei Airlines. Aufgrund der zukünftig stark steigenden Flugzeugpreise werden die Kooperationen sowohl zwischen Airlines, als auch zwischen Leasingfirmen sukzessive zunehmen.

MEGATRENDS	FINANZIERUNGSKOSTEN
T1	Wachstum des 'Leasing'-Geschäftes und 'Airline-Merging' steigt stark an
T2	Geschäftsrisiken des Leasinggeschäftes steigen
T3	Transnationale Verflechtungen bei Airlines und im Leasinggeschäft

B Luftverkehrsgesellschaften

Schlüsselfaktoren:
- 'Hub and Spoke'
- Verkehrsaufkommen
- Streckenrechte
- Fusionen/Kooperationen
- Reservierungssysteme

Die Luftverkehrsgesellschaften setzen die Wertkette der Flugzeugproduzenten auf der Abnehmerseite fort. Die Auswahlentscheidungen von Luftverkehrsgesellschaften sind mit großen Unsicherheiten behaftet, da der Kauf eines bestimmten Flugzeugtyps eine langfristige Investitionsentscheidung darstellt (ca. 10 - 15 Jahre). Hierzu führte Wilkinson einmal aus:/358/

"...however brilliant you are, you never get it exactly right, but you can't afford to get it too far wrong."

- US-Marktaufteilung

Aufgrund der Größe und der Bedeutung des amerikanischen Binnenmarktes soll hier kurz die Marktaufteilung in den USA beschrieben werden, die sich in folgende fünf Kategorien von Luftverkehrsgesellschaften gliedert:/359/

- 'Majors' (United Airlines, American Airl., Delta Air L., US Air, ...)
- 'Nationals' (Southwest Airlines, Aloha A., ...)
- 'New Entrants'(New York Air, Muse Air, ...)
- 'Regionals'(Empire Airways, Air Wisconsin, ...)
- 'All Cargo Nationals' (Federal Express, Airlift, ...)

In den USA wird von ungefähr 30 'Major' und 'National' Airlines etwa 90 % des Passagieraufkommens bewältigt, wobei einige 'Carrier' über ausgesprochene Größenvorteile verfügen./360/ Tabelle 2.32 berücksichtigt die jeweiligen Jahreseinnahmen:/361/

Tab. 2.32: Einteilung der US-Airlines gemäß den Jahreseinnahmen

- 'Majors'	> 1 Mrd. US-$
- 'Nationals'	> 75 und < 1000 Mio. US-$
- 'New Entrants'	von der Größe abhängig
- 'Regionals'	< 75 Mio. US-$
- 'All Cargo Nationals'	Nur-Fracht-Fluggesellschaften > 75 und < 1000 Mio. US-$

Die sogenannten 'Majors', wie American und United Airlines, haben als strategische Ausrichtung vorwiegend eine Differenzierungsstrategie, die darauf zielt die Service-Qualität zu verbessern. Durch reichhaltige Streckennetze und Anschlußflüge wird ein Markenbewußtsein bei den Kunden angestrebt. 'Nationals', wie Southwest Airlines, haben sich dagegen spezialisiert, um Marktnischen auszunützen oder die Kosten zu senken. So operiert Southwest Airlines nicht mit einem 'Hub and Spoke'-System, sondern mit einem erweiterten 'Loop-System' (10-minütige 'Turnaround'-Zeit!)./362/

- Allgemeine Marktaufteilung

Bei der Vielzahl der konkurrierenden Wettbewerber werden normalerweise drei Gruppen unterschieden:

- IATA-Linienfluggesellschaften
- Charterfluggesellschaften
- Nicht-IATA-Linienfluggesellschaften

Die Linienfluggesellschaften konkurrieren in einem oligopolistischen Markt, während bei den Charterfluggesellschaften ein freies Spiel der Kräfte besteht./363/ Außerdem haben Charter-Airlines eine günstigere Kostenstruktur, da Werbungs- und Vertriebskosten meist von den Reisebüros und -veranstaltern übernommen werden und durch die spezifischen Heimatbasen auf kostenintensive Bodendienste verzichtet werden kann. Der günstigere Kostenverlauf wird durch niedrigere Flugpreise an den Fluggast weitergegeben. Als Charterer treten überwiegend Reisebüros und -veranstalter in Erscheinung./364/

Diese oben beschriebene Aufteilung erscheint jedoch heute nicht mehr zeitgemäß, da die IATA-Tarifstruktur durch die zunehmende Vernetzung in der Weltwirtschaft drastischen Änderungen unterworfen sein wird. Mit einer Mitgliederzahl von 200 hat sich diese zwar gegenüber 140 im Jahr 1985 deutlich erhöht, jedoch wird die regulierende Einflußnahme der IATA durch die weltweiten Deregulierungs- und Liberalisierungstendenzen gefährdet, weshalb auch eine Vielzahl von US-Airlines keine Vollmitglieder der IATA sind./365/ Der strukturelle Wandel führt zur Notwendigkeit neuer Einteilungskriterien. Auch eine Einteilung nach den Besitzverhältnissen oder dem Privatisierungsgrad erscheint heute nicht mehr sinnvoll. Zudem werden die Grenzen zwischen dem Linien- und dem Charterverkehr fließender. Folgende Einteilung orientiert sich an der Größe der Airline-Flotte und deren Potential, als Einzel-'Carrier' oder in einer strategischen Allianz, gemäß den zur Verfügung stehenden Streckenrechten, als Hauptwettbewerber auf den Weltmärkten aufzutreten. Hierbei sind auch Allianzen zwischen Linien- und Chartergesellschaften denkbar. Eine weitere Detaillierung kann durch die Berücksichtigung von Umsatzzahlen und Flugzeugtypen erreicht werden:

'Carrier'-Einteilung	Flugzeuge	Streckenrechte
'Triaden-Carrier'	> 400	multilateral
'Mega-Carrier'	200-400	bilateral
Internationaler 'Carrier'	< 200	bilateral

- 'Hub and Spoke'

In den USA ist besonders, daß nach der Deregulierung entstandene 'Hub- and Spoke'-System (Nabe- und Speichen-Systen) hervorzuheben (siehe Abbildung 2.33). Delta Air Lines war der erste 'Hub- and Spoke-'Carrier' in den USA. Ein Hub ist ein großer Flughafen an dem eine Airline Passagiere sammelt und diese in viele Nabenrichtungen verteilt./366/ So hat beispielsweise American Airlines 61 % der Kapazität von Dallas/Ft. Worth, Delta Air Lines 61 % der Kapazität von Atlanta, sowie USAir 88 % der Kapazität von Pittsburgh:/367/368/

Atlanta	- Delta Air Lines, Eastern Air Lines
Chicago	- United Airlines, American Airlines
Dallas	- American Airlines, Delta Air Lines
Los Angeles	- Pacific Southwest A., American A.
Miami	- Eastern Airlines, Delta Air Lines
New York, La Guardia	- Continental Airlines, USAir
New York, J. F. Kennedy	- Trans World Airlines, PanAm
Phoenix	- America West A., Western Air L.
Pittsburgh	- USAir

Abb. 2.33: 'Hub and Spoke'-Flughäfen in den USA

Zu Beginn der 90er Jahre wird es in den USA zu einem verstärkten Kampf der 'Carrier' um 'Hub- and Spoke'-Flughäfen kommen, sei es um diese zu übernehmen und in ein bestehendes Streckennetz zu integrieren oder um diese zu schwächen und den Verkehr zu einem anderen 'Hub' umzuleiten./369/ Das zunehmende Globalisierung der Welt und die Einführung von Überschallflugzeugen erfordert zukünftig transnationale 'Hub- and Spoke'- Flughäfen wie den Kansai-Airport bei Osaka. Insbesondere die sich zunehmend international ausrichtenden amerikanischen 'Mega-Carrier' werden einige ihrer internationalen Drehscheiben zu transnationalen Drehscheiben ausbauen. Auch werden zukünftig mehr dezentralisierte 'Non-Stop'-Verbindungen entstehen./370/ Zusammenfassend lassen sich in Zukunft folgende Arten von 'Hubs' unterscheiden, wobei einzelne Flughäfen auch Mehrfachausprägungen haben können (siehe Abbildung 2.34):

Ausprägung	Beschreibung
Transnationale 'Hubs':	Verkehrsdrehscheiben zwischen den großen Binnenmärkten (hauptsächlich Triade)
Internationale 'Hubs':	Verkehrsdrehscheiben innerhalb der Binnenmärkte und für den internationalen Verkehr (außerhalb der Triade)
Nationale 'Hubs':	Verkehrsdrehscheiben für den nationalen Verkehr
Sekundäre 'Hubs':	Verkehrsdrehscheiben für den dezentralisierten 'Non-Stop'-Verkehr (transnational, international und national)

Abb. 2.34: Zukünftige 'Hub and Spoke'-Einteilung

- Verkehrsaufkommen

Der Abschätzung des potentiellen Verkehrsaufkommens zwischen Verkehrsflughäfen ist ein wesentlicher Erfolgsfaktor für Luftverkehrsgesellschaften, da er nachhaltig die Flottenplanung beeinflußt. Das Verkehrsaufkommen zwischen einzelnen Destinationen ist einerseits stark vom internationalen Wachstum des Luftverkehrs (siehe Schlüsselfaktor Luftverkehrswachstum) abhängig, andererseits können auch länderspezifische Charakteristika wie beispielsweise die Einführung von Magnetbahnen oder demographische Veränderungen (Berlin als Hauptstadt eines vereinten Deutschland) zu einer Verlagerung, Abschwächung oder Verstärkung von Verkehrsflüssen beitragen.

Durch den Wegfall des Eisernen Vorhanges wird das Flugaufkommen von und nach Osteuropa mittelfristig stark zunehmen und insbesondere den Flughäfen in der Bundesrepublik Deutschland die Funktion von internationalen Verkehrsdrehscheiben zukommen lassen, wobei jedoch zu beachten ist, daß durch Kapazitätsbeschränkungen an europäischen Flughäfen der Trend momentan eher in Richtung Flächendeckung geht. Das 'Joint-Venture' zwischen British Airways und Aeroflot (Gründung von Air Russia) zeigt, welche Bedeutung man der Öffnung des Ostens beimißt./371/

Bis Mitte der 80er Jahre hatten nahezu dreiviertel aller weltweiten planmäßigen Flüge eine Flugzeit von unter 2 h und eine Streckenlänge von unter 1000 Meilen, wobei in den USA die 'Arbeitspferde' B737, B727 und DC9 das Rückrad der amerikanischen Airlines bei einer Durchschnittsdistanz von etwa 700 Meilen bildeten. Die 90er Jahre werden geprägt sein, durch eine stärkere internationale Ausrichtung der amerikanischen Airlines sowie den Aufbau internationaler 'Hub- and Spoke'- Flughäfen mit dezentralisierten Inlands-'Hubs'. Abbildung 2.35 zeigt die Bedeutungszunahme des internationalen Verkehrs bis zum Jahr 2008 am Beispiel von American Airlines. Die transnationale Ausrichtung der Firmen führt zu einer Zunahme der internationalen Direktverbindungen, weshalb in vermehrtem Umfang 'Wide-Body'- und Langstreckenflugzeuge geordert werden.

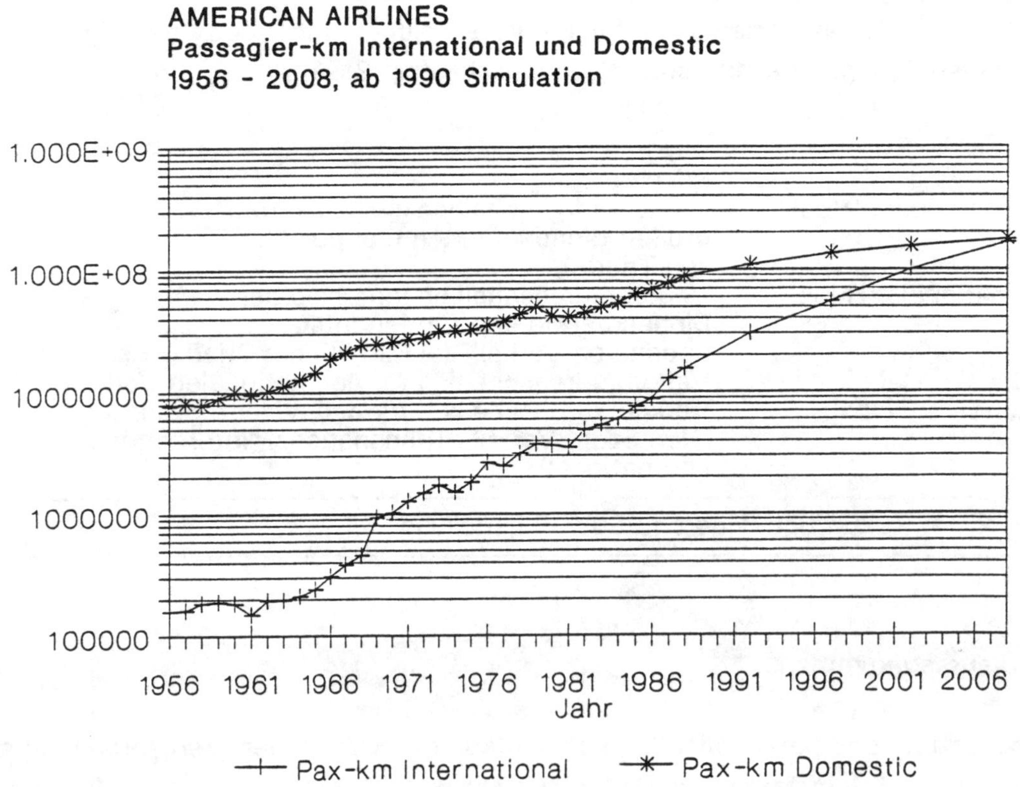

Abb. 2.35: Bedeutungszunahme des internationalen Verkehrs bei American Airlines bis zum Jahr 2008

Die Flugzeugkäufe (30 B747-300, 34 B777, 34 B767-300) der letzten Zeit durch United Airlines verdeutlichen den Trend zur Globalisierung bei den amerikanischen 'Mega-

Carriern'.[372] Durch diese Käufe und die Käufe von 120 B737 und 60 B757 (Gesamtvolumen etwa 20 Mrd. US-$!) wird sich die United-Gesamtflotte von 405 Flugzeugen im Jahr 1989 auf etwa 600 Maschinen im Jahr 1995 vergrößern. Insbesondere können die bestellten 'Wide-Body'-Flugzeuge teilweise auch auf dem amerikanischen Binnenmarkt eingesetzt werden, wenn die Abfertigungskapazität oder die Luftraumkapazität an Grenzen stoßen sollten.

Vergleicht man die jährlichen Wachstumsraten der beförderten Passagiere im internationalen Linienluftverkehr von United Airlines, American Airlines, Japan Airlines, British Airways, Lufthansa und Air France von 1979 auf 1989, 1987 auf 1988 und 1988 auf 1989 (siehe Tabelle 2.33), so fällt insbesondere das starke Wachstum der amerikanischen Airlines auf. Das starke Wachstum von British Airways im Jahr 1987 resultiert aus der Übernahme von British Caledonian:[373]

Tab. 2.33: Wachstumsraten internationaler Airlines

Airlines	1979-1989 Wachstumsrate in %	1987-1988 Wachstumsrate in %	1988-1989 Wachstumsrate in %
American A.	14,8	10,9	22,3
United A.	31,3	14,7	15,8
Japan Air L.	7,6	13,3	7,4
British A.	3,9	16,8	6,1
Lufthansa	4,8	9,1	7,5
Air France	3,5	10,5	9,4

Die Zahl der im internationalen Luftverkehr beförderten Passagiere wuchs bei American Airlines im Zeitraum von 1988 auf 1989 etwa dreimal so stark wie bei der Lufthansa und etwa zweimal so stark wie bei Air France. Simuliert man nun eine jährliche Wachstumsrate von 6 % bei den europäischen Airlines, von 10 % bei Japan Air Lines und von 14 % bei den amerikanischen Airlines innerhalb der nächsten 16 Jahre, so könnten American, United Airlines und Japan Air Lines die europäischen Airlines von ihren Spitzenpositionen im internationalen Luftverkehr verdrängen beziehungsweise mit diesen gleichziehen, wie Tabelle 2.34 für das Jahr 2005 aufzeigt:[374]

Tab. 2.34: Passagierzahlen transnationaler Airlines im Jahr 2005

Passagierzahlen in Tausend

	1989	Rang	2005	Rang
American A.	6.805	5	55.370	1
British A.	17.966	1	45.640	2
United A.	4.615	6	37.550	3
Japan Air L.	8.083	4	37.140	4
Air France	12.714	2	32.300	5
Lufthansa	11.603	3	29.480	6

MEGATRENDS	VERKEHRSAUFKOMMEN
T1	Stetiger Wachstumstrend des weltweiten Passagier- und Frachtverkehrs
T2	Starker Anstieg der internationalen Direktverbindungen (vor allem 'non-stop')
T3	Starker internationaler Wettbewerb im Frachtgeschäft

- Streckenrechte

Im Kampf um Marktanteile spielen Streckenrechte heute die entscheidende Rolle. Heute sind die meisten 'Hubs' in den USA von einer oder zwei Airlines beherrscht. Die gewachsenen Strukturen mit Streckenrechten, Abfertigungseinrichtungen (Flugsteigen) und 'Slots' (Start- und Landezeiten) erschweren den Marktzugang für 'Newcomer' erheblich. Auch in der Bundesrepublik nützt die Lufthansa ihre marktbeherrschende Stellung aus. So läßt diese an bestimmten deutschen Verkehrsflughäfen regelmäßig Flüge ausfallen (Nichteinhaltung der Linienflugregelungen) oder fliegt zu viele Frequenzen mit kleinen Maschinen, um bestehende 'Slots' gegenüber potentiellen Konkurrenten zu blockieren, und diesen den Marktzugang zu erschweren. Neue Regelwerke der EG-Kommission zur 'Slotvergabe' (ab 01.02.1991) und das Inkrafttreten des europäischen Binnenmarktes (ab 01.01.1993) werden mit dazu beitragen, solche Marktmanipulationen zukünftig zu verhindern./375/

Finanziell schwache oder angeschlagene Airlines wie PanAm, TWA oder Eastern Airlines sind sogar gezwungen Teile ihres Firmenvermögens zu liquidieren. Dazu gehören neben der Veräußerung von Abfertigungseinrichtungen und 'Slots' auch der Verkauf von internationalen Streckenrechten. So kaufte United Airlines 1985 die Pazifik-Division von PanAm für 750 Mio.$, die heute etwa 3 Mrd.$ wert ist./376/ Im Jahr 1990 erwarb United die PanAm-Verkehrsrechte von London und Paris nach New York, Washington, San Francisco, Los Angeles und Seattle für 400 Mio. $./377/ American Airlines erwarb im selben Jahr für 150 Mio. $ die Streckenrechte Seattle-Tacoma-Tokio von Continental und möchte die USA-London-Routen von TWA für 625 Mio. $ übernehmen./378/379/ Eine weitere Möglichkeit Streckenrechte zu erwerben besteht darin, strategische Allianzen einzugehen, was im nächsten Abschnitt untersucht wird. Streckenrechte können aber auch durch politische Faktoren beeinflußt werden. So haben amerikanische Fluggesellschaften, wegen der Besetzung Japans nach dem 2. Weltkrieg, das Recht, jeden Flughafen in Japan anzufliegen und von dort zu einem anderen japanischen Flughafen oder zu Drittstaaten weiterzufliegen (7. und 8. Freiheit)./380/

MEGATRENDS	STRECKENRECHTE
T1	Kauf von nationalen und internationalen Streckenrechten
T2	Erwerb von Streckenrechten durch Marketing-Allianzen
T3	Marketing-Allianzen und verstärkter Handel mit Streckenrechten

- Fusionen/Kooperationen

Um global, kontinental und regional kostendeckend fliegen zu können, sind neue Strategien und Ansätze nötig, die ein Höchstmaß an Synergien mit den Veränderungen in der Systemumwelt gewährleisten. Die Größe heutiger 'Mega-Carrier' ist bei einem Zusammenwachsen der Wirtschaftsräume Europas, Nordamerikas und des Pazifikraumes zur Sicherung der Überlebensfähigkeit nicht mehr ausreichend, wie folgende Zahlen der IATA (siehe Tabelle 2.35) für den gesamten internationalen Linienluftverkehr aus dem Jahre 1987 belegen:/381/

Tab. 2.35: Anteil internationaler Airlines am gesamten internationalen Linienluftverkehr im Jahr 1987

Internationaler Linienflugverkehr	Passagiere in Tausend	Prozentanteil
GESAMT	222.900	100,0 %
British Airways	14.482	6,5 %
Air France	10.518	4,7 %
Lufthansa	9.888	4,4 %
Japan Air Lines	6.639	3,0 %
American Airlines	5.021	2,3 %
United Airlines	3.475	1,6 %
SUMME (BA bis UA)	50.023	22,5 %

In deregulierten Märkten bieten sich grundsätzlich zwei Überlebensmöglichkeiten an. Entweder Firmen erhöhen ihre Marktanteile durch Fusionen oder sie bilden strategische Allianzen. Für den Aufbau von Marktanteilen durch inneres Wachstum benötigen die Unternehmen Zeit und Geld für Preiskämpfe./382/ Fusionen von Airlines und der Aufkauf von Streckenrechten schaffen Marktanteile ohne Preiskämpfe und liefern Zeitvorteile. Sie sind deshalb für die Unternehmen billiger, als selbst neue Strecken einzurichten. Da die im Weltmaßstab größten Airlines, American und United Airlines, nur einen internationalen Marktanteil von 2,3 % und 1,6 % besitzen sowie alle hier aufgezählten Airlines zusammen nur einen Marktanteil von 22,5 % erreichen, wird die Internationalisierung erfordern, wettbewerbsfähige und rationelle Betriebsgrößen zu schaffen./383/ Um als 'Global Player' im internationalen Luftverkehr bestehen zu können, müssen die heutigen 'Mega-Carrier' zu 'Triaden-Carriern' avancieren.

- Fusionen

Die Übernahme von Piedmont Airlines durch USAir führte dazu, daß USAir schlagartig zu einer der größten US-Airlines avancierte. Auch die beiden größten US-Airlines American und United waren als Übernahmekandidaten von 'Mergern' im Gespräch, wobei Kaufangebote von 7,5 Mrd. US-$ beziehungsweise 6,8 Mrd. US-$ unterbreitet wurden./384/ Abbildung 2.36 gibt einen Überblick über die bedeutendsten Zusammenschlüsse von amerikanischen Airlines, wobei die Jahreszahlen das Jahr der Übernahme angeben:/385/

Luftverkehrsgesellschaft	Gründungsfirma/Übernahmen
Texas Air Corporation	- Texas International (seit 1990 Continental Holding)
	- New York Air 81
	- Continental 82
	- Eastern 86
	- People Express 87
United Airlines	- United Airlines
	- Pan Am Pacific Routes 86
American Airlines	- American Airlines
	- Air California 87
US Air	- Allegehny
	- Pacific Southwest 87
	- Piedmont 87
Delta Air Lines	- Delta Air Lines
	- Western Air Lines 86

Abb. 2.36: Firmenübernahmen bei US-Airlines

Das Potential, durch Fusionen bis zum Jahr 2010 zu einem 'Triaden-Carrier' zu avancieren, haben heute nur die größten US-Fluggesellschaften, wobei hier vor allem American und United Airlines zu nennen sind. Zwar sind die Flottengrößen amerikanischer Airlines im Hinblick auf deren internationale Marktanteile zu relativieren, jedoch ist die Finanzkraft dieser Unternehmen eine wesentliche Grundvoraussetzung, um größere globale Marktanteile aufzubauen. In Europa scheinen jedoch Firmenübernahmen der nationalen Fluggesellschaften durch amerikanische Airlines eher unwahrscheinlich, da kein europäisches Land die Absicht haben dürfte, seinen 'Flag-Carrier' aufzugeben.

Firmenaufkäufe durch 'Merging' und 'Acquisition', wie in den USA, können jedoch auch in Europa und Japan zu einem stärkeren Konzentrationsprozeß führen, wobei hauptsächlich Charter- und Regionalfluggesellschaften als Aufkaufkandidaten für große europäische und auch amerikanische Airlines in Frage kommen. Die Übernahmen von British Caledonian durch British Airways Ende 1987 und von UTA und Air Inter durch Air France zu Beginn des Jahres 1990 zeigen diesen Trend auf. Air France hat sich durch diese Übernahmen im Hinblick auf den europäischen Binnenmarkt eine Monopolposition im Heimatland und eine strategische Startposition im Charterverkehr gesichert.

Das sogenannte 'Merging' hat auf die gesamte Industrie bezogen einen engen Zusammenhang zu den Schwankungen auf den internationalen Aktienmärkten. So fiel jeweils ein größerer Rückfall der 'Merger'-Aktivitäten mit Kurseinbrüchen an den Aktienmärkten zusammen, wie beispielsweise 1904, 1907, 1921, 1929-31 sowie 1969-70.[/386/] So fiel der Aktien-'Crash' von 1987 und der 'Mini-Crash' von 1989 in das Ende der Übernahmewelle von amerikanischen Luftverkehrsgesellschaften.

- Kooperationen

Die Praxis in den USA hat gezeigt, daß im Rahmen der Deregulierung, die auf Freiheit der Produkt- und Preispolitik abzielt, Kooperationen für die etablierten Fluggesellschaften zur herausragenden Marketing-Strategie geworden sind./387/ Insbesondere sind hier die betriebliche Zusammenarbeit (gegenseitige Mitbenutzung von Flugzeugen, gemeinsames Personal, gemeinsame Geräte, Werkstätten und Ausbildung) sowie die verkehrliche Kooperation (Verwendung gleicher Flugscheine, Anerkennung von Abfertigungspapieren, Übernahme des Transitgepäcks, Mitbenutzung von Verkaufsagenturen) zu nennen,/388/ wobei folgende rechtliche Vertragsarten gelten:/389/

- Generalagenturverträge (Flugscheinanerkennung)
- 'Interline'-Abkommen (Anerkennung der Abfertigungspapiere)
- 'Pool'-Verträge (streckenbezogen bei Fracht und Passagieren)
- 'Interchange'-Abkommen (Vercharterung der Nutzlast)

Da keine Airline alle Flughäfen direkt oder 'non-stop' anfliegen kann, müssen möglichst viele und bequeme Anschlüsse angeboten werden. Daneben kommt es in den USA seit 1985 vermehrt zu Abkommen zwischen den Großgesellschaften und vorwiegend kleinen regionalen Airlines ('Commuter'), die ihre eigenständige Rolle zusehends verlieren und in eine reine Zubringer-Rolle ('Feeder-Service') gedrängt werden./390/

Durch Allianzen entstehen nicht nur Kostensenkungspotentiale für die Kooperationspartner, sondern auch ökologische Synergieeffekte, da erreichbare höhere Sitzladefaktoren die Zahl der Flugbewegungen reduzieren helfen und somit zur Entlastung der Umwelt beitragen. Es muß bedacht werden, daß die heutigen Bestellungen von Flugzeugen in einem Markt des harten Wettbewerbes getroffen wurden. Die Zunahme von Vernetzungen und Allianzen ermöglicht es jedoch, höhere Passagierzahlen zu befördern, ohne daß die Zahl der eingesetzten Flugzeuge gesteigert werden muß. Strategische Allianzen sind primär nicht wachstums-, sondern synergieorientiert, wobei Effizienzsteigerungen im Einklang mit den Veränderungen in der Systemumwelt Vorrang haben müssen. Diesem Umstand trägt die Strategie der Lufthansa keine Rechnung, da diese ihre Flotte bis zum Jahr 2000 auf über 300 Flugzeuge ausbauen möchte./391/ Die Lufthansa betrachtet Verluste, die durch diese Wachstumsstrategie entstehen, als Investitionen in die Zukunft./392/ Wenn die Lufthansa jedoch nicht umgehend Kostensenkungsmaßnahmen und eine effizientere Personalpolitik einleitet, wird dieser finanzielle Kraftakt jedoch zum Scheitern verurteilt sein und letztendlich der Steuerzahler (Staatsanteil der Lufthansa 52%) für die operativen Verluste (für 1990 werden 500 Mio. DM geschätzt/393/) aufkommen müssen.

Das Beispiel der Swissair zeigt im Gegensatz dazu, den gezielten Aufbau von strategischen Allianzen zur Erhaltung des bisherigen Marktanteils (siehe Abbildung 2.37). Die Mehrheitsbeteiligungen an der CTA, Balair und Crossair sichern Swissair die nationale Monopolstellung, wobei es zukünftig nötig sein wird, die beiden Chartergesellschaften CTA und Balair zu fusionieren. Die gegenseitigen Beteiligungen zwischen der Swissair, SAS, Finnair und AUA sollen das Überleben der kleineren europäischen 'Carrier' durch einen Verbund garantieren. Gleichzeitig avancieren die internationalen 'Carrier' durch Allianzen zu einem europäischen 'Mega-Carrier'. Die internationale Beteiligungsausrichtung der Swissair mit Delta Air Lines und Singapur Airlines sichert die Überlebensfähigkeit der Swissair in einer sich zusehends vernetzenden Umwelt innerhalb der weltwirtschaftlichen Triade. Die Schwerpunkte der Kooperationen dieses 'Triaden-Carriers' sollen vor allem im koordinierten Einkauf von Fluggeräten, der Abstimmung von Flugplänen und gemeinsamen Marketingaktivitäten liegen.

Strategie/Größe	'Triaden-C.'	'Mega-Carrier'	'Carrier'
Kooperationen	Swissair Delta A. Sing. A.	Swissair SAS Finnair AUA	Swissair
Übernahmen/ Mehrheits-beteiligungen			Balair (Charter) CTA (Charter) Crossair (Reg.)

Abb. 2.37: Beteiligungen/Übernahmen der Swissair

Europäische 'Carrier' können nur durch überproportionales Wachstum oder strategische Allianzen zu einem 'Mega-Carrier' oder 'Triaden-Carrier' avancieren, wie die Größen der Flugzeugflotten von Anfang 1989 (siehe Tabelle 2.36) verdeutlichen:/394/

Tab. 2.36: Flugzeugflottengrößen einzeln und bei Kooperationen 1989 (Kooperationen jeweils zwischen den erstgenannten (fettgedruckten) Airlines und den anderen Kooperationspartnern - teilweise auch zwischen den anderen Kooperationspartnern)

Allianz/Einzel	Flugzeuge	Einteilung
United A./British. A.	597	'Triaden-Carrier'
SAS/Cont./Thai/ANA/Quantas	579	'Triaden-Carrier'
Swissair/Singapur A./Delta	477	'Triaden-Carrier'
American Airlines	469	'Triaden-Carrier'
United Airlines	405	'Triaden-Carrier'
Delta Air Lines	389	'Mega-Carrier'
Continental Airlines	332	'Mega-Carrier'
Lufthansa/Air France	260	'Mega-Carrier'
Swissair/SAS/Finnair/AUA	202	'Mega-Carrier'
British Airways	192	Internat. 'Carrier'
Lufthansa	134	Internat. 'Carrier'
Air France	126	Internat. 'Carrier'
SAS	97	Internat. 'Carrier'
Japan Air Lines	90	Internat. 'Carrier'
Swissair	53	Internat. 'Carrier'

Die bisher vereinbarten Allianzen bestehen oft nur zwischen zwei Airlines und bilden kein Netzwerk. Die strategische Allianz von British Airways mit United Airlines formiert einen 'Triaden-Carrier' mit einem internationalen Weltmarktanteil von nur etwa 3 %. Dieser geringe Marktanteil zeigt, daß größere Airline-Netzwerke nötig sind, in denen alle Airlines eines Verbundes eng miteinander kooperieren, um im internationalen Maßstab wirtschaftlich operieren zu können. Bei einer Anzahl von 4 Airlines muß demnach jede

Airline mit den drei anderen des Verbundes eine Kooperation eingehen, wobei ein Netzwerk mit 6 Kooperationsvereinbarungen entstünde. Beim Aufbau von Kooperationen muß jedoch die Partnerwahl sehr behutsam erfolgen, wie die Beteiligung von SAS mit 16,8 % an der Continental Holding gezeigt hat, deren Tochtergesellschaften Eastern und Continental Airlines vom Konkurs bedroht sind./395/ Auch Netzwerke können nur so gut sein, wie ihr schwächstes Glied.

Die zunehmende Vernetzung der Airlines wird darüberhinaus die transnationale Liberalisierung der Luftverkehrsmärkte erleichtern. Derartige Netzwerke mit global lebensfähigen Betriebsgrößen sind auch die wesentliche Voraussetzung für das Aufkommen von Überschallflugzeugen zu Beginn des nächsten Jahrtausends. Da die Kosten der nächsten Überschallflugzeuggeneration bei etwa 300 - 500 Mio. US-$ pro Flugzeug liegen werden, können zukünftig nur wenige schlagkräftige 'Carrier' oder Airline-Netzwerke den Kauf solcher Flugzeuge finanzieren.

MEGATRENDS	FUSIONEN/KOOPERATIONEN
T1	Zunahme von nationalen und internationalen Beteiligungen
T2	Herausbildung von 'Triaden-Carriern'
T3	Zunehmende Globalisierung der Luftverkehrsgesellschaften

- Reservierungssysteme

Computer-Reservierungs-Systeme (CRS) sind ein Hauptinstrument im internationalen Wettbewerb der Luftverkehrsgesellschaften geworden. So erwirtschaftete American Airlines 1986 aus dem CRS-System Sabre einen höheren Gewinn als mit dem eigentlichen Flugbetrieb./396/ Durch die globale Vernetzung wird die Bedeutung effizienter Managementsysteme zukünftig weiter zunehmen. Die Nutzung gemeinsamer Flugcodes bei der Anwendung von CRS-Systemen beeinflußt nachhaltig zukünftige Marketing-Allianzen zwischen den Airlines, die diese durch die raren 'Slots' an den Verkehrsflughäfen zunehmend aufbauen müssen. So haben sich die amerikanischen CRS-Systeme mit insgesamt mehr als 150.000 Terminals zum wichtigsten Informations- und Kommunikationsinstrument für die US-Reiseindustrie entwickelt./397/ In Europa konkurrieren die beiden Systeme Amadeus (Lufthansa, Air France, SAS, Iberia) sowie Galileo (British Airways, Alitalia, Swissair, KLM), die aus den US-Systemen 'System One' (Texas Air) beziehungsweise 'Covia' (United Airlines) hervorgingen./398/

In den letzten 20 Jahren haben sich die Sitzladefaktoren kontinuierlich von etwa 55 auf 68 % erhöht, jedoch gingen die Erträge der Airlines um durchschnittlich 1,0 - 1,5 % jährlich zurück./399/ Aufgrund des verstärkten weltweiten Wettbewerbs werden die Sitzladefaktoren durch Informationssysteme und sogenanntes 'Yield-/Seat-Management' weiter gesteigert werden müssen, um Preissenkungen bei den Flugpreisen abzufangen.

MEGATRENDS	RESERVIERUNGSSYSTEME
T1	Aufbau von Buchungs- und Reisevertriebssystemen
T2	Informationssysteme erhöhen Sitzladefaktoren
T3	Aufbau intelligenter Reisevertriebssysteme

2.2.5 Passagiere und Frachtkunden

Schlüsselfaktoren:
- Mobilität
- Zeitvorteile
- Budget
- Komfortvorteile
- Freizeitverhalten

Als Folge des verschärften Wettbewerbs entwickeln sich die Märkte immer mehr zu Käufermärkten. Diese sind durch spezifische Kundenpräferenzen geprägt, wobei das Zeitbudget, das verfügbare Einkommen und die Produktqualität wesentliche Beeinflussungsfaktoren darstellen. Bei der Lösung des Kundenproblems erlangen die technischen Lösungen, die dem Territorialverhalten des Menschen am besten entsprechen, eine marktberrschende Stellung. Marchetti beschreibt die Triebkräfte des menschlichen Reisens folgendermaßen:/400/

"Man is a territorial animal, and travel is necessary to explore and exploit territories. Travelling is expensive in terms of time and energy (money) and has to be performed unter the constraints of budgets...According the UMOT model by Zahavi (1979), ...the costs add up to an average of one hour per day and 15 % of disposable income per person in the developed countries. Allocation of time and money over the available transportation modes is made so as to maximize distance."

Somit lassen sich die Kundenbedürfnisse innerhalb des Tranportwesens durch zwei Hauptzielsetzungen charakterisieren, nämlich die schnellstmögliche sowie die billigste Problemlösung zu ermöglichen. Potentielle Kunden bezahlen nicht für die Technologie, sondern für den Nutzen den Sie durch die Technologie erlangen./401/ Die Vorteile, die der Fluggast durch den SST-/HST-Flug erzielt, sind neben der Zeitgewinns durch die Verkürzung der Flugzeit, die Erhöhung der Mobilität, die Zunahme der Zeiteffizienz bei Anschlußflügen sowie der erhöhte Flugkomfort im Hinblick auf Müdigkeit und 'Jet-Lag'.

- Mobilität

Während es in Entwicklungsländern im wesentlichen um die Lösung des Raumüberwindungsproblems geht, steht bei Schwellenländern das Transportproblem im Vordergrund. Industriestaaten zeichnen sich dadurch aus, daß bei ihnen in zunehmendem Maße das Kommunikations- und das Zeitproblem in den Vordergrund rückt:

- Entwicklungsländer: Raumüberwindungsproblem
- Schwellenländer: Transportproblem
- Industrieländer: Kommunikations- und Zeitproblem

Hinsichtlich des Mobilität lassen sich beim Luftverkehr folgende Ausprägungen unterscheiden:/402/

- Luftverkehr mit Mobilitätszwängen
  · Geschäftsreisen
  · Werksverkehr
- Luftverkehr mit Mobilitätswünschen
  · Freizeitverkehr
  · Urlaubsverkehr

Der Luftverkehr mit Mobilitätszwängen ist von der wirtschaftlichen Entwicklung, dem internationalen Handel sowie der zunehmenden globalen Vernetzung der Weltwirtschaft abhängig, während der Freizeit- und Urlaubsverkehr durch folgende Parameter geprägt ist:/403/

· Bildungsniveau (soziale Komponente)
· verbesserte Kommunikationsmittel (technische Komponente)
· attraktive Reiseangebote (wirtschaftliche Komponente)
· populäre Reiseziele (geographische Komponente)
· exclusive Reiseziele (psychologische Komponente)

Die Veränderung des Freizeitverhaltens in den Industriegesellschaften wird die Flüge ohne Mobilitätszwänge zunehmen lassen. Eine vermehrte Internationalisierung wird zu einer höheren Zahl an zwischenmenschlichen Kontakten führen, sowohl auf geschäftlicher als auch privater Ebene. Der Kurzbesuch des japanischen Freundes in Tokio wird für den Europäer des Jahres 2010 ebenso zur Realität geworden sein, wie ein Flug von Stuttgart nach Paris im Jahre 1990. Video-Konferenzen werden ziemlich sicher dazu führen, daß die Airlines bei den Geschäftsreisenden Kunden verlieren werden, doch die Entwicklung der letzten 200 Jahre in Frankreich zeigt, daß sich das Transportwesen und die Kommunikation stets komplementär entwickelt haben (siehe Abbildung 2.38)./404/ Es ist deshalb sehr wahrscheinlich ist, daß die Telekommunikation keine Diskontinuitäten im Gesamt-Wachstumstrend des Luftverkehrs hervorrufen wird. Die eigentliche Wirkung der Telekommunikation wird sein, daß die Welt näher zusammenrückt und Zeitvorteile geschaffen werden, was sich in einer höheren Verkehrsnachfrage und nicht in deren Substitution akkumulieren wird. Es finden jedoch Veränderungen innerhalb der Verkehrsstruktur statt, so daß eine potentielle Abnahme an Reisen mit Mobilitätszwängen durch vermehrte Reisen ohne Mobilitätszwänge überkompensiert werden kann. Hierbei ist insbesonders zu beachten, daß durch die Zeiteinsparungen, die die Telekommunikation eröffnet, mehr Freiräume für den Einzelnen möglich werden, die er für Flüge ohne Mobilitätszwänge nutzen kann.

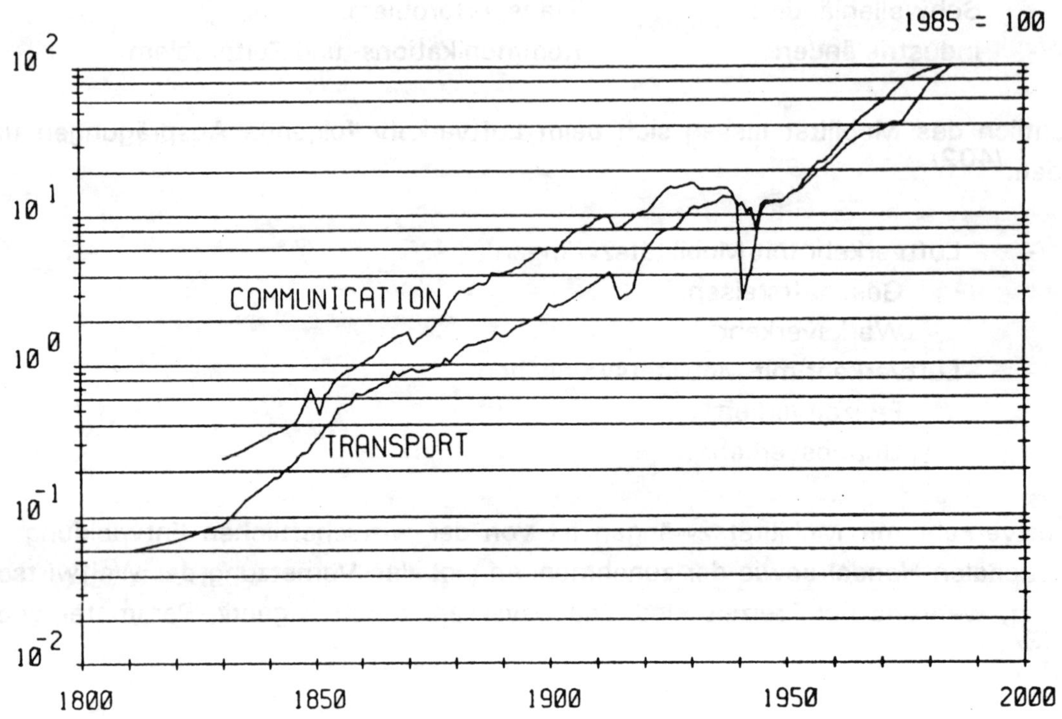

Quelle: IIASA

Abb. 2.38: Wachstum von Passagiertransport (Passagier-km) und Kommunikation (Anzahl der Übermittlungen) in Frankreich von 1800 bis 1985

MEGATRENDS	MOBILITÄT
T1	Mobilitätswünsche nehmen zu
T2	Mobilitätswünsche steigen stark an
T3	Mobilität dominierender Kundenwunsch

- Zeitvorteile

Die Vergangenheit hat gezeigt, daß schnellere Verkehrsmittel, die bestehende Zeitbudgets einhalten und einen Rückgang der Kosten pro Passagier-km ermöglichen, die Nachfrage nach diesen anwachsen lassen: /405/

"Demand builds up, too, for still faster modes of transport. When any place on the whole earth becomes reachable within an hour, the process will be complete."

Betrug die Reisezeit zwischen Philadelphia und Pittsburgh (Entfernung 300 Meilen) im Jahr 1800 zu Pferde noch 12 Tage, so reduzierte sich diese bis heute durch den Einsatz von Jetflugzeugen auf etwa 50 Minuten. /406/ Die bisherige Entwicklung des Transportwesens läßt den Schluß zu, daß sich die Reisegeschwindigkeiten auch zukünftig weiter erhöhen werden, insbesonders da die Gesellschaft beginnt, den Faktor 'Zeit' in den Mittelpunkt ihrer Selbstorganisation zu stellen./407/ Die heute immens langen Flugzeiten bei Langstreckenflügen hemmen die Entwicklung zu einer transnationalen Mobilität. Die kommunikative Vernetzung der Welt, die Globalisierung der Märkte und der Aufbau transnationaler Wertegemeinschaften wird das Bedürfnis nach noch schnelleren Verkehrsmitteln forcieren, wobei Raum und Zeit immer mehr ihre gewohnte Bedeutung als begrenzende Faktoren verlieren:/408/

"Higher transport speeds, say in the range of Mach 5-6 and ultimately around Mach 25, would be required in order to integrate the whole globe into a functional entity like a present day urban agglomeration."

Die Verkürzung der Arbeitszeiten forciert den Trend in die Freizeit-Arbeitsgesellschaft, wobei die Erwerbsarbeit immer mehr Mittel zum Zweck wird./409/ Die Verlagerung von Arbeitsleistungen in die Freizeit und Freizeiterlebnissen in die Arbeit bedeutet einen Gewinn von mehr Zeitsouveränität, die wichtiger wird als ein höheres Einkommen./410/

MEGATRENDS	ZEITVORTEILE
T1	Wunsch nach Zeiteinsparungen nimmt zu
T2	Zeitmanagement gewinnt an Bedeutung
T3	Realisierung von Zeitvorteilen als Erfolgsfaktor

■ Budget

Die Preiselasitizität der Nachfrage des Touristikverkehrs ist wesentlich größer als die des Geschäftsreiseverkehrs, der vor allem ein Vielzahl von Flugverbindungen Wert legt./411/So reagiert der Ferienreisende wesentlich sensibler auf Tarifänderungen als der Geschäftsreisende. Frachtkunden legen in erster Linie hohen Wert auf die pünktliche Lieferung der Ware und den sicheren Transport des Gutes, wobei hier durch den zunehmenden Verfall der Frachttarife zukünftig ein Zielkonflikt entstehen kann.

Zukünftig wird das Preisbewußtsein der Konsumenten weiter ansteigen./412/ Dies bedeutet jedoch nicht, daß das billigste Produkt gekauft wird, sondern daß das Preis-Qualitäts-Verhältnis ein hohes Niveau besitzen muß. Die Qualität kann hierbei verschiedene Ausprägungen haben wie zum Beispiel hohe ökologische Verträglichkeit, hohen technischen Standard oder ein hohes Maß an Sicherheit.

Die Budgets werden zukünftig immer mehr für Informationen und Dienstleistungen (z.B. für Bildung, Freizeit und Tourismus) verwendet werden. Insbesondere bei der 'Babyboomer'-Generation wird zukünftig immer mehr Geld für die persönliche Selbstverwirklichung ausgegeben werden.

MEGATRENDS	BUDGET
T1	Freizeitorientierte Budgetplanung
T2	Ökologieorientierte Budgetplanung
T3	Weitere Zunahme der ökologieorientierten Budgetplanung

- Kunden-Service

Entscheidend für den Erfolg von Luftverkehrsgesellschaften ist, herauszufinden was der Kunde zu welchen Preisen haben will und ihm diese Dienstleistung dann anzubieten. Im Rahmen einer Kundenbefragung bei Geschäftsreisenden wurde von Euromoney folgende Rangfolge der Auswahlkriterien für eine Airline ermittelt:/413/

1. Pünktlichkeit
2. Sicherheit
3. Komfort
4. Beinfreiheit
5. Flugpläne
6. Vielfliegerprogramme
7. Ruhe
8. Streckennetz
9. Qualität des Essens
10. Flugpreis

Fluggesellschaften, die dem Kunden zukünftig Komplettlösungen seiner Reiseprobleme anbieten, haben klare Wettbewerbsvorteile. Der Kunde wünscht hierbei immer mehr integrierte Problemlösungen, wobei vom 'Hotel-Check-In', über die Bahnfahrt bis hin zum Mietwagen alles inbegriffen sein muß. Des weiteren müssen heute vor allem die Kommunikationsmöglichkeiten an Bord der Flugzeuge ('Laptops', Telefon, Fernseher in Rücksitz), der 'Check-In' sowie die Reisevertriebssysteme verbessert werden. United Airlines bietet seinen Kunden folgende Zusatzdienstleistungen an:/414/

- 'First-Class-Lounges'
- 'Red Carpet Clubs' ('Lounge'-Benutzung, Büro-Service)
- 'Express-Check-In'
- 'Hotel Check-In'
- 'Stopover'-Programme in Vorbereitung
- 'Priority-Baggage'
- 'Concierge-Service' (spezielle VIP-Betreuung)
- 'Rail & Fly'-Angebote
- Vielfliegerprogramm ('Mileage Plus')

Dies zeigt, daß Airlines, die die Kundenorientierung als eigenständiges Marketinginstrument verstehen, die besten Chancen haben werden, bei den Kunden ein Markenbewußtsein für ihre Dienstleistungen zu entwickeln./415/

MEGATRENDS	KUNDEN-SERVICE
T1	Vermehrte Anforderungen an den Komfort ('Hotel-Check-In')
T2	Zunahme integrierter Beförderungsangebote (Mietwagen-Bahn-Flugzeug)
T3	Zeitoptimierte Reiseplanungen und -angebote

- Freizeitverhalten

Durch die Verkürzung der Arbeitszeit erhält der Mensch mehr Freizeit. So stehen nach Einführung der 38-Stunden Woche in der Bundesrepublik Deutschland, 200 Arbeitstagen 165 Freie Tage gegenüber. Dieser Anstieg der persönlichen Zeitsouveränität erlaubt auch ein höheres Maß an Selbstverwirklichung, das durch den Wertewandel aktiv unterstützt wird. Hierbei treten bei jungen Menschen immer mehr Werte wie Daseinsgenuß, der Wunsch nach verstärkten sozialen Kontakten und gesunde Lebensführung (Freizeitsport) in einer intakten Umwelt in den Vordergrund./416/ Der Trend zum sinnvollen Nutzen des Freizeit forciert auch die Abkehr vom Massentourismus, hin zu Individual- und Bildungsreisen.

MEGATRENDS	FREIZEITVERHALTEN
T1	Zunahme des internationalen Tourismus
T2	Abkehr vom Massentourismus (Zunahme von Individualreisen)
T3	Starke Zunahme von Individualreisen (auch Bildungsreisen)

2.3 Störgrößen

2.3.1 Störgrößen Systemumgebung

Bisher war die Weltwirtschaft stets von langfristigen Auf - und Abschwüngen geprägt, die oft als Kondratieff-Zyklen bezeichnet werden. Bevor neue Technologien expandieren konnten, ging stets eine Phase der Erneuerung und der kreativen Zerstörung voraus./417/ Diese Phase steht uns mit einer hohen Wahrscheinlichkeit in den 90er Jahren bevor, wozu Grübler ausführt:/418/

"We are apparently in a period of structural discontinuity, in which the forthcoming new socio-technical paradigm is shaped. This could lead us into a new (qualitative rather than quantitative) growth phase..."

Störeinflüsse kommen meist plötzlich und völlig unerwartet, auch wenn Frühwarnindikatoren deutlich auf mögliche Gefahrenpotentiale hinweisen. Die Fälle abrupter Instabilitäten nehmen im selben Umfang zu wie die Komplexität, weshalb der Beobachtung von Störeinflüssen, die Trends verlangsamen, zu Nichte machen oder beschleunigen, eine fundamentale Bedeutung zukommt./419/ Instabilitäten und Krisen sind in der Retrospektive oftmals notwendig und wünschenswert, da es ohne diese keine Reifung geben kann, weder im Leben eines Individuums noch im Leben einer Kultur./420/ Krisen lassen sich nur dann abschwächen oder vermeiden, wenn die Störgrößen analysiert und die Interdependenzwirkungen berücksichtigt werden, wozu Vester ausführt:/421/

"Sich evolutionär, also zukunftsorientiert verhalten, heißt demnach, negative Rückkopplungen beachten und nicht ausschalten. Es heißt, Störungen aus dem umgebenden System nicht immer nur blind zu bekämpfen, sondern, wo möglich umfunktionieren und einbauen. So entwickeln wir uns organisch, passen uns der veränderten Umwelt an und stabilisieren uns durch Flexibilität."

Der genaue Zeitpunkt des Eintretens von Störgrößen oder Krisen kann nicht vorhergesagt werden, jedoch können Auswirkungen von krisenhaften Ereignissen analysiert werden. Hierzu zählen beispielsweise die Einführung gefährlicher Technologien, die allmähliche weltweite Umweltzerstörung oder gefährliche politische Entwicklungen in einzelnen Staaten. Auch vergessen wir oft, daß die Natur selbstreinigende Prozesse hat, die in Form von Krankheiten, Seuchen, Hungerskatastrophen, Erdbeben oder Vulkanausbrüchen Millionen von Menschenleben vernichten kann:/422/

"History records numerous ... natural disasters that have periodically destroyed various forms of life and changed the face of earth ... long before man and his new technology interfered with the balance of nature."

- Störgrößen Management

- Moralverlust

Die Profitgier als negative Ausprägung des Profitstrebens und der Machtmißbrauch ohne Rücksichtnahme auf die Wechselwirkungen und Folgen einer solchen Zielvorgabe gehören zu den Grundübeln unserer Zeit. Die Geldwäscherei von Drogengeldern, der Schutz von Konten krimineller Waffenhändler oder die Betreuung von Devisenkonten totalitärer Staaten durch Schweizer Großbanken/423/ sind ebenso wie die Waffenlieferungen der modernen Industriestaaten in den Irak, die Lieferung von Pestiziden in die Dritte Welt durch Chemieunternehmen oder lebensverachtende Tierversuche von Pharmaunternehmen besonders negative Beispiele der Diskrepanz zwischen der Realität und der notwendigen Ethik. Hier kann es keine Rechtfertigung geben, sondern nur ein in Frage stellen dieses Handelns.

- Unehrlichkeit

Der von Alfred Herrhausen geforderte Schuldenverzicht gegenüber der Dritten Welt stellt das globale Verantwortungsbewußtsein der Banken in den Mittelpunkt der Diskussion. Ebenso müssen auch Rüstungsfirmen durch Verzicht auf Rüstungsaufträge globales und nationales Verantwortungsbewußtsein an den Tag legen.

Im selben Maße wie die Informationsgesellschaft an Bedeutung gewinnt, verstärkt sich auch die Gefahr des Mißbrauches von Informationen. Wir haben in den zurückliegenden Jahren erlebt, daß die Macht der Medien ständig zugenommen hat, nur stellt sich hierbei die Frage ob ein mehr an Information auch tatsächlich ein mehr an Wirklichkeitsnähe bietet./424/ Eine der bedeutendsten Veränderungen während der 90er Jahre wird die Gestaltung der Info-Ökonomie sein, die jedoch nur in Einklang mit neuen Wertvorstellungen im Umgang mit Informationen erfolgreich verlaufen kann.

- Störgrößen Demographie/Soziologie

- Krankheiten/Hungerskatastrophen

Durch die Zerstörung der Umwelt, hat der Mensch in knapp 100 Jahren Industrialisierung mehr zerstört, als in der gesamten Menschheitsgeschichte. Dieser traurige Rekord hat aber auch dazu geführt, daß das menschliche Immunsystem immer weiter geschwächt wurde. So sind Krankheiten wie Krebs oder AIDS vor allem deshalb im Vormarsch, weil der Mensch sich zusehends seiner natürlichen Lebensgrundlagen beraubt. Pestizide im Grundwasser, Smog in Großstädten oder verseuchte Rinderherden ('Mad Cow') sind Ausdruck eines nicht mehr haltbaren Zustandes, der einer vollständigen Revision der Einstellung zur Umwelt und der Ernährung bedarf.

Es ist zu befürchten, daß in den kommenden Jahren in der Dritten Welt angesichts der stark steigenden Bevölkerungszahlen viele Millionen Menschen verhungern oder an Krankheiten sterben werden, da nicht genügend oder keine Medikamente zur Verfügung stehen, um die Erreger zu bekämpfen. Es sollte zu denken geben, daß die Pest in Europa von 1347-51 etwa 75 Millionen Menschenleben gekostet hat./425/

- Rassenkonflikte

Die Zunahme des Nord-Süd-Gefälles forciert die Spannungen zwischen den Völkern der Welt. Die mächtigen Industrienationen werden immer reicher, während die Wirtschaft der meisten Entwicklungsländer völlig darniederliegt. Ohne globale soziale Umverteilung müssen hier gefährliche Spannungen entstehen. Zu warnen ist in diesem Zusammenhang vor allem vor einem Wiederaufleben eines übersteigerten Nationalbewußtseins verbunden mit einem ausgeprägten Rassismus, wie er vor allem in Deutschland und Japan in den 30er Jahren zum Vorschein kam. Es hat sich gezeigt, daß vor allem soziale Instabilität den Nährboden für faschistische und rassistische Tendenzen liefert.

Eine weitere Störgröße ist auch die Zunahme religiös bedingter Konflikte. Zwar ist die Religion nicht unbedingt der eigentliche Auslöser von Konflikten, jedoch wird diese als Rechtfertigung von Gewalt mißbraucht. Der von Saddam Hussein ausgerufene 'Heilige Krieg' gegen die USA während des Golfkonfliktes ist ein typisches Beispiel, wie die Kluft zwischen dem christlichen und dem islamischen Glauben als Mittel im Machtkampf um das Erdöl mißbraucht wird.

- Störgrößen Ökologie

- Naturkatastrophen

In der Geschichte der Menschheit haben immer wieder schwere Naturkatastrophen die Erde heimgesucht. So hat in China im Jahre 1556 ein Erdbeben etwa 0,8 Millionen und in den Jahren 1877-78 eine Hungersnot 9,5 Millionen Menschenleben gekostet.[/426/] Würden heute sehr starke Erdbeben Großstädte wie Tokio oder Los Angeles zerstören, hätte dies nachhaltige Erschütterungen in der Weltwirtschaft zur Folge, da dies Sanierungskosten in Milliardenhöhe an US-$ verursachen würde. Überschwemmungskatastrophen in Indien und Pakistan bergen die Gefahr, daß Hunderte von Millionen Menschen obdachlos werden und eine gewaltige Hungersnot ausbrechen würde. Ein Massensterben könnte dann zu einer starken Ausbreitung von seuchenartigen Krankheiten führen.

- Atmosphärenaufheizung

Die Aufheizung der Atmosphäre führt neben den oben erwähnten Hungers- und Naturkatastrophen zu einer Veränderung des Klimas, die fundamentale Auswirkungen auf sämtliche Bereiche des Lebens haben kann. So hat die Windgeschwindigkeit über den Ozeanen in den letzten Jahren um etwa 8 % zugenommen. Dies führt dazu, daß das Islandtief immer kräftiger wird und in Europa große Sturmschäden in den Wäldern entstehen.[/427/] Eine Begleiterscheinung der Atmosphärenaufheizung ist die Zunahme der Trockenheit verbunden mit extremem Wassermangel. Dies ist umso bedenklicher, da das Grundwasser in den westlichen Industriestaaten und in vielen Entwicklungsländern durch Pestizide und Chemikalien stark verseucht ist.

■ Störgrößen Technologie

- Nuklearkatastrophen

Nuklearkatastrophen wie Harrisburg und Tschernobyl sind noch nicht vergessen, trotzdem haben führende Industrienationen, allen voran Frankreich, den Bau von Atomkraftwerken nachhaltig vorangetrieben. Sollte sich ein Störfall wie Tschernobyl in Europa ereignen, hätte dies nachhaltige Folgen auf die europäischen Volkswirtschaften, da die Bevölkerung dann ein Abschalten sämtlicher Atomkraftwerke und ein Umdenken in der Energiepolitik fordern würde. Die Wahrscheinlichkeitsrechnung kann hierbei keine ausreichende Rechtfertigung für das Betreiben potentieller Gefahrenherde sein, wie bisherige Störfälle belegen.

- Tankerunglücke/Chemieunglücke

Die Zunahme der Tanker- und Chemieunglücke während der 80er Jahre hat zu besorgniserregenden Umweltverschmutzungen geführt. Hier drängt sich die Frage nach der Substitution des Erdöls durch andere Energieträger auf. So sind allein bei den großen Tanker-Katastrophen im Jahr 1989 der Exxon Valdez vor Alaska, der Kharg-5 vor Marokko und der Aragon vor Madeira etwa eine Million Barrel Erdöl ausgelaufen.[/428/] Sollten durch kriegerische Auseinandersetzungen, Erdbeben oder Bodenabsenkungen in den nächsten Jahren Erdölpipelines brechen, könnte dies ebenso zu sehr großen Umweltkatastrophen führen.

Die weniger offensichtliche Verschmutzung der Böden und Gewässer durch Pflanzenschutzmittel ist längst kein lokales Problem mehr. Obwohl in den USA und Kanada DDT im Jahre 1972 verboten wurde, hat sich der Verschmutzungsgrad auf einem gefährlich hohen Niveau stabilisiert. Dies ist darauf zurückzuführen, daß die Verbote von DDT nicht weltweit gelten und jetzt die Verschmutzung von den Entwicklungsländern induziert wird. Hierin liegt eine große Bedrohung für die die Existenz der weltweiten Süßwasserreservoirs.[/429/]

■ Störgrößen Wirtschaft

- Rezession/Aktien-'Crash'

Eine schwere Rezession in den führenden Industriestaaten hätte angesichts der heutigen Verschuldungsproblematik gewaltige Auswirkungen auf die internationalen Kapitalströme. War die Krise der 30er Jahre eine Krise des Welthandels der auf Gütern basierte, so wäre eine Krise in den 90er Jahren eine Krise des Kapitalbewegungen, da Schuldner ihren Zahlungen nicht mehr nachkommen können und somit durch die internationale Vernetzung der Industriestaaten eine monetäre Spirale in Gang gesetzt würde, die eine Vielzahl von Unternehmen in den Konkurs führen würde. Die Folge ist eine starke Kontraktion der Kreditvergabe, die den Weg in eine Rezession ebenfalls beschleunigen kann.

Nur durch sinkende Zinsen und eine Erhöhung der Geldmenge kann in den nächsten Jahren eine Liquiditätskrise vermieden und eine kontinuierliche Bewältigung der anstehenden Aufgaben erreicht werden.

- Deflation/Immobilien-'Crash'

Das eigentliche Problem einer Deflation besteht darin, daß die Schulden nominell unverändert bleiben, die Rückzahlung der Schulden aber mit jedem Tag schwieriger wird. Die Gefahr eines starken Preisverfalls bei Sachwerten und bei Immobilien entsteht bei unverhältnismäßiger Ausweitung der Geldmenge und im Falle einer Rezession durch die nachfolgende Kontraktion der Wirtschaft. Wenn ein Land wie Japan, daß 0.3 % der Erdlandmasse einnimmt, einen Weltbodenpreis von 60 % verkörpert, so besteht das nachhaltige Risiko der Deflationierung der Immobilienwerte./430/ Ein Preisverfall von Immobilien kann jedoch nachhaltig die Sicherheit von Krediten gefährden und das Bankensystem in eine ernsthafte Krise führen, was letztlich zu Bankenzusammenbrüchen und einer folgenschweren Liquiditätsverknappung führen kann. So ist die heutige Krisen-Situation bei den US-Banken vor allem in fragwürdigen Immobilienkrediten zu suchen, die nun massive Wertberichtigungen auslösen und somit die Gewinne und die Eigenkapitalbasis der Banken erheblich schmälern./431/

▪ Störgrößen Politik

In den kommenden Jahren sind folgende politische Konfliktpotentiale in der Welt vorhanden:/432/

- Bürgerkrieg in der Sowjetunion
- Grenzkonflikt zwischen Indien und Pakistan (Kaschmir)
- Krieg zwischen arabischen Staaten und USA
- Palästina-Konflikt (Arabische Staaten gegen Israel)
- Bürgerkrieg in Jugoslawien
- Südafrika (Bürgerkrieg)
- Krieg zwischen Nord- und Südkorea
- Krieg zwischen China und Sowjetunion
- Militärputsch in südamerikanischen Staaten

- Politische Krisenherde/Kriege

Als 1989 der 'Eiserne Vorhang' fiel, sah es so aus, als ob die Menschheit einem friedlichen Jahrzehnt entgegensteuern würde. Der Einmarsch des Irak in Kuwait hat diese Hoffnungen jäh zerstört. Die politische Stabilität der Welt scheint heute mehr denn je labil zu sein. Der Hauptgrund für die Zunahme der Kriegsgefahr in den 90er Jahren ist in ist in den politischen Veränderungen im ehemaligen Ostblock zu sehen, da bestimmte Regime ein entstehendes Machtvakuum für den Aufbau ihrer Machtansprüche ausnützen werden.

Ein zweiter wesentlicher Gesichtspunkt zeigt sich darin, daß Religionen wie der Islam, immer wieder zur Begründung politischer Konflikte mißbraucht werden. Gestützt vom Traum einer arabischen Großnation hat der Irak zum 'Heiligen Krieg' gegen die 'Ungläubigen' ausgerufen. Aber auch das Palästina-Problem und der Libanon-Konflikt gefährden ständig die politische Stabilität im Nahen Osten. Die angesrochenen Probleme werden solange bestehen bleiben, bis eine internationale Friedenskonferenz eine Phase der Abrüstung im Nahen Osten einleitet.

- Revolutionen

Die heute sich vollziehenden Veränderungen in Osteuropa sind von gewaltiger Tragweite, da sie den europäischen Kontinent völlig umgestalten. Seit dem römischen Reich und dem Reich Karls des Großen hat es in Europa stets Aufsplitterung, Machtkämpfe oder Machtblöcke gegeben. Die Perestroika von Michael Gorbatschow, die Umgestaltung der Sowjetunion ermöglicht zum ersten Mal seit über 1000 Jahren wieder ein gemeinsames europäisches Haus, mit gewaltigen Wachstumspotentialen für die Zukunft.

Da die Perestroika jedoch eine Revolution von oben darstellt, besteht auch die große Gefahr des Scheiterns, was für Rußland einen Rückfall in ein diktatorisches Regime, einen Militärputsch oder einen Bürgerkrieg bedeuten könnte.[/433/] Die Implosion der Sowjetunion, angeheizt durch die gewaltigen Wirtschaftsprobleme, bringt beträchtlichen sozialen Zündstoff, der zum Sturz der Regierung, Rassenproblemen zwischen den asiatischen und europäischen Sowjetländern sowie gewaltigen Völkerwanderungen führen kann:[/434/]

"Nicht ist gefährlicher als eine Zeit, während der ein großes Reich zerfällt, eine Zeit, in der selbst hochintelligente und besonnene Menschen dazu neigen, in Panik auszubrechen, va banque zu spielen und sich zu verkalkulieren."

Die Auflösung des russischen Imperiums kann auch zu einer nachhaltigen Störung der politischen Stabilität in Asien führen. Ein Übergreifen der russischen Zerfallserscheinungen auf Asien, erhöht die Wahrscheinlichkeit einer chinesischen Revolution, jedoch auch das Risiko eines Konfliktes zwischen Rußland und China. Doch es bestehen auch gewaltige Chancen in dieser Entwicklung. So würde eine marktwirtschaftliche Umgestaltung in China während der 90er Jahre, den Japanern einen gewaltigen Binnenmarkt eröffnen, der ebenso wie Osteuropa gewaltige Wachstumspotentiale verspricht. Auch hätte die Aufgabe der letzten Bastion des Kommunismus Signalwirkung auf andere Länder, totalitäre Systeme zu überwinden und demokratische Staatsformen einzurichten.

- Störgrößen Verkehrswesen

- Energiekrisen

Die bisherigen Ölkrisen sind primär auf die politischen Machtkonstellationen im Nahen Osten zurückzuführen. Solange der Palästina-Konflikt nicht beigelegt wird, kann es keine Gewähr gegen starke Preisschwankungen des Erdöls geben. Da die arabischen und islamischen Staaten keine demokratische Legitimation besitzen, wird es immer Bestrebungen geben, Macht zu konzentrieren und damit den Ölpreis zu beeinflussen. Dies wird durch die immensen sozialen Gegensätze in den meisten arabischen Staaten noch verstärkt./435/ Hinzu kommt, daß innenpolitische Probleme durch außenpolitische Feindbilder (Anti-Amerikanismus) verborgen werden.

Die moderenen Industrienationen werden ihre Bestrebungen, vom Erdöl unabhängig zu werden, weiter forcieren. Da alle großen Industrienationen mehr oder weniger vom Erdöl abhängen, forciert eine krisenhafte Zuspitzung im Nahen Osten die Entwicklung alternativer Energieformen und einen verstärkten Einsatz von Erdgas. Insbesondere die Öffnung und Demokratisierung der Sowjetunion mit ihren gewaltigen Erdgasvorräten ermöglicht einen weitreichenden Rückgang der Abhängigkeit vom arabischen Erdöl. Die Auswirkungen von Ölpreisschwankungen auf den Kerosinpreis waren in der Vergangenheit recht unterschiedlich, wie Tabelle 2.37 zeigt:/436/

Tab. 2.37: Auswirkungen von Ölpreisschwankungen auf den Kerosinpreis

	Preisveränderung in %	
Zeitraum	Öl	Kersosin
Mai - Aug 67	+88	+46
Jan - Nov 70	+64	+32
Jan 73 - Jan 74	+210	+274
Jan - Dez 79	+90	+103
Jan - Jul 86	- 49	- 55
Jun - Aug 90	+81	+75

- Rohstoffkartelle

Das bedeutendste Rohstoffkartell stellt die OPEC dar, dessen Mitglieder drei Viertel der weltweiten Rohölreserven auf sich vereinigen. Die Zerstrittenheit der Mitgliedsländer sowie Ölangebote aus Alaska und der Nordsee haben jedoch in den 80er Jahren zu einem stetigen Preisverfall der Erdöls geführt. Dies zeigt sich im Rückgang des globalen Förderanteils der OPEC, der von 55 % im Jahr 1973 auf 37 % im Jahr 1989 zurückgegangen ist./437/ Im Jahr 1990 haben Produktionsüberkapazitäten der OPEC (vor allem durch Saudi Arabien, Kuwait und den Vereinigten Arabischen Emiraten) mit dazu beigetragen, daß der finanziell darnieder liegende Irak seine schon früher gehegten Territorialansprüche gegenüber Kuwait geltend machte./438/ Ein Krieg im Nahen Osten würde mit hoher Wahrscheinlichkeit das Ende der OPEC bedeuten oder deren Einfluß stark reduzieren.

2.3.2 Störgrößen Verkehrsflugzeugbranche

- Störgrößen Verkehrsflugzeugmarkt

- Luftraum- und Flughafenkapazität

Die wesentlichen Beeinflussungsfaktoren sind hierbei in der Kapazität der Flughäfen und des Luftraumes zu sehen, die die steigende Zahl von Verkehrsflugzeugen nicht mehr bewältigen können. Viele Flughäfen in Europa haben bereits heute oder werden bis zum Jahr 1995 ihr Frequenzlimit erreicht haben,[/439/] wobei 40 % der Abfertigungsgebäude und 30 % der Rollbahnen an der Kapazitätsgrenze angelangt sein werden.[/440/] Bestehende ATC-Systeme in Europa sind nicht ausreichend, um zukünftigen Wachstumsschüben zu genügen. Es besteht die große Gefahr, daß die Verpätungsfaktoren bei Annäherung an den Sättigungsgrad der Systeme nicht mehr linear, sondern exponentiell zunehmen.[/441/] Die Staus in den Luftstraßen kosten die AEA-Mitglieder jährlich etwa 4,2 Mrd. Dollar.[/442/]

Die monopolistischen und oligopolistischen Marktstrukturen bei den nationalen Fluggesellschaften begrenzen ebenfalls die Kapazitäten an den Flughäfen. So wird die 'Slot'-Problematik an den Flughäfen dadurch verstärkt, daß die grossen nationalen Airlines, um unliebsame inländische und ausländische Konkurrenz abzuschotten, mehr 'Slots' reservieren lassen, als sie benötigen.

Die kostenintensiven Infrastrukturen an Verkehrsflughäfen setzen den Flugzeugkonstrukteuren klare Design-Parameter. So sollte die Flugzeuggeometrie eine Spannweite von 70 m und eine Flugzeuglänge von etwa 70 m nicht überschreiten, um mit den Flughafeninfrastrukturen kompatibel zu sein.[/443/] Dies ist umso mehr bedeutend, da der Neubau von Flughäfen oder deren Erweiterung kurz- bis mittelfristig aufgrund der komplexen Genehmigungsverfahren in einzelnen Ländern eine nahezu unlösbare Aufgabe darstellt.

- Gewerkschaften

→ Produzenten

Die jüngsten Streiks bei Boeing (1989) und bei Airbus Industrie (1990) haben die Anfälligkeit der Flugzeugproduzenten bei Tarifauseinandersetzungen gezeigt. Die entstandenen Fehlzeiten führten zu Kurzarbeit und Lieferverzögerungen, was für die Hersteller Verluste in Millionenhöhe verursachte.

Zu beachten ist weiterhin, daß auch Streiks in den Zulieferindustrien wie beispielsweise den Triebwerkherstellern oder bei den Aluminiumproduzenten den Produktionsausstoß nachhaltig gefährden können.

→ Fluggesellschaften

In der Phase der Deregulierung in den USA wurde durch das Aufkommen von Airlines ohne Gewerkschaften, wie People Express, die Position bestehender Gewerkschaften geschwächt. Hierbei wurde das Lohnniveau gedrückt, was zu Streiks bei einzelnen Fluggesellschaften führte. Teilweise wurden auch Drohungen ausgesprochen, ganze Belegschaften zu entlassen und zu einem tieferen Lohnniveau wieder einzustellen ('Hire and Fire'-Strategie).

▪ Störgrößen Produkte

- Triebwerkslärm/Überschallknall

Durch das stetige Wachstum des Luftverkehrs in den letzten Jahren hat die Lärmempfindsamkeit der Bevölkerung trotz heute leiserer Triebwerke deutlich zugenommen. So hat sich beispielsweise die Zahl der Flugbewegungen am Verkehrsflughafen Frankfurt/Main von 85.250 im Jahr 1960[/444/] auf 262.288 Starts und Landungen im Jahr 1987[/445/] erhöht. Der Fluglärm kann sowohl am Ort seiner Entstehung, als auch an seinem Wirkungsort gemindert werden. Die Reduzierung des aerodynamischen Lärms durch Widerstandsverringerung sowie der Einsatz neuer innovativer Triebwerke vermindern den Fluglärm am Entstehungsort. Bei der Lärmminderung am Wirkungsort sind zwei Problemansätze denkbar. Zum einen kann der Lärm durch flugbetriebliche Maßnahmen vom Menschen ferngehalten werden, beispielsweise durch lärmminderende Anflug- ('Two Segment Approach') und Abflugverfahren ('Steilstart'), zum anderen durch raumplanerische Eingriffe, die den Menschen vom Lärm fernhalten (Lärmschutzbereiche).

Der Überschallflug verursacht erhöhten Triebwerkslärm und den Überschallknall. Der sogenannte 'Sonic Boom' hat den amerikanischen 'Congress' 1971 veranlaßt, ein Gesetz zu verabschieden, daß kontinentale Überschallflüge über den USA verbietet.[/446/] Ohne Gesetzesänderung sind potentielle SST-Flugzeuge somit zu reinen 'over-water'-Flugzeugen degeneriert. Da zukünftige SST-Flugzeuge dem Problem der Lärmbelästigung in erhöhtem Umfang Rechnung tragen müssen, wäre es sinnvoll den Überschallverkehr von Meeresflughäfen beispielsweise wie dem Kansai-Airport vor Osaka abzuwickeln.

- Abgasemissionen

In der Bundesrepublik verursacht der Luftverkehr nur etwa 0,2 - 0,6 % aller Schadstoffemissionen, was im Vergleich zum Automobilverkehr vernachlässigbar gering ist.[/447/] Hier ist jedoch zu bedenken, daß die Emissionen von Verkehrsflugzeugen in großen Höhen anfallen und die chemischen Prozesse in diesen Höhen so komplex sind, daß auch geringe Schadstoffkonzentrationen starke Auswirkungen haben können. Die verschmutzenden Emissionen heutiger Flugzeuge bestehen aus Rauch, unverbrannten Kohlenwasserstoffen (HC), Kohlenmonoxiden (CO), Stickoxiden (NO_x) und Kohlendioxiden.[/448/] Eine generelle Verringerung der Luftverschmutzung kann nur durch den verstärkten Einsatz alternativer Treibstoffe erreicht werden.

→ Ozonschicht

Die Stickoxidemissionen heutiger Unterschallflüge erhöhen vor allem in einer Flughöhe von 10 bis 11 km die Konzentration des Atemgiftes Ozon.[449] Mit Kerosin betriebene Überschallflugzeuge (Flughöhe bis 20 km) würden in der mittleren und oberen Stratossphäre (25 bis 40 km Höhe) zu einer leichten Verringerung (etwa 2 %) der schützenden Ozonschicht beitragen, wobei die maximale Abnahme in einer Höhe von etwa 30 km stattfinden dürfte.[450]

Da sich für Fluggeschwindigkeiten über Mach 3,5 aufgrund der komplexen Thermodynamik (hohe Brennkammertemperaturen) besonders Methan- und Wasserstoffantriebe eignen, soll hier kurz auf mögliche Auswirkungen dieser Kraftstoffe auf die Ozonschicht eingegangen werden. Bei mit Wasserstoff betriebenen Hyperschallflugzeugen würde Stickoxid gerade dort, wo die Ozonschicht am meisten gefährdet ist (unterhalb von 40 km Höhe), den größten Beitrag zu deren Abbau liefern.[451] Da die emittierten Stickoxidmengen bei Methan- und Wasserstoffantrieben wesentlich geringer sind als bei Kerosinantrieben, kommt es darauf an, weitergehende Untersuchungen hinsichtlich den ökologisch am besten verträglichsten Dienstgipfelhöhen von Hyperschallflugzeugen durchzuführen. Auch gilt es zu beachten, daß kryogener Wasserstoff oder Erdgas prinzipiell dazu verwendet werden könnten, durch verflüssigte Luft den Sauerstoff für die Verbrennung abzutrennen, und somit eine Eliminierung der gefährlichen Stickoxid-Emissionen zu ermöglichen.[452]

→ Treibhauspotential

Der Treibhauseffekt wird vor allem durch CO_2-Emissionen und die Stickoxid-Emissionen forciert. Stickoxid-Emissionen haben ein relatives Treibhauspotential, daß etwa um den Faktor 150 höher liegt als bei Kohlendioxid.[453] Gefährlich hierbei ist daß Stickoxid-Emissionen auch die Ozon-Konzentration im Höhenband von 10 bis 11 km erhöhen, wobei das Treibhauspotential von Ozon etwa um den Faktor 2000! höher liegt als bei Kohlendioxid.[454] Hier kann die Luftfahrt zur Reduzierung dieser Wirkungen einen Beitrag leisten, indem die Einführung neuer umweltschonender Triebwerke forciert und das Verbot veralteter Triebwerksgenerationen durchgesetzt wird. Wasserstoff-/Methan-Triebwerke verursachen geringere Stickoxid-Emissionen als Kerosin-Antriebe. Außerdem erzeugt Wasserstoff keine CO_2-Emissionen und bei Erdgas wären diese um etwa 30% pro produzierter Energieeinheit geringer als bei herkömmlichen Kerosin.[455] Allerdings können sich, durch den bei Wasserstofftriebwerken entstehenden Wasserdampf, stratossphärische Wolken bilden, die möglicherweise den Treibhauseffekt der Erde verstärken.[456]

■ Störgrößen Angebotsseite

- Entwicklungskosten

Die bedeutendsten kapazitätsbegrenzenden Faktoren für die Einführung neuer Flugzeuge sind die eskalierenden Forschungs- und Entwicklungskosten, die zu einer erheblichen Risikoerhöhung geführt haben. Der Lebenszyklus eines Verkehrsflugzeugprogrammes wird heute von der Auslieferung des ersten Serienflugzeuges bis zur Außerdienststellung des letzten Serienflugzeuges mit etwa 40 Jahren angesetzt. Die Zeit vom Programmstart bis zur Musterzulassung eines zivilen Verkehrsflugzeuges beträgt heute in den USA ca. vier bis sechs Jahre, wobei etwa 4 bis 6 Mrd. $ ausgegeben werden bis sich ein Mittelrückfluß einstellt und der 'Break-Even'-Punkt vielleicht nach etwa 10 bis 15 Jahren realisiert wird.[/457/] Bei sich schleppenden Verkäufen wird dieser Punkt eventuell erst sehr viel später oder überhaupt nicht erreicht. In der Geschichte des Verkehrsflugzeugbaus nach dem 2. Weltkrieg haben nur 5 Flugzeuge den 'Break-Even'-Point erreicht, nämlich die B707, die B727, die B737, die DC8 sowie die B747. Mit den Derivaten der DC9 (MD80-Familie) wird auch die Gewinnschwelle für diesen Flugzeugtyp erreichbar sein. Die heute von den führenden Herstellern angewandte Derivatstrategie dient der Vermeidung von hohen Entwicklungskosten und ist deshalb bei weiter steigenden Stückpreisen die einzige Möglichkeit den Verkauf von neuen Verkehrsflugzeugen für die Produzenten profitabel zu gestalten. Da die Konstruktion etwa 75 % der Kosten eines Produktes festlegt, ist es nötig vor allem kostenorientierte Flugzeugentwürfe zu erstellen ('Design-to-Cost').[/458/]

- Erfahrungskurve/Flugunfälle

→ Erfahrungskurve

Die Erfahrungskurve ist für potentielle neue Wettbewerber im Großflugzeugbau ein wesentlicher kapazitätsbeschränkender Faktor, da für den wirtschaftlichen Erfolg eines Flugzeugmusters hohe Verkaufszahlen nötig sind, um die Stückkosten zu senken. Die Erfahrungskurve besagt, daß bei jeder Verdoppelung der kumulierten Produktionsmenge sich die realen Stückkosten um einen konstanten Betrag, der zwischen 20 und 30 % liegt, verringern.[/459/] Die Komponenten der Erfahrungskurve sind die Lernkurve, die Grössendegression, der technische Fortschritt sowie Rationalisierungsmaßnahmen.[/460/] Die Erfahrungskurve ist deshalb so bedeutend, da sie die theoretischen Kostensenkungspotentiale beschreibt. Ist die Erfahrungskurve des eigenen Unternehmens schlechter als die der Konkurrenz, bedeutet dies den Verlust von Marktanteilen, da Kostennachteile bei der Produktion entstehen, die sich nachteilig auf die Preisgestaltung und somit auf die Gewinnspanne auswirken. In schnell wachsenden Märkten hat der Erfahrungskurveneffekt deshalb eine sehr wichtige Bedeutung für die relativen Marktanteile (Marktanteile gegenüber den stärksten Konkurrenten).

→ Flugunfälle

Flugzeuge sind hochkomplexe technische Geräte, bei denen der Ausfall von Teilfunktionen zum Verlust des gesamten Flugzeuges führen kann. So wurde die Ära des Jet-Zeitalters durch die Absturzserie der Comet-Flugzeuge in den 50er Jahren um etwa 5 Jahre hinausgezögert. Eine Untersuchung der Häufigkeit von Flugzeugabstürzen während den einzelnen Flugphasen von 1980 bis 1989 zeigt, daß etwa 80% der Unfälle während der Start- und der Anflugphase geschehen (siehe Tabelle 2.38):/461/

Tab. 2.38: Unfallhäufigkeit bei einzelnen Flugphasen

Flugphase	Unfallhäufigkeit
Start	17,6 %
Steigflug	11,1 %
Anflug	11,8 %
Landeanflug	16,3 %
Landung	24,8 %

■ Störgrößen Nachfrageseite

- Regelnde Einflußnahme

→ Deregulierung

Deregulierende Eingriffe in den Luftverkehr haben einen dominanten Einfluß auf die Marktstrukturen. So hat die Deregulierung in den USA durch Firmenübernahmen einige große 'Carrier' geschaffen, die heute einen Zubringer-Service mit 'Commuter'-Maschinen ('Code-sharing Agreements' mit Regionalfluggesellschaften) zu den größten 'Hubs' unterhalten. Eine bedeutsame Deregulierung hat auch in Kanada und in Australien stattgefunden und wird sich innerhalb der nächsten Jahre durch die Liberalisierung auch in Europa vollziehen (siehe Schlüsselfaktor Deregulierung).

→ Flugzulassung

Ein einschneidender regulierender Eingriff im Bereich der Zulassungsvorschriften war die Zulassung des EROPS-Betriebes (Extended Range Operations) bei 'Non-stop'-Flügen über den Atlantik oder den Pazifik mit zweistrahligen Verkehrsflugzeugen. Möglich wurde dies durch die hohe Einsatzzuverlässigkeit, die Triebwerke heute aufweisen. Für die Airlines bedeuten EROPS eine erhöhte Einsatzflexibilität in ihren Flotten und niedrigere Flugbetriebskosten (Crew und Treibstoff).

→ Lärmrestriktionen

Einen starken regulierenden Eingriff haben ebenso die Lärmrestriktionen für laute Flugzeuge. Die ICAO geht davon aus, daß ab dem Jahr 1995 Flugzeuge, die nicht den 'Chapter 3'- Vorschriften entsprechen, in den USA, Australien, Japan und Europa nicht mehr oder nur noch bedingt zugelassen werden./462/ Diese Beschränkungen treffen vor allem die Airlines der Dritten Welt, da diese ältere Flugzeugtypen und Gebrauchtflugzeuge einsetzen.

→ Privatisierung

In den letzten Jahren sind vor allem in Europa Firmen zusehends privatisiert worden. Hier sei stellvertretend die Vollprivatisierung von British Airways sowie die Teilprivatisierung der Deutschen Lufthansa (Staatsanteil 51 %) genannt. Der Trend zur Privatisierung dürfte sich im nächsten Jahrzehnt weiter fortsetzen, da die Regierungen aufgrund wachsender Haushaltsdefizite immer weniger bereit sein werden, neue Flugzeugflotten mitzufinanzieren. Die Privatisierung kann somit einen stark begrenzenden Einfluß auf die Beschaffungspolitik der Airlines ausüben.

- Tarifstruktur

Preiskämpfe und Preisabsprachen können starke Veränderungen innerhalb der Airline-Industrie auslösen. So haben die Preiskämpfe während der amerikanischen Deregulierung mit dazu beigetragen, den Konzentrationsgrad der Airlines stark zu erhöhen. Heute sind vor allem Eastern Airlines, Continental Airlines, Northwest, PanAm und TWA, Opfer der Konsolidierung des amerikanischen Airline-Industrie, die diese dazu zwingt, Streckenrechte zu veräußern, Mitarbeiter zu entlassen oder Flugzeuge zu verkaufen./463/ Die Zunahme der internationalen Allianzen birgt die Gefahr eines Anstieges preiskoordinierender Maßnahmen zwischen verschieden Airlines oder von Preiskämpfen zwischen spezifischen Airline-Gruppen. Die im Rahmen der weltweiten Deregulierung abnehmende Bedeutung der IATA forciert hierbei die Bedeutung der Tarifstruktur als kapazitätsbeeinflussenden Faktor.

■ Störgrößen Passagiere/Frachtkunden

- Geldbudget

→ Verfügbares Einkommen

Die Höhe der verfügbaren Einkommens spielt bei allen nicht gewerblich bedingten Reisen die entscheidende Rolle. Gehen die Einkommen aufgrund von Rezessionen oder einer Depression zurück, so hat dies starke Einflüsse auf das Wachstum der Luftverkehrsnachfrage. Eine Liqudität sverknappung führt zu einem Nachfragerückgang für Luftverkehrsdienstleistungen. Dies kann zur Folge haben, daß weniger Flugzeuge bestellt oder Flugzeugoptionen nicht ausgeübt werden. Im Extremfall kann dies auch zur Lieferzeitstreckung bereits bestellter Flugzeuge oder zur Stornierung von Kaufaufträgen führen.

→ Geringe Wertigkeit der Frachtgüter

Die Bedeutung der Luftfracht steigt mit dem Wertigkeitsanstieg der Frachtgüter. Die zunehmende Vernetzung der Weltwirtschaft und das Aufkommen neuer Märkte wird den Wertigkeitsanstieg der Frachtgüter und die Realisierung von 'Just-In-Time'-Konzepten weiter ansteigen lassen. Hierbei kann jedoch eine Regelmäßigkeit des Transports nur durch den Einsatz von Nurfrachter-Flugzeugen gewährleistet sein, da die Menge des Stauraums in Passagiermaschinen nicht immer eindeutig vorherbestimmt werden kann. Der Transport von hochwertigen Waren erfordert eine hohe zeitliche Genauigkeit, dem jedoch eine Zunahme der Staus und Verspätungen sowohl in der Luft als auch am Boden entgegenstehen.

- Vermögensdisparitäten

→ Nationales Einkommensgefälle

Batra führt große Depressionen in der Weltwirtschaft auf Vermögenskonzentrationen zurück.[/464/] So besaßen in den 80er Jahren 1 % der Gesamtbevölkerung in den USA mehr als ein Drittel des Volksvermögens, eine Zahl die zuletzt in den 20er Jahren erreicht wurde, als es zur großen Weltwirtschaftskrise kam. in der Weltwirtschaft führte.[/465/] Das eigentliche Problem der Vermögenskonzentration ist die Tatsache, daß Einkommensgruppen mit niedrigem Vermögen, zur Befriedigung ihrer Bedürfnisse, Kredit aufnehmen müssen, diese jedoch bei einem wirtschaftlichen Abschwung (hohe Arbeitslosenrate) nicht zurückzahlen können, was dann durch deren geringe Bonität zu einer Zunahme der Bankpleiten führt.[/466/] Hierbei zeigt die Spekulation im Spätstadium eine Abkopplung von den realen Werten hin zu den Buchwerten (Immobilien-Boom, Mietwucher), wobei ein plötzlich ausgelöster Nachfragerückgang (Käuferstreik) zu einem starken Preisverfall und zur vorübergehenden Unverkäuflichkeit von Produkten führen kann.

→ Nord-Süd-Einkommensgefälle

Die internationale Ausprägung der Vermögenskonzentration zeigt sich im Nord-Süd-Gefälle. Hier werden in den nächsten Jahrzehnten noch intensivere Verteilungskämpfe als bisher stattfinden, wenn es nicht gelingt die Effizienz des Systems Weltwirtschaft nachhaltig zu verbessern. Ohne globale wirtschaftliche Ansätze, die eine Ressourcenumleitung in die Dritte Welt induzieren und deren Anteil am globalen Sozialprodukt steigern, können die internationale Schuldenkrise, die drohende Überbevölkerung und die ökologischen Probleme nicht gemeistert werden.

3. INTERDEPENDENZANALYSE

3.1 Trendinterdependenzanalyse

3.1.1 Trend-Monitoring

Abbildungen 3.1 - 3.3 fassen die in den vorigen Kapiteln definierten Megatrends der Zeitperioden 1990 - 1995, 1995 - 2000 und 2000 - 2010 zusammen.

3.1.2 Trend-Interdependenzmatrizen

Die in den Trend-Interdependenzmatrizen gefundenen Kausalzusammenhänge sind auszugsweise in den Tabellen 4.1 - 4.26 nachzulesen, da eine gesamthafte Darstellung aus Platzgründen nicht möglich ist. Die wichtigsten positiven und negativen Kausalzusammenhänge des gesamten Untersuchungsobjektes sind in den in den Tabellen 4.23 - 4.26 nachzulesen. Tabelle 3.6 zeigt beispielhaft die durch paarweisen Vergleich von Trends des Untersuchungsobjektes mit den Trends des Subsystems Technologie ermittelten Wirkungszusammenhänge im Zeitraum T2. Die Matrixmethode wurde im Untersuchungsobjekt für alle 12 Subsysteme in den drei Zeithorizonten vorgenommen. Hierzu sind insgesamt 2.160 paarweise Vergleiche (12 Zeilen · 12 Spalten · 5 Trends · 3 Zeithorizonte) durchgeführt worden.

3.1.3 Trendsendefaktoranalyse

Tabelle 3.1 zeigt die Zusammenfassung der Trendsende- und Trendempfangsfaktoren für die Zeitperioden 1990 - 1995, 1995 - 2000 und 2000 - 2010.

3.1.4 Trendempfangsfaktoranalyse

Siehe Kapitel 3.1.3

3.2 Rückkopplungsanalyse

3.2.1 Interdependenzmatrizen

Tabelle 3.2 zeigt die Interdependenzmatrizen (Kopplungsmatrizen) für die Zeitperioden 1990 - 1995, 1995 - 2000 und 2000 - 2010.

3.2.2 Rückkopplungsmatrizen

Tabelle 3.3 zeigt die durch die Transformation ermittelten Rückkopplungsmatrizen für die Zeitperioden 1990 - 1995, 1995 - 2000 und 2000 - 2010.

3.2.3 Abweichungsmatrizen

Tabelle 3.4 zeigt die Abweichungsmatrix für die Zeitperioden 1990 - 1995, 1995 - 2000 und 2000 - 2010.

3.3 Störgrößenanalyse

3.3.1 Störgrößen-Trendmatrizen

Abbildungen 3.4 - 3.8 zeigen die ermittelten Störeinflüsse der Sytemumgebung und der Verkehrsflugzeugbranche auf die Subsysteme der Verkehrsflugzeugbranche von 1990 - 2010. Bei der Ermittlung der Störwirkungen wurden ebenfalls 2.160 paarweise Vergleiche (12 Zeilen · 12 Spalten · 5 Trends · 3 Zeithorizonte) durchgeführt. Auf die Darstellung der ermittelten Störwirkungen auf die Systemumwelt wird hier verzichtet, da dies im Rahmen der Themenstellung zu weit führen würde.

3.3.2 Störgrößenfaktoranalyse

Tabelle 3.5 gibt eine Übersicht über die errechneten Störgrößenwirkungen der Subsysteme in den Zeitperioden von 1990 - 1995, 1995 - 2000 und 2000 - 2010.

3.4 Szenariowirkungssynthese

3.4.1 Szenariowirkungsfaktorberechnung ohne Störgrößen

Die berechneten Szenariowirkungsfaktoren der ermittelten Kausalzusammenhänge sind den Tabellen 4.1 bis 4.26 zu entnehmen. Tabelle 3.6 zeigt die Ermittlung der Szenariowirkungsfaktoren am Beispiel der Kausalzusammenhänge zwischen den Subsystemen des Untersuchungsobjektes und des Subsystems Technologie im Zeitraum von 1995 bis 2000.

3.4.2 Szenariowirkungsfaktorberechnung mit Störgrößen

Siehe Kapitel 3.4.1

T R E N D - B E S C H R E I B U N G SCHLÜSSELFAKTOREN	BEWERTUNGSZEITRAUM: T1 = 1990 - 1995
T Trendbeschreibung	MEGATRENDS T1
MANAGEMENT	
M1 - Organisationsstruktur	Abflachung von Managementstrukturen
M2 - Corporate Culture	Aufbau von neuen Werthaltungen
M3 - Ethik und Moral	Zerstörung alter Denkstrukturen
M4 - Flexibilität	Zunahme der Anpassungsbereitschaft
M5 - Kommunikation	Zunahme der kommunikativen Vernetzungen
DEMOGRAPHIE + SOZIALER WANDEL	
D1 - Altersverteilung	Überalterung der Industriestaaten
D2 - Einwohnerzahl	Starkes Bevölkerungswachstum in Entwicklungsländern
D3 - Beschäftigtenstruktur	Babyboomer drängen in Arbeitsmarkt
D4 - Bildungsniveau	Anstieg des Bildungsniveaus in Industriestaaten
D5 - Pro-Kopf-Einkommen	Fragmentierung der Gesellschaft steigt
ÖKOLOGIE	
Ö1 - Ozonschicht	Bekämpfung des Ozonloches
Ö2 - Waldsterben	Zunahme der Schutzbemühungen um Regenwälder
Ö3 - Wasserverschmutzung	Bekämpfung der Grundwasserverseuchung
Ö4 - Luftverschmutzung	Bekämpfung der SMOG-Belastung
Ö5 - CO2-Konzentration	Bekämpfung des Treibhauseffektes
TECHNOLOGIE	
T1 - Basistechnologien	Beginnende Sättigung heutiger Basistechnologien
T2 - Werkstoffe	Vermehrter Einsatz von Faserverbundwerkstoffen
T3 - Fertigungstechnik	Zunahme der 'Just-In-Time'-Produktion
T4 - Informationstechnologie	Zunehmende Bedeutung der Informationstechnologie
T5 - Innovationszyklen	Ständige Produktinnovationen
WIRTSCHAFT	
W1 - Verschuldungsproblem	Liquiditätsverknappung in führenden Industriestaaten
W2 - Kapitalströme	Kapitalbewegungen treibende Kraft der Weltwirtschaft
W3 - Wachstumszentren	Integration des europäischen Binnenmarktes
W4 - Marktstrukturen	Wirtschaftskrise in den Staaten Osteuropas u. den Entwicklungsländern
W5 - Rohstoffpreise	Rohstoffwirtschaft abgekoppelt von Industriewirtschaft
POLITIK	
P1 - Internat. Beziehungen	Überwindung des Kalten Krieges
P2 - Handelshemmnisse	Abbau von nationalen Marktbeschränkungen (vor allem in Japan)
P3 - Abrüstung	Internationale Abrüstungsbestrebungen
P4 - Staatsverschuldung	Zunahme der Staatsverschuldung
P5 - Steuerpolitik	Besteuerung von hohen Energieverbräuchen
VERKEHRSWESEN	
V1 - Geographische Faktoren	Räumliche Integration im Pazifikraum (Inselstaaten)
V2 - Energieversorgung	Einsparung von Energie und Effizienzsteigerung
V3 - Infrastrukturen	Ausbau der Verkehrsinfrastrukturen
V4 - Industriestandorte	Dominanz von Industriestandorten nimmt ab
V5 - Verkehrstechnologien	Aufbau von intelligenten Verkehrsleitsystemen
VERKEHRSFLUGZEUGMARKT	
G1 - Luftverkehrspolitik	Nationale Konzentrationen im Flugzeugbau und europ. Deregulierung
G2 - Industriepolitik	Abnahme der militärischen Aufträge für Flugzeugbaufirmen
G3 - Marktstrukturen	Beteiligung von Japan am Großflugzeugbau ('Boeing 777'?)
G4 - Luftverkehrswachstum	Stetiger Wachstumstrend des weltweiten Passagier- u. Frachtverkehrs
G5 - Regelnde Organisationen	Verschärfung der Restriktionen für veraltete und laute Triebwerke
PRODUKTE	
F1 - Flugzeugproduktivität	Vergrößerung der Produktivität durch Flugzeugstreckung
F2 - Technologieausprägungen	Dominanz innovativer Produkte
F3 - Preisentwicklung	Stetiger Anstieg der Flugzeugpreise
F4 - Produktlebensdauer	Produktlebensdauer wird durch Derivate verlängert
F5 - Kundenorientierung	Verbesserung des 'Product-Support' und 'After-Sales'-Service
ANGEBOTSSEITE TRIEBWERK-/FLUGZEUGPRODUZENTEN	
A1 - Varietät	Zunehmende Produktdifferenzierung
A2 - 'Commonality'	'Commonality' senkt Produktions- und Wartungskosten
A3 - Antriebstechnologie	Reduzierung des Treibstoffverbrauchs und der Lärmemission
A4 - Produktsubstitution	Verstärktes Angebot von 'Wide-Body'-Flugzeugen
A5 - Marktanteile	Dominanz von drei großen Flugzeugherstellern
NACHFRAGESEITE LEASING-/FLUGGESELLSCHAFTEN	
N1 - Finanzierungskosten	Wachstum des Leasinggeschäftes und 'Airline-Merging'
N2 - Verkehrsaufkommen	Stetiger Wachstumstrend des weltweiten Passagier- u. Frachtverkehrs
N3 - Streckenrechte	Kauf von nationalen und internationalen Streckenrechten
N4 - Beteiligungen	Zunahme der nationalen und internationalen Beteiligungen
N5 - Reservierungssysteme	Aufbau von Buchungs- und Reisevertriebssystemen
PASSAGIERE/FRACHTKUNDEN	
K1 - Mobilität	Mobilitätswünsche nehmen zu
K2 - Zeitvorteile	Wunsch nach Zeiteinsparungen nimmt zu
K3 - Budget	Freizeitorientierte Budgetplanung
K4 - Kunden-Service	Vermehrte Anforderungen an den Komfort ('Hotel-Check-In')
K5 - Freizeitverhalten	Zunahme des internationalen Tourismus

Abb. 3.1: Trend-Monitoring 1990 - 1995

T R E N D - B E S C H R E I B U N G SCHLÜSSELFAKTOREN	BEWERTUNGSZEITRAUM: T2 = 1995 - 2000
T Trendbeschreibung	MEGATRENDS T2
MANAGEMENT	
M1 - Organisationsstruktur	Top-Management führt visionär
M2 - Corporate Culture	Ökologieorientierte Unternehmenskulturen
M3 - Ethik und Moral	Zunahme der ökologiebewußten Manager
M4 - Flexibilität	Zunahme der Flexibilität
M5 - Kommunikation	Stetige Zunahme des Vernetzungsgrades
DEMOGRAPHIE + SOZIALER WANDEL	
D1 - Altersverteilung	Babyboomer in Verantwortungspositionen
D2 - Einwohnerzahl	Zunahme der Überbevölkerung in Entwicklungsländern
D3 - Beschäftigtenstruktur	Starkes Wachstum der Informationsarbeitsplätze
D4 - Bildungsniveau	Weiterer Anstieg des Bildungsniveaus in Industriestaaten
D5 - Pro-Kopf-Einkommen	Nord-Süd-Gefälle vergrößert sich
ÖKOLOGIE	
Ö1 - Ozonschicht	Bekämpfung der Klimaverschiebung
Ö2 - Waldsterben	Bekämpfung des weltweiten Waldsterbens
Ö3 - Wasserverschmutzung	Bekämpfung der Meeresverschmutzung
Ö4 - Luftverschmutzung	Bekämpfung der Luftverschmutzung (Lungenkrankheiten)
Ö5 - CO2-Konzentration	Bekämpfung des Treibhauseffektes
TECHNOLOGIE	
T1 - Basistechnologien	Sättigungsphase der heutigen Basistechnologien
T2 - Werkstoffe	Neue hochfeste und temperaturbeständige Werkstoffe
T3 - Fertigungstechnik	Zunahme von integrierten CIM-Produktionsstätten
T4 - Informationstechnologie	Informationsmanagement wird zu einem Schlüsselressort
T5 - Innovationszyklen	Innovationszyklen werden immer kürzer
WIRTSCHAFT	
W1 - Verschuldungsproblem	Starke wirtschaftliche Instabilitäten und Marktschwankungen
W2 - Kapitalströme	Kapitalströme verlieren gegenüber den Informationsströmen an Bedeutung
W3 - Wachstumszentren	Integration des amerikanischen und pazifischen Binnenmarktes
W4 - Marktstrukturen	Sozioökonomische Reformen und Entstehung der Info-Ökonomie
W5 - Rohstoffpreise	Starke Schwankungen der Rohstoffpreise für Erdöl und Erdgas
POLITIK	
P1 - Internat. Beziehungen	Ökologie beeinflußt die Beziehungen zwischen den Ländern
P2 - Handelshemmnisse	Abbau von internationalen Hemmnissen zwischen den Wirtschaftsblöcken
P3 - Abrüstung	Aufbau von neuen transnat. Sicherheitsstrukturen (UNO-Bedeutung wächst)
P4 - Staatsverschuldung	Rückgang der Verteidungsetats entlastet die Staatshaushalte
P5 - Steuerpolitik	Zunahme von Umweltsteuern und der Besteuerung von Luxusgütern
VERKEHRSWESEN	
V1 - Geographische Faktoren	Europäische Geographie unterstützt die räumliche Integration
V2 - Energieversorgung	Vermehrte Nutzung von Erdgas und alternativer Energien
V3 - Infrastrukturen	Ausbau von Hochgeschwindigkeitsbahnnetzen
V4 - Industriestandorte	Dominanz von Dienstleistungsstandorten
V5 - Verkehrstechnologien	Einf. neuer Verkehrssysteme (Elektro-, H2-, Solar-Automobile, 'Maglevs')
VERKEHRSFLUGZEUGMARKT	
G1 - Luftverkehrspolitik	Internationale Kooperationsprojekte und internationale Deregulierung
G2 - Industriepolitik	Abbau der Subventionen für den europäischen Großflugzeugbau
G3 - Marktstrukturen	Beteiligung von Japan und Schwellenländern am Großflugzeugbau
G4 - Luftverkehrswachstum	Starkes Wachstum von internat. Direktverbindungen (vor allem 'non-stop')
G5 - Regelnde Organisationen	Veränderung der IATA vom Tarfikoordinator zum Interessenverband
PRODUKTE	
F1 - Flugzeugproduktivität	Gewichtseinsparungen durch neue Werkstoffe
F2 - Technologieausprägungen	Umweltorientierte Produktauslegung gewinnt an Bedeutung
F3 - Preisentwicklung	Verfall der Gebrauchtflugzeugpreise
F4 - Produktlebensdauer	Verkürzung der Serienlebensdauer von Flugzeugen (Bsp. 737-400)
F5 - Kundenorientierung	Vermehrte Orientierung auf Kundengruppen und nicht auf einzelne Kunden
ANGEBOTSSEITE TRIEBWERK-/FLUGZEUGPRODUZENTEN	
A1 - Varietät	Zunahme der Fragmentierung der Flugzeugtypen
A2 - 'Commonality'	Zunehmende Bedeutung der 'Commonality'
A3 - Antriebstechnologie	Erprobung von Methan-/Wasserstoffantrieben
A4 - Produktsubstitution	Verstärktes Angebot von Langstreckenflugzeugen
A5 - Marktanteile	Verstärkte japanische Flugzeugbauaktivitäten ('Commuter'-Flugzeuge)
NACHFRAGESEITE LEASING-/FLUGGESELLSCHAFTEN	
N1 - Finanzierungskosten	Geschäftsrisiken des Leasinggeschäftes steigen stark an
N2 - Verkehrsaufkommen	Starker Anstieg von internat. Direktverbindungen (vor allem 'non-stop')
N3 - Streckenrechte	Erwerb von Streckenrechten durch Marketing-Allianzen
N4 - Fusionen/Kooperationen	Herausbildung von 'Triaden-Carriern'
N5 - Reservierungssysteme	Informationssysteme erhöhen Sitzladefaktoren
PASSAGIERE/FRACHTKUNDEN	
K1 - Mobilität	Mobilitätswünsche steigen stark an
K2 - Zeitvorteile	Zeitmanagement gewinnt an Bedeutung
K3 - Budget	Ökologieorientierte Budgetplanung
K4 - Kunden-Service	Zunahme integrierter Beförderungsangebote (Mietwagen-Bahn-Flugzeug)
K5 - Freizeitverhalten	Abkehr vom Massentourismus (Zunahme von Individualreisen)

Abb. 3.2: Trend-Monitoring 1995 - 2000

TREND-BESCHREIBUNG SCHLÜSSELFAKTOREN	BEWERTUNGSZEITRAUM: T3 = 2000 - 2010
T Trendbeschreibung	MEGATRENDS T3
MANAGEMENT	
M1 - Organisationsstruktur	Aufbau hierarchieloser intelligenter Strukturen
M2 - Corporate Culture	Sozial orientierte Unternehmenskulturen
M3 - Ethik und Moral	Global verantwortliches Management
M4 - Flexibilität	Fließendes integrales Management
M5 - Kommunikation	Kommunikation schafft Zeitvorteile
DEMOGRAPHIE + SOZIALER WANDEL	
D1 - Altersverteilung	Babyboomer im Top-Management
D2 - Einwohnerzahl	Weitere Zunahme der Überbevölkerung in Entwicklungsländern
D3 - Beschäftigtenstruktur	Wissen hat starke Bedeutung bei den Beschäftigten
D4 - Bildungsniveau	Aufbau von Wissensgesellschaften
D5 - Pro-Kopf-Einkommen	Nord-Süd-Gefälle wächst weiter
ÖKOLOGIE	
Ö1 - Abbau der Ozonschicht	Verstärkte Bekämpfung der Klimaverschiebung
Ö2 - Waldsterben	Bekämpfung des Artensterbens
Ö3 - Wasserverschmutzung	Verstärkte Bekämpfung der Meeresverschmutzung
Ö4 - Luftverschmutzung	Verstärkte Bekämpfung der Luftverschmutzung
Ö5 - CO2-Konzentration	Verstärkte Bekämpfung des Treibhauseffektes
TECHNOLOGIE	
T1 - Basistechnologien	Einführung neuer Basistechnologien
T2 - Werkstoffe	Starke Bedeutung von intelligenten Werkstoffen
T3 - Fertigungstechnik	Intelligente selbstorganisierende Fertigungssysteme
T4 - Informationstechnologie	Aufbau von Informations- und 'Know-How'-Zentren
T5 - Innovationszyklen	Neue Phase von Inventionen
WIRTSCHAFT	
W1 - Verschuldungsproblem	Transnationale Entwicklungshilfeprojekte
W2 - Kapitalströme	Informationsströme steuern Kapitalströme
W3 - Wachstumszentren	Bedeutungszunahme des chinesischen und lateinamerik. Binnenmarktes
W4 - Marktstrukturen	Wissen als treibende Kraft der Weltwirtschaft
W5 - Rohstoffpreise	Wasserstoff gewinnt als Energieträger an Bedeutung
POLITIK	
P1 - Internat. Beziehungen	Überbevölkerung und Armut in vielen Ländern belastet int. Beziehungen
P2 - Handelshemmnisse	Fortschreiten des globalen Abbaus von Ungleichgewichten
P3 - Abrüstung	Aufbau weltweiter Sicherheitsstrukturen
P4 - Staatsverschuldung	Belastung der Staatshaushalte durch ökologische Sanierungsprojekte
P5 - Steuerpolitik	Steuererleichterungen für ökologieorientierte Investitionen
VERKEHRSWESEN	
V1 - Geographische Faktoren	Zunehmende Globalisierung der Verkehrsstrecken (große Distanzen)
V2 - Energieversorgung	Aufbau von Solarkraftwerken und H2-Produktionsstätten
V3 - Infrastrukturen	Ausbau von Magnetbahnstrecken ('Maglevs')
V4 - Industriestandorte	Bedeutung von Informationsstandorten wächst
V5 - Verkehrstechnologien	Starke Zunahme von Raumfahrtprojekten
VERKEHRSFLUGZEUGMARKT	
G1 - Luftverkehrspolitik	Transnationale Flugzeugprojekte und transnationale Deregulierung
G2 - Industriepolitik	Subventionierung des japanischen Flugzeugbaus ('infant-industry')
G3 - Marktstrukturen	Neue Anbieter von Verkehrsflugzeugen (Japan, Lockheed, UDSSR)
G4 - Luftverkehrswachstum	Abschwächung des Luftverkehrswachstums zwischen den Industrienationen
G5 - Regelnde Organisationen	Verstärkte Umweltauflagen gegen Abgasemissionen
PRODUKTE	
F1 - Flugzeugproduktivität	Bedeutung der Geschwindigkeit als Produktivitätsfaktor wächst
F2 - Technologieausprägungen	Intelligente Produkte gewinnen an Bedeutung
F3 - Preisentwicklung	Starker Anstieg von Entwicklungs- und Stückkosten
F4 - Produktlebensdauer	Einführung innovativer Produkte mit hoher Produktlebensdauer
F5 - Kundenorientierung	Vernetzungen bedingen komplexere Lösungsvorschläge für Kunden
ANGEBOTSSEITE TRIEBWERK-/FLUGZEUGPRODUZENTEN	
A1 - Varietät	Entwicklung einer hochintelligenten Flugzeuggeneration
A2 - 'Commonality'	Entwicklung von intelligenten 'Commonality'-Steuerungen (Logistik)
A3 - Antriebstechnologie	Einführung von Methan-/Wasserstoffantrieben
A4 - Produktsubstitution	Verstärktes Angebot von umweltfreundlichen und schnelleren Flugzeugen
A5 - Marktanteile	Aufkommen von neuen Großflugzeugherstellern (Japan, Lockheed, UDSSR)
NACHFRAGESEITE LEASING-/FLUGGESELLSCHAFTEN	
N1 - Finanzierungskosten	Transnationale Verflechtungen bei Airlines und im Leasinggeschäft
N2 - Verkehrsaufkommen	Starker internationaler Wettbewerb im Frachtgeschäft
N3 - Streckenrechte	Marketing-Allianzen und verstärkter Handel mit Streckenrechten
N4 - Fusionen/Kooperationen	Zunehmende Globalisierung der Luftverkehrsgesellschaften
N5 - Reservierungssysteme	Aufbau intelligenter Reisevertriebssysteme
PASSAGIERE/FRACHTKUNDEN	
K1 - Mobilität	Mobilität dominierender Kundenwunsch
K2 - Zeitvorteile	Realisierung von Zeitvorteilen als Erfolgsfaktor
K3 - Budget	Weitere Zunahme der ökologieorientierten Budgetplanung
K4 - Kunden-Service	Zeitoptimierte Reiseplanungen und -angebote
K5 - Freizeitverhalten	Starke Zunahme von Individualreisen (Bildungsreisen)

Abb. 3.3: Trend-Monitoring 2000 - 2010

Tab. 3.1: Trendsende- und Trendempfangsfaktoren von 1990 - 1995, 1995 - 2000, 2000 - 2010

BEWERTUNGSZEITRAUM:	T1 1990 - 1995		T2 1995 - 2000		T3 2000 - 2010	
SCHLÜSSELFAKTOREN	TREND-SENDE-FAKTOR	TREND-EMPFANGS-FAKTOR	TREND-SENDE-FAKTOR	TREND-EMPFANGS-FAKTOR	TREND-SENDE-FAKTOR	TREND-EMPFANGS-FAKTOR
M1 - Organisationsstruktur	TSM1 1,02	TEM1 1,10	TSM1 1,07	TEM1 1,18	TSM1 1,12	TEM1 1,13
M2 - Corporate Culture	TSM2 1,23	TEM2 1,17	TSM2 1,02	TEM2 1,17	TSM2 1,05	TEM2 1,15
M3 - Ethik und Moral	TSM3 1,03	TEM3 1,12	TSM3 1,20	TEM3 1,17	TSM3 1,28	TEM3 1,20
M4 - Flexibilität	TSM4 1,20	TEM4 1,18	TSM4 1,30	TEM4 1,20	TSM4 1,15	TEM4 1,20
M5 - Kommunikation	TSM5 1,33	TEM5 1,18	TSM5 1,37	TEM5 1,17	TSM5 1,22	TEM5 1,20
D1 - Altersverteilung	TSD1 1,00	TED1 1,00	TSD1 1,22	TED1 1,08	TSD1 1,07	TED1 1,00
D2 - Einwohnerzahl	TSD2 1,10	TED2 1,00	TSD2 1,12	TED2 1,02	TSD2 1,17	TED2 1,03
D3 - Beschäftigtenstruktur	TSD3 1,12	TED3 1,00	TSD3 1,07	TED3 1,12	TSD3 1,17	TED3 1,17
D4 - Bildungsniveau	TSD4 1,10	TED4 1,10	TSD4 1,25	TED4 1,13	TSD4 1,40	TED4 1,17
D5 - Pro-Kopf-Einkommen	TSD5 1,18	TED5 1,18	TSD5 1,08	TED5 1,15	TSD5 1,05	TED5 1,17
Ö1 - Ozonschicht	TSÖ1 1,03	TEÖ1 1,08	TSÖ1 1,32	TEÖ1 1,20	TSÖ1 1,37	TEÖ1 1,20
Ö2 - Waldsterben	TSÖ2 1,07	TEÖ2 1,12	TSÖ2 1,05	TEÖ2 1,20	TSÖ2 1,03	TEÖ2 1,08
Ö3 - Wasserverschmutzung	TSÖ3 1,00	TEÖ3 1,10	TSÖ3 1,00	TEÖ3 1,13	TSÖ3 1,03	TEÖ3 1,15
Ö4 - Luftverschmutzung	TSÖ4 1,23	TEÖ4 1,18	TSÖ4 1,08	TEÖ4 1,18	TSÖ4 1,12	TEÖ4 1,15
Ö5 - CO2-Konzentration	TSÖ5 1,25	TEÖ5 1,20	TSÖ5 1,15	TEÖ5 1,20	TSÖ5 1,08	TEÖ5 1,20
T1 - Basistechnologien	TST1 1,20	TET1 1,15	TST1 1,27	TET1 1,18	TST1 1,40	TET1 1,20
T2 - Werkstoffe	TST2 1,02	TET2 1,08	TST2 1,02	TET2 1,07	TST2 1,08	TET2 1,12
T3 - Fertigungstechnik	TST3 1,02	TET3 1,17	TST3 1,03	TET3 1,12	TST3 1,02	TET3 1,13
T4 - Informationstechnologie	TST4 1,38	TET4 1,15	TST4 1,20	TET4 1,17	TST4 1,23	TET4 1,18
T5 - Innovationszyklen	TST5 1,15	TET5 1,20	TST5 1,25	TET5 1,20	TST5 1,10	TET5 1,20
W1 - Verschuldungsproblem	TSW1 1,35	TEW1 1,15	TSW1 1,13	TEW1 1,10	TSW1 1,12	TEW1 1,15
W2 - Kapitalströme	TSW2 1,05	TEW2 1,13	TSW2 1,08	TEW2 1,18	TSW2 1,22	TEW2 1,18
W3 - Wachstumszentren	TSW3 1,30	TEW3 1,17	TSW3 1,10	TEW3 1,15	TSW3 1,10	TEW3 1,10
W4 - Marktstrukturen	TSW4 1,07	TEW4 1,12	TSW4 1,43	TEW4 1,20	TSW4 1,22	TEW4 1,15
W5 - Rohstoffpreise	TSW5 1,03	TEW5 1,15	TSW5 1,15	TEW5 1,13	TSW5 1,25	TEW5 1,15
P1 - Internat. Beziehungen	TSP1 1,13	TEP1 1,10	TSP1 1,03	TEP1 1,10	TSP1 1,10	TEP1 1,12
P2 - Handelshemmnisse	TSP2 1,17	TEP2 1,10	TSP2 1,28	TEP2 1,15	TSP2 1,18	TEP2 1,17
P3 - Abrüstung	TSP3 1,12	TEP3 1,07	TSP3 1,03	TEP3 1,08	TSP3 1,05	TEP3 1,10
P4 - Staatsverschuldung	TSP4 1,03	TEP4 1,15	TSP4 1,02	TEP4 1,10	TSP4 1,07	TEP4 1,17
P5 - Steuerpolitik	TSP5 1,27	TEP5 1,18	TSP5 1,45	TEP5 1,12	TSP5 1,27	TEP5 1,18
V1 - Geographische Faktoren	TSV1 1,10	TEV1 1,15	TSV1 1,03	TEV1 1,12	TSV1 1,27	TEV1 1,17
V2 - Energieversorgung	TSV2 1,32	TEV2 1,17	TSV2 1,15	TEV2 1,17	TSV2 1,27	TEV2 1,18
V3 - Infrastrukturen	TSV3 1,10	TEV3 1,15	TSV3 1,05	TEV3 1,17	TSV3 1,05	TEV3 1,15
V4 - Industriestandorte	TSV4 1,02	TEV4 1,12	TSV4 1,10	TEV4 1,12	TSV4 1,20	TEV4 1,15
V5 - Verkehrstechnologien	TSV5 1,18	TEV5 1,17	TSV5 1,37	TEV5 1,20	TSV5 1,07	TEV5 1,18
G1 - Luftverkehrspolitik	TSG1 1,12	TEG1 1,10	TSG1 1,20	TEG1 1,20	TSG1 1,20	TEG1 1,17
G2 - Industriepolitik	TSG2 1,08	TEG2 1,08	TSG2 1,00	TEG2 1,05	TSG2 1,03	TEG2 1,07
G3 - Marktstrukturen	TSG3 1,20	TEG3 1,18	TSG3 1,20	TEG3 1,20	TSG3 1,23	TEG3 1,17
G4 - Luftverkehrswachstum	TSG4 1,17	TEG4 1,15	TSG4 1,23	TEG4 1,10	TSG4 1,08	TEG4 1,10
G5 - Regelnde Organisationen	TSG5 1,12	TEG5 1,13	TSG5 1,00	TEG5 1,07	TSG5 1,28	TEG5 1,18
F1 - Flugzeugproduktivität	TSF1 1,18	TEF1 1,17	TSF1 1,02	TEF1 1,12	TSF1 1,25	TEF1 1,15
F2 - Technologieausprägungen	TSF2 1,30	TEF2 1,20	TSF2 1,40	TEF2 1,18	TSF2 1,12	TEF2 1,18
F3 - Preisentwicklung	TSF3 1,03	TEF3 1,12	TSF3 1,00	TEF3 1,17	TSF3 1,12	TEF3 1,17
F4 - Produktlebensdauer	TSF4 1,05	TEF4 1,10	TSF4 1,18	TEF4 1,17	TSF4 1,18	TEF4 1,18
F5 - Kundenorientierung	TSF5 1,00	TEF5 1,10	TSF5 1,02	TEF5 1,08	TSF5 1,17	TEF5 1,20
A1 - Varietät	TSA1 1,13	TEA1 1,18	TSA1 1,23	TEA1 1,18	TSA1 1,18	TEA1 1,18
A2 - 'Commonality'	TSA2 1,02	TEA2 1,05	TSA2 1,00	TEA2 1,13	TSA2 1,03	TEA2 1,12
A3 - Antriebstechnologie	TSA3 1,20	TEA3 1,12	TSA3 1,28	TEA3 1,18	TSA3 1,23	TEA3 1,20
A4 - Produktsubstitution	TSA4 1,10	TEA4 1,13	TSA4 1,05	TEA4 1,10	TSA4 1,23	TEA4 1,20
A5 - Marktanteile	TSA5 1,02	TEA5 1,13	TSA5 1,12	TEA5 1,15	TSA5 1,08	TEA5 1,17
N1 - Finanzierungskosten	TSN1 1,07	TEN1 1,18	TSN1 1,02	TEN1 1,13	TSN1 1,10	TEN1 1,08
N2 - Verkehrsaufkommen	TSN2 1,28	TEN2 1,17	TSN2 1,22	TEN2 1,10	TSN2 1,02	TEN2 1,15
N3 - Streckenrechte	TSN3 1,00	TEN3 1,12	TSN3 1,08	TEN3 1,17	TSN3 1,05	TEN3 1,13
N4 - Beteiligungen	TSN4 1,13	TEN4 1,12	TSN4 1,07	TEN4 1,17	TSN4 1,35	TEN4 1,18
N5 - Reservierungssysteme	TSN5 1,12	TEN5 1,12	TSN5 1,28	TEN5 1,20	TSN5 1,08	TEN5 1,18
K1 - Mobilität	TSK1 1,23	TEK1 1,18	TSK1 1,27	TEK1 1,17	TSK1 1,13	TEK1 1,18
K2 - Zeitvorteile	TSK2 1,17	TEK2 1,17	TSK2 1,27	TEK2 1,20	TSK2 1,28	TEK2 1,17
K3 - Budget	TSK3 1,03	TEK3 1,03	TSK3 1,13	TEK3 1,17	TSK3 1,15	TEK3 1,15
K4 - Kunden-Service	TSK4 1,03	TEK4 1,05	TSK4 1,03	TEK4 1,13	TSK4 1,03	TEK4 1,15
K5 - Freizeitverhalten	TSK5 1,07	TEK5 1,13	TSK5 1,02	TEK5 1,13	TSK5 1,03	TEK5 1,07

- Interpretation der Trendsende- und Trendempfangsfaktoren

Bei der Analyse der Trendsende- und Trendempfangsfaktoren zeigt sich, daß spezifische Trendausprägungen der Schlüsselfaktoren in den jeweiligen Zeithorizonten recht unterschiedliche Sende- und Empfangswirkungen hervorrufen können:

Betrachtet man den Zeitraum von 1990 - 1995 so zeigt sich, daß die zunehmende Bedeutung der Informationstechnologie (Rang 1), die Liquiditätsverknappung in den führenden Industriestaaten (Rang 2) sowie die Zunahme der kommunikativen Vernetzungen (Rang 3) die stärksten Sendewirkungen hervorrufen. Auf der Empfangsseite werden unter anderem die Bekämpfung des Treibhauseffektes und die Innovationsrate der Produkte am stärksten durch die anderen Trends beeinflußt.

Von 1995 - 2000 üben die Zunahme von Umweltsteuern (Rang 1), sozioökonomische Reformen und die Entstehung der Info-Ökonomie (Rang 2) sowie die umweltorientierte Produktauslegung (Rang 3) die dominierende Sendewirkung aus. Am stärksten beeinflußt werden unter anderem die Bekämpfung der Klimaverschiebung und die Einführung neuer Verkehrssysteme.

Von 2000 - 2010 hat der Aufbau von Wissensgesellschaften (Rang 1), die Einführung neuer Basistechnologien (Rang 1) sowie die zunehmende Globalisierung von Luftverkehrsgesellschaften (Rang 3) die stärkste Sendewirkung auf die jeweiligen Trends. Die stärkste Beeinflussung erfahren unter anderem die Bekämpfung des Treibhauseffektes sowie die Realisierung von Zeitvorteilen durch vermehrte Kommunikation.

Die sich in den Zeithorizonten T1, T2 und T3 ergebenden Wirkungen sind nicht nur auf eine einzige Zeitperiode determiniert. Vielmehr kann je nach Veränderung des Systemzustandes ein Trend auch schon zu einem früheren oder erst zu einem späteren Zeitpunkt dominant werden. Entscheidend für die Interpretation ist deshalb, die Intensität der Trends zu erkennen.

Tab. 3.2: Interdependenzmatrix 1990 - 1995, 1995 - 2000, 2000 - 2010

BEWERTUNGSZEITRAUM: 1990 - 1995

INTER-DEPENDENZ-MATRIX M	SCHLÜSSELFAKTOREN	M	D	Ö	T	W	P	V	G	F	A	N	K	SUMME	RANG
M	MANAGEMENT	1,0	0,4	0,8	1,0	0,6	1,0	1,0	0,8	0,8	0,8	1,0	0,6	9,8	1
D	DEMOGRAPHIE + SOZIALER WANDEL	1,0	0,2	0,8	0,8	0,4	0,4	0,4	0,2	0,2	0,2	0,6	0,8	6,0	11
Ö	ÖKOLOGIE	0,8	0,2	0,6	0,6	0,8	0,4	0,8	0,8	1,0	0,4	0,2	0,4	7,0	8
T	TECHNOLOGIE	1,0	0,4	1,0	0,6	1,0	0,6	1,0	0,6	0,8	0,8	0,8	0,6	9,2	3
W	WIRTSCHAFT	1,0	0,4	1,0	0,6	1,0	1,0	0,8	0,8	0,8	0,6	1,0	0,6	9,6	2
P	POLITIK	0,8	0,2	1,0	0,6	1,0	1,0	0,8	1,0	0,2	0,8	0,8	0,4	8,6	4
V	VERKEHRSWESEN	0,6	0,4	1,0	1,0	0,8	0,4	0,6	0,8	1,0	0,8	0,6	0,6	8,6	4
G	VERKEHRSFLUGZEUGMARKT	0,4	0,2	0,4	0,8	1,0	1,0	1,0	0,4	0,8	0,8	1,0	0,4	8,2	6
F	PRODUKTE	0,4	0,4	0,4	1,0	0,6	0,4	0,6	0,8	0,6	0,8	0,4	0,4	6,8	9
A	ANGEBOTSSEITE	0,6	0,2	0,4	0,8	0,4	0,2	0,2	0,6	1,0	0,4	0,4	0,4	5,6	12
N	NACHFRAGESEITE	0,6	0,2	0,4	0,6	0,6	0,4	1,0	0,8	0,6	0,6	0,6	0,8	7,2	7
K	PASSAGIERE	0,8	0,2	0,4	0,6	0,4	0,4	0,8	0,2	0,4	0,4	1,0	0,8	6,4	10
	SUMME	8,2	3,2	7,8	8,4	8,2	6,8	8,2	7,6	7,8	7,0	7,4	6,0		
	RANG	2	12	5	1	2	10	2	7	5	9	8	11		

BEWERTUNGSZEITRAUM: 1995 - 2000

INTER-DEPENDENZ-MATRIX M	SCHLÜSSELFAKTOREN	M	D	Ö	T	W	P	V	G	F	A	N	K	SUMME	RANG
M	MANAGEMENT	1,0	0,8	1,0	1,0	0,8	1,0	1,0	0,8	1,0	1,0	1,0	1,0	11,4	1
D	DEMOGRAPHIE + SOZIALER WANDEL	1,0	0,4	1,0	0,8	0,8	0,6	1,0	0,4	0,6	0,6	0,6	1,0	8,8	5
Ö	ÖKOLOGIE	1,0	0,4	0,6	0,6	0,6	0,6	0,8	0,4	0,6	0,6	0,4	0,6	7,2	12
T	TECHNOLOGIE	0,6	0,8	1,0	1,0	1,0	0,6	0,8	0,4	0,8	0,8	0,8	0,6	9,2	4
W	WIRTSCHAFT	1,0	1,0	1,0	0,8	1,0	0,8	0,8	0,8	0,6	1,0	1,0	1,0	10,8	2
P	POLITIK	1,0	0,4	1,0	0,6	1,0	0,4	0,8	1,0	0,8	0,8	1,0	1,0	9,8	3
V	VERKEHRSWESEN	1,0	0,4	1,0	0,4	0,8	0,6	0,6	0,6	0,8	0,6	0,8	0,8	8,4	7
G	VERKEHRSFLUGZEUGMARKT	0,6	0,4	0,8	0,8	0,6	0,6	0,6	0,6	0,6	0,8	0,8	0,4	7,6	10
F	PRODUKTE	0,8	0,2	1,0	1,0	0,4	0,4	0,6	0,4	0,6	0,8	0,6	0,6	7,4	11
A	ANGEBOTSSEITE	0,8	0,6	0,8	0,8	0,6	0,4	0,6	0,8	1,0	0,4	0,6	0,8	8,2	8
N	NACHFRAGESEITE	1,0	0,4	0,8	0,4	0,6	0,4	0,6	0,6	0,6	0,8	0,8	1,0	8	9
K	PASSAGIERE	0,8	0,4	1,0	0,6	1,0	0,2	0,8	0,6	0,6	0,8	1,0	0,8	8,6	6
	SUMME	9,8	5,8	10,0	8,2	8,2	6,4	8,2	6,8	8,0	8,2	8,4	8,8		
	RANG INPUT	2	12	1	5	5	11	5	10	9	5	4	3		

BEWERTUNGSZEITRAUM: 2000 - 2010

INTER-DEPENDENZ-MATRIX M	SCHLÜSSELFAKTOREN	M	D	Ö	T	W	P	V	G	F	A	N	K	SUMME	RANG
M	MANAGEMENT	0,8	0,4	1,0	0,8	0,8	1,0	1,0	0,6	0,8	1,0	0,6	1,0	9,8	7
D	DEMOGRAPHIE + SOZIALER WANDEL	1,0	0,6	1,0	1,0	0,8	1,0	1,0	0,4	1,0	1,0	0,4	1,0	10,2	2
Ö	ÖKOLOGIE	0,8	0,4	0,6	0,6	0,6	1,0	0,6	0,8	0,8	0,6	0,4	0,4	7,6	10
T	TECHNOLOGIE	1,0	0,6	0,8	1,0	0,8	0,6	1,0	0,8	1,0	1,0	0,8	0,6	10,0	4
W	WIRTSCHAFT	1,0	0,6	1,0	1,0	0,4	1,0	1,0	0,8	1,0	1,0	1,0	1,0	10,8	1
P	POLITIK	0,8	0,4	0,8	0,4	1,0	0,4	0,8	1,0	0,8	0,8	0,4	0,4	8,0	9
V	VERKEHRSWESEN	1,0	0,6	0,8	1,0	1,0	1,0	0,4	0,8	1,0	0,8	1,0	0,8	10,2	2
G	VERKEHRSFLUGZEUGMARKT	1,0	0,6	1,0	1,0	0,8	0,6	0,8	0,4	1,0	1,0	1,0	0,8	10,0	4
F	PRODUKTE	0,8	0,6	0,8	1,0	1,0	0,6	1,0	0,8	0,6	1,0	1,0	0,8	10,0	4
A	ANGEBOTSSEITE	1,0	0,6	0,8	1,0	0,8	0,6	1,0	0,6	0,8	0,8	0,6	0,8	9,4	8
N	NACHFRAGESEITE	0,6	0,4	0,4	0,6	0,4	0,6	0,6	0,6	0,8	0,8	0,8	0,6	7,2	12
K	PASSAGIERE	0,8	0,6	0,4	0,6	0,4	0,4	1,0	0,6	1,0	0,6	0,8	0,4	7,6	10
	SUMME	9,8	5,8	9,0	9,4	8,4	8,4	9,2	7,6	9,6	9,8	8,0	8,2		
	RANG	1	12	6	4	7	7	5	11	3	1	10	9		

Von 1990 - 1995 beeinflussen die Subsysteme M, W und T (Rang 1 - 3) das Untersuchungsobjekt am stärksten. Umgekehrt wird Subsystem T (Rang 1) am stärksten vom Untersuchungsobjekt beeinflußt. In der Zeitperiode 1995 - 2000 wird Subsystem Ö (Rang 1) am stärksten von den Veränderungen des Untersuchungsobjektes geprägt, während im Zeitraum von 2000 - 2010 auch die bracheninternen Subsysteme A (Rang 2) und F (Rang 3) stark vom Untersuchungsobjekt beeinflußt werden.

Tab. 3.3: Rückkopplungsmatrix 1990 - 1995, 1995 - 2000, 2000 - 2010

BEWERTUNGSZEITRAUM: 1990 - 1995

RÜCK-KOPPLUNGS-MATRIX M ^ 7

SCHLÜSSELFAKTOREN		M	D	Ö	T	W	P	V	G	F	A	N	K	SUMME	RANG
M	MANAGEMENT	1,0	0,4	0,9	1,0	1,0	0,8	1,0	0,9	0,9	0,8	0,9	0,7	10,3	1
D	DEMOGRAPHIE + SOZIALER WANDEL	0,6	0,2	0,6	0,6	0,6	0,5	0,6	0,6	0,6	0,5	0,6	0,4	6,4	11
Ö	ÖKOLOGIE	0,7	0,3	0,6	0,7	0,7	0,6	0,7	0,6	0,7	0,6	0,7	0,5	7,5	7
T	TECHNOLOGIE	0,9	0,4	0,8	0,9	0,9	0,7	0,9	0,8	0,9	0,8	0,9	0,7	9,6	3
W	WIRTSCHAFT	0,9	0,4	0,9	1,0	0,9	0,8	1,0	0,9	0,9	0,8	0,9	0,7	10,1	2
P	POLITIK	0,9	0,3	0,8	0,9	0,9	0,7	0,9	0,8	0,8	0,7	0,8	0,6	9,1	4
V	VERKEHRSWESEN	0,8	0,3	0,8	0,8	0,8	0,7	0,9	0,8	0,8	0,7	0,8	0,6	8,8	5
G	VERKEHRSFLUGZEUGMARKT	0,8	0,3	0,7	0,8	0,8	0,7	0,8	0,7	0,8	0,7	0,8	0,6	8,6	6
F	PRODUKTE	0,7	0,3	0,6	0,7	0,7	0,5	0,7	0,6	0,6	0,6	0,6	0,5	7,0	9
A	ANGEBOTSSEITE	0,5	0,2	0,5	0,6	0,5	0,5	0,6	0,5	0,5	0,5	0,5	0,4	5,8	12
N	NACHFRAGESEITE	0,7	0,3	0,7	0,7	0,7	0,6	0,7	0,6	0,7	0,6	0,7	0,5	7,5	7
K	PASSAGIERE	0,6	0,2	0,6	0,6	0,6	0,5	0,6	0,6	0,6	0,5	0,6	0,5	6,7	10
	SUMME	9,1	3,6	8,5	9,3	9,1	7,6	9,5	8,4	8,9	8,0	8,7	6,8		
	RANG	3	12	7	2	3	10	1	8	5	9	6	11		

BEWERTUNGSZEITRAUM: 1995 - 2000

RÜCK-KOPPLUNGS-MATRIX M ^ 7

SCHLÜSSELFAKTOREN		M	D	Ö	T	W	P	V	G	F	A	N	K	SUMME	RANG
M	MANAGEMENT	1,0	0,6	1,0	0,8	0,8	0,6	0,8	0,7	0,8	0,8	0,9	0,9	9,7	1
D	DEMOGRAPHIE + SOZIALER WANDEL	0,8	0,5	0,8	0,6	0,7	0,5	0,6	0,5	0,6	0,6	0,7	0,7	7,6	5
Ö	ÖKOLOGIE	0,6	0,4	0,6	0,5	0,5	0,4	0,5	0,4	0,5	0,5	0,6	0,6	6,2	11
T	TECHNOLOGIE	0,8	0,5	0,8	0,7	0,7	0,5	0,7	0,5	0,6	0,7	0,7	0,7	7,8	4
W	WIRTSCHAFT	0,9	0,6	1,0	0,8	0,8	0,6	0,8	0,6	0,8	0,8	0,8	0,8	9,2	2
P	POLITIK	0,8	0,5	0,9	0,7	0,7	0,5	0,7	0,6	0,7	0,7	0,7	0,8	8,3	3
V	VERKEHRSWESEN	0,7	0,4	0,7	0,6	0,6	0,5	0,6	0,5	0,6	0,6	0,6	0,7	7,2	7
G	VERKEHRSFLUGZEUGMARKT	0,6	0,4	0,7	0,5	0,6	0,4	0,5	0,4	0,5	0,5	0,6	0,6	6,4	10
F	PRODUKTE	0,6	0,4	0,6	0,5	0,5	0,4	0,5	0,4	0,5	0,5	0,6	0,6	6,2	11
A	ANGEBOTSSEITE	0,7	0,4	0,7	0,6	0,6	0,4	0,6	0,5	0,6	0,6	0,6	0,6	6,9	8
N	NACHFRAGESEITE	0,7	0,4	0,7	0,6	0,6	0,4	0,6	0,5	0,6	0,6	0,6	0,6	6,8	9
K	PASSAGIERE	0,7	0,4	0,8	0,6	0,6	0,5	0,6	0,5	0,6	0,6	0,6	0,7	7,3	6
	SUMME	9,0	5,4	9,3	7,5	7,8	5,7	7,6	6,3	7,3	7,7	8,0	8,1		
	RANG	2	12	1	8	5	11	7	10	9	6	4	3		

BEWERTUNGSZEITRAUM: 2000 - 2010

RÜCK-KOPPLUNGS-MATRIX M ^ 7

SCHLÜSSELFAKTOREN		M	D	Ö	T	W	P	V	G	F	A	N	K	SUMME	RANG
M	MANAGEMENT	0,9	0,6	0,8	0,9	0,8	0,8	0,9	0,7	0,9	0,9	0,8	0,7	9,6	7
D	DEMOGRAPHIE + SOZIALER WANDEL	1,0	0,6	0,9	0,9	0,8	0,8	0,9	0,8	1,0	0,9	0,8	0,8	10,1	4
Ö	ÖKOLOGIE	0,7	0,4	0,6	0,7	0,6	0,6	0,7	0,6	0,7	0,7	0,6	0,6	7,5	11
T	TECHNOLOGIE	0,9	0,6	0,8	0,9	0,8	0,8	0,9	0,7	0,9	0,9	0,8	0,8	10,0	2
W	WIRTSCHAFT	1,0	0,6	0,9	0,9	0,8	0,8	1,0	0,8	1,0	1,0	0,8	0,8	10,5	1
P	POLITIK	0,8	0,5	0,7	0,7	0,6	0,6	0,7	0,6	0,8	0,8	0,6	0,6	8,0	9
V	VERKEHRSWESEN	1,0	0,6	0,8	0,9	0,8	0,8	0,9	0,7	0,9	0,9	0,8	0,8	10,0	2
G	VERKEHRSFLUGZEUGMARKT	0,9	0,6	0,8	0,9	0,8	0,8	0,9	0,7	0,9	0,9	0,8	0,8	9,8	6
F	PRODUKTE	0,9	0,6	0,8	0,9	0,8	0,8	0,9	0,7	0,9	0,9	0,8	0,8	9,9	5
A	ANGEBOTSSEITE	0,9	0,5	0,8	0,8	0,7	0,7	0,9	0,7	0,9	0,9	0,7	0,7	9,3	8
N	NACHFRAGESEITE	0,7	0,4	0,6	0,6	0,6	0,6	0,6	0,5	0,7	0,7	0,6	0,5	7,0	12
K	PASSAGIERE	0,7	0,4	0,6	0,7	0,6	0,6	0,7	0,6	0,7	0,7	0,6	0,6	7,6	10
	SUMME	10,4	6,3	9,2	9,9	8,8	8,7	10,0	8,2	10,3	10,2	8,8	8,5		
	RANG	1	12	6	5	7	8	4	11	2	3	7	10		

Die wesentlichen Rangänderungen, die sich durch die Rückkopplungsrechnung ergeben, sind die stärkere Beeinflussung der Subsysteme V und W durch das Untersuchungsobjekt im Zeitraum T1. In den Zeithorizonten T2 und T3 zeigen sich keine größeren Abweichungen in der Rangordnung der Subsysteme gegenüber der Kausalmatrix. Erhebliche Bedeutungskorrekturen zeigen sich jedoch in den Wirkungen zwischen den einzelnen Subsystemen, wie die nachfolgende Abweichungsmatrix (siehe Tabelle 3.4) verdeutlicht.

Tab. 3.4: Abweichungsmatrix 1990 - 1995, 1995 - 2000, 2000 - 2010

BEWERTUNGSZEITRAUM: 1990 - 1995

ABWEICHUNGS-MATRIX normiert (M^7 - M)

SCHLÜSSELFAKTOREN		M	D	Ö	T	W	P	V	G	F	A	N	K
M	MANAGEMENT	0,0	0,0	0,1	0,0	0,4	-0,2	0,0	0,1	0,1	0,0	-0,1	0,1
D	DEMOGRAPHIE + SOZIALER WANDEL	-0,4	0,0	-0,2	-0,2	0,2	0,1	0,2	0,4	0,4	0,3	0,0	-0,4
Ö	ÖKOLOGIE	-0,1	0,1	0,0	0,1	-0,1	0,2	-0,1	-0,2	-0,3	0,2	0,5	0,1
T	TECHNOLOGIE	-0,1	0,0	-0,2	0,3	-0,1	0,1	-0,1	0,2	0,1	0,0	0,1	0,1
W	WIRTSCHAFT	-0,1	0,0	-0,1	0,4	-0,1	-0,2	0,2	0,1	0,1	0,2	-0,1	0,1
P	POLITIK	0,1	0,1	-0,2	0,3	-0,1	-0,3	0,1	-0,2	0,6	-0,1	0,0	0,2
V	VERKEHRSWESEN	0,2	-0,1	-0,2	-0,2	0,0	0,3	0,3	0,0	-0,2	-0,1	0,2	0,0
G	VERKEHRSFLUGZEUGMARKT	0,4	0,1	0,3	0,0	-0,2	-0,3	-0,2	0,3	0,0	-0,1	-0,2	0,2
F	PRODUKTE	0,3	-0,1	0,2	-0,3	0,1	0,1	0,1	-0,2	0,0	-0,2	0,2	0,1
A	ANGEBOTSSEITE	-0,1	0,0	0,1	-0,2	0,1	0,3	0,4	-0,1	-0,5	0,1	0,1	0,0
N	NACHFRAGESEITE	0,1	0,1	0,3	0,1	0,1	0,2	-0,3	-0,2	0,1	0,0	0,1	-0,3
K	PASSAGIERE	-0,2	0,0	0,2	0,0	0,2	0,1	-0,2	0,4	0,2	0,1	-0,4	-0,3

BEWERTUNGSZEITRAUM: 1995 - 2000

ABWEICHUNGS-MATRIX normiert (M^7 - M)

SCHLÜSSELFAKTOREN		M	D	Ö	T	W	P	V	G	F	A	N	K
M	MANAGEMENT	0,0	-0,2	0,0	-0,2	0,0	-0,4	-0,2	-0,1	-0,2	-0,2	-0,1	-0,1
D	DEMOGRAPHIE + SOZIALER WANDEL	-0,2	0,1	-0,2	-0,2	-0,1	-0,1	-0,4	0,1	0,0	0,0	0,1	-0,3
Ö	ÖKOLOGIE	-0,4	0,0	0,0	-0,1	-0,1	-0,2	-0,3	0,0	-0,1	-0,1	0,2	0,0
T	TECHNOLOGIE	0,2	-0,3	-0,2	-0,3	-0,3	-0,1	-0,1	0,1	-0,2	-0,1	-0,1	0,1
W	WIRTSCHAFT	-0,1	-0,4	0,0	0,0	-0,2	-0,2	0,0	-0,2	0,2	-0,2	-0,2	-0,2
P	POLITIK	-0,2	0,1	-0,1	0,1	-0,3	0,1	-0,1	-0,4	-0,1	-0,1	-0,3	-0,2
V	VERKEHRSWESEN	-0,3	0,0	-0,3	0,2	-0,2	-0,1	0,0	-0,1	-0,2	0,0	-0,2	-0,1
G	VERKEHRSFLUGZEUGMARKT	0,0	0,0	-0,1	-0,3	0,0	-0,2	-0,1	-0,2	-0,1	-0,3	-0,2	0,2
F	PRODUKTE	-0,2	0,2	-0,4	-0,5	0,1	0,0	-0,1	0,0	-0,1	-0,3	0,0	0,0
A	ANGEBOTSSEITE	-0,1	-0,2	-0,1	-0,2	0,0	0,0	0,0	-0,3	-0,4	0,2	0,0	-0,2
N	NACHFRAGESEITE	-0,3	0,0	-0,1	0,2	0,0	0,0	0,0	-0,1	0,0	-0,2	-0,2	-0,4
K	PASSAGIERE	-0,1	0,0	-0,2	0,0	-0,4	0,3	-0,2	-0,1	0,0	-0,2	-0,4	-0,1

BEWERTUNGSZEITRAUM: 2000 - 2010

ABWEICHUNGS-MATRIX normiert (M^7 - M)

SCHLÜSSELFAKTOREN		M	D	Ö	T	W	P	V	G	F	A	N	K
M	MANAGEMENT	0,1	0,2	-0,2	0,1	0,0	-0,2	-0,1	0,1	0,1	-0,1	0,2	-0,3
D	DEMOGRAPHIE + SOZIALER WANDEL	0,0	0,0	-0,1	-0,1	0,0	-0,2	-0,1	0,4	0,0	-0,1	0,4	-0,2
Ö	ÖKOLOGIE	-0,1	0,0	0,0	0,1	0,0	-0,4	0,1	-0,2	-0,1	0,1	0,2	0,2
T	TECHNOLOGIE	-0,1	0,0	0,0	-0,1	0,0	0,2	-0,1	-0,1	-0,1	-0,1	0,0	0,2
W	WIRTSCHAFT	0,0	0,0	-0,1	-0,1	0,4	-0,2	0,0	0,0	0,0	0,0	-0,2	-0,2
P	POLITIK	0,0	0,1	-0,1	0,3	-0,4	0,2	-0,1	-0,4	0,0	0,0	0,2	0,2
V	VERKEHRSWESEN	0,0	0,0	0,0	-0,1	-0,2	-0,2	0,5	-0,1	-0,1	0,1	-0,2	0,0
G	VERKEHRSFLUGZEUGMARKT	-0,1	0,0	-0,2	-0,1	0,0	0,2	0,1	0,3	-0,1	-0,1	-0,2	0,0
F	PRODUKTE	0,1	0,0	0,0	-0,1	-0,2	0,2	-0,1	-0,1	0,3	-0,1	-0,2	0,0
A	ANGEBOTSSEITE	-0,1	-0,1	0,0	-0,2	-0,1	0,1	-0,1	0,1	0,1	0,1	0,1	-0,1
N	NACHFRAGESEITE	0,1	0,0	0,2	0,0	0,2	0,0	0,0	-0,1	-0,1	-0,1	-0,2	-0,1
K	PASSAGIERE	-0,1	-0,2	0,2	0,1	0,2	0,2	-0,3	0,0	-0,3	0,1	-0,2	0,2

- Interpretation der Abweichungsmatrix

Der Vergleich zwischen der Kopplungsmatrix und der Rückkopplungsmatrix liefert Erkenntnisse über das Verhalten vernetzter Systeme. Die Abweichungsmatrix zeigt auf zwischen welchen Subsystemen die Rückkopplungsrechnung Abschwächungen oder Verstärkungen der bestehenden Interdependenzen induziert:

Betrachtet man die wesentlichen Abweichungen in den Zeithorizonten T1, T2 und T3 so zeigt sich, daß die Zahl der Abweichungen die den Betrag ≥ 0,4 haben von 13 (T1), über 11 (T2) auf 7 (T1) abnehmen. Negative Rückkopplungswirkungen (Abschwächungen) ≤ - 0,4 zeigen sich im Zeithorizont T1 zwischen den Subsystemen D→M, A→F, K→N sowie D→K, im Zeithorizont T2 zwischen den Subsystemen Ö→M, W→D, F→Ö, F→T, K→W, M→P, D→V, P→G, A→F, K→N sowie N→K und im Zeithorizont T3 zwischen den Subsytemen P→W, Ö→P sowie P→G. Auffallend ist die große Zahl von Abschwächungen im Zeithorizont T2, was ein Indiz dafür sein kann, daß sich innerhalb des Systems zahlreiche Paradigmenwechsel vollziehen, die die analysierten Trends verändern und neue Strukturen schaffen.

Positive Rückkopplungswirkungen (Abweichungen ≥ 0,4) zeigen sich im Zeithorizont T1 zwischen den Subsystemen G→M, W→T, M→W, A→V, D→G, K→G, D→F, P→F sowie Ö→N. Im Zeithorizont T2 sind keine Abweichungen ≥ 0,4 anzutreffen, während im Zeithorizont T3 diese zwischen W→W,, V→V, D→G sowie D→N auftreten. Auch bei den positiven Rückkopplungswirkungen zeigt sich, daß im Zeitraum T2 durch die festgelegten Trends ein Strukturwandel stattfinden muß, da hier die positiven Verstärkungswirkungen wesentlich geringer ausfallen (maximal 0,3).

Insgesamt zeigen die Ergebnisse der Abweichungsmatrix, daß die Berücksichtigung der Rückkopplung zu erheblichen Veränderungen bezüglich der Intensität der Interdependenzen führt. Die Rückkopplungsrechnung kann hierbei auch einen Beitrag dazu leisten, subjektive Bewertungseinflüsse zu korrigieren.

STÖRUNGEN SYSTEMUMGEBUNG AUF VERKEHRSFLUGZEUGMARKT

Z E I T R A U M : 1990 - 1995

		A/P
SDG3	Konflikte zwischen Christen und Moslems forcieren japanische Flugzeugbauambitionen	+ 1
SMG1	Profitstreben forciert Konzentrationen im Flugzeugbau	+ 1
SÖG3	Atmosphärenaufheizung forciert japanische Beteiligungen am Flugzeugbau	+ 1
SPG3	Krieg im Nahen Osten forciert japanische Flugzeugbauanstrengungen (Abkopplung vom Rohöl)	+ 1
SVG3	Ölkrise verstärkt japanische Flugzeugbauambitionen (Erdgas, H2)	+ 1
SWG2	Liquiditätskrise forciert die Abnahme militärischer Aufträge	+ 1
SWG3	Liquiditätskrise eröffnet neue Chancen für den japanischen Flugzeugbau	+ 1
SMG2	'Profitgier' hemmt die Abnahme der Rüstungsprojekte bei Produzenten	- 1
SPG2	Krieg im Nahen Osten hemmt die Abahme von militärischen Aufträgen	- 1
SPG4	Krieg im Nahen Osten hemmt das Luftverkehrswachstum (Ölkrise)	- 1
STG4	Super-Gau in Industriestaaten bremst Wachstum des Luftverkehrs	- 1
SVG2	Ölkrise hemmt die Abnahme der Militäraufträge im Flugzeugbau	- 1
SVG4	Ölkrise hemmt das Wachstum des Luftverkehrs	- 1
SWG4	Rezession bremst das Wachstum des Passagier- und Frachtverkehrs	- 1

Z E I T R A U M : 1995 - 2000

		A/P
SDG3	Konflikte zwischen Christen und Moslems forcieren jap Flugz.bauambitionen (CH4-/H2-Flugz.)	+ 1
SÖG1	Atmosphärenaufheizung unterstützt den Trend zu internat. Kooperationsprojekten	+ 1
SÖG3	Atmosphärenaufheizung forciert japanische Beteiligungen am Flugzeugbau (CH4/H2-Flugz.)	+ 1
SPG1	Revolution in China stimuliert internat. Kooperationsprojekte	+ 1
SPG3	Revolution in China forciert japanische Flugzeugbauambitionen (riesiger chin. Binnenmarkt)	+ 1
SVG1	Energiekrise unterstützt den Trend zu internat. Kooperationsprojekten	+ 1
SVG3	Energiekrise forciert japanische Flugzeugbauambitionen	+ 1
STG4	Super-Gau in Europa bremst das Wachstum der Luftverkehrs	- 1
SVG2	Energiekrise hemmt den Subventionsabbau beim europ. Flugzeugbau	- 1
SVG4	Energiekrise hemmt das Wachstum der internat. Direktverbindungen	- 1
SWG2	Rezession hemmt den Abbau der Subventionen für den europ. Flugzeugbau	- 1
SWG4	Rezession bremst das Wachstum der internat. Direktverbindungen	- 1

Z E I T R A U M : 2000 - 2010

		A/P
SDG3	Konflikte zwischen Christen und Moslems forcieren jap. Flugzeugbauambitionen (CH4/H2-Flugz.)	+ 1
SÖG3	Atmosphärenaufheizung forciert japanische Flugzeugbauambitionen (CH4-/H2-Flugezuge)	+ 1
SÖG5	Atmosphärenaufheizung forciert die Zunahme der emissionsbedingten Umweltauflagen	+ 1
SPG3	Krieg im Nahen Osten forciert japanische Flugzeugbauambitionen (Abkopplung vom Kerosin)	+ 1
SPG4	Krieg im Nahen Osten forciert die Abschwächung des Luftverkehrswachstums (Energiekrise)	+ 1
STG3	Tankerunglücke unterstützen japanische Flugzeugbauambitionen (CH4-/H2-Flugz.)	+ 1
SVG1	Energiekrise unterstützt den Trend zu transnat. Flugzeugbauprojekten (SST-Flugzeuge)	+ 1
SVG3	Energiekrise verstärkt japanische Flugzeugbauambitionen (Erdgas, H2)	+ 1
SVG4	Energiekrise forciert die Abschwächung des Luftverk.wachstums zwischen den Industriestaaten	+ 1
SWG1	Liquiditätsverknappung forciert den Trend zu transnat. Flugzeugbauprojekten	+ 0
SWG2	Rezession verstärkt die Subventionierung des japanischen Flugzeugbaus	+ 1
SWG3	Rezession erhöht die Markteintrittschancen für neue Anbieter	+ 1
SVG5	Energiekrise hemmt die Zunahme der emissionsbedingten Umweltauflagen	- 1
SWG4	Rezession bremst das Luftverkehrwachstum zwischen den Industriestaaten	- 1

STÖRUNGEN VERKEHRSFLUGZEUGBRANCHE AUF VERKEHRSFLUGZEUGMARKT

Z E I T R A U M : 1990 - 1995

		A/P
SAG2	Zunahme der Entwicklungskosten reduziert militärische Aufträge für den Flugz.bau	+ 1
SAG3	Zunahme der Entwicklungskosten verstärkt jap. Beteiligungen am Flugzeugbau	+ 1
SFG3	Bekämpfung der Emissionsbelastung forciert japanische Anstrengungen im Flugzeugbau	+ 1
SFG5	Bekämpfung von Triebwerkslärm verschärft die Restriktionen für laute Antriebe	+ 1
SNG3	Regulierung (MITI) forciert japanische Beteiligungen am Flugzeugbau	+ 1
SGG4	Kapazitätsbeschränkungen hemmen das Luftverkehrwachstum	- 1
SKG4	Geringe Wertigkeit der Frachtgüter hemmt das Wachstum des Frachtverkehrs	- 1
SNG1	Regulierung hemmt nationale Konzentrationen im Flugzeugbau	- 1

Z E I T R A U M : 1995 - 2000

		A/P
SAG1	Zunahme der Entwicklungskosten forciert internat. Kooperationsprojekte	+ 1
SFG1	Bekämpfung der Abgasemissionen stimuliert internat. Kooperationsprojekte	+ 1
SFG3	Bekämpfung der Abgasemissionen forciert japanische Flugzeugbauambitionen	+ 1
SGG1	Kapazitätsbeschränkungen unterstützen den Trend zu internat. Kooperationsprojekten	+ 1
SGG3	Kapazitätsbeschränkungen forcieren jap. Beteiligungen am Flugzeugbau (Tilt-Rotor)	+ 1
SNG3	Regulierung (MITI) forciert japanische Beteiligungen am Flugzeugbau	+ 1
SAG2	Zunahme der Entwicklungskosten hemmt den Subventionsabbau bei Airbus Industrie	- 1
SAG3	Zunahme der Entwicklungskosten erhöht die Markteintrittsbarrieren für jap. Flugzeugbau	- 1
SGG4	Kapazitätsbeschränkungen hemmen das Wachstum der internat. Direktverbindungen	- 1
SKG4	Nord-Süd-Einkommensgefälle hemmt das Wachstum der internat. Direktverbindungen	- 1
SNG4	Regulierung hemmt das Wachstum der internat. Direktverbindungen	- 1
SNG5	Preiskämpfe forcieren die Bedeutungsabnahme der IATA als Tarifkoordinator	- 1

Z E I T R A U M : 2000 - 2010

		A/P
SAG2	Zunahme der Entwicklungskosten verstärkt japanische Flugzeugbausubventionen	+ 1
SAG3	Zunahme der Entwicklungskosten unterstützt japanische Flugzeugbauambitionen	+ 1
SFG3	Bekämpfung der Abgasemissionen verstärkt jap. Flugz.bauambitionen (CH4-/H2-Flugz.)	+ 1
SFG5	Bekämpfung der Abgasemissionen forciert die Zunahme der Umweltauflagen	+ 1
SGG1	Kapazitätsbeschränkungen unterstützen die Durchführung transnationaler Flugzeugbauprojekte	+ 1
SGG3	Kapazitätsbeschränkungen verstärken jap. Flugz.bauambitionen (Überschall, Tilt-Rotor)	+ 1
SKG4	Rückgang der Realeinkommen forciert die Abnahme des Luftverkehrswachstums	+ 1
SNG3	Regulierung (MITI) forciert japanische Flugzeugbauambitionen	+ 1
SNG5	Regulierung forciert Zunahme der Umweltauflagen bezüglich Schadstoffemissionen	+ 1
SGG4	Kapazitätsbeschränkungen hemmen das Luftverkehrwachstum zwischen den Industriestaaten	- 1

Abb. 3.4: Störungen Systemumgebung und Verkehrsflugzeugbranche auf Verkehrsflugzeugmarkt 1990 - 1995, 1995 - 2000, 2000 - 2010

STÖRUNGEN SYSTEMUMGEBUNG AUF PRODUKTE

Z E I T R A U M : 1990 - 1995

		A/P
SMF4	Profitstreben forciert die Beibehaltung der Derivatstrategie	+ 1
SPF2	Krieg im Nahen Osten verstärkt den Druck zu energiesparenden Innovationen	+ 1
SVF2	Ölkrise forciert die Zunahme energieeinsparender Innovationen	+ 1
SWF4	Rezession unterstützt die Derivatstrategie	+ 1
SÖF1	Atmosphärenaufheizung hemmt die Vergrößerung der Flugzeugproduktivität	- 1
SWF2	Rezession hemmt die Innovationsfreudigkeit der Hersteller	- 1
SWF5	Rezession hemmt die Verbesserung des 'Product-Support'	- 1

Z E I T R A U M : 1995 - 2000

		A/P
SDF2	Konflikte zwischen Christen und Moslems unterstützen die umweltorient. Produktauslegung	+ 1
SÖF2	Atmosphärenaufheizung forciert die umweltorientierte Produktauslegung	+ 1
SÖF3	Atmosphärenaufheizung unterstützt den Verfall der Gebrauchtflugzeugpreise	+ 1
SÖF4	Atmosphärenaufheizung forciert die Verkürzung der Serienlebensdauer	+ 1
SPF2	Krieg im Nahen Osten forciert die umweltorientierte Produktauslegung	+ 1
STF2	Tankerunglücke unterstützen den Trend zu umweltorientierter Produktauslegung	+ 1
SVF1	Energiekrise forciert den Trend zu Gewichtseinsparungen	+ 1
SVF2	Energiekrise verstärkt die umweltorientierte Produktauslegung	+ 1
SVF3	Energiekrise forciert den Verfall der Gebrauchtflugzeugpreise	+ 1
SWF3	Rezession unterstützt den Verfall der Gebrauchtflugzeugpreise	+ 1
SMF2	'Profitgier' hemmt die umweltorientierte Produktauslegung	- 1
SWF2	Rezession hemmt die umweltorientierte Produktauslegung (höhere Kosten)	- 1

Z E I T R A U M : 2000 - 2010

		A/P
SDF4	Konflikte zwischen Christen und Moslems forcieren die Einführung neuer Produkte	+ 1
SÖF3	Atmosphärenaufheizung forciert den Anstieg der Entwicklungs- und Stückkosten	+ 1
SÖF4	Atmosphärenaufheizung forciert die Einführung von neuen Produkten (CH4-/H2-Flugz.)	+ 1
SPF4	Krieg im Nahen Osten unterstützt die Einführung neuer Produkte (CH4-/H2-Flugz.)	+ 1
STF4	Tankerkatastrophen unterstützen die Einführung neuer teurer Produkte	+ 1
SVF2	Energiekrise forciert die Zunahme von Entwicklungs- und Stückkosten (CH4-/H2-Flugz.)	+ 1
SVF4	Energiekrise forciert die Einführung neuer teurer Produkte (CH4-/H2-Flugz.)	+ 1
SWF1	Rezession hemmt die Bedeutungszunahme des Faktors Geschwindigkeit	- 1
SWF4	Rezession hemmt die Einführung neuer teurer Produkte	- 1

STÖRUNGEN VERKEHRSFLUGZEUGBRANCHE AUF PRODUKTE

Z E I T R A U M : 1990 - 1995

		A/P
SAF3	Entwicklungskostenanstieg induziert den Anstieg der Flugzeugpreise	+ 1
SFF2	Bekämpfung der Emissionsbelastung verstärkt den Trend zu Produktinnovationen	+ 1
SGF1	Kapazitätsbeschränkungen forcieren Produktivitätssteigerungen der Flugzeuge	+ 1
SGF2	Kapazitätsbeschränkungen verstärken Produktinnovationen bei Verkehrsflugz.	+ 1
SNF2	Regulierung hemmt die Einführung innovativer Produkte	- 1

Z E I T R A U M : 1995 - 2000

		A/P
SAF4	Erfahrungskurve unterstützt die Verkürzung der Serienlebensdauer	+ 1
SFF1	Bekämpfung der Abgasemissionen forciert den Trend zu Gewichtseinsparungen	+ 1
SFF2	Bekämpfung der Abgasemissionen forciert die umweltorientierte Produktauslegung	+ 1
SGF1	Kapazitätsbeschränkungen forcieren die umweltorientierte Produktauslegung	+ 1
SGF2	Kapazitätsbeschränkungen unterstützen den Verfall der Gebrauchtflugzeugpreise	+ 1
SNF3	Preiskämpfe unterstützen den Verfall der Gebrauchtflugzeugpreise	+ 1

Z E I T R A U M : 2000 - 2010

		A/P
SAF3	Entwicklungskostenanstieg induziert den Anstieg der Flugzeugpreise	+ 1
SFF2	Triebwerkslärm von Überschallflugzeugen forciert die Bedeutung von intelligenten Produkten	+ 1
SFF4	Bekämpfung der Abgasemissionen forciert die Einführung neuer Produkte (H2-Flugz.)	+ 1
SGF1	Kapazitätsbeschränkungen forcieren die Bedeutung des Faktors Geschwindigkeit	+ 1
SGF2	Kapazitätsbeschränkungen verstärken die Bedeutung intelligenter Produkte	+ 1
SGF4	Kapazitätsbeschränkungen forcieren die Einführung neuer teurer Produkte (SST-Flugz.)	+ 1
SKF1	Geringe Wertigkeit der Frachtgüter hemmt die Bedeutung des Faktors Geschwindigkeit	- 0
SKF4	Geringe Wertigkeit der Frachtgüter hemmt die Einführung neuer Nurfrachter	- 0
SNF1	Regulierung hemmt die Bedeutungszunahme des Faktors Geschwindigkeit	- 1

Abb. 3.5: Störungen Systemumgebung und Vekehrsflugzeugbranche auf Produkte 1990 - 1995, 1995 - 2000, 2000 - 2010

STÖRUNGEN SYSTEMUMGEBUNG AUF ANGEBOTSSEITE

Z E I T R A U M : 1990 - 1995

		A/P
SDA3	Konflikte zwischen Christen u. Moslems unterstützen die Red. des Treibstoffverbrauches	+ 1
SMA1	Profitstreben forciert die Zunahme der Produktdifferenzierung	+ 1
SÖA3	Atmosphärenaufheizung forciert die Reduzierung des Treibstoffverbrauches	+ 1
SPA3	Krieg im Nahen Osten forciert die Reduzierung von Treibstoffverbräuchen	+ 1
STA3	Super-Gau in Industriestaaten forciert den Trend zu Treibstoffeinsparungen	+ 1
SVA2	Ölkrise unterstützt den Trend zu erhöhter 'Commonality'	+ 1
SVA3	Ölkrise forciert die Reduzierung der Treibstoffverbräuche	+ 1
SWA1	Rezession unterstützt den Trend zur Produktdifferenzierung	+ 1
SWA2	Rezession unterstützt den Trend zu verstärkter 'Commonality'	+ 1
SWA3	Rezession forciert die Reduzierung des Treibstoffverbrauches	+ 1
SMA2	'Profitgier' hemmt die Reduzierung des Treibstoffverbrauches (hohe Investitionskosten)	- 1
SWA5	Depression gefährdet die Dominanz der heutigen großen Hersteller	- 0

Z E I T R A U M : 1995 - 2000

		A/P
SDA3	Konflikte zwischen Christen und Moslems forcieren die Erprobung von CH4-/H2-Flugz.	+ 1
SÖA3	Atmosphärenaufheizung unterstützt den Trend zur Erprobung von CH4-/H2-Flugz.	+ 1
SÖA5	Atmosphärenaufheizung unterstützt die Markteintrittsambitionen neuer Hersteller (H2-Flugzeuge)	+ 1
SPA3	Krieg im Nahen Osten forciert die Erprobung von CH4-/H2-Flugzeugen	+ 1
SPA5	Krieg im Nahen Osten forciert die Markteintrittschancen für neue Hersteller (H2-Flugzeuge)	+ 1
STA3	Super-Gau forciert die Erprobung von Methan-/Wasserstoffflugzeugen	+ 1
SVA3	Energiekrise unterstützt die Erprobung von Methan-/Wasserstoffflugzeugen	+ 1
SVA5	Energiekrise unterstützt die Markteintrittschancen für neue Hersteller	+ 1
SWA5	Rezession verstärkt die Markteintrittschancen für neue Hersteller	+ 1
SMA3	'Profitgier' hemmt die Erprobung von Methan-/Wasserstoffflugzeugen	- 1
SWA3	Rezession bremst die Erprobung von Methan-/Wasserstoffflugzeugen	- 1

Z E I T R A U M : 2000 - 2010

		A/P
SDA3	Konflikte zwischen Christen und Moslems forcieren die Einführung von CH4-/H2-Antrieben	+ 1
SDA4	Konflikte zwischen Christen und Moslems forcieren die Entwicklung umweltfreundl. Triebwerke	+ 1
SÖA3	Atmosphärenaufheizung forciert die Einführung von CH4-/H2-Antrieben	+ 1
SÖA4	Atmosphärenaufheizung forciert das Angebot umweltfreundlicher Flugzeuge	+ 1
SPA3	Krieg im Nahen Osten forciert die Einführung von CH4-/H2-Antrieben	+ 1
STA3	Super-Gau forciert die Einführung von Methan-/Wasserstoffantrieben	+ 1
SVA3	Energiekrise forciert die Einführung von Methan-/Wasserstoffantrieben	+ 1
SVA4	Energiekrise verstärkt das Angebot umweltfreundlicher Flugzeuge	+ 1
SWA5	Rezession erhöht die Marktchancen für neue Hersteller	+ 1

STÖRUNGEN VERKEHRSFLUGZEUGBRANCHE AUF ANGEBOTSSEITE

Z E I T R A U M : 1990 - 1995

		A/P
SAA1	Zunahme der Entwicklungskosten verstärkt die Produktdifferenzierung	+ 1
SAA2	Zunahme der Entwicklungskosten verstärkt die 'Commonality'-Orientierung	+ 1
SFA4	Bekämpfung von Triebswerkslärm forciert Maßnahmen zur Lärmminderung	+ 1
SGA4	Flughafenbeschränkungen forcieren das Angebot von 'Wide-Body'-Flugzeugen	+ 1
SGA5	Streiks gefährden die Dominanz von drei großen Herstellern	- 1
SNA4	Regulierung hemmt Zunahme von 'Wide-Body'-Flugzeugen	- 1

Z E I T R A U M : 1995 - 2000

		A/P
SAA1	Zunahme der Entwicklungskosten verstärkt die Fragmentierung der Flugzeugtypen	+ 1
SAA2	Zunahme der Entwicklungskosten verstärkt die Bedeutung der 'Commonality'	+ 1
SFA3	Bekämpfung der Abgasemissionen forciert die Erprobung von CH4-/H2-Flugzeugen	+ 1
SFA5	Bekämpfung der Abgasemissionen erhöht die Markteintrittschancen für neue Hersteller	+ 1
SNA3	Regulierung im Pazifikraum unterstützt die Erprobung von CH4-/H2-Flugzeugen	+ 1
SNA5	Regulierung im Pazifikraum erhöht die Markteintrittschancen für neue Hersteller	+ 1
SAA3	Zunahme der Entwicklungskosten hemmt die Erprobung von CH4-/H2-Flugzeugen	- 1
SAA4	Zunahme der Entwicklungskosten hemmt das verstärkte Angebot von Langstreckenflugzeugen	- 1
SAA5	Zunahme der Entwicklungskosten erhöht die Markteintrittsbarrieren für neue Hersteller	- 1
SKA4	Geringe Wertigkeit der Frachtgüter hemmt das Angebot von Langstreckenfrachtern	- 0

Z E I T R A U M : 2000 - 2010

		A/P
SFA3	Bekämpfung der Abgasemissionen forciert die Einführung von CH4-/H2-Antrieben	+ 1
SFA4	Bekämpfung der Abgasemissionen forciert den Trend zu umweltfreundl. Flugzeugen	+ 1
SFA5	Bekämpfung der Abgasemissionen unterstützt das Aufkommen neuer Hersteller	+ 1
SGA1	Kapazitätsbeschränkungen forcieren die Entwicklung einer hochintell. Flugzeuggeneration	+ 1
SGA4	Kapazitätsbeschränkungen forcieren das Angebot schnellerer Flugzeuge	+ 1
SGA5	Kapazitätsbeschränkungen unterstützen das Aufkommen neuer Hersteller	+ 1
SAA4	Zunahme der Entwicklungskosten bremst das Angebot schellerer Flugzeuge	- 1
SAA5	Zunahme der Entwicklungskosten erschwert das Aufkommen eines neuen Herstellers	- 1
SKA4	Rückgang der Realeinkommen hemmt das Angebot schnellerer Flugzeuge (höhere Flugpreise)	- 1
SNA4	Regulierung hemmt das Angebot von Überschallflugz. Flugzeugen (Überflugverbote)	- 1

Abb. 3.6: Störungen Systemumgebung und Vekehrsflugzeugbranche auf Angebotsseite 1990 - 1995, 1995 - 2000, 2000 - 2010

STÖRUNGEN SYSTEMUMGEBUNG AUF NACHFRAGESEITE

Z E I T R A U M : 1990 - 1995

		A/P
SMN1	Profitstreben forciert das Wachstum des Leasinggeschäftes	+ 1
SMN4	Profitstreben forciert die Zunahme der Beteiligungen	+ 1
SWN5	Rezession forciert die Bedeutung von neuen Buchungssystemen	+ 1
SDN1	Konflikte zwischen Christen und Moslems gefährden das Wachstum des Leasinggeschäftes	- 1
SDN2	Konflikte zwischen Christen und Moslems gefährden das Wachstum des Luftverkehrs	- 1
SPN1	Krieg im Nahen Osten gefährdet das Wachstum des Leasinggeschäftes	- 1
SPN2	Krieg im Nahen Osten gefährdet das Luftverkehrswachstum	- 1
STN2	Super-Gau in Industriestaaten bremst das Wachstum des Luftverkehrs	- 1
SVN1	Ölkrise hemmt das Wachstum des Flugzeugleasing	- 1
SVN2	Ölkrise hemmt das Wachstum des Luftverkehrs	- 1
SWN1	Rezession hemmt das Wachstum des Flugzeugleasing	- 1
SWN2	Rezession hemmt das Wachstum des Luftverkehrs	- 1
SWN4	Rezession verschärft den internationalen Wettbewerb	- 1

Z E I T R A U M : 1995 - 2000

		A/P
SMN1	Profitstreben forciert den Risikoanstieg des Leasinggeschäftes	+ 1
SPN1	Krieg im Nahen Osten erhöht Risiken des Leasinggeschäftes	+ 1
SVN1	Energiekrise erhöht Risiken des Leasinggeschäftes	+ 1
SWN1	Rezession erhöht Risiken des Leasinggeschäftes	+ 1
SDN2	Konflikte zw. Christen u. Moslems gefährden das Wachstum der internat. Direktverbind.	- 1
SÖN2	Erdbebenkatastr. hemmt das Wachstum der internat. Direktverb. (Infrastrukturzerstörung)	- 1
SPN4	Krieg im Nahen Osten verzögert die Herausbildung von 'Triaden-Carriern'	- 1
SVN2	Energiekrise hemmt das Wachstum der internat. Direktverbindungen	- 1
SWN2	Rezession verzögert das Wachstum der internat. Direktverbindungen	- 1
SWN4	Rezession bremst die Herausbildung von Triaden-Carriern	- 1

Z E I T R A U M : 2000 - 2010

		A/P
SMN1	Profitstreben forciert die internationalen Konzentrationsprozesse	+ 1
SVN5	Energiekrise unterstützt den Aufbau intelligenter Reisevertriebssysteme	+ 1
SWN2	Rezession verstärkt den internationalen Wettbewerb im Frachtgeschäft	+ 1
SWN5	Rezession unterstützt den Aufbau intelligenter Reisevertriebssysteme	+ 1
SDN4	Rassenkonflikte hemmen die Globalisierung der Luftverkehrsgesellschaften	- 1
SÖN4	Atmosphärenaufheizung hemmt die Globalisierung der Luftverkehrgesellschaften	- 1
SVN4	Energiekrise hemmt die Globalisierung der Luftverkehrsgesellschaften	- 1
SWN4	Rezession hemmt die Globalisierung der Luftverkehrsgesellschaften	- 1

STÖRUNGEN VERKEHRSFLUGZEUGBRANCHE AUF NACHFRAGESEITE

Z E I T R A U M : 1990 - 1995

		A/P
SAN1	Zunahme der Flugzeugpreise unterstützt das Wachstum des Leasinggeschäftes	+ 1
SFN1	Bekämpfung der Abgasemissionen älterer Flugzeuge forciert das Flugzeugleasing	+ 1
SNN5	Preiskämpfe forcieren den Aufbau von Buchungssystemen	+ 1
SGN1	Flughafenbeschränkungen hemmen das Wachstum des Flugzeugleasing	- 1
SGN2	Flughafenbeschränkungen hemmen das Wachstum des Luftverkehrs	- 1
SKN1	Rückgang der Realeinkommen bremst das Wachstum des Leasinggeschäftes	- 1
SKN2	Rückgang der Realeinkommen bremst das Wachstum des Luftverkehrs	- 1
SNN1	Regulierung hemmt das Wachstum des Leasinggeschäftes	- 1
SNN2	Regulierung hemmt das Wachstum des Luftverkehrs	- 1
SNN3	Regulierung hemmt den Handel mit Streckenrechten	- 1
SNN4	Regulierung hemmt die Zunahme von Beteiligungen	- 1

Z E I T R A U M : 1995 - 2000

		A/P
SAN3	Zunahme der Flugzeugpreise fördert verstärkte Marketing-Allianzen	+ 1
SAN4	Zunahme der Flugzeugpreise unterstützt das Herausbilden von 'Triaden-Carriern'	+ 1
SFN3	Bekämpfung von Abgasemissionen unterstützt den Trend zu Marketing-Allianzen	+ 1
SFN5	Bekämpfung von Abgasemissionen forciert den Trend zu höherer Flugzeugauslastung	+ 1
SGN1	Kapazitätsbeschränkungen erhöhen die Risiken des Leasinggeschäftes	+ 1
SAN1	Zunahme der Flugzeugpreise fördert das Wachstum des Flugzeugleasing	- 1
SGN2	Kapazitätsbeschränkungen hemmen das Wachstum der internat. Direktverbindungen	- 1
SGN4	Kapazitätsbeschränkungen verzögern das Herausbilden von 'Triaden-Carriern'	- 1
SKN1	Rückgang der Realeink. bremst das Wachstum des Flugz.leasing (Abn. des Luftverk.wachstums)	- 1
SKN2	Rückgang der Realeinkommen bremst das Wachstum der internat. Direktverbindungen	- 1
SKN4	Rückgang der Realeinkommen behindert das Herausbilden von 'Triaden-Carriern'	- 1
SNN2	Regulierung hemmt den Anstieg der internat. Direktverbindungen	- 1
SNN3	Regulierung hemmt den Aufbau von Marketing-Allianzen	- 1
SNN4	Regulierung hemmt die Herausbildung von 'Triaden-Carriern'	- 1

Z E I T R A U M : 2000 - 2010

		A/P
SAN3	Starker Stückpreisanstieg der Flugzeuge fördert den Trend zu Marketing-Allianzen	+ 1
SNN5	Preiskämpfe forcieren den Aufbau von intelligenten Reisevertriebssystemen	+ 1
SFN4	Triebwerkslärm von Überschallflugzeugen hemmt die Globalisierung der Airlines	- 1
SGN4	Flughafenbeschränkungen hemmen die Globalisierung der Luftverkehrsgesellschaften	- 1
SKN4	Geringe Wertigkeit der Frachtgüter hemmt die Globalisierung des Luftfrachtgesellschaften	- 0
SNN1	Regulierung hemmt Konzentrationsprozesse bei Airlines und im Leasinggeschäft	- 1
SNN4	Regulierung hemmt die Globalisierung der Luftverkehrsgesellschaften	- 1

Abb. 3.7: Störungen Systemumgebung und Verkehrsflugzeugbranche auf Nachfrageseite 1990 - 1995, 1995 - 2000, 2000 - 2010

STÖRUNGEN SYSTEMUMGEBUNG AUF PASSAGIERE/FRACHTKUNDEN

Z E I T R A U M : 1990 - 1995

		A/P
SDK5	Terroranschläge fanatischer Moslems gefährden den internat. Tourismus	- 1
SPK1	Krieg im Nahen Osten bremst die Zunahme der Mobilität (Ölpreisanstieg)	- 1
SPK5	Krieg im Nahen Osten bremst die Zunahme des internat. Tourismus (Ölpreisanstieg)	- 1
SVK1	Ölkrise hemmt den Mobilitätsanstieg	- 1
SVK5	Ölkrise bremst die Zunahme des internationalen Tourismus (Ölpreisanstieg)	- 1
SWK1	Rezession reduziert den Mobilitätsanstieg	- 1
SWK5	Rezession bremst die Zunahme des internationalen Tourismus	- 1

Z E I T R A U M : 1995 - 2000

		A/P
SDK5	Zunahme der Hautkrebserkrankungen forciert die Abkehr vom Massentourismus	+ 1
SÖK3	Atmosphärenaufheizung forciert den Trend zu ökologieorientierter Budgetplanung	+ 1
SÖK4	Atmosphärenaufheizung forciert die Zunahme integrierter Beförderungsangebote	+ 1
SÖK5	Zunahme des Ozonloches forciert die Abkehr vom Massentourismus	+ 1
SPK3	Krieg im Nahen Osten unterstützt die Zunahme der ökolgieorient. Budgetplanung	+ 1
SVK3	Energiekrise unterstützt die ökologieorientierte Budgetplanung	+ 1
SMK3	'Profitgier' hemmt die ökologieorientierte Budgetplanung	- 1
SPK1	Krieg im Nahen Osten bremst die Zunahme der Mobilität (Ölpreisanstieg)	- 1
SVK1	Energiekrise reduziert die Zunahme der Mobilität	- 1
SWK1	Rezession hemmt den Anstieg der Mobilität	- 1

Z E I T R A U M : 2000 - 2010

		A/P
SÖK3	Atmosphärenaufheizung forciert die ökologieorientierte Budgetplanung	+ 1
SMK3	'Profitgier' hemmt die ökologieorientierte Budgetplanung	- 1
SÖK1	Atmosphärenaufheizung bremst den Mobilitätsanstieg	- 1
SÖK2	Atmosphärenaufheizung hemmt die Realisierung von Zeitvorteilen	- 1
SVK1	Energiekrise hemmt den Anstieg der Mobilität	- 1
SVK2	Energiekrise hemmt die Realisierung von Zeitvorteilen	- 1
SWK1	Rezession hemmt den Mobilitätsanstieg	- 1
SWK3	Rezession hemmt die ökologieorientierte Budgetplanung	- 1

STÖRUNGEN VERKEHRSFLUGZEUGBRANCHE AUF PASSAGIERE/FRACHTKUNDEN

Z E I T R A U M : 1990 - 1995

		A/P
SAK1	Zunahme der Entwicklungskosten hemmt die Verbesserung der Mobilität	- 1
SAK2	Zunahme der Entwicklungskosten hemmt die Realisierung von Zeitvorteilen	- 1
SGK1	Kapazitätsbeschränkungen hemmen den Mobilitätsanstieg	- 1
SGK2	Kapazitätsbeschränkungen erschweren die Realisierung von Zeiteinsparungswünsche	- 1
SGK5	Kapazitätsbeschränkungen hemmen die Zunahme des internationalen Tourismus	- 1
SKK1	Rückgang der Realeinkommen bremst die Zunahme der Mobilität	- 1
SKK2	Rückgang der Realeinkommen bremst Zeiteinsparungswünsche	- 1
SKK5	Rückgang der Realeinkommen bremst die Zunahme des internationalen Tourismus	- 1
SNK1	Regulierung hemmt den Anstieg der Mobilität	- 1
SNK5	Regulierung hemmt die Zunahme des internationalen Tourismus	- 1

Z E I T R A U M : 1995 - 2000

		A/P
SFK3	Bekämpfung der Abgasemissionen forciert den Trend zu ökologieorient. Budgetplanung	+ 1
SGK2	Kapazitätsbeschränkungen forcieren die Bedeutung des Zeitmanagement	+ 1
SAK1	Zunahme der Entwicklungskosten hemmt den Mobilitätsanstieg	- 1
SGK1	Kapazitätsbeschränkungen hemmen die Zunahme der Mobilität	- 1
SKK1	Rückgang der Realeinkommen bremst die Zunahme der Mobilität	- 1
SNK1	Regulierung hemmt die Zunahme der Mobilität	- 1
SNK2	Regulierung hemmt die Verbesserung des Zeitmanagements	- 1
SNK4	Regulierung hemmt die Zunahme integrierter Beförderungsangebote	- 1

Z E I T R A U M : 2000 - 2010

		A/P
SAK1	Zunahme der Entwicklungskosten hemmt den Anstieg der Mobilität	- 1
SAK2	Zunahme der Entwicklungskosten hemmt die Realisierung von Zeitvorteilen	- 1
SFK1	Triebwerkslärm von Überschallflugzeugen hemmt den Anstieg der Mobilität	- 1
SFK2	Triebwerkslärm von Überschallflugzeugen bremst die Realisierung von Zeitvorteilen	- 1
SFK4	Triebwerkslärm von Überschallflugzeugen hemmt zeitoptimierte Reiseplanungen	- 1
SGK1	Kapazitätsbeschränkungen hemmen den Anstieg der Mobilität	- 1
SGK2	Kapazitätsbeschränkungen hemmen die Realisierung von Zeitvorteilen	- 1
SGK4	Kapazitätsbeschränkungen hemmen zeitoptimierte Reiseplanungen	- 1
SKK1	Rückgang der Realeinkommen bremst den Anstieg der Mobilitätswünsche	- 1
SKK2	Geringe Wertigkeit der Frachtgüter hemmt die Realisierung von Zeitvorteilen	- 0
SNK1	Regulierung hemmt die Zunahme der Mobilität	- 1
SNK2	Regulierung hemmt die Realisierung von Zeitvorteilen	- 1

Abb. 3.8: Störungen Systemumgebung und Verkehrsflugzeugbranche auf Passagiere/Frachtkunden 1990 - 1995, 1995 - 2000, 2000 - 2010

- Interpretation der Störungen der Systemumgebung auf die Subsysteme der Verkehrsflugzeugbranche

Analysiert man die potentiellen Störungen auf die gefundenen Megatrends der Verkehrsflugzeugbranche bezogen auf alle drei Zeithorizonte, so ergeben sich hierbei insgesamt etwa gleichviel positive (ca. 46 %) wie negative Störwirkungen (ca. 54 %). Allerdings gibt es bei der Wirkung der Untersuchungsobjektes auf die einzelnen Subsysteme der Verkehrsflugzeugbranche gravierende Unterschiede. So zeigt sich, daß die Subsysteme der Nachfrageseite (Luftverkehrsgesellschaften/Leasingfirmen) sowie der Passagiere und Frachtkunden wesentlich stärker von potentiellen Störgrößen negativ beeinflußt werden als die Subsysteme des Verkehrsflugzeugmarktes, der Produkte sowie der Angebotsseite. Hierbei ergeben sich folgende Anteile an negativen Einflüssen bezogen auf die Gesamtzahl der ermittelten Störwirkungen auf die Verkehrsflugzeugbranche:

G Verkehrsflugzeugmarkt	35 %
F Produkte	20 %
A Angebotsseite	21 %
N Nachfrageseite	66 %
K Passagiere/Frachtkunden	83 %

Die Analyse der Störeinflüsse zeigt, daß Störungen des Untersuchungsobjektes insbesondere auf die Nachfrageseite und die Passagiere/Frachtkunden einen stark negativen Einfluß ausüben. Deshalb sollen die wesentlichen Störwirkungen auf diese beiden Subsysteme beschrieben werden.

Eine wesentliche Störgröße sowohl für die Airlines als auch für die Passagiere sind weltwirtschaftliche Rezessionen. Der Rückgang der Realeinkommen der Passagiere reduziert nicht nur deren Mobilitätsmöglichkeiten, sondern die wirtschaftliche Kontraktion forciert auch einen Rückgang der Unternehmensergebnisse, was nachhaltige Wirkungen auf den internationalen Geschäftsreiseverkehr haben kann. Das heute bestehende Konfliktpotential zwischen Christen und Moslems kann ebenso in erheblichem Maße das Wachstum der Luftverkehrs gefährden. Des weiteren birgt die Gefahr eines Krieges im Nahen Osten ein erhebliches Rückschlagpotential für den internationalen Tourismus. Die Folge von Terroranschlägen fanatischer Moslems wäre ein starker Rückgang der Mobilitätswünsche bei den Passagieren. Eine durch einen Krieg im Nahen Osten bedingte Zerstörung von Erdölförderanlagen könnte darüberhinaus zu höheren Ölpreisen führen, was die Kostensituation bei Airlines erheblich verschlechtern würde und ebenso eine Abnahme der Mobilitätswünsche bei den Passagieren zur Folge haben könnte.

Des weiteren können sich Kapazitätsbeschränkungen an den Verkehrsflughäfen sowie regulierende Maßnahmen stark negativ auf die Wachstumsmöglichkeiten des internationalen Luftverkehrs auswirken. Insbesondere die Zunahme der Entwicklungskosten bei Verkehrsflugzeugen kann sich stark hemmend auf den Anstieg der Mobilität bei den Passagieren auswirken.

Tab. 3.5: Störgrößenfaktormatrix 1990 - 1995, 1995 - 2000, 2000 - 2010

STÖRGRÖSSEN-MATRIX	T1 1990 - 1995		T2 1995 - 2000		T3 2000 - 2010	
	STÖRGRÖSSENFAKTOREN					
	STF	1/STF	STF	1/STF	STF	1/STF
MANAGEMENT SM1 Moralverlust SM2 Unehrlichkeit	1,35	0,74	1,32	0,76	1,27	0,79
DEMOGRAPHIE + SOZIALER WANDEL SD1 Krankheiten SD2 Rassenkonflikte	1,28	0,78	1,25	0,80	1,27	0,79
ÖKOLOGIE SÖ1 Naturkatastrophen SÖ2 Atmosphärenaufheizung	1,25	0,80	1,50	0,67	1,52	0,66
TECHNOLOGIE ST1 Nuklearkatastrophen ST2 Tanker-/Chemieunglücke	1,20	0,83	1,27	0,79	1,25	0,80
WIRTSCHAFT SW1 Rezession/Aktiencrash SW2 Deflation/Immobiliencrash	1,68	0,59	1,55	0,65	1,52	0,66
POLITIK SP1 Politische Krisenherde/Kriege SP2 Revolutionen	1,48	0,67	1,48	0,67	1,35	0,74
VERKEHRSWESEN SV1 Energiekrise SV2 Rohstoffkartelle	1,62	0,62	1,57	0,64	1,50	0,67
VERKEHRSFLUGZEUGMARKT SG1 Luftraum/Flughafenkapazität SG2 Gewerkschaften	1,30	0,77	1,32	0,76	1,30	0,77
PRODUKTE SF1 Triebwerkslärm/Überschallärm SF2 Abgasemissionen	1,27	0,79	1,38	0,72	1,40	0,71
ANGEBOTSSEITE SA1 Entwicklungskosten SA2 Erfahrungskurve/Flugunfälle	1,37	0,73	1,52	0,66	1,42	0,71
NACHFRAGESEITE SN1 Regulierung SN2 Tarifstruktur	1,42	0,71	1,42	0,71	1,27	0,79
PASSAGIERE/FRACHTKUNDEN SK1 Geldbudget SK2 Vermögensdisparitäten	1,25	0,80	1,23	0,81	1,23	0,81

Untersucht man mögliche Diskontinuitäten des Untersuchungsobjektes, so zeigt sich, daß im Zeitraum T1 vor allem Störeinflüsse aus den Bereichen Wirtschaft (Rang 1), Verkehrswesen (Rang 2) sowie der Politik (Rang 3) wirken. Im Zeitraum T2 sind die wesentlichen Störfaktoren im Verkehrswesen (Rang 1), in der Wirtschaft (Rang 2) und der Angebotsseite (Rang 3) zu suchen. Von 2000 - 2010 werden die Störgrößen der Wirtschaft (Rang 2) und des Verkehrswesens (Rang 3) von denen der Ökologie (Rang 1) vom ersten Rang verdrängt werden. Der Störgrößenfaktor oder sein Kehrwert sind ein Maß für die potentielle Intensität einer Störgröße.

S Z E N A R I O W I R K U N G S F A K T O R S Y N T H E S E

Z E I T R A U M : 1995 - 2000
B E I S P I E L : Wirkungen des Untersuchungsobjektes auf die Technologie

TECHNOLOGIE
T1 Sättigungsphase der heutigen Basistechnologien
T2 Neue hochfeste und temperaturbeständige Werkstoffe
T3 Zunahme von integrierten CIM-Produktionsstätten
T4 Informationsmanagement wird zu einem Schlüsselressort
T5 Innovationszyklen werden immer kürzer

KF		1,0	RKF	0,8	TSF	TEF	STF1	STF2	SWF	SWFS
MT1	Visionäres Management forciert die Entwicklung neuer Basistechnologien		-	1	1,07	1,18	1,00	1,32	1,02	1,34
MT2	Zunahme der Anpassungsfähigkeit unterstützt die Entw. neuer Werkstoffe		+	1	1,30	1,07	1,00	1,00	1,12	1,12
MT3	Zunahme der Anpassungsfähigkeit unterstützt den Aufbau von CIM-Prod.stätten		+	1	1,30	1,12	1,00	1,00	1,17	1,17
MT4	Zunahme der Vernetzungen stimuliert das Informationsmanagement		+	1	1,37	1,17	1,00	1,00	1,28	1,28
MT5	Zunahme der Anpassungsfähigkeit verkürzt die Innovationszyklen		+	1	1,30	1,20	1,00	1,00	1,26	1,26
KF		0,8	RKF	0,6	TSF	TEF	STF1	STF2	SWF	SWFS
DT1	Bildungsniveauanstieg unterstützt den Übergang zu neuen Basistechnologien		+	1	1,25	1,18	1,00	1,00	0,93	0,93
DT2		0,0	o	0	0,00	0,00	0,00	0,00	0,00	0,00
DT3	Bildungsniveauanstieg forciert die Zun. der integrierten CIM-Prod.stätten		+	1	1,25	1,12	1,00	1,00	0,88	0,88
DT4	Bildungsniveauanstieg erhöht die Bedeutung des Informationsmanagement		+	1	1,25	1,17	1,00	1,00	0,92	0,92
DT5	Bildungsniveauanstieg beschleunigt die Innovationszyklen		+	1	1,25	1,20	1,00	1,00	0,94	0,94
KF		0,6	RKF	0,5	TSF	TEF	STF1	STF2	SWF	SWFS
ÖT1	Bek. des Treibhauseff. forciert die Markteinführung neuer Basistechnologien		-	1	1,15	1,18	0,79	0,67	0,71	0,37
ÖT2		0,0	o	0	0,00	0,00	0,00	0,00	0,00	0,00
ÖT3		0,0	o	0	0,00	0,00	0,00	0,00	0,00	0,00
ÖT4	Bek. der Klimaverschiebung erhöht die Bedeutung von Umweltinformationen		+	1	1,32	1,17	0,79	1,00	0,80	0,63
ÖT5	Bek. der Klimaverschiebung forciert die Verkürzung von Innovationszyklen		+	1	1,32	1,20	0,79	1,50	0,82	0,97
KF		1,0	RKF	0,7	TSF	TEF	STF1	STF2	SWF	SWFS
TT1	Verkürzung der Innov.zyklen unterstützt die Einf. neuer Basistechnologien		+	1	1,25	1,18	1,00	0,79	0,96	0,76
TT2	Verkürzung der Innovationszyklen stimuliert den Einsatz neuer Werkstoffe		+	1	1,25	1,07	1,00	1,00	0,87	0,87
TT3	Verkürzung der Innov.zyklen stimuliert den Einsatz von CIM-Prod.stätten		+	1	1,25	1,12	1,00	1,00	0,91	0,91
TT4	Verkürzung der Innov.zyklen forciert die Bedeutung des Inform.management		+	1	1,25	1,17	1,00	1,00	0,95	0,95
TT5	Zunahme der integrierten CIM-Prod.stätten induziert kürzere Innov.zyklen		+	1	1,03	1,20	1,00	1,00	0,81	0,81
KF		0,8	RKF	0,8	TSF	TEF	STF1	STF2	SWF	SWFS
WT1	Instabil. u. Marktschwank. kennzeichnen Sättigungsph. heutiger Basistechn.		+	1	1,13	1,18	1,27	0,65	1,03	0,84
WT2		0,0	o	0	0,00	0,00	0,00	0,00	0,00	0,00
WT3	Info-Ökonomie stimuliert den Aufbau von CIM-Produktionsstätten		+	1	1,43	1,12	1,27	1,00	1,23	1,56
WT4	Instabil. und Marktschwank. forcieren die Bedeutung des Inform.management		+	1	1,13	1,17	1,27	1,00	1,02	1,29
WT5	Instabil. und Marktschwank. verstärken den Trend zu kürzeren Innov.zyklen		+	1	1,13	1,20	1,27	0,65	1,05	0,85
KF		0,6	RKF	0,7	TSF	TEF	STF1	STF2	SWF	SWFS
PT1	Zunahme von Umweltsteuern forciert die Einführung neuer Basistechnologien		-	1	1,45	1,18	1,00	0,67	1,18	0,80
PT2		0,0	o	0	0,00	0,00	0,00	0,00	0,00	0,00
PT3		0,0	o	0	0,00	0,00	0,00	0,00	0,00	0,00
PT4	Abnahme internat. Hemmnisse forciert die Bedeutung des Inform.management		+	1	1,28	1,17	1,00	1,00	1,03	1,03
PT5	Zunahme von Umweltsteuern forciert einen Anstieg der Produktinnovationen		+	1	1,45	1,20	1,00	1,00	1,20	1,20
KF		0,4	RKF	0,6	TSF	TEF	STF1	STF2	SWF	SWFS
VT1	Einf. neuer Verkehrssyst. forciert den Übergang zu neuen Basistechnologien		-	1	1,37	1,18	1,27	0,64	0,96	0,78
VT2		0,0	o	0	0,00	0,00	0,00	0,00	0,00	0,00
VT3		0,0	o	0	0,00	0,00	0,00	0,00	0,00	0,00
VT4		0,0	o	0	0,00	0,00	0,00	0,00	0,00	0,00
VT5	Einf. neuer Verkehrssysteme forciert einen Anstieg der Produktinnovationen		+	1	1,37	1,20	1,27	1,00	0,98	1,24
KF		0,8	RKF	0,5	TSF	TEF	STF1	STF2	SWF	SWFS
GT1	Japan. Beteiligungen stimulieren die Markteinf. neuer Basistechnologien		-	1	1,20	1,18	1,00	0,76	0,76	0,58
GT2	Japan. Beteiligungen stimulieren die Entwicklung neuer Werkstoffe		+	1	1,20	1,07	1,00	1,00	0,68	0,68
GT3	Japan. Beteiligungen führen zu einer Zunahme der CIM-Produktionsstätten		+	1	1,20	1,12	1,00	1,00	0,72	0,72
GT4		0,0	o	0	0,00	0,00	0,00	0,00	0,00	0,00
GT5	Internat. Kooperationsproj. führen zu einer Beschleunigung der Innov.zyklen		+	1	1,20	1,20	1,00	1,00	0,77	0,77
KF		1,0	RKF	0,5	TSF	TEF	STF1	STF2	SWF	SWFS
FT1	Umweltorient. Produktauslegungen unterstützen die Einf. neuer Basistechn.		-	1	1,40	1,18	1,27	0,72	0,86	0,79
FT2	Gewichtseinsparungsziele forcieren die Entwicklung neuer Werkstoffe		+	1	1,02	1,07	1,00	1,00	0,56	0,56
FT3	Verkürzung der Serienlebensdauer forciert den Aufbau von CIM-Prod.stätten		+	1	1,18	1,12	1,00	1,00	0,69	0,69
FT4	Verkürzung der Serienlebensdauer erhöht die Bedeutung des Inform.management		+	1	1,18	1,17	1,00	1,00	0,72	0,72
FT5	Verkürzung der Serienlebensdauer induziert kürzere Innovationszyklen		+	1	1,18	1,20	1,00	1,00	0,74	0,74
KF		0,8	RKF	0,6	TSF	TEF	STF1	STF2	SWF	SWFS
AT1	Erprobung von CH4-/H2-Flugzeugen forciert die Markteinf. neuer Basistechn.		-	1	1,28	1,18	1,27	1,52	0,87	1,68
AT2		0,0	o	0	0,00	0,00	0,00	0,00	0,00	0,00
AT3	Zunehm. Fragmentierung der Produkte stimul. den Aufbau von CIM-Prod.stätten		+	1	1,23	1,12	1,00	1,52	0,79	1,20
AT4	Zunehm. Fragment. der Produkte erhöht die Bedeutung des Inform.management		+	1	1,23	1,17	1,00	1,52	0,83	1,25
AT5	Zunehmende Fragment. der Produkte induziert kürzere Innovationszyklen		+	1	1,23	1,20	1,00	0,66	0,85	0,56
KF		0,4	RKF	0,6	TSF	TEF	STF1	STF2	SWF	SWFS
NT1		0,0	o	0	0,00	0,00	0,00	0,00	0,00	0,00
NT2		0,0	o	0	0,00	0,00	0,00	0,00	0,00	0,00
NT3		0,0	o	0	0,00	0,00	0,00	0,00	0,00	0,00
NT4	Reisevertriebssysteme forcieren die Bedeutung des Informationsmanagement		+	1	1,28	1,17	1,00	1,42	0,85	1,20
NT5	Informationssysteme forcieren den Trend zu kürzeren Innovationszyklen		+	1	1,28	1,20	1,00	1,42	0,87	1,24
KF		0,6	RKF	0,6	TSF	TEF	STF1	STF2	SWF	SWFS
KT1	Mobilitätswünsche forcieren neue technologische Lösungsansätze		-	1	1,27	1,18	1,00	1,00	0,91	0,91
KT2		0,0	o	0	0,00	0,00	0,00	0,00	0,00	0,00
KT3		0,0	o	0	0,00	0,00	0,00	0,00	0,00	0,00
KT4	Zeitmanagement induziert ein effizientes Informationsmanagement		+	1	1,27	1,17	1,00	1,00	0,90	0,90
KT5	Zeitmanagement induziert kürzere Innovationszyklen		+	1	1,27	1,20	1,00	1,00	0,92	0,92

Tab. 3.6: Szenariowirkungssynthese am Beispiel der Wirkung des Untersuchungsobjektes auf die Technologie im Zeitraum 1995 - 2000

- Interpretation der Beispielrechnung zur Ermittlung der Szenariowirkungsfaktoren

Die Szenariowirkungsfaktorsyntese integriert die ermittelten Beeinflussungsfaktoren zu einer Berechnungsgröße, die Aussagen über die Bedeutungsrelevanz eines Szenarios im Hinblick auf alle im Untersuchungsobjekt ermittelten Wirkungszusammenhänge während einer konkreten Zeitperiode zuläßt. Am Beispiel der Wirkung der Subsysteme des Untersuchungsobjektes auf das Subsystem Technologie von 1995 bis 2000 sollen die gefundenen Zusammenhänge erläutert werden:

In Tabelle 3.6 sind die für die Beispielrechnung notwendigen Größen, nämlich die Kopplungsfaktoren (KF), die Rückkopplungsfaktoren (RKF), die Trendsendefaktoren (TSF), die Trendempfangsfaktoren (TEF), die Störgrößenfaktoren auf den Sender (STF1) und die Störgrößenfaktoren auf den Empfänger (STF2) dargestellt. Des weiteren sind die Ergebnisse der Berechnung mit und ohne Berücksichtung von Störgrößen (SWF und SWFS) angegeben.

Die Interdependenzen des Subsystems M mit dem Subsystem T sollen die Wirkungssynthese nochmals verdeutlichen. Bei der Gegenüberstellung der Trends des Subsystems M und des Subsystems T ergeben sich durch paarweisen Vergleich 5 Wirkungszusammenhänge, was den Kopplungsfaktor 1 (5 · 0,2) zur Folge hat. Nach der Ermittlung aller Kopplungsfaktoren des Untersuchungsobjektes und der Rückkopplungsrechnung ergibt sich ein Rückkopplungsfaktor von 0,8. Dies bedeutet, daß die gefundenen Interdependenzen zwischen den Subsystemen M und T durch die Interaktion mit anderen Subsystemen an Bedeutung verlieren.

Betrachtet man nun den Wirkungszusammenhang MT2, so zeigt sich, daß hier keine Störgrößen gefunden wurden, da die Störgrößenfaktoren den Wert 1 haben (STF1 = STF2 = 1). Bei der Zunahme der Anpassungsfähigkeit (K1-Trend) wurde ein Trendsendefaktor von 1,3 ermittelt. Die Entwicklung neuer Werkstoffe (K2-Trend) liefert einen Trendempfangsfaktor von 1,07. Die Berechnung der Szenariowirkungsfaktoren ergibt, da keine Störeinflüsse ermittelt werden konnten, sowohl für SWF als auch für SWFS denselben Wert (1,12). Vergleicht man diesen Wert nun mit den anderen im Subsystem ermittelten Szenariowirkungsfaktoren, so zeigt sich, daß innerhalb des Wirkungsgefüges M→T dieser Kausalzusammenhang betragsmäßig die geringste Intensität aufweist.

Das Szenario MT1 hingegen, daß das visionäre Management die Entwicklung neuer Basistechnologien forciert, zeichnet sich unter Berücksichtigung von Störeinflüssen durch die betragsmäßig höchste Intensität (SWFS = 1,34) innerhalb des Wirkungsgefüges M→T aus. Gleichzeitig ist diese Szenario jedoch mit einem negativen Vorzeichen behaftet. Dies kommt daher, da der zugrundeliegende Trend die Sättigungsphase heutiger Basistechnologien beschreibt und folglich die Entwicklung neuer Basistechnologien bezüglich des definierten Trends einen Trendbruch bewirken kann. Ohne Berücksichtigung von Störeinflüssen hat das Szenario MT5, daß die Zunahme der Anpassungsfähigkeit die Innovationszyklen vekürzt, die höchste betragsmäßige Intensität innerhalb des Wirkungsgefüges M→T.

4. SZENARIO- UND STRATEGIEIMPLEMENTIERUNG

4.1 Szenarien und Visionen der Systemumgebung

4.1.1 Interne Wirkungen der Systemumgebung

Tabellen 4.1 - 4.3 zeigen die rangwichtigsten internen Wirkungen der Systemumgebung von 1990 - 1995, 1995 - 2000 und 2000 - 2010. In diesen und den nachfolgenden Tabellen ist zu beachten, daß die ermittelten Intensitäten der Szenariowirkungsfaktoren gemäß ihrer Bedeutung hinsichtlich des gesamten Untersuchungsobjektes ermittelt werden.

4.1.2 Wirkungen der Verkehrsflugzeugbranche auf die Systemumgebung

Tabellen 4.4 - 4.6 zeigen die rangwichtigsten Wirkungen der Verkehrsflugzeugbranche auf die Systemumgebung von 1990 - 1995, 1995 - 2000 und 2000 - 2010.

4.2 Szenarien und Visionen der Verkehrsflugzeugbranche

4.2.1 Wirkungen der Systemumgebung auf die Verkehrsflugzeugbranche

Tabellen 4.7 - 4.9 zeigen die rangwichtigsten Wirkungen der Systemumgebung auf die Verkehrsflugzeugbranche von 1990 - 1995, 1995 - 2000 und 2000 - 2010.

Tabellen 4.10 - 4.14 zeigen die rangwichtigsten Wirkungen der Systemumgebung auf die Subsysteme der Verkehrsflugzeugbranche von 1990 - 2010.

4.2.2 Interne Wirkungen der Verkehrsflugzeugbranche

Tabellen 4.15 - 4.17 zeigen die rangwichtigsten internen Wirkungen der Verkehrsflugzeugbranche von 1990 - 1995, 1995 - 2000 und 2000 - 2010.

Tabellen 4.18 - 4.22 zeigen die rangwichtigsten Wirkungen der Verkehrsflugzeugbranche auf deren Subsysteme von 1990 - 2010.

4.3 Szenarien und Visionen des Untersuchungsobjektes

4.3.1 Positive Wirkungszusammenhänge des Untersuchungsobjektes

Tabellen 4.23 - 4.25 zeigen die rangwichtigsten positiven Wirkungszusammenhänge des Untersuchungsobjektes von 1990 - 1995, 1995 - 2000 und 2000 - 2010.

4.3.2 Negative Wirkungszusammenhänge des Untersuchungsobjektes

Tabelle 4.26 zeigt die rangwichtigsten negativen Wirkungszusammenhänge von 1990 - 2010. Es sei hier angemerkt, daß das Wort negativ keine Wertung beinhaltet, sondern daß hiermit lediglich die Abschwächung eines Trends durch einen anderen Trend beschrieben wird (negatives Vorzeichen).

4.4 Strategieimplementierung am Beispiel von Airbus Industrie

4.4.1 Trend-Wertaktivitäten-Matrix

Auf die Darstellung der Trend-Wertaktivitäten-Matrix wird hier aus Platzgründen verzichtet, da deren Ergebnisse aus der Wertkette (siehe Abbildung 4.1) ersichtlich sind.

4.4.2 Wertkette

Abbildung. 4.1 zeigt die sich aus den Veränderungen der Systemumgebung und der Verkehrsflugzeugbranche ergebenden strategischen Wertaktivitäten von 1990 - 2010 am Beispiel von Airbus Industrie.

- Interpretation der Szenariowirkungsfaktoren

Am Beispiel der ersten Tabelle (siehe Tabelle 4.1) soll erläutert werden, wie die ermittelten Szenariowirkungsfaktoren zu interpretieren sind. Die Szenariowirkungsfaktoren geben die Rangpriorität (ordinale Skalierung) von Szenarien an und können nicht als kardinale Werte betrachtet werden. Hat beispielsweise ein Wirkungszusammenhang die Maßzahl 2 (SWFS) und ein anderer die Maßzahl 1 (SWFS) so heißt dies nicht, daß das erste Szenario doppelt so wichtig ist wie das zweite, sondern lediglich daß der Anwender des Systems dem ersten Szenario eine verstärkte Aufmerksamkeit widmen sollte.

Betrachtet man sich das gesamte Untersuchungsobjekt so zeigt sich, daß im allgemeinen Szenarien und Visionen, die auch ohne Berücksichtigung von Störgrößen eine hohe Rangpriorität haben, diese auch mit Berücksichtigung von Störgrößen beibehalten. Es treten jedoch auch erhebliche Verstärkungen und Abschwächungen von Kausalzusammenhängen auf, die sich in deutlichen Rangverschiebungen wiederspiegeln.

Der Wirkungszusammenhang, daß die Maßnahmen zur Effizienzsteigerung den Aufbau intelligenter Verkehrsleitssysteme forcieren (Rang 1 innerhalb der Systemumgebung), hat unter Berücksichtigung von Störeinflüssen als Maßzahl 3,46, gegenüber 1,32 ohne Berücksichtigung von diesen. Es zeigt sich, daß durch Störfaktoren eine erhebliche Rangverschiebung auftreten kann (im Beispiel ist Delta = 161 %). Auch der Zusammenhang, daß die Bekämpfung der SMOG-Belastung den Aufbau von intelligenten Verkehrsleitsystemen forciert (Rang 24), wird durch die Wirkung von Störgrößen (Delta = 102 %) deutlich verstärkt.

Das auf Rang 75 stehende Szenario, daß die Informationstechnologie zu einer Zunahme der Vernetzungsdichte führt, wird durch die Einflußnahme von Störgrößen abgeschwächt. Diese Abschwächung darf allerdings nur hinsichtlich der Rangpriorität interpretiert werden, da das Szenario trotzdem seine Gültigkeit behält. Bei Szenarien und Visionen, wo sich Delta gleich Null ergibt, wurden keine Störgrößenwirkungen auf den Sende- und den Empfangstrend gefunden. Der Zusammenhang, daß kommunikative Vernetzungen die Innovationsraten beschleunigen (SWF = SWFS = 1,56, Delta = 0) fällt durch das Nichtvorhandensein von Störwirkungen von M (Störung) → T (Trend) und T (Störung) → M (Trend) auf Rang 41 zurück.

Da die gefundenen Wirkungszusammenhänge ein Bündel von Informationen darstellen, soll unter der jeweiligen Tabelle eine kurze Interpretation gegeben werden, die sich auf die rangwichtigsten Szenarien und Visionen unter Berücksichtigung von Störeinflüssen bezieht.

Tab. 4.1: Interne Wirkungen der Systemumgebung 1990 - 1995

S Z E N A R I E N 1 9 9 0 - 1 9 9 5

INTERNE WIRKUNGEN DER SYSTEMUMGEBUNG

RANG				SWF	SWFS	DELTA in %
1	VV5	Maßnahmen zur Eff.steigerung forcieren den Aufbau intell. Verkehrsleitsysteme	+	1,32	3,46	161
2	VW1	Energieeinsparungen und Effizienzsteigerungen reduzieren den Kapitalbedarf	+	1,25	3,41	172
3	VW5	Energieeinsparungen forcieren die Abkopplung von der Rohstoffwirtschaft	+	1,25	3,41	172
4	WV2	Abkopplung von der Rohstoffwirtschaft unterstützt Trend zu Eff.steigerungen	+	1,19	3,23	172
5	PV2	Steuerpolitik forciert Energieeinsparungsbemühungen	+	1,32	3,16	140
6	VV2	Aufbau intell. Verkehrsleitsysteme unterstützt die Energieeinsp.bemühungen	+	1,19	3,11	161
7	WP4	Liquiditätsverknappung forciert die Staatsverschuldung	+	1,22	3,04	150
8	WT1	Liquiditätsverknappung bremst die Realisierung neuer Basistechnologien	+	1,49	3,02	102
9	VP5	Energieeinsparungsbemühungen forcieren die Einführung von Ökosteuern	+	1,07	2,56	140
10	TW1	Technolog. Sättigungsphase verstärkt den Trend zur Liquiditätsverknappung	+	1,24	2,50	102
11	WM2	Liquiditätsverknappung forciert den Übergang zu neuen Wertvorstellungen	+	1,49	2,50	68
12	VÖ5	Energieeinsparungen führen zu einer Verminderung der CO2-Emissionen	+	1,22	2,46	102
13	TV5	Informationstechnologie forciert die Einführung intelligenter Verkehrsleitsysteme	+	1,51	2,44	62
14	TV2	Produktinnovationen forcieren Energieeinsparungen und Effizienzsteigerungen	+	1,26	2,44	94
15	TW4	Technolog. Sättigungsphase verstärkt das Ausmaß der Wirtschaftskrise in Osteuropa	+	1,20	2,43	102
16	VÖ4	Energieeinsparungen reduzieren die Schadstoffemissionen	+	1,20	2,42	102
17	TV3	Informationstechnologie unterstützt den Ausbau der Verkehrsinfrastrukturen	+	1,49	2,41	62
18	WM1	Liquiditätsverknappung zwingt zum Aufbau neuer Managementstrukturen	+	1,40	2,36	68
19	VT2	Energieeinsparungen forcieren den Einsatz leichterer Werkstoffe	+	1,20	2,33	94
20	VÖ3	Energieeinsparungen reduzieren Belastung der Gewässer	+	1,11	2,25	102
21	VÖ1	Energieeinsparungen stimulieren den Schutz der Ozonschicht	+	1,10	2,22	102
22	ÖV2	Bekämpfung des Treibhauseffektes forciert Energieeinsparungsbemühungen	+	1,06	2,14	102
23	PV5	Energieverbrauchssteuern forcieren den Aufbau intelligenter Verkehrsleitsysteme	+	1,32	2,13	62
24	ÖV5	Bekämpfung der SMOG-Belastung forciert den Trend zu intell. Verkehrsleitsystemen	+	1,05	2,11	102
25	TW2	Technolog. Sättigungsphase forciert den Trend zu spekulativen Kapitalbewegungen	+	1,22	2,06	68
26	WM4	Liquiditätsverknappung erfordert eine Zunahme der Flexibilität	+	1,19	2,01	68
27	TV1	Produktinnovationen forcieren die räumliche Integration im Pazifikraum	+	1,24	2,00	62
28	WW1	Wirtschaftskrise in Osteuropa forciert den Trend zur Liquiditätsverknappung	+	1,16	1,95	68
29	VT5	Intelligente Verkehrssysteme stimulieren die Innovationsraten	+	1,20	1,93	62
30	PP5	Zun. der Staatsverschuldung unterstützt den Trend zur höherer Energiebest. (Äquiv.prinzip)	+	0,87	1,91	120
31	PM4	Ökosteuern zwingen zu erhöhter Anpassungsbereitschaft	+	1,28	1,90	48
32	VT4	Intelligente Verkehrssysteme ermöglichen zielgerichtete Informationsströme	+	1,15	1,85	62
33	MV2	Neue Werthaltungen stimulieren den Trend zu Energieeinsparungen	+	1,44	1,72	20
34	PT4	Überwindung des Kalten Krieges stimuliert die Entw. der Informationstechnologie	+	1,14	1,69	48
35	TP1	Informationstechnologie hilft Grenzen zu überwinden	+	1,13	1,68	48
36	MP5	Anpassung an Systemveränderungen erfordert die Besteuerung hoher Energieverbräuche	+	1,13	1,68	48
37	PW1	Öffn. des eisernen Vorh. verstärkt den Trend zur Liquid.verkn. (Kapitalbedarf im Osten)	+	1,12	1,66	48
38	ÖV4	Bekämpfung des Treibhauseffektes unterstützt die Dezentralisierung von Industriezweigen	+	1,01	1,64	62
39	PW4	Öffnung des eisernen Vorh. forciert die Ausw. der östl. Wirtschaftskrise nach Westeuropa	+	1,08	1,61	48
40	TP5	Beginnende Sättigung der Basistechnol. unterstützt den Trend zu Energieeinsparungen	+	1,06	1,57	48
41	MT5	Kommunikative Vernetzungen beschleunigen die Innovationsraten	+	1,56	1,56	0
42	VT3	Effizienzsteigerungsbestrebungen forcieren die 'Just-In-Time'-Produktion	+	1,29	1,55	20
43	VM4	Energieeinsparungen stimulieren eine erhöhte Anpassungsbereitschaft	+	1,29	1,54	20
44	VM2	Energieeinsparungen stimulieren ökologische Werthaltungen	+	1,27	1,52	20
45	TT5	Informationstechnologie unterstützt den Trend zu Produktinnovationen	+	1,52	1,52	0
46	WM3	Wirtschaftskrise in Osteuropa forciert die Überwindung alter Denkstrukturen	+	1,12	1,52	35
47	TT3	Informationstechnologie forciert die Bedeutungszunahme der 'Just-In-Time'-Produktion	+	1,48	1,48	0
48	TW5	Informationstechnologie forciert die Abkopplung zwischen Industrie- und Rohstoffsektor	+	1,43	1,43	0
49	VP4	Infrastrukturausbau forciert die staatliche Kreditaufnahme	+	0,87	1,40	62
50	DV3	Fragmentierung der Gesellschaft unterstützt den Infrastrukturausbau (Bahnnetz)	+	0,85	1,37	62
51	MT3	Erhöhung der Flexibilität forciert die Bedeutungszunahme der 'Just-In-Time'-Produktion	+	1,37	1,37	0
52	ÖÖ1	Bekämpfung der SMOG-Belastung unterstützt die Bekämpfung des Ozonloches	+	0,87	1,35	56
53	DV4	Fragment. der Gesellschaft unterstützt die Dezentralisierung von Industriestandorten	+	0,82	1,33	62
54	DP5	Fragmentierung unterstützt die Bestrebungen nach verbrauchsorientierter Besteuerung	+	0,69	1,32	90
55	MM1	Aufbau neuer Werthaltungen forciert den Übergang zu neuen Managementstrukturen	+	1,30	1,30	0
56	TM2	Informationstechnologie forciert den Aufbau neuer Werthaltungen	+	1,45	1,29	-11
57	MT2	Erhöhung der Anpassungsfähigkeit führt zu leichteren Werkstoffen	+	1,27	1,27	0
58	PW3	Abrüstungsbemühungen unterstützen die europäische Integration	+	1,12	1,27	13
59	WP3	Europäische Integration forciert die internationale Abrüstung	+	1,09	1,23	13
60	TM3	Informationstechnologie stimuliert die Ethisierung des Managements	+	1,39	1,23	-11
61	TM4	Produktinnovationen forcieren den Anpassungsdruck	+	1,22	1,22	0
62	PT5	Abbau von Marktbeschränkungen stimuliert die Innovationsraten	+	1,22	1,22	0
63	WT3	Integration des Binnenmarktes stimuliert die 'Just-In-Time'-Produktion	+	1,46	1,22	-17
64	TW3	Informationstechnologie forciert die Integration des europäischen Binnenmarktes	+	1,45	1,21	-17
65	MP4	Anpassung an Systemveränderungen verursacht hohe Kosten	+	1,10	1,21	10
66	ÖÖ5	Bekämpfung der SMOG-Belastung unterstützt die Bekämpfung des Treibhauseffektes	+	0,96	1,20	25
67	TP4	Produktinnovationen fördern Trend zu höherer Verschuldung	+	0,98	1,18	20
68	WW5	Kapitalbewegungen unterstützen die Abkopplung von der Rohstoffwirtschaft	+	1,14	1,14	0
69	TT2	Innovationen forcieren den Einsatz von Faserverbundwerkstoffen	+	1,14	1,14	0
70	ÖÖ2	Bekämpfung des Treibhauseffektes unterstützt die Schutzbemühungen um die Regenwälder	+	0,91	1,13	25
71	WT5	Liqudítätsverknappung stimuliert die Innovationsraten	+	1,56	1,11	-29
72	ÖT5	Bekämpfung des Ozonloches forciert die Bedeutung ökologieorient. Produktinnovationen	+	0,88	1,10	25
73	PW2	Öffnung des eisernen Vorhanges induziert verstärkte Kapitalströme nach Osteuropa	+	1,10	1,10	0
74	PW5	Steuerpolitik hilft Rohstoffverbräuche einzuschränken	+	1,25	1,10	-12
75	TM5	Informationstechnologie forciert Zunahme der Vernetzungsdichte	+	1,47	1,09	-26

Bei den internen Wirkungen der Systemumgebung sind im Zeitraum T1 vor allem Effizienzsteigerungen und Energieeinsparungen von elementarer Bedeutung, da diese den Aufbau intelligenter Verkehrsleitsysteme fördern und die Abkopplung von der Rohstoffwirtschaft aktiv unterstützen. Zwei weitere wesentliche Zusammenhänge sind darin zu sehen, daß die Liquiditätsverknappung die Staatsverschuldung forciert sowie die Realisierung neuer Basistechnologien zeitlich verzögert.

Tab. 4.2: Interne Wirkungen der Systemumgebung 1995 - 2000

S Z E N A R I E N   1 9 9 5 - 2 0 0 0

INTERNE WIRKUNGEN DER SYSTEMUMGEBUNG

RANG				SWF	SWFS	DELTA in %
1	PV5	Zunahme von Umweltsteuern beschleunigt die Einführung neuer Verkehrssysteme	+	1,23	2,86	132
2	VÖ1	Neue Verkehrssysteme helfen die Klimaverschiebung zu bekämpfen	+	1,22	2,86	135
3	VÖ5	Neue Verkehrssysteme forcieren die Bek. des Treibhauseff. (Abn. der CO2-Emissionen)	+	1,22	2,86	135
4	PV2	Zunahme von Umweltsteuern forciert die Nutzung alternativer Energien	+	1,20	2,78	132
5	WW4	Wirtschaftliche Instabilitäten forcieren den Trend zu sozioökonomischen Reformen	+	1,09	2,62	140
6	WW5	Wirtschaftliche Instabilitäten forcieren die Schwankungen der Rohstoffpreise	+	1,03	2,47	140
7	WW1	Rohstoffpreisschwankungen erhöhen die wirtschaftlichen Instabilitäten	+	1,01	2,43	140
8	VV2	Einführung neuer Verkehrssysteme forciert die Nutzung alternativer Energien	+	0,97	2,39	145
9	VÖ4	Vermehrte Nutzung von alternativen Energien reduziert die Luftverschmutzung	+	1,01	2,37	135
10	PM4	Umweltsteuern forcieren den Anpassungsdruck der Unternehmen	+	1,46	2,16	48
11	PÖ3	Zunahme von Umweltsteuern unterstützt die Bekämpfung der Meeresverschmutzung	+	1,41	2,12	50
12	VV5	Vermehrte Nutzung altern. Energien unterstützt die Einführung neuer Verkehrssysteme	+	0,84	2,07	145
13	ÖÖ1	Reduzierung des Treibhauseffektes unterstützt die Bekämpfung der Klimaverschiebung	+	0,89	2,01	125
14	WV4	Info-Ökonomie erhöht die Dominanz von Dienstleistungsstandorten	+	1,26	1,97	57
15	WM4	Instabilitäten und Marktschwankungen forcieren den Trend zu flexiblem Handeln	+	1,27	1,96	55
16	WM1	Instabilitäten und Marktschwankungen forcieren visionäre Lösungsansätze	+	1,25	1,94	55
17	ÖV2	Bekämpfung der Klimaverschiebung forciert die verstärkte Nutzung alternativer Energien	+	0,82	1,92	135
18	ÖÖ2	Reduzierung der Luftverschmutzung unterstützt die Bekämpfung des Waldsterbens	+	0,84	1,89	125
19	ÖÖ5	Reduzierung der Luftverschmutzung unterstützt die Bekämpfung des Treibhauseffektes	+	0,84	1,89	125
20	ÖV5	Bekämpfung des Treibhauseffektes beschleunigt die Einführung neuer Verkehrssysteme	+	0,74	1,73	135
21	WV5	Starke Schwankungen der Rohstoffpreise beschleunigen die Einführung neuer Verkehrssysteme	+	1,09	1,70	57
22	MÖ1	Ökologiebewußte Manager bekämpfen die Klimaverschiebung	+	1,44	1,64	14
23	MÖ2	Ökologiebewußte Manager unterstützen die Bekämpfung des Waldsterbens	+	1,44	1,64	14
24	MÖ5	Ökologiebewußte Manager bekämpfen den Treibhauseffekt	+	1,44	1,64	14
25	MÖ4	Ökologiebewußte Manager bekämpfen die Luftverschmutzung	+	1,42	1,62	14
26	VP5	Einsatz neuer Verkehrssysteme reduziert die Umweltbelastungen	+	0,69	1,61	132
27	WÖ1	Sozioökonomische Reformen forcieren die Bekämpfung der Klimaverschiebung	+	1,64	1,59	-3
28	WÖ2	Sozioökonomische Reformen helfen das Waldsterben aufzuhalten	+	1,64	1,59	-3
29	WÖ5	Sozioökonomische Reformen forcieren die Bekämpfung des Treibhauseffektes	+	1,64	1,59	-3
30	WÖ4	Sozioökonomische Reformen forcieren die Bekämpfung der Luftverschmutzung	+	1,62	1,57	-3
31	DW5	Anstieg des Nord-Süd-Gefälles forciert die Zunahme der Rohstoffpreisschwankungen	+	0,81	1,56	94
32	WT3	Info-Ökonomie stimuliert den Aufbau von CIM-Produktionsstätten	+	1,23	1,56	27
33	TM1	Technologische Sättigungsphase erfordert visionäre Denkansätze	+	1,18	1,56	32
34	MÖ3	Ökologiebewußte Manager bekämpfen die Meeresverschmutzung	+	1,36	1,55	14
35	DW1	Anstieg des Nord-Süd-Gefälles forciert Instabilitäten und Marktschwankungen	+	0,78	1,51	94
36	PÖ1	Zunahme von Umweltsteuern hilft die Klimaverschiebung aufzuhalten	+	1,49	1,51	1
37	PÖ2	Zunahme von Umweltsteuern hilft das Waldsterben aufzuhalten	+	1,49	1,51	1
38	PÖ5	Zunahme von Umweltsteuern forcieren die Bekämpfung des Treibhauseffektes	+	1,49	1,51	1
39	WÖ3	Sozioökonomische Reformen forcieren die Bekämpfung der Meeresverschmutzung	+	1,55	1,50	-3
40	PÖ4	Zunahme von Umweltsteuern unterstützt die Bekämpfung der Luftverschmutzung	+	1,47	1,49	1
41	MM5	Zunahme der Anpassungsbereitschaft forciert die kommunikativen Vernetzungen	+	1,48	1,48	0
42	VÖ3	Vermehrte Nutzung von alternativer Energien reduziert die Meeresverschmutzung	+	0,97	1,45	50
43	PM2	Umweltsteuern stimulieren den Aufbau ökologieorientierter Unternehmenskulturen	+	1,42	1,42	0
44	PM3	Umweltsteuern forcieren das ökologieorientierte Management	+	1,42	1,42	0
45	WD5	Entstehung der Info-Ökonomie in den Industriestaaten erhöht das Nord-Süd-Gefälle	+	0,91	1,41	55
46	MV2	Ökologiebewußte Manager verstärken die Nutzung von Erdgas	+	1,15	1,37	19
47	WD3	Sozioökon. Reformen und Entst. der Info-Ökonomie erhöhen die Zahl der Inform.arbeitspl.	+	0,88	1,37	55
48	VM3	Neue Verkehrssysteme verstärken das ökologieorientierte Management	+	1,15	1,37	19
49	DM2	Babyboomer forcieren ökologieorientierte Unternehmenskulturen	+	1,08	1,35	25
50	DM3	Babyboomer haben starkes Ökologiebewußtsein	+	1,08	1,35	25
51	WD1	Sozioökon. Reformen forcieren den Übergang der Babyboomer in Verantwortungspositionen	+	0,86	1,33	55
52	WW3	Sozioökonomische Reformen unterstützen die Integration der Binnenmärkte	+	1,32	1,32	0
53	MP5	Zunahme der ökologischen Anpassungsdruckes führt verstärkt zu Umweltsteuern	+	0,89	1,32	48
54	DW4	Wachstum der Informationsarbeitsplätze unterstützt die Entwicklung zur Info-Ökonomie	+	0,84	1,30	55
55	WT4	Instabilitäten und Marktschwankungen forcieren die Bedeutung des Informationsmanagement	+	1,02	1,29	27
56	VW4	Dienstleistungsorientierung unterstützt den Aufbau der Info-Ökonomie	+	0,82	1,28	57
57	MT4	Zunahme der Vernetzungen stimuliert das Informationsmanagement	+	1,28	1,28	0
58	TV5	Beschleunigung der Innovationszyklen forciert die Einführung neuer Verkehrssyteme	+	1,00	1,27	27
59	MW4	Visionäres Management forciert sozioökon. Reformen und die Realisierung der Info-Ökonomie	+	1,07	1,26	18
60	MT5	Zunahme der Anpassungsfähigkeit verkürzt die Innovationszyklen	+	1,26	1,26	0
61	VT5	Einführung neuer Verkehrssysteme forciert einen Anstieg der Produktinnovationen	+	0,98	1,24	27
62	PW1	Ökologiebedingte Konflikte forcieren die Instabilitäten und Marktschwankungen	+	0,82	1,21	48
63	PT5	Zunahme von Umweltsteuern forciert einen Anstieg der Produktinnovationen	+	1,20	1,20	0
64	VM4	Vermehrte Nutzung von alternativen Energiequellen erhöht den Anpassungsdruck	+	1,00	1,19	19
65	MT3	Zunahme der Anpassungsfähigkeit unterstützt den Aufbau von CIM-Produktionsstätten	+	1,17	1,17	0
66	VÖ2	Neue Verkehrssysteme unterstützen die Bekämpfung des Waldsterbens	+	1,22	1,16	-4
67	VM2	Nutzung von alternativen Energiequellen forciert das ökologische Bewußtsein	+	0,97	1,15	19
68	DM4	Bildungsniveauanstieg unterstützt die Zunahme der Flexibilität	+	1,15	1,15	0
69	DV2	Babyboomer forcieren die Nutzung alternativer Energien	+	0,92	1,14	25
70	MM3	Zunahme der Anpassungsbereitschaft verstärkt den Trend zu ökologieorient. Management	+	1,48	1,12	-24
71	ÖV3	Bekämpfung des Treibhauseffektes forciert den Ausbau von Hochgeschwindigkeitstrassen	+	0,71	1,12	57
72	ÖM1	Bekämpfung der Klimaverschiebung forciert einen visionären Führungsstil	+	0,98	1,12	14
73	MT2	Zunahme der Anpassungsfähigkeit unterstützt die Entwicklung neuer Werkstoffe	+	1,12	1,12	0
74	TM5	Informationsmanagement forciert die Zunahme der kommunikativen Vernetzungen	+	1,10	1,10	0
75	ÖM3	Bekämpfung der Klimaverschiebung stimuliert die Zunahme ökologieorientierter Manager	+	0,97	1,10	14

Im Zeitraum T2 wird die wesentliche Triebfeder für Veränderungen die Einführung neuer Verkehrssysteme sein, die mit dazu beitragen die Klimaverschiebung und den Treibhauseffekt nachhaltig zu bekämpfen. Dieser Prozeß kann vor allem durch eine verbrauchsorientierte Steuerpolitik durch die Regierungen der Industrienationen unterstützt werden. Wirtschaftliche Instabilitäten beschleunigen hierbei den Trend zu sozioökonomischen Reformen. Dies erfordert jedoch vor allem ökologieorientierte Manager, die den Schutz der Umwelt als wesentlichen Bestandteil ihrer Unternehmenskultur betrachten.

Tab. 4.3: Interne Wirkungen der Systemumgebung 2000 - 2010

V I S I O N E N 2 0 0 0 - 2 0 1 0

INTERNE WIRKUNGEN DER SYSTEMUMGEBUNG

RANG				SWF	SWFS	DELTA in %
1	VÖ1	Aufbau von altern. Energieversorgungsanlagen unterstützt die Bek. der Klimaverschiebung	+	1,28	2,92	128
2	VÖ5	Aufbau von alternat. Energieversorgungsanlagen unterstützt die Bek. des Treibhauseff.	+	1,28	2,92	128
3	TV2	Einführung neuer Basistechnologien forciert den Aufbau von Solar-KWs und H2-Prod.stätten	+	1,51	2,84	88
4	VÖ4	Aufbau von altern. Energieversorgungsanlagen unterstützt die Bek. der Luftverschmutzung	+	1,23	2,80	128
5	TÖ1	Einführung neuer Basistechnologien bekämpft die Klimaverschiebung	+	1,41	2,68	90
6	TÖ5	Einführung neuer Basistechnologien bekämpft den Treibhauseffekt	+	1,41	2,68	90
7	VT5	Aufbau von altern. Energieversorgungsanlagen stimuliert eine neue Phase von Inventionen	+	1,37	2,58	88
8	TÖ4	Einführung neuer Basistechnologien bekämpft die Luftverschmutzung	+	1,35	2,57	90
9	ÖV5	Bekämpfung der Klimaverschiebung forciert die Zunahme von Raumfahrtprojekten	+	1,12	2,54	128
10	DT1	Aufbau der Wissensgesellschaft stimuliert die Einführung neuer Basistechnologien	+	1,53	2,42	58
11	VP5	Aufbau von Solar-KWs u. H2-Produktionsstätten stimuliert ökologieorient. Investitionen	+	1,19	2,40	103
12	TT4	Einführung neuer Basistechnologien unterstützt den Aufbau von 'Know-How'-Zentren	+	1,49	2,33	56
13	VP1	Aufbau von Solar-KWs u. H2-Prod.stätten in Entw.ländern hilft die N-S-Bez. zu verbessern	+	1,12	2,27	103
14	TV1	Einführung neuer Basistechnologien forciert die Globalisierung der Verkehrsstrecken	+	1,49	2,24	50
15	WM5	Informationsströme verstärken das Kommunikationsmanagement	+	1,46	2,21	52
16	DV2	Nord-Süd-Gefälle forciert den Aufbau von Solar-KWs u. H2-Produktionsstätten in Entw.länder	+	1,15	2,18	90
17	VM3	Globalisierung der Verkehrsstrecken forciert das global verantwortl. Management	+	1,45	2,17	50
18	ÖT1	Bekämpfung der Klimaverschiebung beschleunigt die Einführung neuer Basistechnologien	+	1,12	2,12	90
19	ÖT5	Bekämpfung der Klimaverschiebung induziert eine neue Phase von Inventionen	+	1,12	2,12	90
20	WT5	Wissenswettbewerb stimuliert eine neue Phase von Inventionen	+	1,39	2,10	52
21	WM1	Informationsströme forcieren den Aufbau hierarchieloser Strukturen	+	1,38	2,09	52
22	VT1	Globalisierung der Verkehrsstrecken forciert die Einführung neuer Basistechnologien	+	1,37	2,06	50
23	VM4	Wachstum von Informationsstandorten forciert das integrale fließende Management	+	1,37	2,06	50
24	TÖ3	Einführung neuer Basistechnologien bekämpft die Meeresverschmutzung (H2-Tanker)	+	1,35	2,05	52
25	MV2	Global verantwortl. Management beschleunigt den Aufbau von altern. Energieversorgungsanl.	+	1,33	2,00	50
26	TM3	Einführung neuer Basistechnologien unterstützt das global verantwortliche Management	+	1,59	1,99	25
27	ÖÖ5	Bekämpfung der Luftverschmutzung unterstützt die Bekämpfung des Treibhauseffektes	+	0,85	1,96	130
28	ÖV3	Bekämpfung der Luftverschmutzung forciert den Ausbau von Magnetbahnstrecken	+	0,86	1,96	128
29	MV3	Global verantwortl. Management beschleunigt den Ausbau von Magnetbahnstrecken	+	1,30	1,94	50
30	WÖ3	Energieträger Wasserstoff forciert die Bekämpfung der Meeresverschmutzung	+	1,27	1,93	52
31	TW5	Neue Phase von Inventionen forciert die Bedeutung des Energieträgers Wasserstoff	+	1,01	1,91	90
32	TM2	Einführung neuer Basistechnologien unterstützt sozial orientierte Unternehmenskulturen	+	1,53	1,91	25
33	ÖÖ1	Bekämpfung des Treibhauseffektes unterstützt die Bekämpfung der Klimaverschiebung	+	0,83	1,90	130
34	VÖ3	Aufbau von altern. Energieversorgungsanl. unterstützt die Bekämpfung der Meeresverschm.	+	1,23	1,87	52
35	TT1	Neue Phase von Inventionen forciert die Einführung neuer Basistechnologien	+	1,19	1,86	56
36	DT3	Aufbau der Wissensgesellschaft forciert den Aufbau intell. selbstorg. Fertigungssysteme	+	1,44	1,81	25
37	DT2	Aufbau der Wissensgesellschaft forciert die Entwicklung intelligenter Werkstoffe	+	1,42	1,78	25
38	MV1	Fließendes integrales Management unterstützt die Globalisierung der Verkehrsstrecken	+	1,18	1,77	50
39	TP5	Einführung neuer Basistechnologien unterstützt die ökologieorient. Steuergesetzgebung	+	1,31	1,76	35
40	TT2	Einführung neuer Basistechnologien forciert die Bedeutung von intell. Werkstoffen	+	1,41	1,76	25
41	TV5	Neue intelligente Werkstoffe stimulieren die Zunahme von Raumfahrtprojekten	+	1,17	1,76	50
42	TV4	Neue Phase von Inventionen erhöht die Bedeutung von Informationsstandorten	+	1,15	1,73	50
43	ÖÖ2	Bekämpfung des Treibhauseffektes unterstützt die Bekämpfung des Artensterbens	+	0,75	1,72	130
44	TV3	Neue intelligente Werkstoffe stimulieren den Ausbau von Magnetbahnstrecken	+	1,14	1,71	50
45	MW2	Kommunikationsmanagement forciert die Bedeutung von Informationsströmen	+	1,10	1,68	52
46	MT1	Global verantwortliches Management forciert die Einführung neuer Basistechnologien	+	1,33	1,67	25
47	TP1	Einführung neuer Basistechnologien verstärkt die Belastung der Nord-Süd-Beziehungen	+	1,23	1,66	35
48	WP5	Energieträger Wasserstoff forciert ökologieorientierte Investitionen	+	1,23	1,66	35
49	WÖ2	Transnat. Entwicklungshilfeprojekte unterstützen die Bekämpfung des Artensterbens	+	1,07	1,63	52
50	VT2	Ausbau von Magnetbahnstrecken unterstützt die Entwicklung intelligenter Werkstoffe	+	1,06	1,59	50
51	VP4	Aufbau von Solarkraftwerken u. H2-Produktionsstätten belastet die Staatshaushalte	+	1,17	1,58	35
52	PM4	Ökologieorientierte Investitionen forcieren das integrale fließende Management	+	1,17	1,57	35
53	TT3	'Know-How'-Zentren forcieren den Aufbau intelligenter Fertigungszentren	+	1,26	1,57	25
54	MP5	Global verantwortl. Management verstärkt die okologieorient. Unternehmensbesteuerung	+	1,15	1,55	35
55	MM5	Hierarchielose intelligente Strukturen unterstützen die Kommunikation	+	1,22	1,55	27
56	MP4	Global verantwortl. Management verstärkt die Ausgaben für ökologische Sanierungsprojekte	+	1,14	1,53	35
57	DV5	Aufbau der Wissensgesellschaft verstärkt die Zahl der Raumfahrtprojekte	+	1,53	1,53	0
58	DV1	Aufbau der Wissensgesellschaft forciert die Globalisierung der Verkehrsstrecken	+	1,51	1,51	0
59	TM1	Einführung neuer Basistechnologien unterstützt den Aufbau hierarchieloser Strukturen	+	1,51	1,51	0
60	PÖ3	Ökologieorientierte Investitionen helfen die Meeresverschmutzung zu bekämpfen	+	0,99	1,50	52
61	PT1	Ökologieorientierte Investitionen forcieren die Einführung neuer Basistechnologien	+	1,11	1,49	35
62	MÖ1	Global verantwortliches Management bekämpft die Klimaverschiebung	+	1,25	1,49	20
63	MÖ5	Global verantwortliches Management bekämpft den Treibhauseffekt	+	1,25	1,49	20
64	DM2	Babyboomer forcieren sozial orientierte Unternehmenskulturen	+	1,18	1,49	27
65	DV3	Aufbau der Wissensgesellschaft forciert den Ausbau von Magnetbahnstrecken	+	1,49	1,49	0
66	DV4	Aufbau der Wissensgesellschaft verstärkt die Bedeutung von Informationsstandorten	+	1,49	1,49	0
67	TT5	Intelligente Werkstoffe unterstützen eine neue Phase von Inventionen	+	1,17	1,46	25
68	WM4	Informationsströme unterstützen das fließende integrale Management	+	1,46	1,46	0
69	MP3	Global verantwortl. Management forciert den Aufbau weltweiter Sicherheitsstrukturen	+	1,07	1,44	35
70	MÖ3	Global verantwortliches Management bekämpft die Meeresverschmutzung	+	1,19	1,43	20
71	MÖ4	Global verantwortliches Management bekämpft die Luftverschmutzung	+	1,19	1,43	20
72	ÖM3	Bekämpfung der Klimaverschiebung forciert global verantwortliches Management	+	1,18	1,41	20
73	ÖM4	Bekämpfung der Klimaverschiebung forciert flexibles Management	+	1,18	1,41	20
74	WV2	Bedeutungszunahme des Energieträgers H2 stimuliert die Zunahme von Raumfahrtprojekten	+	1,42	1,41	-1
75	TP4	Einf. neuer Basistechnologien belastet durch die Infrastrukturkosten die Staatshaushalte	+	1,29	1,39	8

Ab dem Jahr 2000 wird der Aufbau alternativer Energieversorgungsanlagen die Abkehr vom Erdöl hin zu Erdgas, Solarenergie und Wasserstoff weiter beschleunigen, da nur durch diese Energien eine erfolgreiche Bekämpfung der Klimaverschiebung möglich sein wird. Die Einführung neuer Energien wird gekoppelt sein mit dem Aufkommen umweltfreundlicher Basistechnologien. Insbesondere die Raumfahrt wird zukünftig einen wesentlichen Beitrag zum Schutz der Biosphäre leisten können.

Tab. 4.4: Wirkungen der Verkehrsflugzeugbranche auf die Systemumgebung 1990 - 1995

S Z E N A R I E N 1 9 9 0 - 1 9 9 5

RANG		WIRKUNGEN DER VERKEHRSFLUGZEUGBRANCHE AUF DIE SYSTEMUMGEBUNG		SWF	SWFS	DELTA in %
1	GV3	Japanische Beteiligungen unterstützen den Ausbau von Verkehrsinfrastrukturen	+	1,16	2,43	110
2	FV2	Innovative Produkte unterstützen den Trend zu Energieeinsparungen	+	1,04	2,13	105
3	GV1	Japanische Beteiligungen forcieren die räumliche Integration im Pazifikraum	+	1,16	1,87	62
4	FV5	Innovative Produkte forcieren die Einführung intelligenter Verkehrsleitsysteme	+	1,04	1,68	62
5	GW2	Abnahme der milit. Aufträge forciert die Umleitung der Kapitalströme in ziv. Bereiche	+	0,99	1,66	68
6	GW4	Abnahme der militär. Aufträge verstärkt das Dilemma der osteurop. Flugz.industrien	+	0,97	1,64	68
7	FP5	Produktinnovationen stimulieren die Einführung von Ökosteuern auf alte Produkte	+	0,84	1,58	88
8	GT3	Japanische Beteiligungen forcieren die 'Just-In-Time'-Produktion	+	1,15	1,49	30
9	GT4	Japanische Beteiligungen stimulieren die Bedeutung des Faktors Information	+	1,13	1,47	30
10	GV2	Verschärfung der Restriktionen führt zu vermehrten Energieeinsparungen	+	1,09	1,42	30
11	GM4	Lärmrestriktionen erfordern eine Zunahme der Anpassungsfähigkeit	+	1,06	1,38	30
12	GT1	Konzentr. und Deregulierung kennzeichnen die Reifephase heutiger Technologien	+	1,05	1,37	30
13	AM4	Zunehmende Produktdifferenzierung ermöglicht eine erhöhte Anpassungsfähigkeit	+	0,73	1,34	85
14	AM5	Zunehmende Produktdifferenzierung stimuliert den Aufbau von Vernetzungen	+	0,73	1,34	85
15	GP2	Japanische Beteiligungen forcieren den Abbau von Marktbeschränkungen	+	0,88	1,31	48
16	NT4	Buchungssysteme erhöhen die Bedeutung des Faktors Information	+	0,92	1,30	42
17	NT5	Leasinggesellschaften unterstützen die Innovationsrate bei Produzenten	+	0,91	1,29	42
18	AW5	Reduzierung des Treibstoffverbr. unterstützt die Abkopplung von der Rohstoffwirtschaft	+	0,75	1,26	68
19	AM1	Zun. Produktdifferenz. stimuliert den Aufbau von flachen Strukturen (Eigenverantw. wächst)	+	0,68	1,25	85
20	FP4	Produktinnovationen fördern Trend zu höherer Verschuldung	+	0,82	1,21	48
21	FT5	Produktivitätssteigerungen stimulieren die Innovationsrate	+	0,95	1,21	27
22	NM3	Zunahme von Beteiligungen unterstützt die Zerstörung alter Denkstrukturen	+	0,89	1,20	35
23	GT5	Japanische Beteiligungen beschleunigen die Produktentwicklungszyklen	+	1,18	1,18	0
24	FM4	Vergrößerung der Produktivität unterstützt die Zunahme der Anpassungsfähigkeit	+	0,92	1,17	27
25	GM2	Japanische Beteiligungen stimulieren den Aufbau neuer Werthaltungen	+	1,13	1,13	0
26	GW1	Konzentrationen forcieren den Trend zur Liquiditätsverknappung	+	1,03	1,03	0
27	GW5	Restriktionen für veraltete Triebwerke helfen Energie einzusparen	+	1,03	1,03	0
28	FT3	Innovative Produkte stimulieren die 'Just-In-Time'-Produktion	+	1,02	1,02	0
29	FT4	Innovative Produkte werden zunehmend informationsintensiver	+	1,00	1,00	0
30	GÖ5	Verschärfung der Restriktionen hilft den Treibhauseffekt zu reduzieren	+	1,00	1,00	0
31	AT3	Zunehmende Produktdifferenzierung stimuliert die 'Just-In-Time'-Produktion	+	0,73	1,00	37
32	GÖ4	Verschärfung der Restriktionen hilft die Schadstoffemissionen zu reduzieren	+	0,99	0,99	0
33	AT5	Reduzierung des Treibstoffverbrauches stimuliert die Innovationsrate	+	0,80	0,96	20
34	NV1	Zunahme der Beteiligungen forciert die räumliche Integration im Pazifikraum	+	0,95	0,95	0
35	NV5	Reisevertriebssysteme forcieren den Aufbau intelligenter Leitsysteme	+	0,95	0,95	0
36	AP5	Reduzierung des Treibstoffverbr. stimuliert die Einführung von Energieverbrauchssteuern	+	0,64	0,95	48
37	FT2	Innovative Produkte unterstützen den Einsatz von Faserverbundwerkstoffen	+	0,95	0,95	0
38	KT5	Mobilitätswünsche stimulieren die Produktinnovationsrate	+	0,94	0,94	0
39	AV2	Reduzierung des Treibstoffverbrauches unterstützt den Trend zur Energieeinsparung	+	0,79	0,94	18
40	FV1	Höhere Produktivität ermöglicht effizientere räumliche Integration	+	0,93	0,93	0
41	NT3	Buchungssysteme unterstützen 'Just-In-Time'-Konzepte	+	0,93	0,93	0
42	FM5	Vergrößerung der Produktivität stimuliert die Zunahme von Vernetzungen	+	0,92	0,92	0
43	FT1	Prod.zuwächse durch Flugzeugstreckung kennzeichnen die Reifephase heutiger Basistechno.	+	0,91	0,91	0
44	KM4	Mobilitätswünsche unterstützen die Zunahme der Anspassungsfähigkeit	+	0,91	0,91	0
45	NM5	Zunahme der Beteiligungen erhöht die kommunikativen Vernetzungen	+	0,94	0,89	-5
46	KV5	Zeiteinsparungswünsche forcieren den Aufbau intelligenter Leitsysteme	+	0,88	0,88	0
47	NM2	Zunahme von Beteiligungen unterstützt den Aufbau neuer Werthaltungen	+	0,92	0,88	-5
48	KT3	Zeiteinsparungswünsche stimulieren die 'Just-In-Time'-Produktion	+	0,86	0,86	0
49	AT2	Red. des Treibstoffverbr. (Gewichtseinsp.) forciert den Einsatz von Faserverbundwerkstoffen	+	0,72	0,86	20
50	KT4	Zeiteinsparungswünsche stimulieren die Bedeutung des Faktors Information	+	0,85	0,85	0
51	KM1	Zeiteinsparungswünsche stimulieren die Abflachung von Managementstrukturen	+	0,80	0,80	0
52	FW1	Anstieg der Flugzeugpreise unterstützt den Trend zur Liquiditätsverknappung	+	0,78	0,78	0
53	FÖ5	Innovative Produkte reduzieren die CO2-Emissionen	+	0,96	0,75	-21
54	KV4	Komfortanforderungen forcieren die Dienstleistungsorientierung des Luftverkehrs	+	0,75	0,75	0
55	FÖ4	Innovative Produkte reduzieren die Luftverschmutzung	+	0,94	0,74	-21
56	AT1	Zun. Produktdifferenzierung kennzeichnet die Reifephase heutiger Basistechnologien	+	0,72	0,72	0
57	GV5	Luftverkehrswachstum forciert den Aufbau intelligenter Leitsysteme	+	1,14	0,71	-38
58	AW3	Verstärktes Angebot von 'Wide-B.'-Flugzeugen forciert die Integration des europ. Binnenm.	+	0,70	0,70	0
59	KM5	Zeiteinsparungswünsche forcieren die kommunikativen Vernetzungen	+	0,86	0,69	-20
60	KM2	Zeiteinsparungswünsche unterstützen den Aufbau neuer Werthaltungen	+	0,85	0,68	-20
61	GV4	Luftverk.wachstum (Dienstleistung) forciert die Dominanzabnahme von Industriestandorten	+	1,09	0,68	-38
62	NV2	Reisevertriebssysteme erhöhen die Nutzungseffizienz (höhere Sitzladefaktoren)	+	0,95	0,67	-29
63	AÖ5	Reduzierung des Treibstoffverbrauches hilft den Treibhauseffekt zu verringern	+	0,73	0,67	-9
64	AÖ4	Reduzierung des Treibstoffverbrauches verringert die Luftverschmutzung	+	0,72	0,66	-9
65	NV4	Dienstleistungswachstum forciert die Dominanzabnahme von Industriestandorten	+	1,05	0,65	-38
66	GP5	Wachstum des Pax- und Frachtverkehrs forciert die Besteuerung hoher Energieverbräuche	+	0,92	0,62	-33
67	NP5	Luftverkehrswachstum induziert die Besteuerung von hohen Energieverbräuchen	+	0,88	0,59	-33
68	FW5	Innovative Produkte reduzieren den Treibstoffverbrauch	+	0,99	0,59	-41
69	KV1	Mobilitätswünsche forcieren die räumliche Integration im Pazifikraum	+	0,92	0,57	-38
70	FW4	Innov.wettbewerb der Industriestaaten forciert das Wirtschaftsgefälle zu Osteuropa	+	0,96	0,57	-41
71	GD4	Jap. High-Tech-Ambitionen forcieren den Anstieg des Bildungsniv. in Industriestaaten	+	0,42	0,54	28
72	GP1	Abnahme militärischer Aufträge fördert die internationale Entspannung	+	0,79	0,54	-33
73	GP3	Abnahme militärischer Aufträge unterstützt internationale Abrüstungsbestrebungen	+	0,77	0,52	-33
74	KW2	Mobilitätswünsche stimulieren die internat. Kapitalbewegungen	+	0,87	0,52	-41
75	FD5	Innovative Produkte unterstützen die Fragmentierung der Gesellschaft	+	0,40	0,51	27

Der Zeitraum T1 wird davon geprägt sein, daß die Japaner ihre Luftfahrtaktivitäten durch den Ausbau von Luftverkehrsinfrastrukturen und Beteiligungen an Flugzeugprojekten weiter erhöhen werden. Die japanischen Anstrengungen werden auch Rückwirkungen auf die Systemumgebung haben, indem diese den Ausbau der 'Just-In-Time'-Produktion und die Informationsorientierung vorantreiben. Darüberhinaus wird eine Abnahme des militärischen Flugzeubaus, die Ressourcenumleitung in zivile Bereiche aktiv unterstützen.

Tab. 4.5: Wirkungen der Verkehrsflugzeugbranche auf die Systemumgebung 1995 - 2000

SZENARIEN 1995 - 2000

WIRKUNGEN DER VERKEHRSFLUGZEUGBRANCHE AUF DIE SYSTEMUMGEBUNG

RANG				SWF	SWFS	DELTA in %
1	FÖ1	Umweltorientierte Produktauslegung unterstützt die Bekämpfung der Klimaverschiebung	+	1,09	2,25	108
2	FÖ2	Umweltorientierte Produktauslegung unterstützt die Bekämpfung des Waldsterbens	+	1,09	2,25	108
3	FÖ5	Umweltorientierte Produktauslegung unterstützt die Bekämpfung des Treibhauseffektes	+	1,09	2,25	108
4	FÖ4	Umweltorientierte Produktauslegung verringert die Luftverschmutzung	+	1,07	2,22	108
5	FV5	Umweltorientierte Produktauslegung forciert die Einführung neuer Verkehrssysteme	+	0,89	1,94	117
6	FV2	Umweltorientierte Produktauslegung stimuliert die vermehrte Nutzung von Erdgas	+	0,87	1,88	117
7	FV3	Umweltorient. Produktauslegung stimuliert den Aufbau von Hochgeschw.bahnnetzen	+	0,87	1,88	117
8	AÖ2	Erprobung von CH4-/H2-Flugzeugen unterstützt die Bekämpfung des Waldsterbens	+	1,10	1,65	50
9	GV5	Japanische Beteiligungen forcieren die Einführung neuer Verkehrssysteme	+	0,79	1,62	106
10	AM4	Zunehmende Fragmentierung der Produkte forciert den Anpassungsdruck	+	1,03	1,56	52
11	FÖ3	Umweltorientierte Produktauslegung verringert die Meeresverschmutzung	+	1,03	1,54	50
12	AV5	Erprobung von CH4-/H2-Flugzeugen stimuliert die Einführung neuer Verkehrssysteme	+	0,91	1,42	57
13	AM1	Japanische Flugzeugbauaktivitäten forcieren das visionäre Management	+	0,92	1,40	52
14	AW4	Zunehmende Fragmentierung der Produkte unterstützt die Entstehung der Info-Ökonomie	+	0,89	1,34	52
15	KV2	Ökologieorientierte Budgetplanung stimuliert die Nutzung altern. Energiequellen	+	0,82	1,29	57
16	FP5	Umweltorientierte Produktauslegung forciert die Zunahme von Umweltsteuern	+	0,62	1,27	105
17	NM4	Marketing-Allianzen unterstützen den Trend zu flexiblem Handeln	+	0,89	1,26	42
18	AT4	Zunehmende Fragmentierung der Produkte erhöht die Bedeutung des Informationsmanagement	+	0,83	1,25	52
19	FM4	Verkürzung der Serienlebensdauer unterstützt die Anpassungsfähigkeit	+	0,89	1,24	38
20	NT5	Informationssysteme forcieren den Trend zu kürzeren Innovationszyklen	+	0,87	1,24	42
21	GM4	Deregulierung erhöht den Anpassungsdruck auf Systemveränderungen	+	0,93	1,23	32
22	NT4	Reisevertriebssysteme forcieren die Bedeutung des Informationsmanagement	+	0,85	1,20	42
23	AT3	Zunehmende Fragmentierung der Produkte stimuliert den Aufbau von CIM-Produktionsstätten	+	0,79	1,20	52
24	GV2	Japanische Beteiligungen unterstützen die vermehrte Nutzung von Erdgas	+	0,77	1,20	57
25	KW4	Zeitmanagement stimuliert die Entstehung der Info-Ökonomie	+	0,96	1,18	23
26	NV4	Reisevertriebssysteme unterstützen den Trend zu Dienstleistungsstandorten	+	0,83	1,18	42
27	KM4	Mobilitätsanstieg unterstützt die Zunahme der Anpassungsbereitschaft	+	1,12	1,12	0
28	AÖ1	Erprobung von CH4-/H2-Flugz. forciert die Bemühugen zur Reduzierung der Klimaverschiebung	+	1,10	1,09	-1
29	AÖ5	Erprobung von CH4-/H2-Flugzeugen forciert die Bekämpfung des Treibhauseffektes	+	1,10	1,09	-1
30	KW1	Zeitmanagement unterstützt höhere Marktschwankungen	+	0,88	1,09	23
31	FM2	Umweltorientierte Produkte stimulieren das Ökologiebewußtsein	+	1,03	1,08	5
32	FM3	Umweltorientierte Produkte forcieren ökologieorient. Managemententscheidungen	+	1,03	1,08	5
33	AÖ4	Erprobung von CH4-/H2-Flugzeugen unterstützt die Bekämpfung der Luftverschmutzung	+	1,08	1,07	-1
34	FW4	Verkürzung der Serienlebensdauer unterstützt die Entwicklung der Info-Ökonomie	+	0,77	1,06	38
35	GW4	Internat. Kooperationsprojekte forcieren die Entstehung der Info-Ökonomie	+	0,80	1,05	32
36	AM2	Erprobung von CH4-/H2-Flugzeugen unterstützt das ökologische Bewußtsein	+	1,04	1,04	0
37	AM3	Erprobung von CH4-/H2-Flugzeugen unterstützt ökologieorient. Managemententscheidungen	+	1,04	1,04	0
38	NM2	Informationssysteme forcieren das ökologische Bewußtsein	+	1,03	1,03	0
39	NM3	Informationssysteme forcieren ökologieorientierte Managemententscheidungen	+	1,03	1,03	0
40	KW2	Zeitmanagement forciert die Bedeutung von Informationsströmen	+	0,95	0,95	0
41	AP5	Entwicklung von CH4-/H2-Flugzeugen forciert die Zunahme von Umweltsteuern	+	0,63	0,93	48
42	KT5	Zeitmanagement induziert kürzere Innovationszyklen	+	0,92	0,92	0
43	GM1	Japanische Flugzeugbauambitionen sind visionär ausgerichtet	+	0,92	0,92	0
44	KV3	Zeitmanagement forciert den Ausbau von Hochgeschwindigkeitsbahnnetzen	+	0,92	0,92	0
45	AV2	Erprobung von CH4-/H2-Flugzeugen forciert die Nutzung alternativer Energien	+	0,88	0,91	3
46	KT4	Zeitmanagement induziert ein effizientes Informationsmanagement	+	0,90	0,90	0
47	NW2	Reisevertriebssysteme erhöhen die Bedeutung von Informationsströmen	+	0,90	0,90	0
48	KM5	Zeitmanagement verstärkt die Zunahme der kommunikativen Vernetzungen	+	1,09	0,88	-19
49	KV1	Zeitmanagement forciert die räumliche Integration	+	0,88	0,88	0
50	AW2	Zunehmende Fragmentierung der Produkte erhöht die Bedeutung der Informationsströme	+	0,87	0,87	0
51	NM1	Herausbildung von Triaden-Carriern unterstützt den Trend zu visionärem Management	+	0,87	0,87	0
52	GP2	Internationale Kooperationsprojekte unterstützen den Abbau von Handelshemmnissen	+	0,56	0,83	48
53	NP5	Starker Anstieg internat. Direktverbind. forciert die Besteuerung des Energieverbrauchs	+	0,59	0,83	42
54	ND3	Informationssysteme unterstützen das Wachstum der Informationsarbeitsplätze	+	0,58	0,83	42
55	AV4	Zunehmende Fragmentierung der Produkte unterstützt die Dienstleistungsorient. (WBS)	+	0,81	0,81	0
56	GP4	Internat. Kooperationsprojekte helfen Verteidigungsausgaben zu senken	+	0,54	0,80	48
57	FM1	Umweltorientierte Produktauslegung beeinflußt Zukunftsvisionen	+	1,04	0,79	-24
58	GW2	Jap. Beteiligungen am Großflugzeugbau forcieren die Bedeutung der Informationsströme	+	0,79	0,79	0
59	GP3	Internat. Kooperationsprojekte unterstützen den Aufbau transnat. Sicherheitsstrukturen	+	0,53	0,78	48
60	AD3	Japanische High-Tech-Ambitionen unterstützen den Trend zu Informationsarbeitsplätzen	+	0,52	0,78	52
61	GT5	Internat. Kooperationsprojekte führen zu einer Beschleunigung der Innovationszyklen	+	0,77	0,77	0
62	GW3	Internat. Kooperationsprojekte und Deregulierungen verstärken die Integr. der Binnenmärkte	+	0,77	0,77	0
63	FT5	Verkürzung der Serienlebensdauer induziert kürzere Innovationszyklen	+	0,74	0,74	0
64	KM2	Ökologieorientierte Budgetplanung beeinflußt die Unternehmenskulturen	+	0,97	0,74	-24
65	KM3	Ökologieorientierte Budgetplanung beeinflußt die Managemententscheidungen	+	0,97	0,74	-24
66	NM5	Informationssysteme erhöhen die kommunikativen Vernetzungen	+	1,03	0,73	-29
67	AD1	Erprobung von CH4-/H2-Flugz. unterstützt den Übergang von Babyboomern in Verantw.posit.	+	0,57	0,72	25
68	FT4	Verkürzung der Serienlebensdauer erhöht die Bedeutung des Informationsmanagement	+	0,72	0,72	0
69	GT3	Japanische Beteiligungen führen zu einer Zunahme der CIM-Produktionsstätten	+	0,72	0,72	0
70	GM5	Zunahme der Direktverbindungen erhöht die kommunikativen Vernetzungen	+	0,93	0,71	-24
71	FT3	Verkürzung der Serienlebensdauer forciert den Aufbau von CIM-Produktionsstätten	+	0,69	0,69	0
72	GT2	Japanische Beteiligungen stimulieren die Entwicklung neuer Werkstoffe	+	0,68	0,68	0
73	GD4	Japanische Beteiligungen forcieren den Bildungswettstreit	+	0,52	0,65	25
74	NW4	Reisevertriebssysteme unterstützen das Wachstum der Info-Ökonomie	+	0,91	0,64	-29
75	KD5	Zeitmanagement erhöht den Anstieg des Nord-Süd-Gefälles	+	0,64	0,64	0

Im Zeitraum T2 wird die umweltorientierte Produktauslegung im Flugzeugbau die innovative Vorreiterrolle für die Bekämpfung der Klimaverschiebung, des Treibhauseffektes und des Waldsterbens übernehmen. Die Erprobung von Erdgas- und Wasserstoffantrieben stimuliert hierbei auch die Einführung neuer Verkehrssysteme im Schienenverkehr und Automobilbau. Marketing-Allianzen zwischen Airlines weisen den Weg hin zu neuen kooperativen Wirtschaftsformen und unterstützen den Aufbau der Info-Ökonomie.

Tab. 4.6: Wirkungen der Verkehrsflugzeugbranche auf die Systemumgebung 2000 - 2010

V I S I O N E N   2 0 0 0 - 2 0 1 0

RANG		WIRKUNGEN DES VERKEHRSFLUGZEUGBRANCHE AUF DIE SYSTEMUMGEBUNG		SWF	SWFS	DELTA in %
1	FV2	Innovative Produkte (H2-Flugz.) stimulieren den Aufbau altern. Energieversorgungsanl.	+	1,27	2,66	110
2	GV3	Abschwächung des Luftverk.wachstums unterstützt den Ausbau von Magnetbahnstrecken	+	1,12	2,18	95
3	FP5	Einführung innov. Produkte (H2-Flugz.) forciert den Trend zu ökologieorient. Investitionen	+	1,09	2,07	89
4	FT2	Innovative Produkte (Überschallflugz.) forcieren die Entwicklung intell. Werkstoffe	+	1,18	2,06	75
5	GV2	Anbieter von H2-Flugzeugen stimulieren den Aufbau von H2-Produktionsstätten	+	1,31	1,97	50
6	GÖ1	Zunahme der Umweltauflagen unterstützt die Bekämpfung der Klimaverschiebung	+	1,27	1,93	52
7	GÖ5	Zunahme der Umweltauflagen unterstützt die Bekämpfung des Treibhauseffektes	+	1,27	1,93	52
8	GV5	Transnationale Überschallprojekte forcieren die Zunahme von Raumfahrtprojekten	+	1,28	1,91	50
9	AV5	Angebot von schnelleren Flugzeugen forciert die Zunahme von Raumfahrtprojekten	+	1,25	1,87	50
10	FT5	Produktivitätsfaktor Geschwindigkeit stimuliert eine neue Phase von Inventionen	+	1,34	1,87	40
11	AM4	Angebot von umweltfreundl. Flugzeugen forciert das fließende integrale Management	+	1,32	1,87	42
12	GÖ3	Zunahme der Umweltauflagen unterstützt die Bekämpfung der Meeresverschmutzung	+	1,22	1,85	52
13	GÖ4	Zunahme der Umweltauflagen unterstützt die Bekämpfung der Luftverschmutzung	+	1,22	1,85	52
14	AV1	Angebot von schnelleren Flugzeugen forciert die Globalisierung der Verkehrsstrecken	+	1,23	1,85	50
15	FM3	Komplexere Lösungen forcieren das global verantwortliche Management	+	1,32	1,84	40
16	FM4	Komplexere Lösungen forcieren das integrale fließende Management	+	1,32	1,84	40
17	FV3	Produktivitätsfaktor Geschwindigkeit forciert den Ausbau von Magnetbahnstrecken	+	1,30	1,82	40
18	AT5	Verstärktes Angebot von umweltfreundl. Flugz. stimuliert eine neue Phase von Inventionen	+	1,25	1,77	42
19	GM5	Transnat. Flugzeugprojekte forcieren intensives Kommunikationsmanagement	+	1,34	1,75	30
20	GÖ2	Zunahme der Umweltauflagen unterstützt die Bekämpfung des Artensterbens	+	1,15	1,74	52
21	FV4	Intelligente Produkte verstärken die Bedeutung von Informationsstandorten	+	1,16	1,74	50
22	FÖ3	Innovative Produkte unterstützen die Bekämpfung der Meeresverschmutzung (H2-Tanker)	+	1,13	1,72	52
23	AÖ3	H2-Antriebe unterstützen die Bekämpfung der Meeresverschmutzung (H2-Tanker)	+	1,12	1,70	52
24	AM1	Entw. einer hochintell. Flugz.generation forciert den Aufbau intell. Organis.strukturen	+	1,19	1,69	42
25	GW4	Japanischer Flugzeugbau forciert den Wissenswettbewerb	+	1,11	1,69	52
26	AT4	Entw. einer hochintell. Flugz.gen. unterstützt den Aufbau von Inform.- und 'Know-How'-Z.	+	1,18	1,68	42
27	GT1	Transnat. Flugzeugprojekte forcieren die Einführung neuer Basistechnologien	+	1,28	1,66	30
28	AV4	Entwicklung einer hochintell. Flugz.generation erhöht die Bedeutung von Inform.standorten	+	1,17	1,65	42
29	GM1	Transnat. Flugzeugprojekte erfordern intelligente Organisationsstrukturen	+	1,27	1,65	30
30	AT2	Hochintelligente Flugzeuggeneration forciert die Entwicklung intell. Werkstoffe	+	1,12	1,58	42
31	AM5	Entwicklung von intell. 'Commonality'-Steuerungen forciert intensives Kommunik.management	+	1,10	1,56	42
32	FW5	Komplexere Produktlösungen forcieren die Bedeutung des Energieträgers Wasserstoff	+	1,06	1,48	40
33	FP4	Einf. innov. Produkte verursacht hohe Kosten bei der ökologieorient. Infrastr.erneuerung	+	1,08	1,46	35
34	GV1	Transnationale Überschallprojekte forcieren die Globalisierung der Verkehrsstrecken	+	1,26	1,45	15
35	AW4	Entwicklung einer hochintell. Flugz.generation verstärkt die Bedeutung des Wissensniveaus	+	1,02	1,44	42
36	GM3	Zunahme der Umweltauflagen verstärkt das global verantwortliche Management	+	1,44	1,44	0
37	AT3	Intelligente 'Commonality'-Steuerungen forcieren den Aufbau selbstorg. Fertigungssysteme	+	0,99	1,40	42
38	GM2	Zunahme der Umweltauflagen forciert sozial orientierte Unternehmenskulturen	+	1,38	1,38	0
39	KM3	Realisierung von Zeitvorteilen forciert das flexible Management	+	1,11	1,37	23
40	GM4	Transnat. Flugzeugprojekte forcieren flexibilitätsorientiertes Management	+	1,34	1,34	0
41	FT1	Produktivitätsfaktor Geschwindigkeit forciert die Einführung neuer Basistechnologien	+	1,34	1,34	0
42	FV5	Produktivitätsfaktor Geschwindigkeit forciert die Zunahme von Raumfahrtprojekten	+	1,34	1,34	0
43	AV2	Einführung von Wasserstoffantrieben forciert den Aufbau von H2-Produktionsstätten	+	1,25	1,32	6
44	AM3	Angebot und umweltfreundlichen Flugzeugen forciert das global verantwortliche Management	+	1,32	1,32	0
45	GT5	Japanische Anbieter stimulieren eine neue Phase von Inventionen	+	1,31	1,31	0
46	GT4	Japanische Anbieter forcieren den Aufbau von Informationszentren	+	1,29	1,29	0
47	FÖ1	Innovative Produkte (H2-Flugz.) unterstützen die Bekämpfung der Klimaverschiebung	+	1,18	1,28	8
48	FÖ5	Innovative Produkte (H2-Flugz.) unterstützen die Bekämpfung des Treibhauseffektes	+	1,18	1,28	8
49	GT2	Zunahme von Umweltauflagen induziert die Entwicklung intelligenter Werkstoffe	+	1,27	1,27	0
50	AM2	Einführung von CH4-/H2-Antrieben unterstützt sozial orientierte Unternehmenskulturen	+	1,26	1,26	0
51	FM5	Intelligente Produkte verstärken das Kommunikationsmanagement	+	1,26	1,26	0
52	AÖ1	Methan-/Wasserstoffantriebe unterstützen die Bekämpfung der Klimaverschiebung	+	1,17	1,25	7
53	AÖ5	Methan-/Wasserstoffantriebe unterstützen die Bekämpfung des Treibhauseffektes	+	1,17	1,25	7
54	GT3	Japanische Anbieter forcieren den Trend zu selbstorganisierenden Fertigungssystemen	+	1,24	1,24	0
55	FT4	Komplexere Produktlösungen unterstützen den Aufbau von Inform.- und 'Know-How'-Zentren	+	1,23	1,23	0
56	FÖ4	Innovative Produkte (H2-Flugzeuge) unterstützen die Bekämpfung der Luftverschmutzung	+	1,13	1,23	8
57	NV4	Intelligente Reisevertriebssysteme unterstützen den Trend zu Informationsstandorten	+	0,81	1,21	50
58	AÖ4	Methan-/Wasserstoffantriebe unterstützen die Bekämpfung der Luftverschmutzung	+	1,12	1,20	7
59	FM1	Intelligente Produkte unterstützen den Aufbau intelligenter Organisationsstrukturen	+	1,19	1,19	0
60	GP5	Zunahme der Umweltauflagen forciert ökologieorientierte Investitionen	+	1,18	1,18	0
61	GW1	Zunahme von Umweltauflagen forciert transnat. Entwicklungshilfeprojekte	+	1,16	1,16	0
62	FP2	Produktivitätsfaktor Geschwindigkeit forciert den Abbau von Ungleichgewichten	+	1,14	1,14	0
63	NP5	Globalisierung der Airlines forciert ökologieorientierte Investitionen	+	0,89	1,13	27
64	FT3	Starker Anstieg der Fertigungskosten stimuliert intell. selbstorg. Fertigungssysteme	+	1,13	1,13	0
65	NM3	Transnationale Verflechtungen forcieren das global verantwortliche Management	+	0,89	1,12	27
66	AT1	Einführung von CH4-/H2-Antrieben forciert die Einführung neuer Basistechnologien	+	1,25	1,10	-12
67	FW2	Komplexere Produktlösungen forcieren die Bedeutung von Informationsströmen	+	1,09	1,09	0
68	KÖ5	Ökologieorientierte Budgetplanung unterstützt die Bekämpfung des Treibhauseffektes	+	0,88	1,09	23
69	GW5	Transnat. Überschallflugzeugprojekte forcieren die Bedeutung des Energieträgers H2	+	1,08	1,08	0
70	FD5	Komplexe Produktlösungen vergrößern das Nord-Süd-Gefälle	+	0,77	1,08	40
71	AP5	Angebot von umweltfreundl. Flugz. beschleunigt den Trend zu ökologieorient. Investitionen	+	1,08	1,08	0
72	AP4	Angebot von umweltfreundl. Flugz. verursacht hohe ökologieorient. Infrastrukturkosten	+	1,06	1,06	0
73	AW1	Einführung von H2-Antrieben unterstützt den Aufbau von H2-Produkt.stätten in Entw.ländern	+	1,06	1,06	0
74	AW5	Verstärktes Angebot von umweltfreundl. Flugz. forciert die Bedeutung des Energieträgers H2	+	1,06	1,06	0
75	KT5	Realisierung von Zeitvorteilen forciert eine neue Phase von Inventionen	+	1,06	1,06	0

Ab dem Jahr 2000 wird die Einführung innovativer und umweltfreundlicher Flugzeuge den Aufbau alternativer Energieversorgungsanlagen nachhaltig beschleunigen. Die starke Zunahme der Umweltauflagen im Flugzeugbau wird hier einen noch deutlicheren Anteil an der Bekämpfung der Klimaverschiebung leisten. Zukünftig werden auch schnellere Verkehrsflugzeuge nachgefragt werden, die die Entwicklung intelligenter Werkstoffe forcieren, eine Zunahme der Raumfahrtprojekte einleiten sowie eine neue Phase von Inventionen induzieren.

Tab. 4.7: Wirkungen der Systemumgebung auf die Verkehrsflugzeugbranche 1990 - 1995

S Z E N A R I E N 1 9 9 0 - 1 9 9 5

RANG		WIRKUNGEN DER SYSTEMUMGEBUNG AUF DIE VERKEHRSFLUGZEUGBRANCHE		SWF	SWFS	DELTA in %
1	WA1	Liquiditätsverknappung unterstützt die zunehmende Produktdifferenzierung	+	1,32	3,03	130
2	VF2	Energieeinsparungen forcieren innovative Problemlösungen	+	1,27	2,60	105
3	MN1	Erhöhung der Flexibilität verstärkt das Wachstum des Leasinggeschäftes	+	1,29	2,47	91
4	PF2	Besteuerung von hohen Energieverbräuchen verstärkt die Zahl der Innovationen	+	1,27	2,38	88
5	WF4	Liquiditätsverknappung forciert die Beibehaltung der Derivatstrategie	+	1,37	2,30	68
6	MA1	Erhöhung der Flexibilität fördert die Produktdifferenzierung	+	1,19	2,19	85
7	WG2	Liquiditätsverknappung unterstützt die Reduzierung militärischer Aufträge	+	1,27	2,14	68
8	VG3	Verkehrsinfrastrukturausbau in Japan schafft Grundlage für japanischen Flugzeugbau	+	0,99	2,08	110
9	TN4	Informationstechnologie stimuliert die Zunahme von Beteiligungen	+	1,32	1,87	42
10	TN5	Informationstechnologie stimuliert den Aufbau von Buchungssystemen	+	1,32	1,87	42
11	WG3	Japanische Kapitalströme fließen vermehrt in den Flugzeugbau	+	1,08	1,82	68
12	TA1	Informationstechnologie forciert die Produktdifferenzierung	+	1,28	1,75	37
13	WA5	Liquiditätsverknappung verhindert Markteintritt eines vierten Herstellers	+	1,26	1,72	37
14	MF2	Erhöhung der Flexibilität forciert den Trend zu innovativen Produkten	+	1,35	1,70	27
15	MF1	Erhöhung der Flexibilität unterstützt Produktivitätssteigerungen	+	1,31	1,66	27
16	TN1	Innovative Produkte stimulieren das Leasinggeschäft	+	1,16	1,64	42
17	MG3	Anpassung an Globalisierung forciert japanische Flugzeugbauanstrengungen	+	1,25	1,63	30
18	TN2	Wachstum der Telekommunikation synergetisch mit dem Luftverkehrswachstum	+	1,38	1,62	18
19	PG3	Abbau von Marktschranken forciert japanische Beteiligungsbestrebungen	+	1,09	1,61	48
20	MF5	Neue Werthaltungen verbessern die Kundenorientierung	+	1,27	1,61	27
21	MF3	Zunahme der Flexibilität forciert Preisanstiege	+	1,25	1,59	27
22	MA3	Neue Werthaltungen forcieren den Einsatz effizienterer Triebwerke	+	1,15	1,58	37
23	PA3	Steuerpolitik stimuliert die Entwicklung treibstoffeffizienter Antriebe	+	1,06	1,57	48
24	MA4	Anpassungsbestreben stimuliert den Einsatz von 'Wide-Body'-Flugzeugen	+	1,14	1,56	37
25	TA2	Informationstechnologie verbessert die 'Commonality'-Umsetzung	+	1,14	1,56	37
26	WN5	Integration des europäischen Binnenmarktes forciert den Aufbau von Buchungssystemen	+	1,30	1,55	19
27	VF3	Energieeinsparungen unterstützen einen Preisanstieg bei Flugzeugen	+	1,18	1,50	27
28	TF1	Produktinnovationen erhöhen die Flugzeugproduktivität	+	1,17	1,49	27
29	VG5	Energieeinsparungsbemühungen fördern den Aufbau von Restriktionen	+	1,14	1,48	30
30	TF2	Informationstechnologie forciert die Zunahme der Innovationsrate	+	1,45	1,45	0
31	TG4	Kommunikationswachstum synergetisch zum Luftverkehrswachstum	+	1,32	1,42	8
32	TG1	Technologische Sättigung unterstützt die Zunahme der Konzentrationserscheinungen	+	1,09	1,42	30
33	WF1	Integration der Binnenmärkte forciert den Trend zu produktiveren Flugzeugen	+	1,40	1,40	0
34	WF3	Liquiditätsverknappung erhöht die Entwicklungskosten	+	1,39	1,39	0
35	PA4	Abbau von Marktschranken forciert den Einsatz von 'Wide-Body'-Flugzeugen	+	0,99	1,35	37
36	MG1	Zunahme der Vernetzungen forciert Konzentrationen im Flugzeugbau	+	1,30	1,35	76
37	TF4	Informationstechnologie erhöht die Produktlebensdauer	+	1,33	1,33	0
38	TF5	Informationstechnologie verbessert die Kundenorientierung	+	1,33	1,33	0
39	MN4	Vernetzung stimuliert die Zunahme von Beteiligungen	+	1,36	1,29	-5
40	VA3	Energieeinsparungsbemühungen führen zu effizienteren Triebwerken	+	1,06	1,25	18
41	MG5	Neue Werthaltungen unterstützen die Zunahme der Restriktionen	+	1,23	1,23	0
42	WA4	Integration der Binnenmärkte führen zu vermehrtem 'Wide-Body'-Einsatz	+	1,21	1,21	0
43	MA2	Vernetzte Systeme unterstützen 'Commonality'-Anstrengungen	+	1,17	1,19	1
44	ÖG3	Bekämpfung des Luftverschmutzung unterstützt japanische Beteiligungsbestrebungen	+	0,94	1,17	25
45	PG5	Energieverbrauchssteuern verschärfen Restriktionen für ineffiziente Triebwerke	+	1,13	1,13	0
46	TG3	Innovationen erleichtern japanische Bemühungen um einen Markteintritt	+	1,13	1,13	0
47	PA1	Besteuerung von hohen Energieverbräuchen stimuliert die Produktdifferenzierung	+	1,12	1,12	0
48	TK1	Informationstechnologie stimuliert Mobilitätswünsche	+	1,10	1,10	0
49	WK2	Integration des europ. Binnenmarktes forciert den Wunsch nach Zeiteinsparungen	+	1,07	1,07	0
50	TA3	Gewichtseinsparungen durch neue Werkstoffe verringern den Treibstoffverbrauch	+	0,89	1,07	20
51	TA5	Bisheriger Basistechnologiezyklus verhindert Markteintritt eines vierten Herstellers	+	1,07	1,07	0
52	VF4	Intelligente Verkehrstechnolgien erhöhen die Produktlebensdauer	+	1,05	1,05	0
53	VF5	Intelligente Verkehrstechnolgien verbessern die Kundenorientierung	+	1,05	1,05	0
54	VN5	Intelligente Verkehrsleitsysteme unterstützen den Trend zu Reisevertriebssystemen	+	1,04	1,04	0
55	VF1	Räumliche Integration fördert den Trend zu höheren Produktivitäten	+	1,03	1,03	0
56	MN2	Kommunikative Vernetzung synergetisch zu Luftverkehrwachstum	+	1,42	1,00	-29
57	DG3	Fragmentierung unterstützt japanische Beteiligungsbestrebungen	+	0,77	0,99	28
58	PG1	Internationale Abrüstung unterstützt die Zunahme der Konzentrationen	+	0,97	0,97	0
59	MN3	Vernetzung forciert Käufe von Streckenrechten	+	1,36	0,96	-29
60	MN5	Vernetzung forciert Aufbau von Buchungs- und Reisevertriebssystemen	+	1,36	0,96	-29
61	WN3	Integration des europäischen Binnenmarktes stimuliert den Handel mit Streckenrechten	+	1,30	0,92	-29
62	ÖG4	Bekämpfung der Luftverschmutzung hemmt das Luftverkehrswachstum (Restriktionen)	+	0,91	0,91	0
63	MK1	Vernetzungen erhöhen die Mobilitätswünsche	+	1,13	0,91	-20
64	VA4	Räuml. Integration im Pazifikraum forciert den Einsatz von 'Wide-Body'-Flugzeugen	+	0,90	0,90	0
65	ÖG5	Bekämpfung der Luftverschmutzung forciert die Zunahme der Restriktionen	+	0,90	0,90	0
66	MK2	Vernetzungen forcieren den Wunsch nach Zeiteinsparungen	+	1,12	0,89	-20
67	MG2	Neue Werthaltungen reduzieren Militäraufträge für Flugzeugproduzenten	+	1,18	0,87	-26
68	MK5	Vernetzungen forcieren die Zunahme der internationalen Verbindungen	+	1,09	0,87	-20
69	ÖG2	Bekämpfung des Luftverschmutzung forciert zivile Neuentwicklungen	+	0,86	0,86	0
70	VK2	Intelligente Verkehrssysteme ermöglichen Zeiteinsparungen	+	0,86	0,86	0
71	WF2	Integration der Binnenmärkte forciert die Produktinnovationen	+	1,43	0,85	-41
72	WN1	Liquiditätsverknappung forciert das Leasinggeschäft	+	1,43	0,85	-41
73	VA1	Energieeinsparungen stimulieren die Produktdifferenzierung	+	1,12	0,82	-27
74	TK4	Produktinnov. unterstützen vermehrte Komfortanforderungen (WBS)	+	0,81	0,81	0
75	TK2	Zunahme der 'Just-In-Time'-Produktion ermöglicht Zeiteinsparungen	+	0,80	0,80	0

Von 1990 - 1995 wird die wesentliche Wirkung der Systemumgebung auf die Verkehrsflugzeugbranche durch die Liquiditätsverknappung in den führenden Industrienationen ausgehen. Die knappe Liquidität führt zu einer verbrauchsorientierten Energiebesteuerung, zu einer weiteren Reduzierung der militärischen Aufträge im Flugzeugbau sowie zu einer Fortsetzung der Produktdifferenzierung. Des weiteren wird die zunehmende Bedeutung der Informationstechnologie sowohl die Flugzeughersteller als auch die Airlines zu einer verstärkten Kundenorientierung zwingen.

Tab. 4.8: Wirkungen der Systemumgebung auf die Verkehrsflugzeugbranche 1995 - 2000

S Z E N A R I E N 1 9 9 5 - 2 0 0 0

WIRKUNGEN DER SYSTEMUMGEBUNG AUF DIE VERKEHRSFLUGZEUGBRANCHE

RANG				SWF	SWFS	DELTA in %
1	PN1	Zunahme von Umweltsteuern erhöht das Risiko des Leasinggeschäftes	+	1,21	2,55	110
2	PF2	Zunahme von Umweltsteuern forciert die umweltorientierte Produktauslegung	+	1,17	2,39	105
3	VF2	Einführung neuer Verkehrssysteme forciert die umweltorientierte Produktauslegung	+	0,95	2,06	117
4	WA1	Info-Ökonomie unterstützt die Fragmentierung der Flugzeugtypen	+	1,34	2,04	52
5	WA2	Info-Ökonomie unterstützt die Bedeutungszunahme der 'Commonality'	+	1,29	1,95	52
6	MA2	Zunahme der Vernetzung forciert die Bedeutung der 'Commonality'	+	1,28	1,95	52
7	VF1	Einführung neuer Verkehrssysteme forciert den Trend zu Gewichtseinsparungen	+	0,90	1,94	117
8	MA1	Zunahme der Anpassungsbereitschaft erhöht die Fragmentierung der Flugzeugtypen	+	1,27	1,93	52
9	PK3	Umweltsteuern forcieren die ökologieorientierte Budgetplanung	+	1,27	1,89	48
10	MA4	Zunahme der komm. Vernetzungen stimuliert die Nachfrage nach Langstreckenflugzeugen	+	1,25	1,89	52
11	MN3	Zun. der Anpassungsbereitschaft forciert die Streckenausweitung durch Marketing-Allianzen	+	1,30	1,85	42
12	PN5	Zunahme von Umweltsteuern stimuliert den Aufbau von Informationssystemen	+	1,28	1,82	42
13	PA3	Zunahme von Umweltsteuern forciert die Erprobung von CH4-/H2-Flugzeugen	+	1,22	1,81	48
14	WK2	Info-Ökonomie forciert die Bedeutung des Zeitmanagement	+	1,44	1,78	23
15	PN3	Zunahme von Umweltsteuern forciert den Aufbau von Marketing-Allianzen	+	1,25	1,77	42
16	WF4	Info-Ökonomie stimuliert kürzere Serienlebensdauern	+	1,27	1,75	38
17	VG3	Einführung neuer Verkehrssysteme forciert japanische Flugzeugbaubeteiligungen	+	0,82	1,69	106
18	MF3	Ökologiebewußte Manager unterstützen Preisabschläge am Gebrauchtflugzeugmarkt	+	1,11	1,68	52
19	MF4	Zunahme der Anpassungsbereitschaft verkürzt die Serienlebensdauern	+	1,20	1,66	38
20	WN1	Starke Schwankungen der Rohstoffpreise erhöhen das Risiko des Leasinggeschäftes	+	1,07	1,66	55
21	ÖF2	Bekämpfung der Klimaverschiebung erzwingt ökologieorientierte Produktauslegung	+	0,80	1,66	108
22	ÖF3	Bekämpfung der Klimaverschiebung unterstützt den Verfall der Gebrauchtflugzeugpreise	+	0,79	1,63	107
23	MF1	Zunahme der Anpassungsbereitschaft stimuliert die Entwicklung neuer Werkstoffe	+	1,15	1,59	38
24	PF3	Zunahme von Umweltsteuern unterstützt den Preisverfall bei Gebrauchtflugzeugen	+	1,15	1,59	38
25	PF4	Zunahme von Umweltsteuern verkürzt die Serienlebensdauern	+	1,15	1,59	38
26	WF3	Starke Schwank. der Rohstoffpreise unterstützen den Preisverfall bei Gebrauchtflugz.	+	1,02	1,57	55
27	VF3	Aufbau von Hochgeschw.bahnnetzen unterstützt den Verfall der Gebrauchtflugz.preise	+	0,72	1,56	117
28	WA5	Integration des pazifischen Marktes stimuliert japanische Flugzeugbauaktivitäten	+	1,00	1,55	55
29	TA1	Technologische Sättigung unterstützt die Fragmentierung der Flugzeugtypen	+	1,00	1,52	52
30	PF1	Zunahme von Umweltsteuern forciert den Trend zu Gewichtseinsparungen	+	1,10	1,52	38
31	VA5	Einführung neuer Verkehrssysteme forciert das Aufkommen japanischer Hersteller	+	0,96	1,51	57
32	TA5	Technologische Sättigung erhöht die Marktchancen für jap. Hersteller (neue Lösungen)	+	0,98	1,48	52
33	TN5	Informationsmanagement forciert den Einsatz von Reisevertriebssystemen	+	1,00	1,42	42
34	WK3	Starke Schwankungen der Rohstoffpreise verstärken die ökologieorient. Budgetplanung	+	1,12	1,39	23
35	MG1	Zunahme der Anpassungsbereitschaft unterstützt internat. Kooperationsprojekte	+	1,05	1,39	32
36	MG3	Zun. der Anpassungsbereitschaft forciert pazifische Beteiligungen am Großflugzeugbau	+	1,05	1,39	32
37	TA2	Informationsmanagement forciert die Bedeutung der 'Commonality'	+	0,91	1,38	52
38	TN3	Informationsmanagement unterstützt den Aufbau von Marketing-Allianzen	+	0,97	1,38	42
39	TN4	Informationsmanagement forciert den Aufbau von 'Triaden-Carriern'	+	0,97	1,38	42
40	VK3	Vermehrte Nutzung von Erdgas unterstützt die ökologieorientierte Budgetplanung	+	0,87	1,37	57
41	PG1	Abbau von Handelshemmnissen forciert die Zunahme internat. Kooperationsprojekte	+	0,89	1,32	48
42	PG3	Abbau von Handelshemmnissen unterstützt japanische Flugzeugbaubeteiligungen	+	0,89	1,32	48
43	WG5	Info-Ökonomie beschleunigt die Bedeutungsabnahme der IATA als Tarfikoordinator	+	0,99	1,30	32
44	MF2	Zunahme der umweltbewußten Manager forciert die umweltorient. Produktauslegung	+	1,13	1,30	15
45	VF4	Einführung neuer Verkehrssysteme verkürzt die Serienlebensdauern	+	0,94	1,30	38
46	MK4	Zunahme der Anpassungsfähigkeit stimuliert integrierte Beförderungsangebote	+	1,29	1,29	0
47	PK4	Umweltsteuern forcieren die Zunahme integrierter Beförderungsangebote	+	1,24	1,24	0
48	PK5	Umweltsteuern unterstützen die Abkehr vom Massentourismus	+	1,24	1,24	0
49	MN1	Zunahme der komm. Vernetzungen erhöht die Risiken des Leasinggeschäftes	+	1,33	1,24	-7
50	PA1	Zunahme von Umweltsteuern unterstützt die Fragmentierung der Flugzeugtypen	+	1,22	1,22	0
51	DN5	Informationsarbeitsplätze forcieren den Einsatz von Informationssystemen	+	0,86	1,22	42
52	MG2	Zunahme der Anpassungsbereitschaft forciert den Subventionsabbau	+	0,92	1,21	32
53	ÖN3	Bekämpfung der Klimaverschiebung forciert ökologieorientierte Marketing-Allianzen	+	0,85	1,21	42
54	TF2	Kürzere Innovationszyklen unterstützen den Trend zu umweltorientierten Produkten	+	0,95	1,20	27
55	DA3	Bildungsniveauanstieg unterstützt die Erprobung von CH4-/H2-Flugzeugen	+	0,96	1,20	25
56	VN1	Aufbau von Hochgeschwindigkeitsbahnnetzen erhöht das Risiko des Leasinggeschäftes	+	0,76	1,19	57
57	MF5	Zunahme der komm. Vernetzungen erfordert die Orientierung auf Kundengruppen	+	1,17	1,17	0
58	PA2	Zunahme von Umweltsteuern unterstützt die Bedeutungszunahme der 'Commonality'	+	1,17	1,17	0
59	MK2	Zunahme der komm. Vernetzungen stimuliert das Zeitmanagement	+	1,44	1,17	-19
60	VN3	Dominanz von Dienstleistungsstandorten forciert die Zunahme der Marketing-Allianzen	+	0,82	1,16	42
61	VN4	Dienstleistungsorientierung forciert den Aufbau von 'Triaden-Carriern'	+	0,82	1,16	42
62	DF2	Anstieg des Bildungsniveaus stimuliert die umweltorientierte Produktauslegung	+	0,92	1,15	25
63	WF2	Info-Ökonomie forciert die umweltorientierte Produktauslegung	+	1,28	1,15	-11
64	MA5	Ökologiebewußtes Management unterstützt die Marktchancen für japanische Hersteller	+	1,14	1,14	0
65	MK1	Zunahme der komm. Vernetzungen stimuliert die Mobilitätswünsche	+	1,40	1,13	-19
66	WK1	Info-Ökonomie forciert den Mobilitätsanstieg	+	1,40	1,12	-20
67	ÖK5	Bekämpfung des Treibhauseffektes unterstützt die Abkehr vom Massentourismus	+	0,74	1,11	50
68	MK5	Zunahme der komm. Vernetzungen forciert die Zunahme des individuellen Reisens	+	1,36	1,10	-19
69	ÖN5	Bekämpfung des Treibhauseff. unterstützt den Trend zu Inform.systemen (Treibstoffeinsp.)	+	0,77	1,09	42
70	TK2	Verkürzung der Innovationszyklen stimuliert das Zeitmanagement	+	1,06	1,06	0
71	TK3	Technologische Sättigung forciert die ökologiorientierte Budgetierung	+	1,05	1,05	0
72	VN5	Neue Verkehrssysteme forcieren den Aufbau von Informationssystemen	+	1,04	1,04	0
73	ÖK3	Bekämpfung des Waldsterbens forciert die ökologieorientierte Budgetplanung	+	0,69	1,04	50
74	PN2	Abbau von Handelshemmnissen unterstützt den Anstieg von internat. Direktverbindungen	+	1,04	1,04	0
75	ÖG1	Bekämpfung der Klimaverschiebung forciert die Notwendigkeit internat. Kooperationen	+	0,69	1,03	50

Von 1995 - 2000 wird die Zunahme der Umweltsteuern die umweltorientierte Produktauslegung (Erprobung von Erdgas- und Wasserstoffantrieben) forcieren, während die Einführung der Info-Ökonomie die Bedeutung der 'Commonality' sowie die Fragmentierung der Flugzeugtypen weiter erhöht. Der Anstieg der kommunikativen Vernetzungen wird zusätzlich die Nachfrage nach Langstreckenflugzeugen stimulieren. Des weiteren wird die Zunahme von Umweltsteuern sowie die Zunahme der Anpassungsbereitschaft den Ausbau von Marketing-Allianzen verstärken.

Tab. 4.9: Wirkungen der Systemumgebung auf die Verkehrsflugzeugbranche 2000 - 2010

VISIONEN 2000-2010

WIRKUNGEN DER SYSTEMUMGEBUNG AUF DIE VERKEHRSFLUGZEUGBRANCHE

RANG				SWF	SWFS	DELTA in %
1	DA3	Wissensniveauanstieg stimuliert die Einführung von Methan-/Wasserstoffantrieben	+	1,32	2,37	79
2	DA5	Wissensgesellschaft forciert das Aufkommen neuer Hersteller	+	1,54	2,18	42
3	PF4	Ökologieorientierte Investitionen forcieren die Einführung innovativer Produkte	+	1,14	2,16	89
4	WF3	Energieträger Wasserstoff induziert einen Anstieg der Entwicklungs- und Stückkosten	+	1,45	2,03	40
5	VF2	Bedeutungszunahme von Informationsstandorten stimuliert intelligente Produktlösungen	+	1,34	2,02	50
6	WA1	Wissensorientierung beschleunigt die Entwicklung einer hochintell. Flugz.generation	+	1,41	2,00	42
7	DF4	Aufbau der Wissensgesellschaft stimuliert die Einführung innovativer Produkte	+	1,58	2,00	27
8	TG3	Einf. neuer Basistechnologien erhöht die Marktattraktivität für neue Flugz.produzenten	+	1,22	1,98	63
9	WA5	Aufkommen neuer Binnenmärkte erhöht die Marktattraktivität für neue Hersteller	+	1,26	1,91	52
10	DA1	Wissensniveauanstieg forciert die Entwicklung einer hochintell. Flugzeuggeneration	+	1,30	1,84	42
11	WN5	Wissenswettbewerb forciert den Aufbau intelligenter Reisevertriebssysteme	+	1,21	1,84	52
12	TA2	Aufbau von Inform.- und 'Know-How'-Z. forciert den Einsatz von intell. 'Common.'-Steuer.	+	1,28	1,82	42
13	DA2	Wissensniveauanstieg forciert die Implementierung von intell. 'Commonality'-Steuerungen	+	1,23	1,74	42
14	MF2	Fließendes integrales Management erhöht die Bedeutung intelligenter Produkte	+	1,23	1,73	40
15	MF4	Fließendes integrales Management unterstützt die Einführung innovativer Produkte	+	1,23	1,73	40
16	TF2	Neue Phase von Inventionen stimuliert die Einführung intelligenter Produkte	+	1,23	1,72	40
17	VN5	Bedeutungszun. von Inform.standorten forciert den Aufbau intellig. Reisevertriebssysteme	+	1,14	1,71	50
18	MA5	Fließendes integrales Management verstärkt das Aufkommen neuer Hersteller	+	1,20	1,70	42
19	TA5	Neue Phase von Inventionen erhöht die Markteintrittschancen für neue Hersteller	+	1,20	1,69	42
20	TA1	Neue Werkstoffe forcieren die Entwicklung einer hochintelligenten Flugz.generation	+	1,19	1,69	42
21	VG4	Ausbau von Magnetbahnstrecken schwächt das Luftverk.wachstum in einzelnen Binnenmärkten	+	0,87	1,69	95
22	MA1	Aufbau intell. Organ.strukturen unterstützt die Entw. einer hochintell. Flugz.generation	+	1,18	1,68	42
23	VG3	Aufbau von Solar-KWs u. H2-Produktionsstätten stimuliert neue Anbieter von Verkehrsflugz.	+	1,11	1,66	50
24	TF1	Neue intelligente Werkstoffe forcieren die Bedeutung des Produkt.faktors Geschwindigkeit	+	1,17	1,64	40
25	PF5	Ökologieorient. Investitionen forcieren die Entwicklung komplexerer Lösungsvorschläge	+	1,16	1,62	40
26	WN2	Aufkommen neuer Binnenmärkte verschärft den internat. Wettbewerb	+	1,06	1,61	52
27	PF2	Ökologieorientierte Investitionen forcieren die Entwicklung intelligenter Produkte	+	1,14	1,60	40
28	WG2	Energieträger H2 unterstützt die Subventionierung japanischer Flugzeugbauprojekte	+	1,05	1,59	52
29	TG1	Einführung neuer Basistechnologien stimuliert transnationale Flugzeugentwicklungen	+	1,22	1,58	30
30	MA2	Aufbau intell. Organisationsstrukturen unterstützt den Aufb. von intell. 'Common.'-Steuer.	+	1,12	1,58	42
31	DF2	Aufbau der Wissensgesellschaft erhöht die Bedeutung von intelligenten Produkten	+	1,58	1,58	0
32	PF3	Ökologieorient. Investitionen induzieren einen Anstieg der Entwicklungs- und Stückkosten	+	1,13	1,58	40
33	PA3	Ökologieorient. Investitionen forcieren die Einführung von CH4-/H2-Antrieben	+	1,15	1,55	35
34	TF3	Einführung neuer Basistechnologien forciert den Anstieg der Entw.- und Stückkosten	+	1,54	1,54	0
35	DF1	Aufbau der Wissensgesellschaft forciert die Bedeutung des Produktivitätsfaktors Geschw.	+	1,53	1,53	0
36	WG3	Wachstumsdynamik neuer Binnenmärkte induziert neue Anbieter von Verkehrsflugzeugen	+	1,01	1,53	52
37	DA4	Babyboomer forcieren die Realisierung umweltfreundlicher Flugzeuge	+	1,21	1,53	27
38	VF4	Globalisierung der Verkehrsstrecken verstärkt den Trend zu innovativen Produkten	+	1,42	1,52	7
39	VA3	Aufbau von Solar-KWs und H2-Produktionsstätten forciert die Einführung von H2-Antrieben	+	1,42	1,51	6
40	VA4	Aufbau von Solar-KWs und H2-Prod.stätten verstärkt das Angebot von umweltfreundl. Flugz.	+	1,42	1,51	6
41	WA3	Energieträger Erdgas/Wasserstoff induziert die Einführung von CH4-/H2-Antrieben	+	1,47	1,47	0
42	WA4	Energieträger Wasserstoff stimuliert das Angebot umweltfreundlicherer Flugzeuge	+	1,47	1,47	0
43	WF5	Wissenswettbewerb induziert komplexere Produktlösungen	+	1,45	1,45	0
44	TG2	Einführung neuer Basistechnologien forciert die Subventionierung des jap. Flugzeugbaus	+	1,11	1,45	30
45	WF2	Wissenswettbewerb stimuliert die Bedeutungszunahme intelligenter Produkte	+	1,43	1,43	0
46	TF4	Intell. selbstorganisierende Fertigungssysteme forcieren die Einf. innov. Produkte	+	1,13	1,42	25
47	VA1	Globalisierung der Verkehrsstrecken induziert die Entw. einer hochintell. Flugz.generation	+	1,40	1,40	0
48	TF5	Aufbau von Informations- und 'Know-How'-Zentren induziert komplexere Produktlösungen	+	1,39	1,39	0
49	VA5	Globalisierung der Verkehrsstrecken erhöht die Marktattraktivität für neue Anbieter	+	1,38	1,38	0
50	TA3	Einführung neuer Basistechnologien forciert die Einführung von CH4-/H2-Antrieben	+	1,57	1,38	-12
51	MA3	Global verantwortl. Management forciert die Einführung von CH4-/H2-Antrieben	+	1,38	1,38	0
52	MA4	Global verantwortl. Management forciert das Angebot von umweltfreundlichen Flugzeugen	+	1,38	1,38	0
53	VF5	Bedeutungszunahme von Informationsstandorten stimuliert komplexere Produktlösungen	+	1,36	1,36	0
54	WF4	Energieträger Wasserstoff induziert die Einführung innovativer Produkte	+	1,47	1,36	-8
55	DN5	Aufbau der Wissensgesell. unterstützt die Einführung intell. Reisevertriebssysteme	+	1,34	1,34	0
56	WA2	Bedeutung der Informationsströme induziert intelligente 'Commonality'-Steuerungen	+	1,33	1,33	0
57	DF5	Wissensorientierung induziert komplexere Lösungsvorschläge	+	1,33	1,33	0
58	MF5	Kommunikationsmanagement forciert die Komplexität von Produktlösungen	+	1,32	1,32	0
59	TN4	Einführung neuer Basistechnologien stimuliert die Globalisierung der Airlines	+	1,32	1,32	0
60	DF3	Wissensorientierung forciert die Erhöhung von Entwicklungs- und Stückkosten	+	1,30	1,30	0
61	VG1	Globalisierung der Verkehrsstrecken synergetisch zu transnat. Flugz.entwicklungen	+	1,11	1,28	15
62	DK2	Aufbau der Wissensgesellschaft forciert die Bedeutung von Zeitvorteilen	+	1,27	1,27	0
63	MF1	Kommunikationsmanagement forciert die Bedeutung des Produktivitätsfaktors Geschw.	+	1,27	1,27	0
64	DG5	Aufbau der Wissensgesell. forciert die Zun. von Umweltaufl. gegenüber Abgasemissionen	+	1,25	1,25	0
65	ÖF4	Bekämpfung der Klimaverschiebung beschleunigt die Einführung innovativer Produkte	+	1,15	1,25	8
66	ÖA3	Bekämpfung der Klimaverschiebung beschleunigt die Einführung von CH4-/H2-Antrieben	+	1,16	1,24	7
67	ÖF3	Bekämpfung der Klimaverschiebung erhöht die Entwicklungs- und Stückkosten	+	1,14	1,23	8
68	TN5	Aufbau von Informationszentren unterstützt den Trend zu intell. Reisevertriebssystemen	+	1,17	1,17	0
69	WG5	Energieträger H2 forciert die Zunahme von Umweltauflagen gegenüber Abgasemissionen	+	1,16	1,16	0
70	WK2	Informationsströme forcieren die Realisierung von Zeitvorteilen	+	1,15	1,15	0
71	WG1	Energieträger H2 induziert transnationale Flugzeugentwicklungsprojekte	+	1,15	1,15	0
72	PA4	Ökologieorient. Investitionen forcieren ein verstärktes Angebot von umweltfreundl. Flugz.	+	1,15	1,15	0
73	WK4	Informationsströme forcieren zeitoptimierte Reiseplanungen	+	1,14	1,14	0
74	ÖG5	Bek. der Luftverschmutzung verstärkt die Zun. von Umweltaufl. gegenüber Abgasemissionen	+	0,75	1,13	52
75	TN2	Aufbau von Informations- und 'Know-How'-Zentren forciert den internat. Wettbewerb	+	1,13	1,13	0

Ab dem Jahr 2000 wird der Aufbau der Wissensgesellschaft, die Einführung neuer Basistechnologien und intelligenter Produkte forcieren. Eine neue Phase von Inventionen wird die Einführung von Erdgas-, Wasserstoff- und Überschallflugzeugen beschleunigen. Trotz eines starken Anstieges der Entwicklungs- und Stückkosten werden neue Hersteller an diesem attraktiven Markt partizipieren wollen. Zur Bewältigung der Komplexitätszunahme wird ein fließendes integrales Management nötig sein, daß den Wissenswettbewerb in den Mittelpunkt des unternehmerischen Handels stellt.

Tab. 4.10: Wirkungen der Systemumgebung auf den Verkehrsflugzeugmarkt 1990 - 2010

RANG		WIRKUNGEN SYSTEMUMGEBUNG AUF VERKEHRSFLUGZEUGMARKT		SWF	SWFS	DELTA in %
		S Z E N A R I E N 1 9 9 0 - 1 9 9 5				
RANG				SWF	SWFS	
1	WG2	Liquiditätsverknappung unterstützt die Reduzierung militärischer Aufträge	+	1,27	2,14	68
2	VG3	Verkehrsinfrastrukturausbau in Japan schafft Grundlage für japanischen Flugzeugbau	+	0,99	2,08	110
3	WG3	Japanische Kapitalströme fließen vermehrt in den Flugzeugbau	+	1,08	1,82	68
4	MG3	Anpassung an Globalisierung forciert japanische Flugzeugbauanstrengungen	+	1,25	1,63	30
5	PG3	Abbau von Marktschranken forciert japanische Beteiligungsbestrebungen	+	1,09	1,61	48
6	VG5	Energieeinsparungsbemühungen fördern den Aufbau von Restriktionen	+	1,14	1,48	30
7	TG4	Kommunikationswachstum synergetisch zum Luftverkehrswachstum	+	1,32	1,42	8
8	TG1	Technologische Sättigung unterstützt die Zunahme der Konzentrationserscheinungen	+	1,09	1,42	30
9	MG1	Zunahme der Vernetzungen forciert Konzentrationen im Flugzeugbau	+	1,30	1,35	4
10	MG5	Neue Werthaltungen unterstützen die Zunahme der Restriktionen	+	1,23	1,23	0
11	ÖG3	Bekämpfung des Luftverschmutzung unterstützt japanische Beteiligungsbestrebungen	+	0,94	1,17	25
12	PG5	Energieverbrauchssteuern verschärfen Restriktionen für ineffiziente Triebwerke	+	1,13	1,13	0
13	TG3	Innovationen erleichtern japanische Bemühungen um einen Markteintritt	+	1,13	1,13	0
14	DG3	Fragmentierung unterstützt japanische Beteiligungsbestrebungen	+	0,77	0,99	28
15	PG1	Internationale Abrüstung unterstützt die Zunahme der Konzentrationen	+	0,97	0,97	0
16	ÖG4	Bekämpfung der Luftverschmutzung hemmt das Luftverkehrswachstum (Restriktionen)	+	0,91	0,91	0
17	ÖG5	Bekämpfung der Luftverschmutzung forciert die Zunahme der Restriktionen	+	0,90	0,90	0
18	MG2	Neue Werthaltungen reduzieren Militäraufträge für Flugzeugproduzenten	+	1,18	0,87	-26
19	ÖG2	Bekämpfung des Luftverschmutzung forciert zivile Neuentwicklungen	+	0,86	0,86	0
20	VG2	Hohe Kosten von Infrastrukturprojekten bremsen militärische Ausgaben	+	0,91	0,73	-20
21	PG4	Abbau von Marktschranken wirkt wachstumsfördernd auf den Luftverkehr	+	1,06	0,71	-33
22	PG2	Internationale Abrüstung forciert die Reduzierung militärischer Flugzeugaufträge	+	0,95	0,64	-33
23	VG4	Aufbau intelligenter Verkehrsleitsysteme fördert das Luftverkehrswachstum	+	1,04	0,64	-38
24	WG4	Integration des europäischen Binnenmarktes fördert das Luftverkehrswachstum	+	1,30	0,59	-54
		S Z E N A R I E N 1 9 9 5 - 2 0 0 0				
RANG				SWF	SWFS	
1	VG3	Einführung neuer Verkehrssysteme forciert japanische Flugzeugbaubeteiligungen	+	0,82	1,69	106
2	MG1	Zunahme der Anpassungsbereitschaft unterstützt internat. Kooperationsprojekte	+	1,05	1,39	32
3	MG3	Zunahme der Anpassungsbereitschaft forciert pazifische Beteiligungen am Großflugzeugbau	+	1,05	1,39	32
4	PG1	Abbau von Handelshemmnissen forciert die Zunahme internationaler Kooperationsprojekte	+	0,89	1,32	48
5	PG3	Abbau von Handelshemmnissen unterstützt japanische Flugzeugbaubeteiligungen	+	0,89	1,32	48
6	WG5	Info-Ökonomie beschleunigt die Bedeutungsabnahme der IATA als Tarfikoordinator	+	0,99	1,30	32
7	MG2	Zunahme der Anpassungsbereitschaft forciert den Subventionsabbau	+	0,92	1,21	32
8	ÖG1	Bekämpfung der Klimaverschiebung forciert die Notwendigkeit internationaler Kooperationen	+	0,69	1,03	50
9	DG3	Bildungsniveauanstieg forciert japanische Beteiligungen am Verkehrsflugzeuggeschäft	+	0,79	0,99	25
10	VG1	Räumliche Integration forciert die Zunahme internat. Kooperationsprojekte	+	0,62	0,97	57
11	ÖG3	Bekämpfung des Treibhauseffektes beschleunigt japanische Flugzeugbauambitionen	+	0,60	0,90	50
12	WG4	Info-Ökonomie stimuliert das Wachstum der internat. Direktverbindungen	+	1,02	0,86	-15
13	WG3	Integration des pazifischen Marktes unterstützt japanische Flugzeugbaubeteiligungen	+	0,85	0,85	0
14	WG1	Zunahme der Informationsströme forciert die Zunahme internat. Kooperationsprojekte	+	0,84	0,84	0
15	TG1	Beschleunigung der Innovationszyklen forciert die Zunahme internat. Kooperationsprojekte	+	0,82	0,82	0
16	TG3	Beschleunigung der Innovationszyklen stimuliert japanische Beteiligungen	+	0,82	0,82	0
17	PG4	Abbau von Handelshemmnissen stimuliert das Wachstum internat. Direktverbindungen	+	0,82	0,82	0
18	PG5	Abbau von Handelshemmnissen forciert die Bedeutungsabnahme der IATA als Tarifkoordinator	+	0,79	0,79	0
19	PG2	Abbau von Handelshemmnissen forciert den Abbau europäischer Flugzeugbausubventionen	+	0,78	0,78	0
20	DG1	Babyboomer forcieren die Zunahme internationaler Kooperationsprojekte	+	0,77	0,77	0
21	MG4	Zun. der kommunik. Vernetzungen stimuliert das Wachstum der internat. Direktverbindungen	+	1,02	0,77	-24
22	VG4	Dienstleistungsstandorte stimulieren das Wachstum der internat. Direktverbindungen	+	0,61	0,39	-36
23	DG2	0,0	o			
24	DG4	0,0	o			
25	DG5	0,0	o			
26	MG5	0,0	o			
27	ÖG2	0,0	o			
28	ÖG4	0,0	o			
29	ÖG5	0,0	o			
30	TG2	0,0	o			
		V I S I O N E N 2 0 0 0 - 2 0 1 0				
RANG				SWF	SWFS	
1	TG3	Einf. neuer Basistechnologien erhöht die Marktattraktivität für neue Flugzeugproduzenten	+	1,22	1,98	63
2	VG4	Ausbau von Magnetbahnstrecken schwächt das Luftverkehrswachstum in einzelnen Binnenmärkten	+	0,87	1,69	95
3	VG3	Aufbau von Solar-KWs und H2-Prod.stätten stimuliert neue Anbieter von Verkehrsflugzeugen	+	1,11	1,66	50
4	WG2	Energieträger H2 unterstützt die Subventionierung japanischer Flugzeugbauprojekte	+	1,05	1,59	52
5	TG1	Einführung neuer Basistechnologien stimuliert transnationale Flugzeugentwicklungen	+	1,22	1,58	30
6	WG3	Wachstumsdynamik neuer Binnenmärkte induziert neue Anbieter von Verkehrsflugzeugen	+	1,01	1,53	52
7	TG2	Einführung neuer Basistechnologien forciert die Subventionierung des japan. Flugzeugbaus	+	1,11	1,45	30
8	VG1	Globalisierung der Verkehrsstrecken synergetisch zu transnat. Flugzeugentwicklungen	+	1,11	1,28	15
9	DG5	Aufbau der Wissensgesellschaft forciert die Zun. von Umweltaufl. gegenüber Abgasemissionen	+	1,25	1,25	0
10	WG5	Energieträger H2 forciert die Zun. von Umweltaufl. gegenüber Abgasemissionen	+	1,16	1,16	0
11	WG1	Energieträger H2 induziert transnationale Flugzeugentwicklungsprojekte	+	1,15	1,15	0
12	ÖG5	Bek. der Luftverschm. verstärkt die Zunahme von Umweltaufl. gegenüber Abgasemissionen	+	0,75	1,13	52
13	ÖG3	Bekämpfung der Luftverschmutzung erhöht Marktchancen für neue Flugzeuganbieter	+	0,74	1,12	52
14	MG5	Global verantw. Management forciert die Zun. der Umweltaufl. gegenüber Abgasemissionen	+	1,09	1,09	0
15	MG1	Global verantw. Management forciert transnationale Flugzeugbauprojekte	+	1,07	1,07	0
16	PG3	Ökologische Sanierungsprojekte erhöhen Marktchancen für neue Verkehrsflugzeuganbieter	+	0,75	1,01	35
17	TG5	Neue Phase von Inventionen forciert die Zun. von Umweltauflagen gegenüber Abgasemissionen	+	0,97	0,97	0
18	MG3	Fließendes integrales Management unterstützt Marktchancen für neue Anbieter	+	0,96	0,96	0
19	PG4	Ökologische Sanierungsprojekte hemmen das Luftverkehrswachstums	+	0,71	0,96	35
20	DG1	Babyboomer forcieren transnationale Flugzeugentwicklungen	+	0,94	0,94	0
21	PG5	Ökologieorientierte Investitionen unterstützen den Abbau der Abgasemissionen	+	0,90	0,90	0
22	ÖG4	Bekämpfung der Klimaverschiebung reduziert das Wachstum des Luftverkehrs	+	0,85	0,85	0
23	VG5	Aufbau von Solar-KWs und H2-Prod.stätten forciert die Zunahme emissionsbed. Umweltauflagen	+	1,12	0,75	-33
24	PG1	Aufbau weltweiter Sicherheitsstrukturen unterstützt transnationale Flugzeugentwicklungen	+	0,74	0,74	0
25	ÖG1	Bekämpfung der Luftverschmutzung verstärkt transnat. Projekte bei Flugzeugentwicklungen	+	0,74	0,74	0
26	DG2	0,0	o			
27	DG3	0,0	o			
28	DG4	0,0	o			
29	MG2	0,0	o			
30	MG4	0,0	o			
31	ÖG2	0,0	o			
32	TG4	0,0	o			

Tab. 4.11: Wirkungen der Systemumgebung auf die Produkte 1990 - 2010

RANG		WIRKUNGEN SYSTEMUMGEBUNG AUF PRODUKTE			SWF	SWFS	DELTA in %
		S Z E N A R I E N 1 9 9 0 - 1 9 9 5					
1	VF2	Energieeinsparungen forcieren innovative Problemlösungen		+	1,27	2,60	105
2	PF2	Besteuerung von hohen Energieverbräuchen verstärkt die Zahl der Innovationen		+	1,27	2,38	88
3	WF4	Liquiditätsverknappung forciert die Beibehaltung der Derivatstrategie		+	1,37	2,30	68
4	MF2	Erhöhung der Flexibilität forciert den Trend zu innovativen Produkten		+	1,35	1,70	27
5	MF1	Erhöhung der Flexibilität unterstützt Produktivitätssteigerungen		+	1,31	1,66	27
6	MF5	Neue Werthaltungen verbessern die Kundenorientierung		+	1,27	1,61	27
7	MF3	Zunahme der Flexibilität forciert Preisanstiege		+	1,25	1,59	27
8	VF3	Energieeinsparungen unterstützen einen Preisanstieg bei Flugzeugen		+	1,18	1,50	27
9	TF1	Produktinnovationen erhöhen die Flugzeugproduktivität		+	1,17	1,49	27
10	TF2	Informationstechnologie forciert die Zunahme der Innovationsrate		+	1,45	1,45	0
11	WF1	Integration der Binnenmärkte forciert den Trend zu produktiveren Flugzeugen		+	1,40	1,40	0
12	WF3	Liquiditätsverknappung erhöht die Entwicklungskosten		+	1,39	1,39	0
13	TF4	Informationstechnologie erhöht die Produktlebensdauer		+	1,33	1,33	0
14	TF5	Informationstechnologie verbessert die Kundenorientierung		+	1,33	1,33	0
15	VF4	Intelligente Verkehrstechnolgien erhöhen die Produktlebensdauer		+	1,05	1,05	0
16	VF5	Intelligente Verkehrstechnolgien verbessern die Kundenorientierung		+	1,05	1,05	0
17	VF1	Räumliche Integration fördert den Trend zu höheren Produktivitäten		+	1,03	1,03	0
18	WF2	Integration der Binnenmärkte forciert die Produktinnovationen		+	1,43	0,85	-41
19	ÖF2	Bekämpfung der Luftverschmutzung unterstützt den Trend zu Produktinnovationen		+	1,01	0,79	-21
20	DF2	Hohes Bildungsniveau unterstützt die Realisierung innovativer Produkte		+	0,77	0,77	0
21	ÖF3	Bekämpfung der Luftverschmutzung forciert den Anstieg der Flugzeugpreise		+	0,94	0,74	-21
22	ÖF5	Bekämpfung des Treibhauseffektes forciert das Flugzeugrecycling der Hersteller		+	0,93	0,74	-21
23	ÖF1	Bekämpfung der Luftverschmutzung stimuliert den Trend zur Produktivitätssteigerung		+	0,98	0,62	-37
24	DF1		0,0	o			
		S Z E N A R I E N 1 9 9 5 - 2 0 0 0					
1	PF2	Zunahme von Umweltsteuern forciert die umweltorientierte Produktauslegung		+	1,17	2,39	105
2	VF2	Einführung neuer Verkehrssysteme forciert die umweltorientierte Produktauslegung		+	0,95	2,06	117
3	VF1	Einführung neuer Verkehrssysteme forciert den Trend zu Gewichtseinsparungen		+	0,90	1,94	117
4	WF4	Info-Ökonomie stimuliert kürzere Serienlebensdauern		+	1,27	1,75	38
5	MF3	Ökologiebewußte Manager unterstützen Preisabschläge am Gebrauchtflugzeugmarkt		+	1,11	1,68	52
6	MF4	Zunahme der Anpassungsbereitschaft verkürzt die Serienlebensdauern		+	1,20	1,66	38
7	ÖF2	Bekämpfung der Klimaverschiebung erzwingt ökologieorientierte Produktauslegung		+	0,80	1,66	108
8	ÖF3	Bekämpfung der Klimaverschiebung unterstützt den Verfall der Gebrauchtflugzeugpreise		+	0,79	1,63	107
9	MF1	Zunahme der Anpassungsbereitschaft stimuliert die Entwicklung neuer Werkstoffe		+	1,15	1,59	38
10	PF3	Zunahme von Umweltsteuern unterstützt den Preisverfall bei Gebrauchtflugzeugen		+	1,15	1,59	38
11	PF4	Zunahme von Umweltsteuern verkürzt die Serienlebensdauern		+	1,15	1,59	38
12	WF3	Starke Schwankungen der Rohstoffpreise unterstützen den Preisverfall bei Gebrauchtflugz.		+	1,02	1,57	55
13	VF3	Aufbau von Hochgeschw.bahnnetzen unterstützt den Verfall der Gebrauchtflugzeugpreise		+	0,72	1,56	117
14	PF1	Zunahme von Umweltsteuern forciert den Trend zu Gewichtseinsparungen		+	1,10	1,52	38
15	MF2	Zunahme der umweltbewußten Manager forciert die umweltorient. Produktauslegung		+	1,13	1,30	15
16	VF4	Einführung neuer Verkehrssysteme verkürzt die Serienlebensdauern		+	0,94	1,30	38
17	TF2	Kürzere Innovationszyklen unterstützen den Trend zu umweltorientierten Produkten		+	0,95	1,20	27
18	MF5	Zunahme der komm. Vernetzungen erfordert die Orientierung auf Kundengruppen		+	1,17	1,17	0
19	DF2	Anstieg des Bildungsniveaus stimuliert die umweltorientierte Produktauslegung		+	0,92	1,15	25
20	WF2	Info-Ökonomie forciert die umweltorientierte Produktauslegung		+	1,28	1,15	-11
21	TF3	Kürzere Innovationszyklen unterstützen den Preisverfall von Gebrauchtflugzeugen		+	0,93	0,93	0
22	TF4	Häufige Produktinnovationen verkürzen die Serienlebensdauern		+	0,93	0,93	0
23	ÖF1	Bek. des Treibhauseff. forciert den Trend zu Gewichtseinsparungen durch neue Werkstoffe		+	0,66	0,91	38
24	DF4	Anstieg des Bildungsniveaus stimuliert die Verkürzung von Serienlebensdauern		+	0,90	0,90	0
25	DF3	Anstieg des Nord-Süd-Gefälles unterstützt den Verfall der Gebrauchtflugzeugpreise		+	0,78	0,78	0
26	TF1	Neue Werkstoffe forcieren den Trend zu Gewichtseinsparungen		+	0,73	0,73	0
27	DF1		0,0	o			
28	DF5		0,0	o			
29	ÖF4		0,0	o			
30	ÖF5		0,0	o			
		V I S I O N E N 2 0 0 0 - 2 0 1 0					
1	PF4	Ökologieorientierte Investitionen forcieren die Einführung innovativer Produkte		+	1,14	2,16	89
2	WF3	Energieträger Wasserstoff induziert einen Anstieg der Entwicklungs- und Stückkosten		+	1,45	2,03	40
3	VF2	Bedeutungszunahme von Informationsstandorten stimuliert intelligente Produktlösungen		+	1,34	2,02	50
4	DF4	Aufbau der Wissensgesellschaft stimuliert die Einführung innovativer Produkte		+	1,58	2,00	27
5	MF2	Fließendes integrales Management erhöht die Bedeutung intelligenter Produkte		+	1,23	1,73	40
6	MF4	Fließendes integrales Management unterstützt die Einführung innovativer Produkte		+	1,23	1,73	40
7	TF2	Neue Phase von Inventionen stimuliert die Einführung intelligenter Produkte		+	1,23	1,72	40
8	TF1	Neue intelligente Werkstoffe forcieren die Bedeutung des Prod.faktors Geschwindigkeit		+	1,17	1,64	40
9	PF5	Ökologieorient. Investitionen forcieren die Entwicklung komplexerer Lösungsvorschläge		+	1,16	1,62	40
10	PF2	Ökologieorient. Investitionen forcieren die Entwicklung intelligenter Produkte		+	1,14	1,60	40
11	DF2	Aufbau der Wissensgesellschaft erhöht die Bedeutung von intelligenten Produkten		+	1,58	1,58	0
12	PF3	Ökologieorient. Investitionen induzieren einen Anstieg der Entwicklungs- und Stückkosten		+	1,13	1,58	40
13	TF3	Einführung neuer Basistechnologien forciert den Anstieg der Entwicklungs- und Stückkosten		+	1,54	1,54	0
14	DF1	Aufbau der Wissensgesellschaft forciert die Bedeutung des Prod.faktors Geschwindigkeit		+	1,53	1,53	0
15	VF4	Globalisierung der Verkehrsstrecken verstärkt den Trend zu innovativen Produkten		+	1,42	1,52	7
16	WF5	Wissenswettbewerb induziert komplexere Produktlösungen		+	1,45	1,45	0
17	WF2	Wissenswettbewerb stimuliert die Bedeutungszunahme intelligenter Produkte		+	1,43	1,43	0
18	TF4	Intell. selbstorganisierende Fertigungssysteme forcieren die Einführung innov. Produkte		+	1,13	1,42	25
19	TF5	Aufbau von Informations- und 'Know-How'-Zentren induziert komplexere Produktlösungen		+	1,39	1,39	0
20	VF5	Bedeutungszunahme von Informationsstandorten stimuliert komplexere Produktlösungen		+	1,36	1,36	0
21	WF4	Energieträger Wasserstoff induziert die Einführung innovativer Produkte		+	1,47	1,36	-8
22	DF5	Wissensorientierung induziert komplexere Lösungsvorschläge		+	1,33	1,33	0
23	MF5	Kommunikationsmanagement forciert die Komplexität von Produktlösungen		+	1,32	1,32	0
24	DF3	Wissensorientierung forciert die Erhöhung von Entwicklungs- und Stückkosten		+	1,30	1,30	0
25	MF1	Kommunikationsmanagement forciert die Bedeutung des Produktivitätsfaktors Geschw.		+	1,27	1,27	0
26	ÖF4	Bekämpfung der Klimaverschiebung beschleunigt die Einführung innovativer Produkte		+	1,15	1,25	8
27	ÖF3	Bekämpfung der Klimaverschiebung erhöht die Entwicklungs- und Stückkosten		+	1,14	1,23	8
28	VF3	Globalisierung der Verkehrsstrecken induziert Anstieg der Entwicklungs- und Stückkosten		+	1,40	1,00	-29
29	VF1	Globalisierung der Verkehrsstr. forciert die Bedeutung des Prod.faktors Geschwindigkeit		+	1,38	0,98	-29
30	WF1	Informationsströme forcieren die Bedeutungszunahme des Produktivitätsfaktors Geschw.		+	1,39	0,92	-34
31	ÖF5	Bekämpfung der Klimaverschiebung verstärkt den Trend zu komplexeren Lösungsvorschlägen		+	1,17	0,84	-29
32	ÖF2	Bekämpfung der Klimaverschiebung forciert die Einführung von intelligenten Produkten		+	1,15	0,82	-29

Tab. 4.12: Wirkungen der Systemumgebung auf die Angebotsseite 1990 - 2010

WIRKUNGEN SYSTEMUMGEBUNG AUF ANGEBOTSSEITE — DELTA in %

S Z E N A R I E N 1 9 9 0 - 1 9 9 5

RANG					SWF	SWFS	DELTA in %
1	WA1	Liquiditätsverknappung unterstützt die zunehmende Produktdifferenzierung		+	1,32	3,03	130
2	MA1	Erhöhung der Flexibilität fördert die Produktdifferenzierung		+	1,19	2,19	85
3	TA1	Informationstechnologie forciert die Produktdifferenzierung		+	1,28	1,75	37
4	WA5	Liquiditätsverknappung verhindert Markteintritt eines vierten Herstellers		+	1,26	1,72	37
5	MA3	Neue Werthaltungen forcieren den Einsatz effizienterer Triebwerke		+	1,15	1,58	37
6	PA3	Steuerpolitik stimuliert die Entwicklung treibstoffeffizienter Antriebe		+	1,06	1,57	48
7	MA4	Anpassungsbestreben stimuliert den Einsatz von 'Wide-Body'-Flugzeugen		+	1,14	1,56	37
8	TA2	Informationstechnologie verbessert die 'Commonality'-Umsetzung		+	1,14	1,56	37
9	PA4	Abbau von Marktschranken forciert den Einsatz von 'Wide-Body'-Flugzeugen		+	0,99	1,35	37
10	VA3	Energieeinsparungsbemühungen führen zu effizienteren Triebwerken		+	1,06	1,25	18
11	WA4	Integration der Binnenmärkte führen zu vermehrtem 'Wide-Body'-Einsatz		+	1,21	1,21	0
12	MA2	Vernetzte Systeme unterstützen 'Commonality'-Anstrengungen		+	1,17	1,19	1
13	PA1	Besteuerung von hohen Energieverbräuchen stimuliert die Produktdifferenzierung		+	1,12	1,12	0
14	TA3	Gewichtseinsparungen durch neue Werkstoffe verringern den Treibstoffverbrauch		+	0,89	1,07	20
15	TA5	Bisheriger Basistechnologiezyklus verhindert Markteintritt eines vierten Herstellers		+	1,07	1,07	0
16	VA4	Räumliche Integration im Pazifikraum forciert den Einsatz von 'Wide-Body'-Flugzeugen		+	0,90	0,90	0
17	VA1	Energieeinsparungen stimulieren die Produktdifferenzierung		+	1,12	0,82	-27
18	ÖA3	Bekämpfung der Luftverschmutzung forciert die Entwicklung effizienterer Triebwerke		+	0,84	0,77	-9
19	DA1	Fragmentierung der Gesellschaften stimuliert eine zunehmende Produktdifferenzierung		+	0,73	0,73	0
20	DA2		0,0	o			
21	DA3		0,0	o			
22	DA4		0,0	o			
23	DA5		0,0	o			
24	MA5		0,0	o			

S Z E N A R I E N 1 9 9 5 - 2 0 0 0

RANG					SWF	SWFS	DELTA in %
1	WA1	Info-Ökonomie unterstützt die Fragmentierung der Flugzeugtypen		+	1,34	2,04	52
2	WA2	Info-Ökonomie unterstützt die Bedeutungszunahme der 'Commonality'		+	1,29	1,95	52
3	MA2	Zunahme der Vernetzung forciert die Bedeutung der 'Commonality'		+	1,28	1,95	52
4	MA1	Zunahme der Anpassungsbereitschaft erhöht die Fragmentierung der Flugzeugtypen		+	1,27	1,93	52
5	MA4	Zunahme der komm. Vernetzungen stimuliert die Nachfrage nach Langstreckenflugzeugen		+	1,25	1,89	52
6	PA3	Zunahme von Umweltsteuern forciert die Erprobung von CH4-/H2-Flugzeugen		+	1,22	1,81	48
7	WA5	Integration des pazifischen Marktes stimuliert japanische Flugzeugbauaktivitäten		+	1,00	1,55	55
8	TA1	Technologische Sättigung unterstützt die Fragmentierung der Flugzeugtypen		+	1,00	1,52	52
9	VA5	Einführung neuer Verkehrssysteme forciert das Aufkommen japanischer Hersteller		+	0,96	1,51	57
10	TA5	Techno. Sättigung erhöht die Marktchancen für japanische Hersteller (neue Lösungen)		+	0,98	1,48	52
11	TA2	Informationsmanagement forciert die Bedeutung der 'Commonality'		+	0,91	1,38	52
12	PA1	Zunahme von Umweltsteuern unterstützt die Fragmentierung der Flugzeugtypen		+	1,22	1,22	0
13	DA3	Bildungsniveauanstieg unterstützt die Erprobung von CH4-/H2-Flugzeugen		+	0,96	1,20	25
14	PA2	Zunahme von Umweltsteuern unterstützt die Bedeutungszunahme der 'Commonality'		+	1,17	1,17	0
15	MA5	Ökologiebewußtes Management unterstützt die Marktchancen für japanische Hersteller		+	1,14	1,14	0
16	PA4	Abbau von internat. Hemmnissen forciert die Nachfrage nach Langstreckenflugzeugen		+	1,00	1,00	0
17	DA1	Bildungsniveauanstieg unterstützt den Trend zu stärkerer Fragmentierung		+	0,96	0,96	0
18	WA4	Integration der Weltwirtschaft forciert die Nachfrage nach Langstreckenflugzeugen		+	0,96	0,96	0
19	DA2	Babyboomer in Verantwortungspositionen forcieren die Bedeutung der 'Commonality'		+	0,89	0,89	0
20	MA3	Zunahme der ökologiebewußten Manager forciert die Erprobung von CH4-/H2-Flugzeugen		+	1,18	0,89	-24
21	VA3	Vermehrte Nutzung alternativer Energien unterstützt die Erprobung von CH4-/H2-Flugzeugen		+	0,84	0,86	3
22	TA3	Kürzere Innovationszyklen unterstützen die Erprobung von CH4-/H2-Flugzeugen		+	0,99	0,83	-16
23	ÖA5	Bekämpfung der Klimaverschiebung erhöht die Marktchancen für japanische Hersteller		+	0,81	0,80	-1
24	ÖA3	Bekämpfung des Treibhauseffektes unterstützt die Erprobung von CH4-/H2-Flugzeugen		+	0,73	0,72	-1
25	WA3	Starke Schwankungen der Rohstoffpreise stimulieren die Erprobung von CH4-/H2-Flugzeugen		+	1,08	0,69	-35
26	VA1	Vermehrte Nutzung alternat. Energien unterstützt die Fragmentierung der Flugzeugtypen		+	0,84	0,55	-34
27	ÖA1	Bekämpfung der Klimaverschiebung erhöht die Fragmentierung der Flugzeugtypen		+	0,83	0,55	-34
28	DA4		0,0	o			
29	DA5		0,0	o			
30	ÖA2		0,0	o			

V I S I O N E N 2 0 0 0 - 2 0 1 0

RANG					SWF	SWFS	DELTA in %
1	DA3	Wissensniveauanstieg stimuliert die Einführung von CH4-/H2-Antrieben		+	1,32	2,37	79
2	DA5	Wissensgesellschaft forciert das Aufkommen neuer Hersteller		+	1,54	2,18	42
3	WA1	Wissensorientierung beschleunigt die Entw. einer hochintelligenten Flugzeuggeneration		+	1,41	2,00	42
4	WA5	Aufkommen neuer Binnenmärkte erhöht die Marktattraktivität für neue Hersteller		+	1,26	1,91	52
5	DA1	Wissensniveauanstieg forciert die Entwicklung einer hochintell. Flugzeuggeneration		+	1,30	1,84	42
6	TA2	Aufbau von Inf.- und 'Know-How'-Zentren forciert den Einsatz von intell. 'Common.'-St.		+	1,28	1,82	42
7	DA2	Wissensniveauanstieg forciert die Implementierung von intell. 'Commonality'-Steuerungen		+	1,23	1,74	42
8	MA5	Fließendes integrales Management verstärkt das Aufkommen neuer Hersteller		+	1,20	1,70	42
9	TA5	Neue Phase von Inventionen erhöht die Markteintrittschancen für neue Hersteller		+	1,20	1,69	42
10	TA1	Neue Werkstoffe forcieren die Entwicklung einer hochintelligenten Flugzeuggeneration		+	1,19	1,69	42
11	MA1	Aufbau intell. Organisationsstr. unterstützt die Entw. einer hochintell. Flugz.generation		+	1,18	1,68	42
12	MA2	Aufbau intell. Organisationsstr. unterstützt den Aufbau von intell. 'Commonality'-Steuer.		+	1,12	1,58	42
13	PA3	Ökologieorientierte Investitionen forcieren die Einführung von CH4-/H2-Antrieben		+	1,15	1,55	35
14	DA4	Babyboomer forcieren die Realisierung umweltfreundlicher Flugzeuge		+	1,21	1,53	27
15	VA3	Aufbau von Solar-KWs und H2-Prod.stätten forciert die Einführung von Wasserstoffantrieben		+	1,42	1,51	6
16	VA4	Aufbau von Solar-KWs und H2-Prod.stätten verstärkt das Angebot von umweltfreundl. Flugz.		+	1,42	1,51	6
17	WA3	Energieträger Erdgas/Wasserstoff induziert die Einführung von CH4-/H2-Antrieben		+	1,47	1,47	0
18	WA4	Energieträger Wasserstoff stimuliert das Angebot umweltfreundlicherer Flugzeuge		+	1,47	1,47	0
19	VA1	Global. der Verkehrsstrecken induziert die Entw. einer hochintell. Flugz.generation		+	1,40	1,40	0
20	VA5	Globalisierung der Verkehrsstrecken erhöht die Marktattraktivität für neue Anbieter		+	1,38	1,38	0
21	TA3	Einführung neuer Basistechnologien forciert die Einführung von CH4-/H2-Antrieben		+	1,57	1,38	-12
22	MA3	Global verantwortl. Management forciert die Einführung von CH4-/H2-Antrieben		+	1,38	1,38	0
23	MA4	Global verantwortl. Management forciert das Angebot von umweltfreundlichen Flugzeugen		+	1,38	1,38	0
24	WA2	Bedeutung der Informationsströme induziert intelligente 'Commonality'-Steuerungen		+	1,33	1,33	0
25	ÖA3	Bekämpfung der Klimaverschiebung beschleunigt die Einführung von CH4-/H2-Antrieben		+	1,16	1,24	7
26	PA4	Ökologieorient. Investitionen forcieren ein verstärktes Angebot von umweltfreundl. Flugz.		+	1,15	1,15	0
27	TA4	Einführung neuer Basistechnologien forciert das Angebot schnellerer Flugzeuge		+	1,57	1,11	-29
28	PA5	Globaler Abbau von Ungleichgewichten erhöht die Marktchancen für neue Anbieter		+	1,04	1,04	0
29	ÖA4	Bekämpfung der Luftverschmutzung verstärkt das Angebot umweltfreundlicher Flugzeuge		+	0,95	1,01	7
30	PA1	Aufbau weltw. Sicherheitsstrukturen induziert die Entw. einer hochintell. Flugz.generation		+	0,94	0,94	0
31	ÖA5	Bekämpfung der Klimaverschiebung erhöht die Marktattraktivität für neue Hersteller		+	1,13	0,79	-29
32	ÖA1		0,0	o			

Tab. 4.13: Wirkungen der Systemumgebung auf die Nachfrageseite 1990 - 2010

WIRKUNGEN SYSTEMUMGEBUNG AUF NACHFRAGESEITE — DELTA in %

S Z E N A R I E N 1 9 9 0 - 1 9 9 5

RANG					SWF	SWFS	DELTA in %
1	MN1	Erhöhung der Flexibilität verstärkt das Wachstum des Leasinggeschäftes		+	1,29	2,47	91
2	TN4	Informationstechnologie stimuliert die Zunahme von Beteiligungen		+	1,32	1,87	42
3	TN5	Informationstechnologie stimuliert den Aufbau von Buchungssystemen		+	1,32	1,87	42
4	TN1	Innovative Produkte stimulieren das Leasinggeschäft		+	1,16	1,64	42
5	TN2	Wachstum der Telekommunikation synergetisch mit dem Luftverkehrswachstum		+	1,38	1,62	18
6	WN5	Integration des europäischen Binnenmarktes forciert den Aufbau von Buchungssystemen		+	1,30	1,55	19
7	MN4	Vernetzung stimuliert die Zunahme von Beteiligungen		+	1,36	1,29	-5
8	VN5	Intelligente Verkehrsleitsysteme unterstützen den Trend zu Reisevertriebssystemen		+	1,04	1,04	0
9	MN2	Kommunikative Vernetzung synergetisch zu Luftverkehrwachstum		+	1,42	1,00	-29
10	MN3	Vernetzung forciert Käufe von Streckenrechten		+	1,36	0,96	-29
11	MN5	Vernetzung forciert Aufbau von Buchungs- und Reisevertriebssystemen		+	1,36	0,96	-29
12	WN3	Integration des europäischen Binnenmarktes stimuliert den Handel mit Streckenrechten		+	1,30	0,92	-29
13	WN1	Liquiditätsverknappung forciert das Leasinggeschäft		+	1,43	0,85	-41
14	PN3	Abbau von Marktschranken erhöht den Handel mit Streckenrechten		+	1,06	0,75	-29
15	PN4	Abbau von Marktschranken erhöht die Zahl der Unternehmensbeteiligungen		+	1,06	0,75	-29
16	WN2	Integration des europäischen Binnenmarktes stimuliert das Luftverkehrswachstum		+	1,36	0,57	-58
17	DN2	Bevölkerungswachstum forciert den Anstieg des Passagier- und Frachtverkehrs		+	0,73	0,57	-22
18	WN4	Integration des europäischen Binnenmarktes forciert den Aufbau von Beteiligungen		+	1,30	0,55	-58
19	VN1	Energieeinsparungstrends forcieren das Leasing von neuem Fluggerät		+	1,22	0,53	-56
20	PN1	Abbau von Marktschranken stimuliert das Leasinggeschäft		+	1,12	0,53	-52
21	DN4	Fragmentierung forciert die Zunahme von Beteiligungen		+	0,75	0,53	-29
22	PN2	Abbau von Marktschranken forciert das Luftverkehrswachstum		+	1,11	0,53	-52
23	VN2	Infrastrukturausbau unterstützt das Luftverkehrswachstum		+	1,01	0,44	-56
24	DN1	Fragmentierung der Kundengruppen forciert das Leasinggeschäft		+	0,80	0,44	-45

S Z E N A R I E N 1 9 9 5 - 2 0 0 0

RANG					SWF	SWFS	DELTA in %
1	PN1	Zunahme von Umweltsteuern erhöht das Risiko des Leasinggeschäftes		+	1,21	2,55	110
2	MN3	Zun. der Anpassungsbereitschaft forciert die Streckenausw. durch Marketing-Allianzen		+	1,30	1,85	42
3	PN5	Zunahme von Umweltsteuern stimuliert den Aufbau von Informationssystemen		+	1,28	1,82	42
4	PN3	Zunahme von Umweltsteuern forciert den Aufbau von Marketing-Allianzen		+	1,25	1,77	42
5	WN1	Starke Schwankungen der Rohstoffpreise erhöhen das Risiko des Leasinggeschäftes		+	1,07	1,66	55
6	TN5	Informationsmanagement forciert den Einsatz von Reisevertriebssystemen		+	1,00	1,42	42
7	TN3	Informationsmanagement unterstützt den Aufbau von Marketing-Allianzen		+	0,97	1,38	42
8	TN4	Informationsmanagement forciert den Aufbau von 'Triaden-Carriern'		+	0,97	1,38	42
9	MN1	Zunahme der komm. Vernetzungen erhöht die Risiken des Leasinggeschäftes		+	1,33	1,24	-7
10	DN5	Informationsarbeitsplätze forcieren den Einsatz von Informationssystemen		+	0,86	1,22	42
11	ÖN3	Bekämpfung der Klimaverschiebung forciert ökologieorientierte Marketing-Allianzen		+	0,85	1,21	42
12	VN1	Aufbau von Hochgeschwindigkeitsbahnnetzen erhöht das Risiko des Leasinggeschäftes		+	0,76	1,19	57
13	VN3	Dominanz von Dienstleistungsstandorten forciert die Zunahme der Marketing-Allianzen		+	0,82	1,16	42
14	VN4	Dienstleistungsorientierung forciert den Aufbau von 'Triaden-Carriern'		+	0,82	1,16	42
15	ÖN5	Bek. des Treibhauseff. unterstützt den Trend zu Informationssystemen (Treibstoffeinsp.)		+	0,77	1,09	42
16	VN5	Neue Verkehrssysteme forcieren den Aufbau von Informationssystemen		+	1,04	1,04	0
17	PN2	Abbau von Handelshemmnissen unterstützt den Anstieg von internat. Direktverbindungen		+	1,04	1,04	0
18	TN1	Technologische Sättigung erhöht die Risiken des Leasingeschäftes		+	1,00	1,00	0
19	WN5	Info-Ökonomie stimuliert den Aufbau von Informationssystemen		+	1,41	1,00	-29
20	MN5	Zunahme der komm. Vernetzungen unterstützt den Einsatz von Informationssystemen		+	1,41	0,99	-29
21	WN3	Info-Ökonomie forciert den Streckenaufbau durch Marketing-Allianzen		+	1,37	0,97	-29
22	MN4	Zunahme der komm. Vernetzungen forciert die Herausbildung von 'Triaden-Carriern'		+	1,37	0,97	-29
23	DN3	Babyboomer in Verantwortungspositionen forcieren die Zunahme der Marketing-Allianzen		+	0,95	0,95	0
24	DN4	Babyboomer in Verantwortungspositionen forcieren den Aufbau von 'Triaden-Carriern'		+	0,95	0,95	0
25	MN2	Zunahme der komm. Vernetzungen unterstützt den Anstieg der internat. Direktverb.		+	1,29	0,91	-29
26	PN4	Abbau von Handelshemmnissen stimuliert den Aufbau von 'Triaden-Carriern'		+	1,10	0,74	-33
27	WN4	Info-Ökonomie unterstützt den Aufbau von 'Triaden-Carriern'		+	1,37	0,62	-54
28	WN2	Info-Ökonomie unterstützt den Anstieg der internat. Direktverbindungen		+	1,29	0,59	-54
29	DN1		0,0	o			
30	DN2		0,0	o			

V I S I O N E N 2 0 0 0 - 2 0 1 0

RANG					SWF	SWFS	DELTA in %
1	WN5	Wissenswettbewerb forciert den Aufbau intelligenter Reisevertriebssysteme		+	1,21	1,84	52
2	VN5	Bedeutungszun. von Inform.standorten forciert den Aufbau intell. Reisevertriebssysteme		+	1,14	1,71	50
3	WN2	Aufkommen neuer Binnenmärkte verschärft den internat. Wettbewerb		+	1,06	1,61	52
4	DN5	Aufbau der Wissensgesellschaft unterstützt die Einf. intell. Reisevertr.systeme		+	1,34	1,34	0
5	TN4	Einführung neuer Basistechnologien stimuliert die Globalisierung der Airlines		+	1,32	1,32	0
6	TN5	Aufbau von Informationszentren unterstützt den Trend zu intell. Reisevertr.systemen		+	1,17	1,17	0
7	TN2	Aufbau von Informations- und 'Know-How'-Zentren forciert den internat. Wettbewerb		+	1,13	1,13	0
8	TN3	Aufbau von Informationszentren forciert den Trend zu Marketing-Allianzen		+	1,12	1,12	0
9	MN5	Kommunikationsmanagement forciert den Aufbau intelligenter Reisevertriebssysteme		+	1,11	1,11	0
10	DN4	Aufbau der Wissensgesellschaft unterstützt die Globalisierung der Airlines		+	1,34	1,06	-21
11	WN3	Aufk. neuer Binnenm. forciert den Trend zu Mark.-Allianzen u. den Handel mit Streckenr.		+	1,05	1,05	0
12	WN1	Aufkommen neuer Binnenmärkte forciert die Konz.prozesse bei Airlines und Leasingfirmen		+	1,00	1,00	0
13	ÖN5	Bek. des Treibhauseffektes beschleunigt die Einführung intelligenter Buchungssysteme		+	0,78	0,98	27
14	ÖN3	Bekämpfung der Luftverschmutzung forciert den Aufbau von Marketing-Allianzen		+	0,77	0,97	27
15	VN2	Globalisierung der Verkehrsstrecken verschärft den internat. Wettbewerb		+	1,17	0,92	-21
16	VN3	Globalisierung der Verkehrsstrecken stimuliert den Aufbau von Marketing-Allianzen		+	1,15	0,91	-21
17	PN4	Globaler Abbau von Ungleichgewichten unterstützt die Globalisierung der Airlines		+	0,90	0,90	0
18	PN2	Globaler Abbau von Ungleichgewichten verschärft den internat. Wettbewerb		+	0,88	0,88	0
19	VN1	Global. der Verkehrsstrecken unterstützt internat. Konzentrationsprozesse bei Airlines		+	1,10	0,87	-21
20	MN4	Fließendes integrales Management verstärkt die Globalisierung der Airlines		+	1,05	0,83	-21
21	MN2	Aufbau hierarchieloser intelligenter Strukturen wird zu einem Wettbewerbsfaktor		+	0,99	0,78	-21
22	WN4	Aufkommen neuer Binnenmärkte unterstützt die Globalisierung der Airlines		+	1,10	0,72	-34
23	VN4	Starke Zunahme von Raumfahrtprojekten stimuliert die Globalisierung der Airlines		+	1,01	0,67	-33
24	DN1		0,0	o			
25	DN2		0,0	o			
26	DN3		0,0	o			
27	MN1		0,0	o			
28	MN3		0,0	o			
29	ÖN1		0,0	o			
30	ÖN2		0,0	o			
31	ÖN4		0,0	o			
32	PN1		0,0	o			

Tab. 4.14: Wirkungen der Systemumgebung auf die Passagiere/Frachtkunden 1990 - 2010

WIRKUNGEN SYSTEMUMGEBUNG AUF PASSAGIERE/FRACHTKUNDEN — DELTA in %

S Z E N A R I E N 1 9 9 0 - 1 9 9 5

RANG					SWF	SWFS	DELTA in %
1	TK1	Informationstechnologie stimuliert Mobilitätswünsche		+	1,10	1,10	0
2	WK2	Integration des europäischen Binnenmarktes forciert den Wunsch nach Zeiteinsparungen		+	1,07	1,07	0
3	MK1	Vernetzungen erhöhen die Mobilitätswünsche		+	1,13	0,91	-20
4	MK2	Vernetzungen forcieren den Wunsch nach Zeiteinsparungen		+	1,12	0,89	-20
5	MK5	Vernetzungen forcieren die Zunahme der internationalen Verbindungen		+	1,09	0,87	-20
6	VK2	Intelligente Verkehrssysteme ermöglichen Zeiteinsparungen		+	0,86	0,86	0
7	TK4	Produktinnov. unterstützen vermehrte Komfortanforderungen (WBS - 'Wide-Body-Sleeper')		+	0,81	0,81	0
8	TK2	Zunahme der 'Just-In-Time'-Produktion ermöglicht Zeiteinsparungen		+	0,80	0,80	0
9	ÖK2	Schutzbemühungen um Regenwälder erfordert zeitorientiertes Handeln		+	0,65	0,65	0
10	WK1	Integration des europäischen Binnenmarktes stimuliert die Mobilitätswünsche		+	1,09	0,65	-41
11	WK5	Integration des europäischen Binnenmarktes stimuliert den internationalen Tourismus		+	1,04	0,62	-41
12	DK1	Babyboomer haben starke Mobilitätswünsche		+	0,59	0,59	0
13	DK2	Babyboomer sind stark zeitorientiert		+	0,58	0,58	0
14	PK5	Überwindung des Kalten Krieges stimuliert den internat. Tourismus		+	0,82	0,56	-33
15	DK3	Fragmentierung der Gesellschaft zeigt sich in fragmentierten Budgets		+	0,55	0,55	0
16	ÖK3	Bekämpfung des Treibhauseffektes beeinflußt die Budgetplanung		+	0,68	0,54	-20
17	VK1	Räumliche Integration erhöht die Mobilitätswünsche		+	0,81	0,50	-38
18	VK5	Räumliche Integration forciert den internat. Tourismus		+	0,77	0,48	-38
19	DK5	Babyboomer sind stark international ausgerichtet		+	0,57	0,44	-22
20	DK4		0,0	o			
21	MK3		0,0	o			
22	MK4		0,0	o			
23	ÖK1		0,0	o			
24	ÖK4		0,0	o			

S Z E N A R I E N 1 9 9 5 - 2 0 0 0

RANG					SWF	SWFS	DELTA in %
1	PK3	Umweltsteuern forcieren die ökologieorientierte Budgetplanung		+	1,27	1,89	48
2	WK2	Info-Ökonomie forciert die Bedeutung des Zeitmanagement		+	1,44	1,78	23
3	WK3	Starke Schwankungen der Rohstoffpreise verstärken die ökologieorient. Budgetplanung		+	1,12	1,39	23
4	VK3	Vermehrte Nutzung von Erdgas unterstützt die ökologieorientierte Budgetplanung		+	0,87	1,37	57
5	MK4	Zunahme der Anpassungsfähigkeit stimuliert integrierte Beförderungsangebote		+	1,29	1,29	0
6	PK4	Umweltsteuern forcieren die Zunahme integrierter Beförderungsangebote		+	1,24	1,24	0
7	PK5	Umweltsteuern unterstützen die Abkehr vom Massentourismus		+	1,24	1,24	0
8	MK2	Zunahme der komm. Vernetzungen stimuliert das Zeitmanagement		+	1,44	1,17	-19
9	MK1	Zunahme der komm. Vernetzungen stimuliert die Mobilitätswünsche		+	1,40	1,13	-19
10	WK1	Info-Ökonomie forciert den Mobilitätsanstieg		+	1,40	1,12	-20
11	ÖK5	Bekämpfung des Treibhauseffektes unterstützt die Abkehr vom Massentourismus		+	0,74	1,11	50
12	MK5	Zunahme der komm. Vernetzungen forciert die Zunahme des individuellen Reisens		+	1,36	1,10	-19
13	TK2	Verkürzung der Innovationszyklen stimuliert das Zeitmanagement		+	1,06	1,06	0
14	TK3	Technologische Sättigung forciert die ökologiorientierte Budgetierung		+	1,05	1,05	0
15	ÖK3	Bekämpfung des Waldsterbens forciert die ökologieorientierte Budgetplanung		+	0,69	1,04	50
16	WK4	Informationsströme unterstützen intergrierte Beförderungskonzepte		+	1,03	1,03	0
17	WK5	Informationsströme stimulieren den Trend zu Individualreisen		+	1,03	1,03	0
18	MK3	Zunahme der Anpassungsfähigkeit unterstützt die ökologieorientierte Budgetplanung		+	1,33	1,01	-24
19	DK2	Babyboomer forcieren das Zeitmanagement		+	1,00	1,00	0
20	TK1	Informationsmanagement untersützt den Anstieg der Mobilität		+	0,99	0,99	0
21	DK5	Bildungsniveauanstieg forciert die Abkehr vom Massentourismus		+	0,97	0,99	1
22	DK1	Babyboomer stimulieren den Mobilitätsanstieg		+	0,98	0,98	0
23	DK4	Babyboomer forcieren die Zunahme integrierter Beförderungsangebote		+	0,95	0,95	0
24	PK2	Abbau von Handelshemmnissen forciert das Zeitmanagement		+	1,16	0,94	-19
25	ÖK2	Bekämpfung der Klimaverschiebung stimuliert das Zeitmanagement		+	0,90	0,90	0
26	VK2	Einführung neuer Verkehrssysteme stimuliert das Zeitmanagement		+	1,07	0,86	-19
27	VK4	Einführung neuer Verkehrssysteme stimuliert integrierte Beförderungsangebote		+	1,01	0,82	-19
28	DK3	Bildungsniveauanstieg forciert die ökologieorientierte Budgetplanung		+	1,00	0,81	-19
29	PK1	Abbau von Handelshemmnissen unterstützt den Mobilitätsanstieg		+	1,13	0,62	-45
30	VK1	Einführung neuer Verkehrssysteme forciert den Mobilitätsanstieg		+	1,04	0,54	-48

V I S I O N E N 2 0 0 0 - 2 0 1 0

RANG					SWF	SWFS	DELTA in %
1	DK2	Aufbau der Wissensgesellschaft forciert die Bedeutung von Zeitvorteilen		+	1,27	1,27	0
2	WK2	Informationsströme forcieren die Realisierung von Zeitvorteilen		+	1,15	1,15	0
3	WK4	Informationsströme forcieren zeitoptimierte Reiseplanungen		+	1,14	1,14	0
4	VK3	Aufbau H2-Produktionsstätten unterstützt die ökologieorientierte Budgetplanung		+	1,13	1,13	0
5	MK1	Kommunikation stimuliert Mobilitätswünsche		+	1,07	1,07	0
6	WK5	Wissensorientierung unterstützt den Trend zu Bildungsreisen		+	1,05	1,05	0
7	MK2	Kommunikation forciert die Bedeutung von Zeitvorteilen		+	1,05	1,05	0
8	ÖK3	Bekämpfung des Artensterbens forciert die ökologieorientierte Budgetplanung		+	0,69	1,05	52
9	DK3	Wissensniveauanstieg stimuliert die ökologieorientierte Budgetplanung		+	1,05	1,05	0
10	DK4	Wissensniveauanstieg forciert zeitoptimierte Reiseplanungen		+	1,05	1,05	0
11	MK4	Kommunikation verstärkt zeitoptimierte Reiseplanungen		+	1,04	1,04	0
12	TK1	Einführung neuer Basistechnologien forciert Mobilitätswünsche		+	1,28	1,03	-19
13	TK2	Einführung neuer Basistechnologien forciert die Realisierung von Zeitvorteilen		+	1,26	1,02	-19
14	TK5	'Know-How'-Zentren unterstützen den Trend zu Bildungsreisen		+	1,01	1,01	0
15	DK1	Babyboomer sind stark mobilitätsorientiert		+	0,98	0,98	0
16	DK5	Wissensniveauanstieg stimuliert die Zunahme von Bildungsreisen		+	0,97	0,97	0
17	MK5	Kommunikationswachstum stimuliert die Zunahme der Individualreisen		+	0,96	0,96	0
18	VK4	Globalisierung der Verkehrsstrecken unterstützt zeitoptimierte Reiseplanungen		+	1,13	0,91	-19
19	PK3	Ökosteuern verstärken die ökologieorientierte Budgetplanung		+	0,91	0,91	0
20	MK3	Sozial orientierte Unternehmenskulturen unterstützen die ökologieorient. Budgetplanung		+	0,89	0,87	-3
21	WK1	Informationsströme stimulieren Mobilitätswünsche		+	1,17	0,77	-34
22	WK3	Energieträger Wasserstoff stimuliert die an Werten orientierte Budgetplanung		+	1,17	0,77	-34
23	PK1	Globaler Abbau von Ungleichgewichten stimuliert die Mobilitätswünsche		+	0,87	0,71	-19
24	VK2	Aufbau von Magnetbahnstrecken forciert die Realisierung von Zeitvorteilen		+	0,95	0,63	-33
25	VK1	Globalisierung der Verkehrsstrecken unterstützt die Mobilitätswünsche		+	1,16	0,63	-46
26	ÖK2	Bek. der Klimaverschiebung forciert die Realisierung von Zeitvort. (Wettlauf mit der Zeit)		+	0,93	0,50	-47
27	ÖK1		0,0	o			
28	ÖK4		0,0	o			
29	ÖK5		0,0	o			
30	PK2		0,0	o			
31	PK4		0,0	o			
32	PK5		0,0	o			

- Interpretation der Wirkungen der Systemumgebung auf die Subsysteme der Verkehrsflugzeugbranche

Betrachtet man die Wirkungen der Systemumgebung auf die einzelnen Subsysteme der Verkehrsflugzeugbranche in den drei Zeithorizonten so erkennt man folgende Zusammenhänge:

Im Zeithorizont T1 werden die Angebotsseite (Max. SWFS(T1) = 3,03) und die Produkte (Max. SWFS(T1) = 2,60) am stärksten von der Systemumgebung beeinflußt, während im Zeitraum T2 die Kausalzusammenhänge der Nachfrageseite (Max. SWFS (T2) = 2,55) und der Produkte (Max. SWFS (T2) = 2,39) dominieren. Im Zeitraum T3 werden die stärksten Wechselwirkungen wieder auf der Angebotsseite (Max. SWFS(T3) = 2,37) und den Produkten (Max. SWFS(T3) = 2,16) zu finden sein.

Sieht man sich die Maximalwerte der Szenariowirkungsfaktoren im gesamten Untersuchungsobjekt (Max. SWFS(T1) = 3,46; Max. SWFS(T2) = 2,86; Max. SWFS(T3) = 2,92) in den drei Zeitperioden an und vergleicht diese mit den Werten bei den Passagieren/Frachtkunden (Max. SWFS(T1) = 1,10; Max. SWFS(T2) = 1,89; Max. SWFS(T3) = 1,27), so zeigt sich, daß das ansonsten schwach beeinflußte Subsystem Passagiere/Frachtkunden im Zeitraum T2 deutlich höhere Szenariowirkungsfaktoren SWFS aufweist.

Betrachtet man sich die Delta-Faktoren, so zeigt sich, daß im Zeitraum T2 das Subsystem Produkte durch Störeinflüsse die größten Verstärkungen erfährt, wobei von Rang 1 bis 10 fünf Abweichungen von über 100 % anzutreffen sind. Die stärksten negativen Abweichungen bei Berücksichtigung von Störeinflüssen erfahren die Nachfrageseite sowie die Passagiere/Frachtkunden. Insbesondere im Zeitraum T1 sind zahlreiche Störgrößen vorhanden, die das Luftverkehrswachstum, die Zunahme der Beteiligungen und den Abbau von Marktschranken gefährden sowie die Zunahme der Mobilität, die Zeit- und die Ökologieorientierung abschwächen.

Die Wirkung von Störgrößen soll hier am Beispiel des Szenarios, daß Energieeinsparungen innovative Problemlösungen forcieren (Wirkung auf Produkte, Zeitraum T1, Rang 1, Delta = 105 %), erläutert werden. Die Verstärkung tritt dadurch auf, daß die Reduzierung von Abgasemissionen Energieeinsparungen notwendig macht (Störgröße F auf Trend V) und daß Anstiege der Energiepreise zu verstärkten Innovationen (Störgröße V auf Trend F) führen. Ohne Berücksichtigung von Störeinflüssen wäre ansonsten das Szenario, daß die Informationstechnologie die Zunahme der Innovationsraten forciert (Rang 10, SWF = 1,45), dominant gewesen.

Tab. 4.15: Interne Wirkungen der Verkehrsflugzeugbranche 1990 - 1995

S Z E N A R I E N 1 9 9 0 - 1 9 9 5

INTERNE WIRKUNGEN DER VERKEHRSFLUGZEUGBRANCHE

RANG				SWF	SWFS	DELTA in %
1	GF2	Japanische Beteiligungen forcieren die Innovationsraten	+	1,13	1,86	65
2	GF1	Jap. Beteiligungen am Flugzeugbau unterstützen weitere Produktivitätszuwächse	+	1,10	1,81	65
3	FG3	Innovative Produkte erhöhen die Markteintrittschancen für den japanischen Flugzeugbau	+	0,93	1,54	65
4	FG5	Innovative Produkte forcieren die Restriktionen für alte Triebwerke	+	0,89	1,47	65
5	GF5	Japanische Beteiligungen unterstützen den Trend zur Kundenorientierung	+	1,03	1,31	27
6	GF3	Verschärfung der Restriktionen führt zu Preisanstiegen	+	0,98	1,24	27
7	GA4	Luftverkehrwachstum forciert den Einsatz von 'Wide-Body'-Flugzeugen	+	0,93	1,21	30
8	AF3	Angebot von 'Wide-Body'-Flugzeugen erhöht das Preisniveau der Flugzeuge	+	0,65	1,12	73
9	FG4	Produktivitätsfortschritte erlauben ein höheres Luftverkehrswachstum	+	0,83	1,07	30
10	NG3	Luftverkehrswachstum forciert die Zunahme internationaler Beteiligungen	+	0,98	1,07	9
11	AA2	Produktdifferenzierung forciert die Bedeutung der 'Commonality'	+	0,56	1,05	87
12	FF2	Derivatstrategie unterstützt die Bedeutung von innovativen Produkten	+	0,81	1,02	27
13	NF1	Luftverkehrswachstum unterstützt den Trend zu höheren Flugzeugproduktivitäten	+	1,02	1,02	0
14	AN1	Neue Flugzeuge mit reduzierten Treibstoffverbräuchen stimulieren das Leasinggeschäft	+	0,73	1,00	37
15	GN3	Luftverkehrswachstum forciert den Handel mit Streckenrechten	+	1,00	1,00	0
16	GN5	Luftverkehrswachstum forciert den Aufbau von Reisevertriebssystemen	+	1,00	1,00	0
17	FA4	Produktivitätszunahme forciert den Einsatz von 'Wide-Body'-Flugzeugen	+	0,77	0,98	27
18	NF3	Luftverkehrswachstum unterstützt den Preisanstieg für Flugzeuge	+	0,98	0,98	0
19	GA1	Luftverkehrswachstum stimuliert die Produktdifferenzierung	+	0,97	0,97	0
20	NN5	Luftverkehrswachstum forciert den Trend zu Reisevertriebssystemen	+	0,95	0,95	0
21	NA1	Luftverkehrswachstum stimuliert die Produktdifferenzierung	+	0,93	0,93	0
22	AA1	Red. des Treibstoffverbrauches unterstützt den Trend zur Produktdifferenzierung	+	0,67	0,92	37
23	GA3	Restriktionen führen zu effizienteren und leiseren Triebwerken	+	0,88	0,88	0
24	FN2	Produktivitätssteigerungen unterstützen das Luftverkehrswachstum	+	0,86	0,86	0
25	FN1	Innovative Produkte stimulieren das Wachstum des Leasinggeschäftes	+	0,96	0,86	-11
26	KF2	Zeiteinsparungswünsche forcieren die Entwicklung innovativer Produkte	+	0,85	0,85	0
27	FA5	Innovative Produkte sichern Marktanteile der großen Hersteller	+	0,85	0,85	0
28	FF4	Flugz.streckungen unterstützen die Verlängerung der Produktlebensd. durch Derivate	+	0,84	0,84	0
29	KF1	Zeiteinsparungswünsche forcieren Produktivitätsfortschritte (Nonstop-Flüge)	+	0,83	0,83	0
30	AG4	Verstärktes Angebot von 'Wide-B.'-Flugz. unterstützt das Wachstum des internat. Luftverk.	+	0,63	0,82	30
31	GG3	Wachstum des Passagier- und Frachtverkehrs forciert japanische Flugzeugbauambitionen	+	1,02	0,79	-23
32	FF1	Derivatstrategie unterstützt die Produktivitätssteigerung durch Flugzeugstreckung	+	0,79	0,79	0
33	KN5	Zeiteinsparungswünsche stimulieren den Aufbau von Reisevertriebssystemen	+	0,77	0,77	0
34	AF2	Reduzierung des Treibstoffverbr. unterstützt die Entwicklung innov. Produkte	+	0,76	0,76	0
35	FA3	Produktivitätszunahme hilft die Treibstoffverbräuche zu reduzieren	+	0,76	0,76	0
36	GG5	Wachstum des Pax- und Frachtverkehrs forciert die Restriktionen für ältere Triebwerke	+	0,98	0,75	-23
37	FK2	Innovative Produkte fördern Zeiteinsparungswünsche (WBS - 'Wide-Body-Sleeper')	+	0,75	0,75	0
38	NF2	Luftverkehrswachstum stimuliert innovative Problemlösungen	+	1,05	0,74	-29
39	AF1	Reduzierung des Treibstoffverbrauches erhöht die Flugzeugproduktivität	+	0,74	0,74	0
40	NG5	Luftverkehrswachstum forciert die Restriktionen für alte Triebwerke	+	0,94	0,72	-23
41	FA1	Derivatstrategien unterstützen den Trend zur Produktdifferenzierung	+	0,71	0,71	0
42	FK1	Produktivitätszunahme ermöglicht die Zunahme der Mobilität	+	0,69	0,69	0
43	FG1	Preisanstiege forcieren Konzentrationen und Deregulierungsmaßnahmen	+	0,69	0,69	0
44	NK2	Buchungssysteme unterstützen Zeiteinsparungen	+	0,68	0,68	0
45	AG5	Reduzierung des Treibstoffverbr. forciert die Restriktionen für alte Triebwerke	+	0,68	0,68	0
46	GN4	Konzentrationen und Deregulierungen forcieren Beteiligungen und Firmenübernahmen	+	0,95	0,67	-29
47	KA1	Komfortwünsche forcieren den Trend zur Produktdifferenzierung	+	0,67	0,67	0
48	AF4	Produktdifferenzierung erhöht die Produktlebensdauer	+	0,66	0,66	0
49	KA4	Zunahme des internat. Tourismus forciert den Einsatz von 'Wide-Body'-Flugz.	+	0,66	0,66	0
50	NA4	Wachstum des internat. Luftverkehrs verstärkt den Einsatz von 'Wide-Body'-Flugzeugen	+	0,89	0,63	-29
51	NK4	Buchungssysteme erhöhen die Dienstleistungsqualität	+	0,62	0,62	0
52	GK1	Deregulierung führt durch Preissenkungen zu Mobilitätsanstieg	+	0,80	0,61	-23
53	NG4	Zunahme des Leasinggeschäftes unterstützt das Luftverkehrswachstum	+	0,79	0,61	-23
54	NN3	Zun. der nat. und internat. Beteiligungen forciert den Kauf von Streckenrechten	+	0,84	0,59	-29
55	AF5	'Commonality' erleichtert die Wartung der Flugzeuge	+	0,59	0,59	0
56	GK5	Deregulierung unterstützt die Zunahme der internationalen Tourismus	+	0,76	0,59	-23
57	KN4	Mobilitätswünsche forcieren den Aufbau internationaler Beteiligungen	+	0,82	0,58	-29
58	NG1	Zunahme der Beteiligungen verstärkt die Konzentrationen	+	0,80	0,57	-29
59	GN1	Deregulierung forciert die Nachfrage nach Leasing-Flugzeugen	+	1,01	0,55	-46
60	GN2	Deregulierung stimuliert das Wachstum des Weltluftverkehrs	+	1,00	0,54	-46
61	KK4	Freizeitorientierte Budgetplanung unterstützt vermehrte Komfortanforderungen	+	0,51	0,51	0
62	NN1	Luftverkehrswachstum forciert das Wachstum des Leasinggeschäftes	+	1,01	0,50	-50
63	KG4	Mobilitätswünsche unterstützen das Luftverkehrswachstum	+	0,81	0,50	-38
64	KN3	Zunahme des internat. Tourismus unterstützt den Aufkauf von Streckenrechten	+	0,71	0,50	-29
65	KN1	Mobilitätswünsche unterstützen das Wachstum des Leasinggeschäftes	+	0,86	0,49	-44
66	KN2	Mobilitätswünsche unterstützen das Luftverkehrswachstum	+	0,85	0,48	-44
67	NK1	Luftverkehrswachstum synergetisch mit Mobilitätswünschen	+	0,80	0,45	-44
68	AN3	Verst. Angebot von 'Wide-Body'-Flugz. forciert den Handel mit internat. Streckenr.	+	0,63	0,45	-29
69	KK5	Freizeitorient. Budgetplanung unterstützt die Zunahme des internat. Tourismus	+	0,55	0,44	-20
70	NK5	Luftverkehrswachstum fördert den internationalen Tourismus	+	0,76	0,43	-44
71	KK2	Mobilitätswünsche unterstützen den Wunsch nach Zeiteinsparungen	+	0,67	0,43	-36
72	KK1	Wunsch nach Zeiteinsparungen forciert Mobilitätswünsche	+	0,64	0,41	-36
73	AK1	Verstärktes Angebot von 'Wide-Body'-Flugzeugen stimuliert die Mobilitätswünsche	+	0,53	0,39	-27
74	AK2	Verstärktes Angebot von 'Wide-Body'-Flugz. stimuliert die Zeiteinsparungswünsche	+	0,52	0,38	-27
75						

Der Zeitraum T1 wird geprägt sein durch eine weitere Zunahme der Innovationsraten im Flugzeugbau. Insbesondere die Beteiligung japanischer Firmen kann hier zu zusätzlichen Impulsen führen. Die Zunahme von Restriktionen für veraltete Flugzeuge wird das Leasinggeschäft forcieren und die Neupreise für Flugzeuge stetig ansteigen lassen.

Tab. 4.16: Interne Wirkungen der Verkehrsflugzeugbranche 1995 - 2000

S Z E N A R I E N 1 9 9 5 - 2 0 0 0

INTERNE WIRKUNGEN DER VERKEHRSFLUGZEUGBRANCHE

RANG			SWF	SWFS	DELTA in %
1	AA2	Fragmentierung der Flugzeugtypen forciert die Bedeutung der 'Commonality'	+ 0,83	1,90	130
2	FF1	Umweltorientierte Produktauslegung forciert den Trend zu Gewichtseinsparungen	+ 0,80	1,53	91
3	FA5	Verkürzung der Serienlebensdauer unterstützt das Aufkommen japanischer Hersteller	+ 0,73	1,53	110
4	GF2	Japanische Beteiligungen verstärken den Trend zur Umweltorientierung	+ 0,75	1,36	82
5	FG3	Umweltorient. Produktauslegung eröffnet Marktchancen für japanischen Flugzeugbau	+ 0,73	1,33	82
6	FN5	Umweltorient. Produktauslegung stimuliert die Einführung von Informationssystemen	+ 0,93	1,29	38
7	FK3	Umweltorientierte Produktauslegung beeinflußt die Budgetierung	+ 0,93	1,28	38
8	FN3	Umweltorientierte Produktauslegung forciert die Zunahme von Marketing-Allianzen	+ 0,91	1,25	38
9	AF4	Zunehmende Fragmentierung der Produkte forciert die Verkürzung der Produktlebensd.	+ 0,81	1,24	52
10	FA3	Umweltorientierte Produktauslegung stimuliert die Erprobung von CH4-/H2-Flugzeugen	+ 0,89	1,23	38
11	AF2	Erprobung von CH4-/H2-Flugzeugen unterstützt die umweltorientierte Produktauslegung	+ 0,86	1,19	38
12	GA1	Internat. Kooperationsprojekte unterstützen die Fragmentierung der Flugzeugtypen	+ 0,78	1,18	52
13	AF3	Erprobung von CH4-/H2-Flugzeugen unterstützt den Preisverfall von Gebrauchtflugzeugen	+ 0,85	1,17	38
14	NF2	Informationssysteme unterstützen die Orientierung auf Kundengruppen	+ 0,85	1,17	38
15	FF3	Umweltorient. Produktauslegung unterstützt den Verfall der Gebrauchtflugzeugpreise	+ 0,84	1,16	38
16	FF4	Umweltorient. Produktauslegung verkürzt die Produktlebensdauer alter Technologien	+ 0,84	1,16	38
17	NA5	Anstieg der internat. Direktverbindungen erhöht die Marktattraktivität für jap. Hersteller	+ 0,82	1,16	42
18	AN4	Verstärktes Angebot von Langstr.flugz. unterstützt den Aufbau von 'Triaden-Carriern'	+ 0,75	1,14	52
19	AF1	Erprobung von CH4-/H2-Flugzeugen unterstützt Trend zu Gewichtseinsparungen	+ 0,81	1,12	38
20	KF2	Ökologieorientierte Budgetplanung unterstützt umweltorientierte Produktauslegungen	+ 0,80	1,11	38
21	GK2	Japanische Beteiligungen stimulieren das Zeitmanagement	+ 0,84	1,10	32
22	NA4	Herausbildung von 'Triaden-Carriern' forciert die Nachfrage nach Langstr.flugz.	+ 0,68	1,04	52
23	KG1	Zeitmanagement forciert die Zunahme internationaler Kooperationsprojekte	+ 0,77	1,02	32
24	KG3	Zeitmanagement forciert japanische Beteiligungen am Flugzeugbau	+ 0,77	1,02	32
25	GF4	Japanische Beteiligungen unterstützen die Verkürzung von Produktlebensdauern	+ 0,74	1,02	38
26	AG1	Japanische Flugz.bauaktivitäten forcieren die Zunahme internat. Kooperationsprojekte	+ 0,65	0,98	52
27	KK4	Zeitmanagement stimuliert den Ausbau integrierter Beförderungsangebote	+ 0,95	0,95	0
28	GF5	Internat. Kooperationsprojekte unterstützen die Orientierung auf Kundengruppen	+ 0,68	0,95	38
29	AK3	Erprobung von CH4-/H2-Flugzeugen stimuliert die ökologieorientierte Budgetplanung	+ 0,94	0,94	0
30	NF3	Risiken des Leasinggeschäfts unterstützen den Preisverfall bei Gebrauchtflugzeugen	+ 0,66	0,94	42
31	AK2	Zun. Fragmentierung der Produkte unterstützt den Trend zu vermehrtem Zeitmanagement (WBS)	+ 0,93	0,93	0
32	KA5	Zeitmanagement unterstützt das Aufkommen japanischer Hersteller	+ 0,91	0,91	0
33	AN5	Zunehmende Fragmentierung der Produkte unterstützt den Aufbau von Informationssystemen	+ 0,91	0,91	0
34	NF5	Marketing-Allianzen forcieren die Orientierung auf Kundengruppen	+ 0,65	0,91	38
35	FA1	Umweltorientierte Produktauslegung unterstützt die Fragmentierung der Flugzeugtypen	+ 0,89	0,89	0
36	NA1	Informationssysteme forcieren die Fragmentierung der Flugzeugtypen	+ 0,89	0,89	0
37	KF4	Zeitmanagement unterstützt kürzere Produktlebensdauern	+ 0,88	0,88	0
38	AK5	Zunehmende Fragmentierung der Produkte forciert den Trend zu Individualreisen	+ 0,88	0,88	0
39	FG1	Verkürzung der Serienlebensdauer forciert die Zunahme internat. Kooperationsprojekte	+ 0,62	0,86	38
40	KK5	Ökologieorientierte Budgetplanung forciert die Abkehr vom Massentourismus	+ 0,85	0,85	0
41	FA2	Umweltorient. Produktauslegung unterstützt die Bedeutungszunahme der 'Commonality'	+ 0,85	0,85	0
42	NA2	Informationssysteme unterstützen die Bedeutungszunahme der 'Commonality'	+ 0,85	0,85	0
43	KA3	Ökologieorientierte Budgetplanung forciert die Erprobung von CH4-/H2-Flugzeugen	+ 0,84	0,84	0
44	KK2	Mobilitätsanstieg unterstützt die Bedeutungszunahme des Zeitmanagement	+ 1,01	0,82	-19
45	FK2	Verkürzung der Serienlebensdauer stimuliert das Zeitmanagement	+ 0,80	0,80	0
46	NK3	Marketing-Allianzen stimulieren die ökologieorientierte Budgetplanung	+ 0,78	0,78	0
47	GA5	Wachstum der internat. Direktverbind. erhöht die Marktattraktivität für jap. Hersteller	+ 0,78	0,78	0
48	AF5	Zunehmende Fragmentierung der Produkte stimuliert die Orientierung auf Kundengruppen	+ 0,76	0,76	0
49	GG5	Internat. Deregulierung verstärkt die Bedeutungsabnahme der IATA als Tarifkoordinator	+ 0,57	0,75	32
50	NG3	Wachstum der internat. Direktverbind. stimuliert jap. Flugzeugbaubeteiligungen	+ 0,69	0,75	8
51	GA4	Wachstum der internat. Direktverbindungen forciert die Nachfrage nach Langstreckenflugz.	+ 0,75	0,75	0
52	FN1	Verkürzung der Serienlebensdauer erhöht die Risiken des Leasinggeschäfts	+ 0,74	0,74	0
53	KN5	Zeitmanagement stimuliert den Aufbau von Informationssystemen	+ 0,98	0,69	-29
54	NK5	Anstieg der internat. Direktverbindungen stimuliert die Zunahme des Individualtourismus	+ 0,85	0,69	-19
55	KN1	Ökologieorient. Budgetplanung erhöht die Risiken für das Alt-Flugzeug-Leasing	+ 0,83	0,67	-19
56	NK2	Informationssysteme verbessern das Zeitmanagement	+ 0,95	0,67	-29
57	GG1	Starkes Wachstum der internat. Direktverb. forciert die Zun. internat. Kooperationsproj.	+ 0,66	0,66	0
58	GG3	Starkes Wachstum der internat. Direktverbindungen forciert jap. Flugzeugbaubeteiligungen	+ 0,66	0,66	0
59	KF5	Abkehr vom Massentourismus stimuliert die Orientierung auf Kundengruppen	+ 0,66	0,66	0
60	FK4	Orientierung auf Kundengruppen unterstützt integrierte Beförderungskonzepte	+ 0,65	0,65	0
61	KK1	Zunahme integrierter Beförderungsangebote forciert den Anstieg der Mobilität	+ 0,80	0,65	-19
62	NK4	Informationssysteme unterstützen integrierte Beförderungsangebote	+ 0,90	0,63	-29
63	KA1	Mobilitätsanstieg forciert den Trend zur Fragmentierung	+ 0,94	0,62	-34
64	GN5	Wachstum der internat. Direktverbind. unterstützt den Aufbau von Informationssystemen	+ 0,84	0,60	-29
65	GN3	Wachstum der internat. Direktverb. forciert den Streckenaufbau durch Marketing-Allianzen	+ 0,82	0,58	-29
66	KA4	Mobilitätsanstieg forciert Nachfrage nach Langstreckenflugzeugen	+ 0,87	0,57	-34
67	GN2	Internationale Deregulierung forciert den Anstieg der internat. Direktverbindungen	+ 0,75	0,57	-24
68	AN1	Zunehmende Fragmentierung der Produkte erhöht die Risiken des Leasinggeschäftes	+ 0,86	0,57	-34
69	AG4	Angebot von neuen Langstreckenflugz. unterstützt das Wachstum der internat. Direktverbind.	+ 0,56	0,56	0
70	NN5	Marketing-Allianzen verstärken die Bedeutung von Informationssystemen	+ 0,79	0,55	-29
71	KN3	Integrierte Beförderungskonzepte forcieren den Erwerb von Streckenrechten	+ 0,78	0,55	-29
72	KN4	Mobilitätswünsche forcieren den Aufbau von 'Triaden-Carriern'	+ 0,96	0,55	-43
73	KN2	Mobilitätswünsche forcieren den Anstieg von internat. Direktverbindungen	+ 0,90	0,52	-43
74	GK1	Wachstum der internat. Direktverbindungen unterstützt den Mobilitätsanstieg	+ 0,84	0,52	-38
75	GA3	Japanische Beteiligungen forcieren die Erprobung von CH4-/H2-Flugzeugen	+ 0,78	0,51	-34

Im Zeitraum T2 wird die Fragmentierung der Flugzeugtypen die Bedeutung der 'Commonality' weiter erhöhen. Insbesondere die umweltorientierte Produktauslegung eröffnet Chancen für den japanischen Flugzeugbau, in Marktnischen Fuß zu fassen. Ein verstärktes Angebot von Langstreckenflugzeugen wird den Aufbau von Triaden-'Carriern' aktiv unterstützen.

Tab. 4.17: Interne Wirkungen der Verkehrsflugzeugbranche 2000 - 2010

V I S I O N E N 2 0 0 0 - 2 0 1 0

INTERNE WIRKUNGEN DER VERKEHRSFLUGZEUGBRANCHE

RANG				SWF	SWFS	DELTA in %
1	GF4	Zunahme der Umweltauflagen induziert Einführung innovativer Produkte	+	1,41	2,56	82
2	AF3	Einführung von CH4-/H2-Antrieben forciert den Anstieg der Entwicklungskosten	+	1,27	2,52	98
3	GF2	Japanische Flugzeuganbieter stimulieren die Einführung intelligenter Produkte	+	1,35	2,46	82
4	GF1	Jap. Flugz.anbieter forcieren die Bedeutungszunahme des Produktivitätsfaktors Geschw.	+	1,31	2,39	82
5	GA5	Subventionierung des jap. Flugzeugbaus reduziert dessen Markteintrittsbarrieren	+	1,11	2,04	84
6	FG3	Produktivitätsfaktor Geschwindigkeit erhöht die Marktattraktivität für neue Anbieter	+	1,08	1,96	82
7	GF3	Zunahme der Umweltauflagen forciert Anstieg der Entwicklungs- und Stückkosten	+	1,39	1,94	40
8	FF2	Produktivitätsfaktor Geschwindigkeit forciert die Bedeutung intelligenter Produkte	+	1,38	1,93	40
9	GA3	Japanischer Flugzeugbau stimuliert die Einführung von CH4-/H2-Antrieben	+	1,36	1,92	42
10	FA5	Produktivitätsfaktor Geschwindigkeit erhöht die Marktattraktivität für neue Hersteller	+	1,35	1,89	40
11	FG5	Innovative Produkte (H2-Flugz.) beschleunigen die Umweltaufl. gegenüber Abgasemissionen	+	1,04	1,88	82
12	AG3	Einführung von umweltfreundl. Flugz. erhöht die Marktattraktivität für neue Anbieter	+	1,01	1,86	84
13	GA4	Zunahme von Umweltauflagen stimuliert das Angebot umweltfreundlicher Flugzeuge	+	1,41	1,84	30
14	FA3	Komplexe Produktlösungen unterstützen die Einführung von CH4-/H2-Antrieben	+	1,29	1,81	40
15	FA4	Komplexe Produktlösungen unterstützen die Einführung umweltfreundlicher Flugzeuge	+	1,29	1,81	40
16	AF4	Einführung von CH4-/H2-Antrieben unterstützt den Trend zu innovativen Produkten	+	1,29	1,81	40
17	GA2	Jap. Flugzeuganbieter forcieren die Entwicklung intell. 'Commonality'-Steuerungen	+	1,26	1,79	42
18	GG1	Neue Anbieter von Verkehrsflugzeugen forcieren transnat. Entwicklungsprojekte	+	1,06	1,79	69
19	FF5	Intelligente Produkte forcieren komplexere Lösungsvorschläge	+	1,25	1,75	40
20	GA1	Transnat. Überschallflugproj. unterstützen die Entw. einer hochintell. Flugz.generation	+	1,30	1,69	30
21	FA2	Anstieg der Fertigungskosten forciert die Einführung intell. 'Commonality'-Steuerungen	+	1,15	1,63	42
22	AF1	Aufkommen von neuen Herstellern forciert die Bedeutung des Produktivitätsfaktors Geschw.	+	1,10	1,54	40
23	GN5	Zunahme von Umweltauflagen forciert die Entwicklung intell. Reisevertriebssysteme	+	1,19	1,51	27
24	FF3	Produktivitätsfaktor Geschwindigkeit forciert den Anstieg der Entwickl.- und Stückkosten	+	1,36	1,36	0
25	GF5	Transnationale Entwicklungsprojekte induzieren komplexere Produktlösungen	+	1,33	1,33	0
26	FA1	Komplexe Produktlösungen forcieren eine hochintelligente Flugzeuggeneration	+	1,28	1,28	0
27	AF5	Entwicklung einer hochintell. Flugzeuggeneration forciert komplexere Produktlösungen	+	1,26	1,26	0
28	GK3	Zunahme von Umweltauflagen verstärkt die ökologieorientierte Budgetplanung	+	1,12	1,12	0
29	GN4	Neue Anbieter von Verkehrsflugzeugen unterstützen die Globalisierung der Airlines	+	1,15	1,12	-3
30	NA3	Globalisierung der Airlines beschleunigt die Einführung von CH4-/H2-Antrieben	+	1,07	1,07	0
31	AN5	Hochintell. Flugz.generation unterstützt den Trend zu intellig. Reisevertriebssystemen	+	1,05	1,05	0
32	FN5	Intelligente Produkte forcieren die Bedeutung von Informationsstandorten	+	1,05	1,05	0
33	NA5	Globalisierung der Airlines erhöht die Marktattraktivität für neue Anbieter	+	1,04	1,04	0
34	FK3	Innovative Produkte (H2-Flugzeuge) forcieren die ökologieorientierte Budgetplanung	+	1,04	1,04	0
35	AK3	Einführung von CH4-/H2-Antrieben forciert die ökologieorientierte Budgetplanung	+	1,03	1,03	0
36	AG5	Einf. von CH4-/H2-Antrieben forciert die Zun. von Umweltaufl. gegenüber Abgasemissionen	+	1,02	1,02	0
37	FN2	Starker Anstieg der Stückkosten forciert den internat. Wettbewerb	+	1,02	1,02	0
38	AG1	Einführung von CH4-/H2-Antrieben forciert transnat. Flugzeugentwicklungen	+	1,01	1,01	0
39	FN3	Starker Anstieg der Stückkosten forciert den Aufbau von Marketing-Allianzen	+	1,00	1,00	0
40	GN2	Abschwächung des Luftverkehrswachstums forciert den internat. Wettbewerb	+	0,98	0,98	0
41	KF2	Ökologieorientierte Budgetplanung verstärkt die Bedeutung intelligenter Produkte	+	0,98	0,98	0
42	KA3	Ökologieorientierte Budgetplanung beschleunigt die Einführung von CH4-/H2-Antrieben	+	0,97	0,97	0
43	GN3	Abschwächung des Luftverkehrswachstums forciert den Aufbau von Marketing-Allianzen	+	0,96	0,96	0
44	FG1	Starker Anstieg der Entwicklungs- und Stückkosten forciert transnat. Flugz.entwicklungen	+	0,96	0,96	0
45	FN1	Starker Anstieg der Stückkosten forciert die Konzentr.prozesse bei Airl. u. Leasingfirmen	+	0,96	0,96	0
46	GN1	Abschwäch. des Luftverk.wachstums forciert internat. Konz.prozesse bei Airl. u. Leasingf.	+	0,92	0,92	0
47	AA4	Einführung von CH4-/H2-Antrieben unterstützt das Angebot von umweltfreundl. Flugzeugen	+	1,29	0,91	-29
48	NN5	Globalisierung forciert den Aufbau von intelligenten Reisevertriebssystemen	+	0,90	0,90	0
49	KG4	Ökologieorientierte Budgetplanung vermindert das Luftverkehrswachstum	+	0,72	0,89	23
50	FG2	Starker Anstieg der Entw.- und Stückkosten induziert Subventionierung des jap. Flugzeugbau	+	0,88	0,88	0
51	KK4	Realisierung von Zeitvorteilen forciert zeitoptimierte Reiseplanungen	+	0,87	0,87	0
52	NA1	Transnat. Verflechtungen der Airl. forcieren die Entw. einer hochintell. Flugz.generation	+	0,86	0,86	0
53	GK1	Neue Anbieter von Verkehrsflugzeugen stimulieren die Mobilitätswünsche	+	1,11	0,85	-23
54	AN2	Angebot von umweltfreundlichen Flugzeugen forciert den internat. Wettbewerb	+	1,06	0,84	-21
55	AK4	Angebot schnellerer Flugzeuge unterstützt zeitoptimierte Reiseplanungen	+	1,03	0,83	-19
56	GK4	Überschallflugzeuge forcieren zeitoptimierte Reiseplanungen	+	1,08	0,83	-23
57	NG5	Globalisierung der Airlines verstärkt die Zunahme von Umweltauflagen	+	0,84	0,82	-3
58	GK2	Entwicklung von Überschallflugzeugen forciert die Bedeutung des Faktors Zeit	+	1,06	0,82	-23
59	NF5	Zunahme des internat. Wettbewerbs forciert komplexere Produktlösungen	+	0,81	0,81	0
60	NG3	Globalisierung der Airlines erhöht die Marktattraktivität für neue Anbieter	+	0,83	0,81	-3
61	FK1	Produktivitätsfaktor Geschwindigkeit forciert Mobilitätswünsche	+	1,13	0,81	-29
62	AA3	Aufkommen von neuen Großflugz.herstellern unterstützt die Einführung von CH4-/H2-Antrieben	+	1,14	0,80	-29
63	GG4	Zunahme der Umweltauflagen unterstützt die Abschwächung des Luftverkehrswachstums	+	1,04	0,80	-23
64	FK2	Produktivitätsfaktor Geschwindigkeit unterstützt die Realisierung von Zeitvorteilen	+	1,11	0,80	-29
65	AA1	Aufkommen von neuen Großflugzeugherstellern forciert hochintelligente Flugzeuggeneration	+	1,12	0,79	-29
66	FK4	Produktivitätsfaktor Geschwindigkeit unterstützt zeitoptimierte Reiseplanungen	+	1,10	0,78	-29
67	KA4	Ökologieorientierte Budgetplanung beschleunigt das Angebot umweltfreundl. Flugzeuge	+	0,97	0,78	-19
68	KF4	Realisierung von Zeitvorteilen forciert die Einführung innovativer Produkte	+	1,09	0,78	-29
69	KG5	Ökologieorientierte Budgetplanung unterstützt die Zunahme von Umweltauflagen	+	0,77	0,77	0
70	KF3	Realisierung von Zeitvorteilen forciert den Anstieg der Entwicklungs- und Stückkosten	+	1,07	0,77	-29
71	MF4	Globalisierung der Airlines stimuliert die Einführung innovativer Produkte	+	1,07	0,76	-29
72	NF2	Globalisierung der Airlines verstärkt die Bedeutung intelligenter Produkte	+	1,07	0,76	-29
73	KA1	Realisierung von Zeitvorteilen forciert die Entwicklung einer hochintell. Flugz.generation	+	1,08	0,76	-29
74	AN4	Aufkommen neuer Hersteller unterstützt die Globalisierung der Airlines	+	0,96	0,76	-21
75	KF1	Realisierung von Zeitvorteilen forciert die Bedeutung des Produkt.faktors Geschwindigkeit	+	1,06	0,76	-29

Ab dem Jahr 2000 wird die Zunahme der Umweltauflagen zur Einführung von CH_4-/H_2-Antrieben führen. Japanische Flugzeugbauer werden versuchen, sich durch transnationale Projekte und intelligente Produkte im Verkehrsflugzeugbau zu etablieren. Insbesondere die Bedeutungszunahme des Produktivitätsfaktors Geschwindigkeit wird die Marktattraktivität für neue Hersteller erhöhen.

Tab. 4.18: Wirkungen der Verkehrsflugzeugbranche auf den Verkehrsflugzeugmarkt 1990 - 2010

RANG		WIRKUNGEN VERKEHRSFLUGZEUGBRANCHE AUF VERKEHRSFLUGZEUGMARKT			SWF	SWFS	DELTA in %
		S Z E N A R I E N 1 9 9 0 - 1 9 9 5					
1	FG3	Innovative Produkte erhöhen die Markteintrittschancen für den japanischen Flugzeugbau		+	0,93	1,54	65
2	FG5	Innovative Produkte forcieren die Restriktionen für alte Triebwerke		+	0,89	1,47	65
3	FG4	Produktivitätsfortschritte erlauben ein höheres Luftverkehrswachstum		+	0,83	1,07	30
4	NG3	Luftverkehrswachstum forciert die Zunahme internationaler Beteiligungen		+	0,98	1,07	9
5	AG4	Verst. Angebot von 'Wide-Body'-Flugz. unterstützt das Wachstum des internat. Luftverkehrs		+	0,63	0,82	30
6	GG3	Wachstum des Passagier- und Frachtverkehrs forciert japanische Flugzeugbauambitionen		+	1,02	0,79	-23
7	GG5	Wachstum des Passagier- und Frachtverkehrs forciert die Restriktionen für ältere Triebw.		+	0,98	0,75	-23
8	NG5	Luftverkehrswachstum forciert die Restriktionen für alte Triebwerke		+	0,94	0,72	-23
9	FG1	Preisanstiege forcieren Konzentrationen und Deregulierungsmaßnahmen		+	0,69	0,69	0
10	AG5	Reduzierung des Treibstoffverbrauches forciert die Restriktionen für alte Triebwerke		+	0,68	0,68	0
11	NG4	Zunahme des Leasinggeschäftes unterstützt das Luftverkehrswachstum		+	0,79	0,61	-23
12	NG1	Zunahme der Beteiligungen verstärkt die Konzentrationen		+	0,80	0,57	-29
13	KG4	Mobilitätswünsche unterstützen das Luftverkehrswachstum		+	0,81	0,50	-38
14	AG1		0,0	o			
15	AG2		0,0	o			
16	FG2		0,0	o			
17	GG1		0,0	o			
		S Z E N A R I E N 1 9 9 5 - 2 0 0 0					
RANG					SWF	SWFS	
1	FG3	Umweltorientierte Produktauslegung eröffnet Marktchancen für japanischen Flugzeugbau		+	0,73	1,33	82
2	KG1	Zeitmanagement forciert die Zunahme internationaler Kooperationsprojekte		+	0,77	1,02	32
3	KG3	Zeitmanagement forciert japanische Beteiligungen am Flugzeugbau		+	0,77	1,02	32
4	AG1	Japanische Flugzeugbauaktivitäten forcieren die Zunahme internat. Kooperationsprojekte		+	0,65	0,98	52
5	FG1	Verkürzung der Serienlebensdauer forciert die Zunahme internat. Kooperationsprojekte		+	0,62	0,86	38
6	GG5	Internat. Deregulierung verstärkt die Bedeutungsabnahme der IATA als Tarifkoordinator		+	0,57	0,75	32
7	NG3	Wachstum der internat. Direktverbindungen stimuliert japanische Flugzeugbaubeteiligungen		+	0,69	0,75	8
8	GG1	Starkes Wachstum der internat. Direktverb. forciert die Zun. internat. Koop.projekte		+	0,66	0,66	0
9	GG3	Starkes Wachstum der internat. Direktverbindungen forciert japan. Flugz.baubeteiligungen		+	0,66	0,66	0
10	AG4	Angebot von neuen Langstr.flugz. unterstützt das Wachstum der internat. Direktverbind.		+	0,56	0,56	0
11	AG3	Erprobung von CH4-/H2-Flugzeugen stimuliert japanische Flugzeugbauaktivitäten		+	0,74	0,49	-34
12	NG1	Herausbilden von 'Triaden-Carriern' forciert die Zunahme internat. Kooperationsprojekte		+	0,61	0,46	-24
13	NG5	Informationssysteme unterstützen die Bedeutungsabnahme der IATA als Tarifkoordinator		+	0,65	0,46	-29
14	KG4	Mobilitätswünsche stimulieren den Anstieg von internat. Direktverbindungen		+	0,71	0,44	-38
15	AG2	Japanische Flugzeugbauaktivitäten forcieren die erneute Gefahr der Subventionierung		+	0,57	0,37	-34
16	AG5		0,0	o			
17	FG2		0,0	o			
18	FG4		0,0	o			
19	FG5		0,0	o			
		V I S I O N E N 2 0 0 0 - 2 0 1 0					
RANG					SWF	SWFS	
1	FG3	Produktivitätsfaktor Geschwindigkeit erhöht die Marktattraktivität für neue Anbieter		+	1,08	1,96	82
2	FG5	Innov. Produkte (H2-Flugzeuge) beschleunigen die Umweltauflagen gegenüber Abgasemissionen		+	1,04	1,88	82
3	AG3	Einführung von umweltfreundl. Flugzeugen erhöht die Marktattraktivität für neue Anbieter		+	1,01	1,86	84
4	GG1	Neue Anbieter von Verkehrsflugzeugen forcieren transnat. Entwicklungsprojekte		+	1,06	1,79	69
5	AG5	Einf. von CH4-/H2-Antrieben forciert die Zunahme von Umweltaufl. gegenüber Abgasemissionen		+	1,02	1,02	0
6	AG1	Einführung von CH4-/H2-Antrieben forciert transnat. Flugzeugentwicklungen		+	1,01	1,01	0
7	FG1	Starker Anstieg der Entwickl.- und Stückkosten forciert transnat. Flugzeugentwicklungen		+	0,96	0,96	0
8	KG4	Ökologieorientierte Budgetplanung vermindert das Luftverkehrswachstum		+	0,72	0,89	23
9	FG2	Starker Anstieg der Entw.- und Stückkosten induziert Subventionierung des jap. Flugz.baus		+	0,88	0,88	0
10	NG5	Globalisierung der Airlines verstärkt die Zunahme von Umweltauflagen		+	0,84	0,82	-3
11	NG3	Globalisierung der Airlines erhöht die Marktattraktivität für neue Anbieter		+	0,83	0,81	-3
12	GG4	Zunahme der Umweltauflagen unterstützt die Abschwächung des Luftverkehrswachstums		+	1,04	0,80	-23
13	KG5	Ökologieorientierte Budgetplanung unterstützt die Zunahme von Umweltauflagen		+	0,77	0,77	0
14	KG3	Mobilitätswünsche erhöhen die Marktchancen für neue Anbieter		+	0,75	0,58	-23
15	AG2		0,0	o			
16	AG4		0,0	o			
17	FG4		0,0	o			
18	GG2		0,0	o			
19	GG3		0,0	o			
20	GG5		0,0	o			
21	KG1		0,0	o			

Betrachtet man die Szenariowirkungsfaktoren in den spezifischen Zeiträumen, so zeigt sich, daß im Zeitraum T3, sowohl mit als auch ohne Berücksichtigung von Störeinflüssen, eine stärkere Wechselwirkung zwischen der Branche und dem Verkehrsflugzeugmarkt besteht als in den Zeiträumen T1 und T2. Hierzu werden insbesondere der Produktivitätsfaktor Geschwindigkeit und die Einführung von CH_4- und H_2-Antrieben beitragen. Dies wird umso deutlicher, wenn man sich die Maximalwerte der Szenariowirkungsfaktoren im gesamten Untersuchungsobjekt (Max. SWFS(T1) = 3,46; Max. SWFS(T2) = 2,86; Max. SWFS(T3) = 2,92) in den verschiedenen Zeithorizonten ansieht und mit den Maximalwerten der Szenarien des Verkehrsflugzeugmarktes (Max. SWFS(T1) = 1,54), T2 (Max. SWFS(T2) = 1,33 und T3 (Max. SWFS(T2) = 1,96) vergleicht.

Tab. 4.19: Wirkungen der Verkehrsflugzeugbranche auf die Produkte 1990 - 2010

RANG		WIRKUNGEN VERKEHRSFLUGZEUGBRANCHE AUF PRODUKTE		SWF	SWFS	DELTA in %
		S Z E N A R I E N 1 9 9 0 - 1 9 9 5				
1	GF2	Japanische Beteiligungen forcieren die Innovationsraten	+	1,13	1,86	65
2	GF1	Japanische Beteiligungen am Flugzeugbau unterstützen weitere Produktivitätszuwächse	+	1,10	1,81	65
3	GF5	Japanische Beteiligungen unterstützen den Trend zur Kundenorientierung	+	1,03	1,31	27
4	GF3	Verschärfung der Restriktionen führt zu Preisanstiegen	+	0,98	1,24	27
5	AF3	Angebot von 'Wide-Body'-Flugzeugen erhöht das Preisniveau der Flugzeuge	+	0,65	1,12	73
6	FF2	Derivatstrategie unterstützt die Bedeutung von innovativen Produkten	+	0,81	1,02	27
7	NF1	Luftverkehrswachstum unterstützt den Trend zu höheren Flugzeugproduktivitäten	+	1,02	1,02	0
8	NF3	Luftverkehrswachstum unterstützt den Preisanstieg für Flugzeuge	+	0,98	0,98	0
9	KF2	Zeiteinsparungswünsche forcieren die Entwicklung innovativer Produkte	+	0,85	0,85	0
10	FF4	Flugzeugstreckungen unterstützen die Verlängerung der Produktlebensdauer durch Derivate	+	0,84	0,84	0
11	KF1	Zeiteinsparungswünsche forcieren Produktivitätsfortschritte (Nonstop-Flüge)	+	0,83	0,83	0
12	FF1	Derivatstrategie unterstützt die Produktivitätssteigerung durch Flugzeugstreckung	+	0,79	0,79	0
13	AF2	Reduzierung des Treibstoffverbrauches unterstützt die Entwicklung innovativer Produkte	+	0,76	0,76	0
14	NF2	Luftverkehrswachstum stimuliert innovative Problemlösungen	+	1,05	0,74	-29
15	AF1	Reduzierung des Treibstoffverbrauches erhöht die Flugzeugproduktivität	+	0,74	0,74	0
16	AF4	Produktdifferenzierung erhöht die Produktlebensdauer	+	0,66	0,66	0
17	AF5	'Commonality' erleichtert die Wartung der Flugzeuge	+	0,59	0,59	0
		S Z E N A R I E N 1 9 9 5 - 2 0 0 0				
1	FF1	Umweltorientierte Produktauslegung forciert den Trend zu Gewichtseinsparungen	+	0,80	1,53	91
2	GF2	Japanische Beteiligungen verstärken den Trend zur Umweltorientierung	+	0,75	1,36	82
3	AF4	Zunehmende Fragmentierung der Produkte forciert die Verkürzung der Produktlebensdauer	+	0,81	1,24	52
4	AF2	Erprobung von CH4-/H2-Flugzeugen unterstützt die umweltorientierte Produktauslegung	+	0,86	1,19	38
5	AF3	Erprobung von CH4-/H2-Flugzeugen unterstützt den Preisverfall von Gebrauchtflugzeugen	+	0,85	1,17	38
6	NF2	Informationssysteme unterstützen die Orientierung auf Kundengruppen	+	0,85	1,17	38
7	FF3	Umweltorientierte Produktauslegung unterstützt den Verfall der Gebrauchtflugzeugpreise	+	0,84	1,16	38
8	FF4	Umweltorientierte Produktauslegung verkürzt die Produktlebensdauer alter Technologien	+	0,84	1,16	38
9	AF1	Erprobung von CH4-/H2-Flugzeugen unterstützt Trend zu Gewichtseinsparungen	+	0,81	1,12	38
10	KF2	Ökologieorientierte Budgetplanung unterstützt umweltorientierte Produktauslegungen	+	0,80	1,11	38
11	GF4	Japanische Beteiligungen unterstützen die Verkürzung von Produktlebensdauern	+	0,74	1,02	38
12	GF5	Internat. Kooperationsprojekte unterstützen die Orientierung auf Kundengruppen	+	0,68	0,95	38
13	NF3	Risiken des Leasinggeschäfts unterstützen den Preisverfall bei Gebrauchtflugzeugen	+	0,66	0,94	42
14	NF5	Marketing-Allianzen forcieren die Orientierung auf Kundengruppen	+	0,65	0,91	38
15	KF4	Zeitmanagement unterstützt kürzere Produktlebensdauern	+	0,88	0,88	0
16	AF5	Zunehmende Fragmentierung der Produkte stimuliert die Orientierung auf Kundengruppen	+	0,76	0,76	0
17	KF5	Abkehr vom Massentourismus stimuliert die Orientierung auf Kundengruppen	+	0,66	0,66	0
18	FF2	0,0	o			
19	FF5	0,0	o			
		V I S I O N E N 2 0 0 0 - 2 0 1 0				
1	GF4	Zunahme der Umweltauflagen induziert Einführung innovativer Produkte	+	1,41	2,56	82
2	AF3	Einführung von CH4-/H2-Antrieben forciert den Anstieg der Entwicklungskosten	+	1,27	2,52	98
3	GF2	Japanische Flugzeuganbieter stimulieren die Einführung intelligenter Produkte	+	1,35	2,46	82
4	GF1	Jap. Flugzeuganbieter forcieren die Bedeutungszunahme des Prod.faktors Geschwindigkeit	+	1,31	2,39	82
5	GF3	Zunahme der Umweltauflagen forciert Anstieg der Entwicklungs- und Stückkosten	+	1,39	1,94	40
6	FF2	Produktivitätsfaktor Geschwindigkeit forciert die Bedeutung intelligenter Produkte	+	1,38	1,93	40
7	AF4	Einführung von CH4-/H2-Antrieben unterstützt den Trend zu innovativen Produkten	+	1,29	1,81	40
8	FF5	Intelligente Produkte forcieren komplexere Lösungsvorschläge	+	1,25	1,75	40
9	AF1	Aufkommen von neuen Herstellern forciert die Bedeutung des Prod.faktors Geschwindigkeit	+	1,10	1,54	40
10	FF3	Produktivitätsfaktor Geschwindigkeit forciert den Anstieg der Entwickl.- und Stückkosten	+	1,36	1,36	0
11	GF5	Transnationale Entwicklungsprojekte induzieren komplexere Produktlösungen	+	1,33	1,33	0
12	AF5	Entw. einer hochintelligenten Flugzeuggeneration forciert komplexere Produktlösungen	+	1,26	1,26	0
13	KF2	Ökologieorientierte Budgetplanung verstärkt die Bedeutung intelligenter Produkte	+	0,98	0,98	0
14	NF5	Zunahme des internat. Wettbewerbs forciert komplexere Produktlösungen	+	0,81	0,81	0
15	KF4	Realisierung von Zeitvorteilen forciert die Einführung innovativer Produkte	+	1,09	0,78	-29
16	KF3	Realisierung von Zeitvorteilen forciert den Anstieg der Entwicklungs- und Stückkosten	+	1,07	0,77	-29
17	MF4	Globalisierung der Airlines stimuliert die Einführung innovativer Produkte	+	1,07	0,76	-29
18	NF2	Globalisierung der Airlines verstärkt die Bedeutung intelligenter Produkte	+	1,07	0,76	-29
19	KF1	Realisierung von Zeitvorteilen forciert die Bedeutung des Prod.faktors Geschwindigkeit	+	1,06	0,76	-29
20	KF5	Zeitoptimierte Reiseplanungen stimulieren komplexere Produktlösungen	+	0,89	0,64	-29
21	NF1	Globalisierung der Airlines erhöht die Bedeutung des Produktivitätsfaktors Geschw.	+	1,04	0,58	-44

Auch bei den Wirkungen der Verkehrsflugzeugbranche auf die Produkte im Zeitraum T3 zeigt sich, daß diese eine höhere Bedeutung innerhalb des Gesamtsystems haben als bei den Zeitperioden T1 und T2. Der Wirkungszusammenhang im Zeitraum T3, daß die Zunahme der Umweltauflagen die Einführung innovativer Produkte induziert (GF4) ist bereits ohne Störeinflüsse dominant und bleibt dies auch, wenn man diese mitberücksichtigt. Vergleicht man die Visionen im Zeitraum T3 für alle Subsysteme der Verkehrsflugzeugbranche, so sind sowohl mit als auch ohne Berücksichtigung von Störeinflüssen die Visionen der Produktseite dominant.

Tab. 4.20: Wirkungen der Verkehrsflugzeugbranche auf die Angebotsseite 1990 - 2010

RANG		WIRKUNGEN VERKEHRSFLUGZEUGBRANCHE AUF ANGEBOTSSEITE			SWF	SWFS	DELTA in %
		S Z E N A R I E N 1 9 9 0 - 1 9 9 5					
1	GA4	Luftverkehrwachstum forciert den Einsatz von 'Wide-Body'-Flugzeugen		+	0,93	1,21	30
2	AA2	Produktdifferenzierung forciert die Bedeutung der 'Commonality'		+	0,56	1,05	87
3	FA4	Produktivitätszunahme forciert den Einsatz von 'Wide-Body'-Flugzeugen		+	0,77	0,98	27
4	GA1	Luftverkehrswachstum stimuliert die Produktdifferenzierung		+	0,97	0,97	0
5	NA1	Luftverkehrswachstum stimuliert die Produktdifferenzierung		+	0,93	0,93	0
6	AA1	Reduzierung des Treibstoffverbrauches unterstützt den Trend zur Produktdifferenzierung		+	0,67	0,92	37
7	GA3	Restriktionen führen zu effizienteren und leiseren Triebwerken		+	0,88	0,88	0
8	FA5	Innovative Produkte sichern Marktanteile der großen Hersteller		+	0,85	0,85	0
9	FA3	Produktivitätszunahme hilft die Treibstoffverbräuche zu reduzieren		+	0,76	0,76	0
10	FA1	Derivatstrategien unterstützen den Trend zur Produktdifferenzierung		+	0,71	0,71	0
11	KA1	Komfortwünsche forcieren den Trend zur Produktdifferenzierung		+	0,67	0,67	0
12	KA4	Zunahme des internationalen Tourismus forciert den Einsatz von 'Wide-Body'-Flugzeugen		+	0,66	0,66	0
13	NA4	Wachstum des internat. Luftverkehrs verstärkt den Einsatz von 'Wide-Body'-Flugzeugen		+	0,89	0,63	-29
14	AA3		0,0	o			
15	AA4		0,0	o			
16	AA5		0,0	o			
17	FA2		0,0	o			
		S Z E N A R I E N 1 9 9 5 - 2 0 0 0					
RANG					SWF	SWFS	
1	AA2	Fragmentierung der Flugzeugtypen forciert die Bedeutung der 'Commonality'		+	0,83	1,90	130
2	FA5	Verkürzung der Serienlebensdauer unterstützt das Aufkommen japanischer Hersteller		+	0,73	1,53	110
3	FA3	Umweltorientierte Produktauslegung stimuliert die Erprobung von CH4-/H2-Flugzeugen		+	0,89	1,23	38
4	GA1	Internat. Kooperationsprojekte unterstützen die Fragmentierung der Flugzeugtypen		+	0,78	1,18	52
5	NA5	Anstieg der internat. Direktverb. erhöht die Marktattraktivität für japanische Hersteller		+	0,82	1,16	42
6	NA4	Herausbildung von 'Triaden-Carriern' forciert die Nachfrage nach Langstreckenflugz.		+	0,68	1,04	52
7	KA5	Zeitmanagement unterstützt das Aufkommen japanischer Hersteller		+	0,91	0,91	0
8	FA1	Umweltorientierte Produktauslegung unterstützt die Fragmentierung der Flugzeugtypen		+	0,89	0,89	0
9	NA1	Informationssysteme forcieren die Fragmentierung der Flugzeugtypen		+	0,89	0,89	0
10	FA2	Umweltorientierte Produktauslegung unterstützt die Bedeutungszunahme der 'Commonality'		+	0,85	0,85	0
11	NA2	Informationssysteme unterstützen die Bedeutungszunahme der 'Commonality'		+	0,85	0,85	0
12	KA3	Ökologieorientierte Budgetplanung forciert die Erprobung von CH4-/H2-Flugzeugen		+	0,84	0,84	0
13	GA5	Wachstum der internat. Direktverb. erhöht die Marktattraktivität für japanische Hersteller		+	0,78	0,78	0
14	GA4	Wachstum der internat. Direktverb. forciert die Nachfrage nach Langstreckenflugzeugen		+	0,75	0,75	0
15	KA1	Mobilitätsanstieg forciert den Trend zur Fragmentierung		+	0,94	0,62	-34
16	KA4	Mobilitätsanstieg forciert Nachfrage nach Langstreckenflugzeugen		+	0,87	0,57	-34
17	GA3	Japanische Beteiligungen forcieren die Erprobung von CH4-/H2-Flugzeugen		+	0,78	0,51	-34
18	AA3	Japanische Flugzeugbauambitionen unterstützen die Erprobung von CH4-/H2-Flugzeugen		+	0,78	0,34	-57
19	AA1		0,0	o			
		V I S I O N E N 2 0 0 0 - 2 0 1 0					
RANG					SWF	SWFS	
1	GA5	Subventionierung des japanischen Flugzeugbaus reduziert dessen Markteintrittsbarrieren		+	1,11	2,04	84
2	GA3	Japanischer Flugzeugbau stimuliert die Einführung von CH4-/H2-Antrieben		+	1,36	1,92	42
3	FA5	Produktivitätsfaktor Geschwindigkeit erhöht die Marktattraktivität für neue Hersteller		+	1,35	1,89	40
4	GA4	Zunahme von Umweltauflagen stimuliert das Angebot umweltfreundlicher Flugzeuge		+	1,41	1,84	30
5	FA3	Komplexe Produktlösungen unterstützen die Einführung von CH4-/H2-Antrieben		+	1,29	1,81	40
6	FA4	Komplexe Produktlösungen unterstützen die Einführung umweltfreundlicher Flugzeuge		+	1,29	1,81	40
7	GA2	Japan. Flugzeuganbieter forcieren die Entw. intelligenter 'Commonality'-Steuerungen		+	1,26	1,79	42
8	GA1	Transnat. Überschallflugprojekte unterstützen die Entw. einer hochintell. Flugz.generation		+	1,30	1,69	30
9	FA2	Anstieg der Fertigungskosten forciert die Einführung intell. 'Commonality'-Steuerungen		+	1,15	1,63	42
10	FA1	Komplexe Produktlösungen forcieren eine hochintelligente Flugzeuggeneration		+	1,28	1,28	0
11	NA3	Globalisierung der Airlines beschleunigt die Einführung von Wasserstoffantrieben		+	1,07	1,07	0
12	NA5	Globalisierung der Airlines erhöht die Marktattraktivität für neue Anbieter		+	1,04	1,04	0
13	KA3	Ökologieorientierte Budgetplanung beschleunigt die Einführung von CH4-/H2-Antrieben		+	0,97	0,97	0
14	AA4	Einführung von CH4-/H2-Antrieben unterstützt das Angebot von umweltfreundl. Flugz.		+	1,29	0,91	-29
15	NA1	Transnat. Verflechtungen der Airl. forcieren die Entw. einer hochintell. Flugz.generation		+	0,86	0,86	0
16	AA3	Aufkommen von neuen Großflugzeugherstellern unterstützt die Einf. von CH4-/H2-Antrieben		+	1,14	0,80	-29
17	AA1	Aufkommen von neuen Großflugzeugherstellern forciert hochintelligente Flugzeuggeneration		+	1,12	0,79	-29
18	KA4	Ökologieorientierte Budgetplanung beschleunigt das Angebot umweltfreundl. Flugzeuge		+	0,97	0,78	-19
19	KA1	Realisierung von Zeitvorteilen forciert die Entw. einer hochintell. Flugz.generation		+	1,08	0,76	-29
20	AA2	Aufkommen von neuen Großflugz.herst. forciert den Trend zu intell. 'Common.'-Steuer.		+	1,06	0,75	-29
21	NA4	Transnat. Verflechtungen der Airlines verstärken das Angebot schnellerer Flugzeuge		+	0,87	0,69	-21

Die Wirkungssynthese zeigt, daß die Angebotsseite insbesondere in den Zeiträumen T2 und T3 stärker von anderen Subsystemen der Verkehrsflugzeugbranche beeinflußt wird als im Zeitraum T1. Im Zeitraum T2 werden vor allem die Produktfragmentierung, internationale Kooperationsprojekte und der Anstieg der 'Non-Stop'-Verbindungen die Angebotsseite beeinflussen, während im Zeitraum T3 der japanische Flugzeugbau, der Produktivitäsfaktor Geschwindigkeit und komplexere Produktlösungen neue Impulse für die Angebotsseite setzen werden.

Tab. 4.21: Wirkungen der Verkehrsflugzeugbranche auf die Nachfrageseite 1990 - 2010

RANG		WIRKUNGEN VERKEHRSFLUGZEUGBRANCHE AUF NACHFRAGESEITE		SWF	SWFS	DELTA in %
		S Z E N A R I E N 1990 - 1995				
1	AN1	Neue Flugzeuge mit reduzierten Treibstoffverbräuchen stimulieren das Leasinggeschäft	+	0,73	1,00	37
2	GN3	Luftverkehrswachstum forciert den Handel mit Streckenrechten	+	1,00	1,00	0
3	GN5	Luftverkehrswachstum forciert den Aufbau von Reisevertriebssystemen	+	1,00	1,00	0
4	NN5	Luftverkehrswachstum forciert den Trend zu Reisevertriebssystemen	+	0,95	0,95	0
5	FN2	Produktivitätssteigerungen unterstützen das Luftverkehrswachstum	+	0,86	0,86	0
6	FN1	Innovative Produkte stimulieren das Wachstum des Leasinggeschäftes	+	0,96	0,86	-11
7	KN5	Zeiteinsparungswünsche stimulieren den Aufbau von Reisevertriebssystemen	+	0,77	0,77	0
8	GN4	Konzentrationen und Deregulierungen forcieren Beteiligungen und Firmenübernahmen	+	0,95	0,67	-29
9	NN3	Zunahme der nat. und internat. Beteiligungen forciert den Kauf von Streckenrechten	+	0,84	0,59	-29
10	KN4	Mobilitätswünsche forcieren den Aufbau internationaler Beteiligungen	+	0,82	0,58	-29
11	GN1	Deregulierung forciert die Nachfrage nach Leasing-Flugzeugen	+	1,01	0,55	-46
12	GN2	Deregulierung stimuliert das Wachstum des Weltluftverkehrs	+	1,00	0,54	-46
13	NN1	Luftverkehrswachstum forciert das Wachstum des Leasinggeschäftes	+	1,01	0,50	-50
14	KN3	Zunahme des internationalen Tourismus unterstützt den Aufkauf von Streckenrechten	+	0,71	0,50	-29
15	KN1	Mobilitätswünsche unterstützen das Wachstum des Leasinggeschäftes	+	0,86	0,49	-44
16	KN2	Mobilitätswünsche unterstützen das Luftverkehrswachstum	+	0,85	0,48	-44
17	AN3	Verstärktes Angebot von 'Wide-Body'-Flugz. forciert den Handel mit internat. Streckenr.	+	0,63	0,45	-29
		S Z E N A R I E N 1995 - 2000				
1	FN5	Umweltorient. Produktauslegung stimuliert die Einführung von Informationssystemen	+	0,93	1,29	38
2	FN3	Umweltorientierte Produktauslegung forciert die Zunahme von Marketing-Allianzen	+	0,91	1,25	38
3	AN4	Verstärktes Angebot von Langstreckenflugz. unterstützt den Aufbau von 'Triaden-Carriern'	+	0,75	1,14	52
4	AN5	Zunehmende Fragmentierung der Produkte unterstützt den Aufbau von Informationssystemen	+	0,91	0,91	0
5	FN1	Verkürzung der Serienlebensdauer erhöht die Risiken des Leasinggeschäfts	+	0,74	0,74	0
6	KN5	Zeitmanagement stimuliert den Aufbau von Informationssystemen	+	0,98	0,69	-29
7	KN1	Ökologieorient. Budgetplanung erhöht die Risiken für das Alt-Flugzeug-Leasing	+	0,83	0,67	-19
8	GN5	Wachstum der internat. Direktverb. unterstützt den Aufbau von Informaticnssystemen	+	0,84	0,60	-29
9	GN3	Wachstum der internat. Direktverb. forciert den Streckenaufbau durch Mark.-Allianzen	+	0,82	0,58	-29
10	GN2	Internationale Deregulierung forciert den Anstieg der internat. Direktverbindungen	+	0,75	0,57	-24
11	AN1	Zunehmende Fragmentierung der Produkte erhöht die Risiken des Leasinggeschäftes	+	0,86	0,57	-34
12	NN5	Marketing-Allianzen verstärken die Bedeutung von Informationssystemen	+	0,79	0,55	-29
13	KN3	Integrierte Beförderungskonzepte forcieren den Erwerb von Streckenrechten	+	0,78	0,55	-29
14	KN4	Mobilitätswünsche forcieren den Aufbau von 'Triaden-Carriern'	+	0,96	0,55	-43
15	KN2	Mobilitätswünsche forcieren den Anstieg von internat. Direktverbindungen	+	0,90	0,52	-43
16	GN4	Wachstum der internat. Direktverbindungen stimuliert den Aufbau von 'Triaden-Carriern'	+	0,82	0,44	-46
17	NN4	Starker Anstieg der internat. Direktverb. forciert das Herausbilden von 'Triaden-Carriern'	+	0,86	0,43	-50
18	NN3	Herausbildung von 'Triaden-Carriern' unterstützt den Trend zu Marketing-Allianzen	+	0,75	0,37	-50
19	NN2	Marketing-Allianzen unterstützen den Anstieg der internat. Direktverbindungen	+	0,72	0,36	-50
		V I S I O N E N 2000 - 2010				
1	GN5	Zunahme von Umweltauflagen forciert die Entw. intelligenter Reisevertriebssysteme	+	1,19	1,51	27
2	GN4	Neue Anbieter von Verkehrsflugzeugen unterstützen die Globalisierung der Airlines	+	1,15	1,12	-3
3	AN5	Hochintell. Flugz.generation unterstützt den Trend zu intellig. Reisevertriebssystemen	+	1,05	1,05	0
4	FN5	Intelligente Produkte forcieren die Bedeutung von Informationsstandorten	+	1,05	1,05	0
5	FN2	Starker Anstieg der Stückkosten forciert den internat. Wettbewerb	+	1,02	1,02	0
6	FN3	Starker Anstieg der Stückkosten forciert den Aufbau von Marketing-Allianzen	+	1,00	1,00	0
7	GN2	Abschwächung des Luftverkehrswachstums forciert den internat. Wettbewerb	+	0,98	0,98	0
8	GN3	Abschwächung des Luftverkehrswachstums forciert den Aufbau von Marketing-Allianzen	+	0,96	0,96	0
9	FN1	Starker Anstieg der Stückkosten forciert die Konz.prozesse bei Airl. u. Leasingfirmen	+	0,96	0,96	0
10	GN1	Abschwächung des Luftv.wachstums forciert internat. Konz.prozesse bei Airl. u. Leasingf.	+	0,92	0,92	0
11	NN5	Globalisierung forciert den Aufbau von intelligenten Reisevertriebssystemen	+	0,90	0,90	0
12	AN2	Angebot von umweltfreundlichen Flugzeugen forciert den internat. Wettbewerb	+	1,06	0,84	-21
13	AN4	Aufkommen neuer Hersteller unterstützt die Globalisierung der Airlines	+	0,96	0,76	-21
14	KN5	Zeitoptimierte Reiseplanungen forcieren den Aufbau von intell. Reisevertr.systemen	+	0,74	0,74	0
15	KN2	Realisierung von Zeitvort. forciert den internat. Wettbewerb im Pax- u. Frachtgeschäft	+	0,90	0,71	-21
16	NN3	Globalisierung der Airlines forciert die Zunahme der Marketing-Allianzen	+	0,87	0,68	-21
17	FN4	Produktivitätsfaktor Geschwindigkeit beschleunigt die Globalisierung der Airlines	+	1,17	0,66	-44
18	KN4	Mobilitätswünsche forcieren die Globalisierung der Airlines	+	0,82	0,64	-21
19	KN3	Mobilitätswünsche forcieren den Aufbau von Marketing-Allianzen	+	0,78	0,62	-21
20	NN1	Marketing-Allianzen forcieren transnat. Verflechtungen der Airlines	+	0,64	0,51	-21
21	NN4	Transnat. Verflechtungen unterstützen die Globalisierung der Airlines	+	0,74	0,46	-38

Bei der Nachfrageseite sind bezogen auf das gesamte Untersuchungsobjekt keine überaus dominanten Szenarien zu erkennen. Vielmehr zeigt sich, daß durch den Einfluß von Störgrößen eine starke Verringerung der Intensitäten auf der Nachfrageseite in allen drei Zeithorizonten vorherrscht. Diese starke negative Beeinflussbarkeit überrascht nicht, wenn man bedenkt, wie stark die Schwankungen der Luftverkehrsnachfrage in der Vergangenheit ausgefallen sind. Im Zeitraum T3 wird insbesondere die Zunahme der Umweltauflagen und ein starker Anstieg der Flugzeugpreise die Nachfrageseite beeinflussen.

Tab. 4.22: Wirkungen der Verkehrsflugzeugbranche auf die Passagiere/ Frachtkunden 1990 - 2010

RANG		WIRKUNGEN VERKEHRSFLUGZEUGBRANCHE AUF PASSAGIERE/FRACHTKUNDEN			SWF	SWFS	DELTA in %
		S Z E N A R I E N 1 9 9 0 - 1 9 9 5					
1	FK2	Innovative Produkte fördern Zeiteinsparungswünsche (WBS - 'Wide-Body-Sleeper')		+	0,75	0,75	0
2	FK1	Produktivitätszunahme ermöglicht die Zunahme der Mobilität		+	0,69	0,69	0
3	NK2	Buchungssysteme unterstützen Zeiteinsparungen		+	0,68	0,68	0
4	NK4	Buchungssysteme erhöhen die Dienstleistungsqualität		+	0,62	0,62	0
5	GK1	Deregulierung führt durch Preissenkungen zu Mobilitätsanstieg		+	0,80	0,61	-23
6	GK5	Deregulierung unterstützt die Zunahme der internationalen Tourismus		+	0,76	0,59	-23
7	KK4	Freizeitorientierte Budgetplanung unterstützt vermehrte Komfortanforderungen		+	0,51	0,51	0
8	NK1	Luftverkehrswachstum synergetisch mit Mobilitätswünschen		+	0,80	0,45	-44
9	KK5	Freizeitorientierte Budgetplanung unterstützt die Zunahme des internat. Tourismus		+	0,55	0,44	-20
10	NK5	Luftverkehrswachstum fördert den internationalen Tourismus		+	0,76	0,43	-44
11	KK2	Mobilitätswünsche unterstützen den Wunsch nach Zeiteinsparungen		+	0,67	0,43	-36
12	KK1	Wunsch nach Zeiteinsparungen forciert Mobilitätswünsche		+	0,64	0,41	-36
13	AK1	Verstärktes Angebot von 'Wide-Body'-Flugzeugen stimuliert die Mobilitätswünsche		+	0,53	0,39	-27
14	AK2	Verstärktes Angebot von 'Wide-Body'-Flugzeugen stimuliert die Zeiteinsparungswünsche		+	0,52	0,38	-27
15	AK3		0,0	o			
16	AK4		0,0	o			
17	AK5		0,0	o			
		S Z E N A R I E N 1 9 9 5 - 2 0 0 0					
1	FK3	Umweltorientierte Produktauslegung beeinflußt die Budgetierung		+	0,93	1,28	38
2	GK2	Japanische Beteiligungen stimulieren das Zeitmanagement		+	0,84	1,10	32
3	KK4	Zeitmanagement stimuliert den Ausbau integrierter Beförderungsangebote		+	0,95	0,95	0
4	AK3	Erprobung von CH4/H2-Flugzeugen stimuliert die ökologieorientierte Budgetplanung		+	0,94	0,94	0
5	AK2	Zun. Fragmentierung der Produkte unterstützt den Trend zu vermehrtem Zeitmanagement (WBS)		+	0,93	0,93	0
6	AK5	Zunehmende Fragmentierung der Produkte forciert den Trend zu Individualreisen		+	0,88	0,88	0
7	KK5	Ökologieorientierte Budgetplanung forciert die Abkehr vom Massentourismus		+	0,85	0,85	0
8	KK2	Mobilitätsanstieg unterstützt die Bedeutungszunahme des Zeitmanagement		+	1,01	0,82	-19
9	FK2	Verkürzung der Serienlebensdauer stimuliert das Zeitmanagement		+	0,80	0,80	0
10	NK3	Marketing-Allianzen stimulieren die ökologieorientierte Budgetplanung		+	0,78	0,78	0
11	NK5	Anstieg der internat. Direktverb. stimuliert die Zunahme des Individualtourismus		+	0,85	0,69	-19
12	NK2	Informationssysteme verbessern das Zeitmanagement		+	0,95	0,67	-29
13	FK4	Orientierung auf Kundengruppen unterstützt integrierte Beförderungskonzepte		+	0,65	0,65	0
14	KK1	Zunahme integrierter Beförderungsangebote forciert den Anstieg der Mobilität		+	0,80	0,65	-19
15	NK4	Informationssysteme unterstützen integrierte Beförderungsangebote		+	0,90	0,63	-29
16	GK1	Wachstum der internat. Direktverbindungen unterstützt den Mobilitätsanstieg		+	0,84	0,52	-38
17	AK1	Vermehrtes Angebot von Langstreckenflugzeugen erhöht die internat. Mobilität		+	0,77	0,51	-34
18	NK1	Anstieg der internat. Direktverbindungen erhöht die Mobilität		+	0,88	0,50	-43
19	AK4		0,0	o			
		V I S I O N E N 2 0 0 0 - 2 0 1 0					
1	GK3	Zunahme von Umweltauflagen verstärkt die ökologieorientierte Budgetplanung		+	1,12	1,12	0
2	FK3	Innovative Produkte (H2-Flugzeuge) forcieren die ökologieorientierte Budgetplanung		+	1,04	1,04	0
3	AK3	Einführung von CH4-/H2-Antrieben forciert die ökologieorientierte Budgetplanung		+	1,03	1,03	0
4	KK4	Realisierung von Zeitvorteilen forciert zeitoptimierte Reiseplanungen		+	0,87	0,87	0
5	GK1	Neue Anbieter von Verkehrsflugzeugen stimulieren die Mobilitätswünsche		+	1,11	0,85	-23
6	AK4	Angebot schnellerer Flugzeuge unterstützt zeitoptimierte Reiseplanungen		+	1,03	0,83	-19
7	GK4	Überschallflugzeuge forcieren zeitoptimierte Reiseplanungen		+	1,08	0,83	-23
8	GK2	Entwicklung von Überschallflugzeugen forciert die Bedeutung des Faktors Zeit		+	1,06	0,82	-23
9	FK1	Produktivitätsfaktor Geschwindigkeit forciert Mobilitätswünsche		+	1,13	0,81	-29
10	FK2	Produktivitätsfaktor Geschwindigkeit unterstützt die Realisierung von Zeitvorteilen		+	1,11	0,80	-29
11	FK4	Produktivitätsfaktor Geschwindigkeit unterstützt zeitoptimierte Reiseplanungen		+	1,10	0,78	-29
12	KK1	Realisierung von Zeitvorteilen forciert die Bedeutung der Mobilität		+	0,89	0,72	-19
13	NK1	Globalisierung der Airlines forciert die Mobilitätswünsche		+	0,87	0,69	-21
14	NK4	Marketing-Allianzen unterstützen zeitoptimierte Reiseplanungen		+	0,66	0,66	0
15	AK1	Angebot schnellerer Flugzeuge forciert die Mobilitätswünsche		+	1,05	0,60	-43
16	AK2	Angebot schnellerer Flugzeuge forciert die Realisierung von Zeitvorteilen		+	1,04	0,60	-43
17	NK2	Transnationale Verflechtungen unterstützen die Realisierung von Zeitvorteilen		+	0,70	0,55	-21
18	AK5		0,0	o			
19	FK5		0,0	o			
20	GK5		0,0	o			
21	KK2		0,0	o			

Bei den Wirkungen der Verkehrsflugzeugbranche auf die Passagiere/Frachtkunden fällt ebenso wie auf der Nachfrageseite die starke negative Beeinflussbarkeit der Wirkungszusammenhänge auf. Hierbei können insbesondere Flugzeugunfälle oder Terroranschläge zu einem deutlichen Rückgang bei den Mobilitätswünschen führen. Im Zeitraum T3 wird vor allem die Zunahme der Umweltauflagen, die Einführung von CH_4-/H_2-Antrieben und die Realisierung von Zeitvorteilen einen starken Einfluß auf die Passagiere/Frachtkunden ausüben.

Tab. 4.23: Positive Wirkungszusammenhänge des Untersuchungsobjektes 1990 - 1995

S Z E N A R I E N 1 9 9 0 - 1 9 9 5

WIRKUNGSZUSAMMENHÄNGE MIT POSITIVEM VORZEICHEN (SYNERGIEN) IM UNTERSUCHUNGSOBJEKT

RANG				SWF	SWFS	DELTA in %
1	VV5	Maßnahmen zur Effizienzsteigerung forcieren den Aufbau intell. Verkehrsleitsysteme	+	1,32	3,46	161
2	VW1	Energieeinsparungen und Effizienzsteigerungen reduzieren den Kapitalbedarf	+	1,25	3,41	172
3	VW5	Energieeinsparungen forcieren die Abkopplung von der Rohstoffwirtschaft	+	1,25	3,41	172
4	WV2	Abkopplung von der Rohstoffwirtschaft unterstützt Trend zu Effizienzsteigerungen	+	1,19	3,23	172
5	PV2	Steuerpolitik forciert Energieeinsparungsbemühungen	+	1,32	3,16	140
6	VV2	Aufbau intell. Verkehrsleitsysteme unterstützt die Energieeinsparungsbemühungen	+	1,19	3,11	161
7	WP4	Liquiditätsverknappung forciert die Staatsverschuldung	+	1,22	3,04	150
8	WA1	Liquiditätsverknappung unterstützt die zunehmende Produktdifferenzierung	+	1,32	3,03	130
9	WT1	Liquiditätsverknappung bremst die Realisierung neuer Basistechnologien	+	1,49	3,02	102
10	VF2	Energieeinsparungen forcieren innovative Problemlösungen	+	1,27	2,60	105
11	VP5	Energieeinsparungsbemühungen forcieren die Einführung von Ökosteuern	+	1,07	2,56	140
12	TW1	Technologische Sättigungsphase verstärkt den Trend zur Liquiditätsverknappung	+	1,24	2,50	102
13	WM2	Liquiditätsverknappung forciert den Übergang zu neuen Wertvorstellungen	+	1,49	2,50	68
14	MN1	Erhöhung der Flexibilität verstärkt das Wachstum des Leasinggeschäftes	+	1,29	2,47	91
15	VÖ5	Energieeinsparungen führen zu einer Verminderung der CO2-Emissionen	+	1,22	2,46	102
16	TV5	Informationstechnologie forciert die Einführung intelligenter Verkehrsleitsysteme	+	1,51	2,44	62
17	TV2	Produktinnovationen forcieren Energieeinsparungen und Effizienzsteigerungen	+	1,26	2,44	94
18	GV3	Japanische Beteiligungen unterstützen den Ausbau von Verkehrsinfrastrukturen	+	1,16	2,43	110
19	TW4	Technologische Sättigungsphase verstärkt das Ausmaß der Wirtschaftskrise in Osteuropa	+	1,20	2,43	102
20	VÖ4	Energieeinsparungen reduzieren die Schadstoffemissionen	+	1,20	2,42	102
21	TV3	Informationstechnologie unterstützt den Ausbau der Verkehrsinfrastrukturen	+	1,49	2,41	62
22	PF2	Besteuerung von hohen Energieverbräuchen verstärkt die Zahl der Innovationen	+	1,27	2,38	88
23	WM1	Liquiditätsverknappung zwingt zum Aufbau neuer Managementstrukturen	+	1,40	2,36	68
24	VT2	Energieeinsparungen forcieren den Einsatz leichterer Werkstoffe	+	1,20	2,33	94
25	WF4	Liquiditätsverknappung forciert die Beibehaltung der Derivatstrategie	+	1,37	2,30	68
26	VÖ3	Energieeinsparungen reduzieren Belastung der Gewässer	+	1,11	2,25	102
27	VÖ1	Energieeinsparungen stimulieren den Schutz der Ozonschicht	+	1,10	2,22	102
28	MA1	Erhöhung der Flexibilität fördert die Produktdifferenzierung	+	1,19	2,19	85
29	ÖV2	Bekämpfung des Treibhauseffektes forciert Energieeinsparungsbemühungen	+	1,06	2,14	102
30	WG2	Liquiditätsverknappung unterstützt die Reduzierung militärischer Aufträge	+	1,27	2,14	68
31	FV2	Innovative Produkte unterstützen den Trend zu Energieeinsparungen	+	1,04	2,13	105
32	PV5	Energieverbrauchssteuern forcieren den Aufbau intelligenter Verkehrsleitsysteme	+	1,32	2,13	62
33	ÖV5	Bekämpfung der SMOG-Belastung forciert den Trend zu intell. Verkehrsleitsystemen	+	1,05	2,11	102
34	VG3	Verkehrsinfrastrukturausbau in Japan schafft Grundlage für japanischen Flugzeugbau	+	0,99	2,08	110
35	TW2	Technologische Sättigungsphase forciert den Trend zu spekulativen Kapitalbewegungen	+	1,22	2,06	68
36	WM4	Liquiditätsverknappung erfordert eine Zunahme der Flexibilität	+	1,19	2,01	68
37	TV1	Produktinnovationen forcieren die räumliche Integration im Pazifikraum	+	1,24	2,00	62
38	WW1	Wirtschaftskrise in Osteuropa forciert den Trend zur Liquiditätsverknappung	+	1,16	1,95	68
39	VT5	Intelligente Verkehrssysteme stimulieren die Innovationsraten	+	1,20	1,93	62
40	PP5	Zun. der Staatsverschuldung unterstützt den Trend zur höherer Energiebest. (Äquiv.prinzip)	+	0,87	1,91	120
41	PM4	Ökosteuern zwingen zu erhöhter Anpassungsbereitschaft	+	1,28	1,90	48
42	GV1	Japanische Beteiligungen forcieren die räumliche Integration im Pazifikraum	+	1,16	1,87	62
43	TN4	Informationstechnologie stimuliert die Zunahme von Beteiligungen	+	1,32	1,87	42
44	TN5	Informationstechnologie stimuliert den Aufbau von Buchungssystemen	+	1,32	1,87	42
45	GF2	Japanische Beteiligungen forcieren die Innovationsraten	+	1,13	1,86	65
46	VT4	Intelligente Verkehrssysteme ermöglichen zielgerichtete Informationsströme	+	1,15	1,85	62
47	WG3	Japanische Kapitalströme fließen vermehrt in den Flugzeugbau	+	1,08	1,82	68
48	GF1	Japanische Beteiligungen am Flugzeugbau unterstützen weitere Produktivitätszuwächse	+	1,10	1,81	65
49	TA1	Informationstechnologie forciert die Produktdifferenzierung	+	1,28	1,75	37
50	WA5	Liquiditätsverknappung verhindert Markteintritt eines vierten Herstellers	+	1,26	1,72	37
51	MV2	Neue Werthaltungen stimulieren den Trend zu Energieeinsparungen	+	1,44	1,72	20
52	MF2	Erhöhung der Flexibilität forciert den Trend zu innovativen Produkten	+	1,35	1,70	27
53	PT4	Überwindung des Kalten Krieges stimuliert die Entwicklung der Inform.technologie	+	1,14	1,69	48
54	FV5	Innovative Produkte forcieren die Einführung intelligenter Verkehrsleitsysteme	+	1,04	1,68	62
55	TP1	Informationstechnologie hilft Grenzen zu überwinden	+	1,13	1,68	48
56	MP5	Anpassung an Systemveränderungen erfordert die Besteuerung hoher Energieverbräuche	+	1,13	1,68	48
57	GW2	Abnahme der milit. Aufträge forciert die Umleitung der Kapitalströme in ziv. Bereiche	+	0,99	1,66	68
58	MF1	Erhöhung der Flexibilität unterstützt Produktivitätssteigerungen	+	1,31	1,66	27
59	PW1	Öffnung des eisernen Vorh. verstärkt den Trend zur Liquid.verkn. (Kapitalbedarf im Osten)	+	1,12	1,66	48
60	TN1	Innovative Produkte stimulieren das Leasinggeschäft	+	1,16	1,64	42
61	ÖV4	Bekämpfung des Treibhauseff. unterstützt die Dezentralisierung von Industriezweigen	+	1,01	1,64	62
62	GW4	Abnahme der milit. Aufträge verstärkt das Dilemma der osteurop. Flugzeugindustrien	+	0,97	1,64	68
63	MG3	Anpassung an Globalisierung forciert japanische Flugzeugbauanstrengungen	+	1,25	1,63	30
64	TN2	Wachstum der Telekommunikation synergetisch mit dem Luftverkehrswachstum	+	1,38	1,62	18
65	PG3	Abbau von Marktschranken forciert japanische Beteiligungsbestrebungen	+	1,09	1,61	48
66	PW4	Öffn. des eisernen Vorh. forciert die Ausw. der östl. Wirtschaftskrise nach Westeuropa	+	1,08	1,61	48
67	MF5	Neue Werthaltungen verbessern die Kundenorientierung	+	1,27	1,61	27
68	MF3	Zunahme der Flexibilität forciert Preisanstiege	+	1,25	1,59	27
69	FP5	Produktinnovationen stimulieren die Einführung von Ökosteuern auf alte Produkte	+	0,84	1,58	88
70	MA3	Neue Werthaltungen forcieren den Einsatz effizienterer Triebwerke	+	1,15	1,58	37
71	TP5	Beginnende Sättigung der Basistechnologien unterstützt den Trend zu Energieeinsp.	+	1,06	1,57	48
72	PA3	Steuerpolitik stimuliert die Entwicklung treibstoffeffizienter Antriebe	+	1,06	1,57	48
73	MT5	Kommunikative Vernetzungen beschleunigen die Innovationsraten	+	1,56	1,56	0
74	MA4	Anpassungsbestreben stimuliert den Einsatz von 'Wide-Body'-Flugzeugen	+	1,14	1,56	37
75	TA2	Informationstechnologie verbessert die 'Commonality'-Umsetzung	+	1,14	1,56	37

Betrachtet man die positiven Wirkungszusammenhänge im Zeitraum T1 so zeigt sich, daß vor allem die Interaktion zwischen den Subsystemen Wirtschaft und Verkehrswesen und deren Interdependenz mit anderen Subsystemen hier dominant sein werden. Von Rang 1 bis 10 ist der K1-Trend in 5 Fällen aus dem Bereich Verkehrswesen, in 4 Fällen aus dem Bereich Wirtschaft, der K2-Trend viermal aus dem Bereich Verkehrswesen und zweimal aus dem Bereich Wirtschaft. Betrachtet man die heute anstehenden verkehrspolitischen Problemstellungen so scheint dieses Ergebenis sehr realistisch.

Tab. 4.24: Positive Wirkungszusammenhänge des Untersuchungsobjektes 1995 - 2000

S Z E N A R I E N 1 9 9 5 - 2 0 0 0

WIRKUNGSZUSAMMENHÄNGE MIT POSITIVEM VORZEICHEN (SYNERGIEN) IM UNTERSUCHUNGSOBJEKT

RANG			SWF	SWFS	DELTA in %
1	PV5	Zunahme von Umweltsteuern beschleunigt die Einführung neuer Verkehrssysteme	+ 1,23	2,86	132
2	VÖ1	Neue Verkehrssysteme helfen die Klimaverschiebung zu bekämpfen	+ 1,22	2,86	135
3	VÖ5	Neue Verkehrssysteme forcieren die Bekämpfung des Treibhauseff. (Abn. der CO2-Emissionen)	+ 1,22	2,86	135
4	PV2	Zunahme von Umweltsteuern forciert die Nutzung alternativer Energien	+ 1,20	2,78	132
5	WW4	Wirtschaftliche Instabilitäten forcieren den Trend zu sozioökonomischen Reformen	+ 1,09	2,62	140
6	PN1	Zunahme von Umweltsteuern erhöht das Risiko des Leasinggeschäftes	+ 1,21	2,55	110
7	WW5	Wirtschaftliche Instabilitäten forcieren die Schwankungen der Rohstoffpreise	+ 1,03	2,47	140
8	WW1	Rohstoffpreisschwankungen erhöhen die wirtschaftlichen Instabilitäten	+ 1,01	2,43	140
9	PF2	Zunahme von Umweltsteuern forciert die umweltorientierte Produktauslegung	+ 1,17	2,39	105
10	VV2	Einführung neuer Verkehrssysteme forciert die Nutzung alternativer Energien	+ 0,97	2,39	145
11	VÖ4	Vermehrte Nutzung von alternativer Energien reduziert die Luftverschmutzung	+ 1,01	2,37	135
12	FÖ1	Umweltorientierte Produktauslegung unterstützt die Bekämpfung der Klimaverschiebung	+ 1,09	2,25	108
13	FÖ2	Umweltorientierte Produktauslegung unterstützt die Bekämpfung des Waldsterbens	+ 1,09	2,25	108
14	FÖ5	Umweltorientierte Produktauslegung unterstützt die Bekämpfung des Treibhauseffektes	+ 1,09	2,25	108
15	FÖ4	Umweltorientierte Produktauslegung verringert die Luftverschmutzung	+ 1,07	2,22	108
16	PM4	Umweltsteuern forcieren den Anpassungsdruck der Unternehmen	+ 1,46	2,16	48
17	PÖ3	Zunahme von Umweltsteuern unterstützt die Bekämpfung der Meeresverschmutzung	+ 1,41	2,12	50
18	VV5	Vermehrte Nutzung altern. Energien unterstützt die Einführung neuer Verkehrssysteme	+ 0,84	2,07	145
19	VF2	Einführung neuer Verkehrssysteme forciert die umweltorientierte Produktauslegung	+ 0,95	2,06	117
20	WA1	Info-Ökonomie unterstützt die Fragmentierung der Flugzeugtypen	+ 1,34	2,04	52
21	ÖÖ1	Reduzierung des Treibhauseffektes unterstützt die Bekämpfung der Klimaverschiebung	+ 0,89	2,01	125
22	WV4	Info-Ökonomie erhöht die Dominanz von Dienstleistungsstandorten	+ 1,26	1,97	57
23	WM4	Instabilitäten und Marktschwankungen forcieren den Trend zu flexiblem Handeln	+ 1,27	1,96	55
24	WA2	Info-Ökonomie unterstützt die Bedeutungszunahme der 'Commonality'	+ 1,29	1,95	52
25	MA2	Zunahme der Vernetzung forciert die Bedeutung der 'Commonality'	+ 1,28	1,95	52
26	VF1	Einführung neuer Verkehrssysteme forciert den Trend zu Gewichtseinsparungen	+ 0,90	1,94	117
27	FV5	Umweltorientierte Produktauslegung forciert die Einführung neuer Verkehrssysteme	+ 0,89	1,94	117
28	WM1	Instabilitäten und Marktschwankungen forcieren visionäre Lösungsansätze	+ 1,25	1,94	55
29	MA1	Zunahme der Anpassungsbereitschaft erhöht die Fragmentierung der Flugzeugtypen	+ 1,27	1,93	52
30	ÖV2	Bekämpfung der Klimaverschiebung forciert die verstärkte Nutzung altern. Energien	+ 0,82	1,92	135
31	AA2	Fragmentierung der Flugzeugtypen forciert die Bedeutung der 'Commonality'	+ 0,83	1,90	130
32	ÖÖ2	Reduzierung der Luftverschmutzung unterstützt die Bekämpfung des Waldsterbens	+ 0,84	1,89	125
33	ÖÖ5	Reduzierung der Luftverschmutzung unterstützt die Bekämpfung des Treibhauseffektes	+ 0,84	1,89	125
34	PK3	Umweltsteuern forcieren die ökologieorientierte Budgetplanung	+ 1,27	1,89	48
35	MA4	Zunahme der komm. Vernetzungen stimuliert die Nachfrage nach Langstreckenflugzeugen	+ 1,25	1,89	52
36	FV2	Umweltorientierte Produktauslegung stimuliert die vermehrte Nutzung von Erdgas	+ 0,87	1,88	117
37	FV3	Umweltorient. Produktauslegung stimul. den Aufbau von Hochgeschwindigkeitsbahnnetzen	+ 0,87	1,88	117
38	MN3	Zun. der Anpassungsbereitschaft forciert die Str.ausweitung durch Marketing-Allianzen	+ 1,30	1,85	42
39	PN5	Zunahme von Umweltsteuern stimuliert den Aufbau von Informationssystemen	+ 1,28	1,82	42
40	PA3	Zunahme von Umweltsteuern forciert die Erprobung von CH4-/H2-Flugzeugen	+ 1,22	1,81	48
41	WK2	Info-Ökonomie forciert die Bedeutung des Zeitmanagement	+ 1,44	1,78	23
42	PN3	Zunahme von Umweltsteuern forciert den Aufbau von Marketing-Allianzen	+ 1,25	1,77	42
43	WF4	Info-Ökonomie stimuliert kürzere Serienlebensdauern	+ 1,27	1,75	38
44	ÖV5	Bekämpfung des Treibhauseffektes beschleunigt die Einführung neuer Verkehrssysteme	+ 0,74	1,73	135
45	WV5	Starke Schwankungen der Rohstoffpreise beschleunigen die Einführung neuer Verk.systeme	+ 1,09	1,70	57
46	VG3	Einführung neuer Verkehrssysteme forciert japanische Flugzeugbaubeteiligungen	+ 0,82	1,69	106
47	MF3	Ökologiebewußte Manager unterstützen Preisabschläge am Gebrauchtflugzeugmarkt	+ 1,11	1,68	52
48	MF4	Zunahme der Anpassungsbereitschaft verkürzt die Serienlebensdauern	+ 1,20	1,66	38
49	WN1	Starke Schwankungen der Rohstoffpreise erhöhen das Risiko des Leasinggeschäftes	+ 1,07	1,66	55
50	ÖF2	Bekämpfung der Klimaverschiebung erzwingt ökologieorientierte Produktauslegung	+ 0,80	1,66	108
51	AÖ2	Erprobung von CH4-/H2-Flugzeugen unterstützt die Bekämpfung des Waldsterbens	+ 1,10	1,65	50
52	MÖ1	Ökologiebewußte Manager bekämpfen die Klimaverschiebung	+ 1,44	1,64	14
53	MÖ2	Ökologiebewußte Manager unterstützen die Bekämpfung des Waldsterbens	+ 1,44	1,64	14
54	MÖ5	Ökologiebewußte Manager bekämpfen den Treibhauseffekt	+ 1,44	1,64	14
55	ÖF3	Bekämpfung der Klimaverschiebung unterstützt den Verfall der Gebrauchtflugzeugpreise	+ 0,79	1,63	107
56	GV5	Japanische Beteiligungen forcieren die Einführung neuer Verkehrssysteme	+ 0,79	1,62	106
57	MÖ4	Ökologiebewußte Manager bekämpfen die Luftverschmutzung	+ 1,42	1,62	14
58	VP5	Einsatz neuer Verkehrssysteme reduziert die Umweltbelastungen	+ 0,69	1,61	132
59	MF1	Zunahme der Anpassungsbereitschaft stimuliert die Entwicklung neuer Werkstoffe	+ 1,15	1,59	38
60	PF3	Zunahme von Umweltsteuern unterstützt den Preisverfall bei Gebrauchtflugzeugen	+ 1,15	1,59	38
61	PF4	Zunahme von Umweltsteuern verkürzt die Serienlebensdauern	+ 1,15	1,59	38
62	WÖ1	Sozioökonomische Reformen forcieren die Bekämpfung der Klimaverschiebung	+ 1,64	1,59	-3
63	WÖ2	Sozioökonomische Reformen helfen das Waldsterben aufzuhalten	+ 1,64	1,59	-3
64	WÖ5	Sozioökonomische Reformen forcieren die Bekämpfung des Treibhauseffektes	+ 1,64	1,59	-3
65	WF3	Starke Schwankungen der Rohstoffpreise unterstützen den Preisverfall bei Gebrauchtflugz.	+ 1,02	1,57	55
66	WÖ4	Sozioökonomische Reformen forcieren die Bekämpfung der Luftverschmutzung	+ 1,62	1,57	-3
67	AM4	Zunehmende Fragmentierung der Produkte forciert den Anpassungsdruck	+ 1,03	1,56	52
68	DW5	Anstieg des Nord-Süd-Gefälles forciert die Zunahme der Rohstoffpreisschwankungen	+ 0,81	1,56	94
69	VF3	Aufbau von Hochgeschw.bahnnetzen unterstützt den Verfall der Gebrauchtflugzeugpreise	+ 0,72	1,56	117
70	WT3	Info-Ökonomie stimuliert den Aufbau von CIM-Produktionsstätten	+ 1,23	1,56	27
71	TM1	Technologische Sättigungsphase erfordert visionäre Denkansätze	+ 1,18	1,56	32
72	WA5	Integration des pazifischen Marktes stimuliert japanische Flugzeugbauaktivitäten	+ 1,00	1,55	55
73	MÖ3	Ökologiebewußte Manager bekämpfen die Meeresverschmutzung	+ 1,36	1,55	14
74	FÖ3	Umweltorientierte Produktauslegung verringert die Meeresverschmutzung	+ 1,03	1,54	50
75	FF1	Umweltorientierte Produktauslegung forciert den Trend zu Gewichtseinsparungen	+ 0,80	1,53	91

Im Zeitraum T2 fällt auf, daß von Rang 1 bis 20 der K2-Trend bereits achtmal aus dem Subsystem Ökologie kommt, dieses also durch die Veränderungen im Untersuchungsobjekt stärker beeinflußt wird als in der Zeitperiode T1. Daneben fällt auf, daß die Politik viermal den K1-Trend innerhalb von Rang 1 bis 10 stellt. Dies zeigt, daß die Bedeutung der politische Einflußnahme auf das Untersuchungsobjekt im Zeitraum T2 ansteigen wird.

Tab. 4.25: Positive Wirkungszusammenhänge des Untersuchungsobjektes 2000 - 2010

V I S I O N E N   2 0 0 0 - 2 0 1 0

WIRKUNGSZUSAMMENHÄNGE MIT POSITIVEM VORZEICHEN (SYNERGIEN) IM UNTERSUCHUNGSOBJEKT

RANG				SWF	SWFS	DELTA in %
1	VÖ1	Aufbau von altern. Energieversorgungsanlagen unterstützt die Bek. der Klimaverschiebung	+	1,28	2,92	128
2	VÖ5	Aufbau von altern. Energieversorgungsanlagen unterstützt die Bek. des Treibhauseffektes	+	1,28	2,92	128
3	TV2	Einführung neuer Basistechno. forciert den Aufbau von Solar-KWs und H2-Produktionsstätten	+	1,51	2,84	88
4	VÖ4	Aufbau von altern. Energieversorgungsanlagen unterstützt die Bek. der Luftverschmutzung	+	1,23	2,80	128
5	TÖ1	Einführung neuer Basistechnologien bekämpft die Klimaverschiebung	+	1,41	2,68	90
6	TÖ5	Einführung neuer Basistechnologien bekämpft den Treibhauseffekt	+	1,41	2,68	90
7	FV2	Innovative Produkte (H2-Flugz.) stimulieren den Aufbau altern. Energieversorgungsanlagen	+	1,27	2,66	110
8	VT5	Aufbau von altern. Energieversorgungsanlagen stimuliert eine neue Phase von Inventionen	+	1,37	2,58	88
9	TÖ4	Einführung neuer Basistechnologien bekämpft die Luftverschmutzung	+	1,35	2,57	90
10	GF4	Zunahme der Umweltauflagen induziert Einführung innovativer Produkte	+	1,41	2,56	82
11	ÖV5	Bekämpfung der Klimaverschiebung forciert die Zunahme von Raumfahrtprojekten	+	1,12	2,54	128
12	AF3	Einführung von CH4-/H2-Antrieben forciert den Anstieg der Entwicklungskosten	+	1,27	2,52	98
13	GF2	Japanische Flugzeuganbieter stimulieren die Einführung intelligenter Produkte	+	1,35	2,46	82
14	DT1	Aufbau der Wissensgesellschaft stimuliert die Einführung neuer Basistechnologien	+	1,53	2,42	58
15	VP5	Aufbau von Solar-KWs u. H2-Produktionsstätten stimuliert ökologieorient. Investitionen	+	1,19	2,40	103
16	GF1	Jap. Flugzeuganbieter forcieren die Bedeutungszunahme des Produkt.faktors Geschwindigkeit	+	1,31	2,39	82
17	DA3	Wissensniveauanstieg stimuliert die Einführung von CH4-/H2-Antrieben	+	1,32	2,37	79
18	TT4	Einführung neuer Basistechnologien unterstützt den Aufbau von 'Know-How'-Zentren	+	1,49	2,33	56
19	VP1	Aufbau von Solar-KWs u. H2-Prod.stätten in Entw.länd. hilft die N-S-Bezieh. zu verbessern	+	1,12	2,27	103
20	TV1	Einführung neuer Basistechnologien forciert die Globalisierung der Verkehrsstrecken	+	1,49	2,24	50
21	WM5	Informationsströme verstärken das Kommunikationsmanagement	+	1,46	2,21	52
22	GV3	Abschwächung des Luftverkehrswachstums unterstützt den Ausbau von Magnetbahnstrecken	+	1,12	2,18	95
23	DA5	Wissensgesellschaft forciert das Aufkommen neuer Hersteller	+	1,54	2,18	42
24	DV2	N-S-Gefälle forciert den Aufbau von Solar-KWs u. H2-Produktionsstätten in Entw.ländern	+	1,15	2,18	90
25	VM3	Globalisierung der Verkehrsstrecken forciert das global verantwortl. Management	+	1,45	2,17	50
26	PF4	Ökologieorientierte Investitionen forcieren die Einführung innovativer Produkte	+	1,14	2,16	89
27	ÖT1	Bekämpfung der Klimaverschiebung beschleunigt die Einführung neuer Basistechnologien	+	1,12	2,12	90
28	ÖT5	Bekämpfung der Klimaverschiebung induziert eine neue Phase von Inventionen	+	1,12	2,12	90
29	WT5	Wissenswettbewerb stimuliert eine neue Phase von Inventionen	+	1,39	2,10	52
30	WM1	Informationsströme forcieren den Aufbau hierarchieloser Strukturen	+	1,38	2,09	52
31	FP5	Einführung innov. Produkte (H2-Flugz.) forciert den Trend zu ökologieorient. Investitionen	+	1,09	2,07	89
32	FT2	Innovative Produkte (Überschallflugz.) forcieren die Entwicklung intell. Werkstoffe	+	1,18	2,06	75
33	VT1	Globalisierung der Verkehrsstrecken forciert die Einführung neuer Basistechnologien	+	1,37	2,06	50
34	VM4	Wachstum von Informationsstandorten forciert das integrale fließende Management	+	1,37	2,06	50
35	TÖ3	Einführung neuer Basistechnologien bekämpft die Meeresverschmutzung (H2-Tanker)	+	1,35	2,05	52
36	GA5	Subventionierung des japanischen Flugzeugbaus reduziert dessen Markteintrittsbarrieren	+	1,11	2,04	84
37	WF3	Energieträger Wasserstoff induziert einen Anstieg der Entwicklungs- und Stückkosten	+	1,45	2,03	40
38	VF2	Bedeutungszunahme von Informationsstandorten stimuliert intelligente Produktlösungen	+	1,34	2,02	50
39	WA1	Wissensorientierung beschleunigt die Entwicklung einer hochintell. Flugz.generation	+	1,41	2,00	42
40	MV2	Global verantwortl. Management beschleunigt den Aufbau von altern. Energieversorg.anlagen	+	1,33	2,00	50
41	DF4	Aufbau der Wissensgesellschaft stimuliert die Einführung innovativer Produkte	+	1,58	2,00	27
42	TM3	Einführung neuer Basistechnologien unterstützt das global verantwortliche Management	+	1,59	1,99	25
43	TG3	Einführung neuer Basistechn. erhöht die Marktattraktivität für neue Flugz.produzenten	+	1,22	1,98	63
44	GV2	Anbieter von H2-Flugzeugen stimulieren den Aufbau von H2-Produktionsstätten	+	1,31	1,97	50
45	ÖÖ5	Bekämpfung der Luftverschmutzung unterstützt die Bekämpfung des Treibhauseffektes	+	0,85	1,96	130
46	FG3	Produktivitätsfaktor Geschwindigkeit erhöht die Marktattraktivität für neue Anbieter	+	1,08	1,96	82
47	ÖV3	Bekämpfung der Luftverschmutzung forciert den Ausbau von Magnetbahnstrecken	+	0,86	1,96	128
48	MV3	Global verantwortl. Management beschleunigt den Ausbau von Magnetbahnstrecken	+	1,30	1,94	50
49	GF3	Zunahme der Umweltauflagen forciert Anstieg der Entwicklungs- und Stückkosten	+	1,39	1,94	40
50	FF2	Produktivitätsfaktor Geschwindigkeit forciert die Bedeutung intelligenter Produkte	+	1,38	1,93	40
51	GÖ1	Zunahme der Umweltauflagen unterstützt die Bekämpfung der Klimaverschiebung	+	1,27	1,93	52
52	GÖ5	Zunahme der Umweltauflagen unterstützt die Bekämpfung des Treibhauseffektes	+	1,27	1,93	52
53	WÖ3	Energieträger Wasserstoff forciert die Bekämpfung der Meeresverschmutzung	+	1,27	1,93	52
54	GA3	Japanischer Flugzeugbau stimuliert die Einführung von CH4-/H2-Antrieben	+	1,36	1,92	42
55	GV5	Transnationale Überschallprojekte forcieren die Zunahme von Raumfahrtprojekten	+	1,28	1,91	50
56	TW5	Neue Phase von Inventionen forciert die Bedeutung des Energieträgers Wasserstoff	+	1,01	1,91	90
57	WA5	Aufkommen neuer Binnenmärkte erhöht die Marktattraktivität für neue Hersteller	+	1,26	1,91	52
58	TM2	Einführung neuer Basistechnologien unterstützt sozial orientierte Unternehmenskulturen	+	1,53	1,91	25
59	ÖÖ1	Bekämpfung des Treibhauseffektes unterstützt die Bekämpfung der Klimaverschiebung	+	0,83	1,90	130
60	FA5	Produktivitätsfaktor Geschwindigkeit erhöht die Marktattraktivität für neue Hersteller	+	1,35	1,89	40
61	FG5	Innovative Produkte (H2-Flugz.) beschleunigen die Umweltaufl. gegenüber Abgasemissionen	+	1,04	1,88	82
62	AV5	Angebot von schnelleren Flugzeugen forciert die Zunahme von Raumfahrtprojekten	+	1,25	1,87	50
63	FT5	Produktivitätsfaktor Geschwindigkeit stimuliert eine neue Phase von Inventionen	+	1,34	1,87	40
64	AM4	Angebot von umweltfreundlichen Flugzeugen forciert das fließende integrale Management	+	1,32	1,87	42
65	VÖ3	Aufbau von alternat. Energieversorg.anlagen unterstützt die Bek. der Meeresverschmutzung	+	1,23	1,87	52
66	TT1	Neue Phase von Inventionen forciert die Einführung neuer Basistechnologien	+	1,19	1,86	56
67	AG3	Einführung von umweltfreundl. Flugzeugen erhöht die Marktattraktivität für neue Anbieter	+	1,01	1,86	84
68	GÖ3	Zunahme der Umweltauflagen unterstützt die Bekämpfung der Meeresverschmutzung	+	1,22	1,85	52
69	GÖ4	Zunahme der Umweltauflagen unterstützt die Bekämpfung der Luftverschmutzung	+	1,22	1,85	52
70	AV1	Angebot von schnelleren Flugzeugen forciert die Globalisierung der Verkehrsstrecken	+	1,23	1,85	50
71	DA1	Wissensniveauanstieg forciert die Entwicklung einer hochintell. Flugzeuggeneration	+	1,30	1,84	42
72	FM3	Komplexere Lösungen forcieren das global verantwortliche Management	+	1,32	1,84	40
73	FM4	Komplexere Lösungen forcieren das integrale fließende Management	+	1,32	1,84	40
74	WN5	Wissenswettbewerb forciert den Aufbau intelligenter Reisevertriebssysteme	+	1,21	1,84	52
75	GA4	Zunahme von Umweltauflagen stimuliert das Angebot umweltfreundlicher Flugzeuge	+	1,41	1,84	30

Der sich bereits im Zeitraum T2 abzeichnende Bedeutungszuwachs des Subsystems Ökologie auf der Empfangsseite setzt sich in der Zeitperiode T3 fort. Von Rang 1 bis 10 kommt der K2-Trend bereits sechsmal (gegenüber zweimal im Zeitraum T2) aus dem Subsystem Ökologie. Des weiteren fällt auf, daß sechs Kausalzusammenhänge aus der Kombinantion VÖ (je 3) und TÖ (je 3) bestehen. Dies zeigt die starke Interaktion die insbesondere das Verkehrswesen (4 K1-Trends) und die Technologie (4-K1-Trends) mit der Ökologie aufweisen.

Tab. 4.26: Negative Wirkungszusammenhänge des Untersuchungsobjektes 1990 - 1995, 1995 - 2000, 2000 - 2010

RANG		WIRKUNGSZUSAMMENHÄNGE MIT NEGATIVEM VORZEICHEN (WIDERSPRÜCHE) IM UNTERSUCHUNGSOBJEKT	SWF	SWFS	DELTA in %
		S Z E N A R I E N 1 9 9 0 - 1 9 9 5			
1	WW4	Liquiditätsverknappung in Industriestaaten hemmt die Investitionen in Osteuropa	- 1,42	2,40	68
2	TV4	Sättigung der Basistechnologien hemmt die Dezentralisierung der Industriestandorte	- 1,25	2,03	62
3	PT1	Ökosteuern forcieren die Entwicklung neuer Technologien	- 1,27	1,88	48
4	VT1	Intelligente Verkehrsleitsysteme stimulieren die Entwicklung neuer Technologien	- 1,15	1,85	62
5	PV3	Staatsverschuldung hemmt den Ausbau der Infrastrukturen	- 1,06	1,71	62
6	ÖV3	Bekämpfung des Treibhauseffektes hemmt den Ausbau von Autobahnen und Flughäfen	- 1,05	1,69	62
7	MT1	Neue Werthaltungen unterstützen Entwicklung neuer Basistechnologien	- 1,39	1,66	20
8	TÖ5	Heutige technische Lösungen forcieren den Treibhauseffekt	- 1,20	1,50	25
9	TÖ4	Heutige technische Lösungen verschmutzen die Luft	- 1,19	1,48	25
10	WV1	Liquiditätsverknappung im Pazifikraum bremst dort die Flugzeugnachfrage	- 1,53	1,47	-4
11	WV3	Liquiditätsverknappung bremst den Ausbau von Infrastrukturen	- 1,53	1,47	-4
12	NÖ5	Luftverkehrswachstum forciert die Zunahme des Treibhauseffektes	- 1,00	1,42	42
13	NÖ4	Luftverkehrswachstum erhöht den Ausstoß von Schadstoffen	- 0,99	1,40	42
14	TÖ2	Heutige technische Lösungen forcieren das Waldsterben	- 1,12	1,40	25
15	ÖN2	Bekämpfung des Treibhauseffektes hemmt das Wachstum des Luftverkehrs	- 0,97	1,37	42
16	TÖ1	Heutige technische Lösungen zerstören die Ozonschicht	- 1,09	1,36	25
17	WG1	Liquiditätsverknappung bremst die Zahl der Firmenübernahmen	- 1,29	1,29	0
18	ÖT1	Bekämpfung des Treibhauseffektes forciert die Erprobung neuer Basistechnologien	- 1,02	1,28	25
19	TÖ3	Heutige technische Lösungen verschmutzen die Gewässer	- 1,10	1,15	4
20	MW4	Zunahme der Vernetzungen hilft die Wirtschaftskrise Osteuropas zu bewältigen	- 1,43	1,15	-20
21	GA5	Japanische Beteiligungen zielen auf eine eigene Flugzeugproduktion	- 0,96	1,00	5
22	PA5	Internationale Abrüstung erleichtert Markteintritt eines vierten Herstellers	- 0,95	0,95	0
23	PP4	Internationale Abrüstungsbestrebungen entlasten die Staatshaushalte	- 0,91	0,91	0
24	VA5	Räumliche Integration im Pazifikraum stärkt dortige Luftfahrtindustrie	- 0,90	0,90	0
25	NA5	Wachstumstrend des Luftverkehrs erhöht Attraktivität für neue Marktteilnehmer	- 0,89	0,89	0
26	WW3	Liquiditätsverknappung hemmt die Integration des europäischen Binnenmarktes	- 1,49	0,88	-41
27	WW2	Liquiditätsverknappung hemmt die weltweiten Kapitalbewegungen	- 1,45	0,86	-41
28	WÖ5	Liquiditätsverknappung in Industriestaaten hemmt die Bekämpfung des Treibhauseffektes	- 1,42	0,85	-41
29	WÖ4	Liquiditätsverknappung in Industriestaaten hemmt die Bekämpfung der Luftverschmutzung	- 1,40	0,83	-41
30	WÖ3	Liquiditätsverknappung in Industriestaaten hemmt die Bek. der Gewässerverschmutzung	- 1,31	0,78	-41
31	DT1	Anstieg des Bildungsniveaus stimuliert die Entwicklung neuer Technologien	- 0,77	0,77	0
32	DÖ5	Starkes Bevölkerungswachstum in Entw.ländern hemmt die Reduzierung der Treibhauseff.	- 0,73	0,73	0
33	ÖF4	Bekämpf. der Luftverschm. unterstützt Abkehr von Derivaten hin zu neuen Lösungsansätzen	- 0,92	0,73	-21
34	DÖ4	Starkes Bevölkerungswachstum in Entwicklungsländern hemmt den Abbau der Luftverschmutzung	- 0,72	0,72	0
35	KÖ5	Zunehmende Mobilitätswünsche forcieren den Anstieg des Treibhauseffektes	- 0,86	0,69	-20
		S Z E N A R I E N 1 9 9 5 - 2 0 0 0			
RANG			SWF	SWFS	
1	PW5	Zun. von Ökosteuern reduz. die Preisschwank. auf den Rohstoffmärkten (sinkende Ölpreise)	- 1,18	1,75	48
2	AT1	Erprobung von CH_4-/H_2-Flugzeugen forciert die Markteinführung neuer Basistechnologien	- 0,87	1,68	92
3	VW5	Neue Verkehrssysteme (Elektroautomobile) reduzieren die Marktschwank. der Rohölpreise	- 0,96	1,51	57
4	MT1	Visionäres Management forciert die Entwicklung neuer Basistechnologien	- 1,02	1,34	32
5	PP1	Einseitige Umweltsteuern belasten Beziehungen zwischen den Ländern	- 0,84	1,24	48
6	KÖ1	Mobilitätswünsche verstärken den Trend zur Klimaverschiebung	- 1,15	1,15	0
7	KÖ2	Mobilitätswünsche hemmen die Bekämpfung des Waldsterbens	- 1,15	1,15	0
8	KÖ5	Mobilitätswünsche verstärken den Treibhauseffekt	- 1,15	1,15	0
9	KÖ4	Mobilitätswünsche verstärken die Luftverschmutzung	- 1,13	1,13	0
10	WP1	Starke Schwankungen der Rohstoffpreise belasten politische Beziehungen	- 0,74	1,10	48
11	KÖ3	Mobilitätswünsche unterstützen den Trend zur Meeresverschmutzung	- 1,08	1,08	0
12	KW5	Ökologieorient. Budgetplanung reduziert die Preisschwankungen auf den Rohstoffmärkten	- 0,81	1,00	23
13	MP1	Zunahme der ökologischen Anpassungsdruckes führt zu politischen Spannungen	- 0,88	0,99	13
14	GÖ1	Wachstum der internat. Direktverbindungen verstärkt die Klimaverschiebung	- 0,98	0,98	0
15	GÖ2	Wachstum der internat. Direktverbindungen hemmt die Bekämpfung des Waldsterbens	- 0,98	0,98	0
16	GÖ5	Wachstum der internat. Direktverbindungen verstärkt den Treibhauseffekt	- 0,98	0,98	0
17	NÖ1	Anstieg der internat. Direktverbindungen verstärkt den Trend zur Klimaverschiebung	- 1,03	0,97	-6
18	NÖ5	Anstieg der internat. Direktverbindungen verstärkt den Treibhauseffekt	- 1,03	0,97	-6
19	GÖ4	Wachstum der internat. Direktverbindungen verstärkt die Luftverschmutzung	- 0,97	0,97	0
20	NÖ4	Anstieg der internat. Direktverbindungen verstärkt die Luftverschmutzung	- 1,01	0,96	-6
21	KT1	Mobilitätswünsche forcieren neue technologische Lösungsansätze	- 0,91	0,91	0
22	AP2	Japanische Flugzeugbauaktivitäten forcieren die Protektionismusgefahren	- 0,56	0,83	48
23	TÖ4	Heutige Basistechnologien forcieren den Anstieg von Lungenerkrankungen	- 1,21	0,81	-33
24	PT1	Zunahme von Umweltsteuern forciert die Einführung neuer Basistechnologien	- 1,18	0,80	-33
25	FT1	Umweltorient. Produktauslegungen unterstützen die Einführung neuer Basistechnologien	- 0,86	0,79	-8
26	VT1	Einführung neuer Verkehrssysteme forciert den Übergang zu neuen Basistechnologien	- 0,96	0,78	-19
27	DÖ1	Überbevölkerung hemmt die Bekämpfung der Klimaverschiebung	- 1,05	0,70	-33
28	DÖ2	Überbevölkerung hemmt die Bekämpfung des Waldsterbens	- 1,05	0,70	-33
29	DÖ5	Überbevölkerung hemmt die Bekämpfung des Treibhauseffektes	- 1,05	0,70	-33
30	DÖ4	Überbevölkerung hemmt die Bekämpfung der Luftverschmutzung	- 1,03	0,69	-33
31	NÖ2	Anstieg der internat. Direktverbindungen hemmt die Bekämpfung des Waldsterbens	- 1,03	0,69	-33
32	DÖ3	Überbevölkerung hemmt die Bekämpfung der Meeresverschmutzung	- 0,99	0,66	-33
33	TÖ1	Heutige Basistechnologien forcieren die Klimaverschiebung	- 1,23	0,65	-47
34	TÖ2	Heutige Basistechnologien forcieren das Waldsterben	- 1,23	0,65	-47
35	TÖ5	Heutige Basistechnologien (Energieträger Erdöl) forcieren den Treibhauseffekt	- 1,23	0,65	-47
		V I S I O N E N 2 0 0 0 - 2 0 1 0			
RANG			SWF	SWFS	
1	PM3	Belastete Nord-Süd-Beziehungen hemmen das global orientierte Management	- 1,01	1,73	71
2	ÖD5	Bekämpfung der Klimaverschiebung reduziert das Nord-Süd-Gefälle	- 0,69	1,33	92
3	PM2	Belastete Nord-Süd-Beziehungen hemmen sozial orientierte Unternehmenskulturen	- 0,97	1,23	27
4	WP1	Transnat. Entwicklungshilfeprojekte helfen die Beziehungen zu verbessern	- 1,04	1,16	12
5	MP1	Sozial orient. Unternehmenskulturen helfen die Beziehungen zu den Entw.länd. zu verbessern	- 0,89	1,13	27
6	AP2	Angebot von umweltfreundlichen Flugzeugen verstärkt die Nord-Süd-Ungleichgewichte	- 1,06	1,06	0
7	DÖ1	Überbevölkerung in Entwicklungsländern erschwert die Bekämpfung der Klimaverschiebung	- 1,19	0,99	-16
8	DÖ5	Überbevölkerung in Entwicklungsländern verstärkt die Zunahme des Treibhauseffektes	- 1,19	0,99	-16
9	GP2	Subventionierung des japanischen Flugzeugbaus behindert den Abbau von Ungleichgewichten	- 0,93	0,93	0
10	PW1	Belastete Nord-Süd-Beziehungen hemmen transnat. Entwicklungshilfeprojekte	- 0,82	0,92	12
11	NP1	Globalisierung der Airlines unterstützt die Völkerverständigung	- 0,84	0,84	0
12	DP2	Überbevölkerung verhindert den Abbau globaler Ungleichgewichte	- 1,08	0,80	-26
13	PG2	Abbau von Ungleichgewichten bekämpft die Subventionierung des jap. Flugzeugbaus	- 0,76	0,76	0
14	DÖ3	Überbevölkerung in Entwicklungsländern forciert die Verschmutzung der Weltmeere	- 1,14	0,75	-34
15	DÖ4	Überbevölkerung in Entwicklungsländern forciert die Zunahme der Luftverschmutzung	- 1,14	0,75	-34
16	DÖ2	Überbevölkerung in Entwicklungsländern forciert vermehrtes Artensterben	- 1,07	0,71	-34
17	PP4	Belastete N-S-Beziehungen erschweren die Sanierung der Staatshaushalte in den Entw.ländern	- 0,82	0,61	-26
18	NG4	Globalisierung der Airlines unterstützt das Luftverkehrswachstum	- 0,79	0,60	-23
19	KÖ1	Mobilitätswünsche verstärken den Trend zur Klimaverschiebung	- 0,87	0,47	-47
20	PP2	Belastete Nord-Süd-Beziehungen erschweren den Abbau von Ungleichgewichten	- 0,82	0,45	-45

- Interpretation der negativen Wirkungszusammenhänge

Die Betrachtung der negativen Wirkungszusammenhänge offenbart potentielle Widersprüche im System, die bestehende Trends stören oder diese sogar beenden können.

Es zeigt sich, daß die Szenarien von Rang 1 bis Rang 10 negative Wirkungsfaktoren haben, die im Zeitraum T1 von -2.4 bis -1.47, im Zeitraum T2 von -1.75 bis -1.10 und im Zeitraum T3 von -1.73 bis -0.92 reichen. Sowohl absolut als auch bezogen auf die Maximalwerte innerhalb des Untersuchungsobjektes sind die negativen Wirkungsfaktoren im Zeitraum T1 am stärksten ausgeprägt. Hierbei sind von den 35 aufgeführten Szenarien 8 K1-Trends und 4 K2-Trends aus dem Subsystem Wirtschaft sowie 4-K1-Trends und 11 K2-Trends aus dem Subsystem Ökologie. Als K1-Trend der Wirtschaft ist vor allem die Liquiditätsverknappung zu nennen, die als Hemmfaktor für zahlreiche Problemstellungen auftritt, während von den K2-Trends der Ökologie vor allem die Bekämpfung des Treibhauseffektes negativ beeinflußt wird.

Im Zeitraum T2 sind 22 K2-Trends von insgesamt 35 aus dem Subsystem Ökologie, wobei vor allem die Klimaverschiebung durch zahlreiche Trends negativ beeinflußt wird. Hierzu tragen insbesondere die Mobilitätswünsche der Passagiere, das Wachstum der internationalen Direktverbindungen, die Überbevölkerung sowie die heutigen Basistechnologien bei. Der auf Rang 2 stehende Kausalzusammenhang, daß die Erprobung von H_2-Flugzeugen die Markteinführung neuer Basistechnologien forciert, ist deshalb durch ein negatives Vorzeichen gekennzeichnet, weil er einen Innovationsschub auslösen kann, der zu einem Trendbruch bei der Sättigung heutiger Basistechnologien führt.

Die Zeitperiode T3 ist geprägt von einer weiteren Verschärfung der Nord-Süd-Problematik (5 K1-Trends) und einer zunehmenden Überbevölkerung in den Entwicklungsländern (5 K1-Trends). Auf der Empfangsseite werden von den 22 ermittelten negativen Wirkungszusammenhängen hautpsächlich die Subsysteme Ökologie (6 K2-Trends) und Politik (7 K2-Trends) beeinflußt, wobei als Trends vor allem die Klimaverschiebung und die Zunahme der Nord-Süd-Ungleichgewichte zu nennen sind. Es gibt aber auch negative Wirkungszusammenhänge, die einer Verschlechterung der Situation entgegenwirken. So helfen transnationale Entwicklungshilfeprojekte die Nord-Süd-Beziehungen zu verbessern (Rang 4, WP1).

Die in den verschiedenen Zeithorizonten auftretenden negativen Delta-Faktoren charakterisieren negative Wirkungszusammenhänge, die durch das Auftreten von Störgrößen abgeschwächt werden. So kann beispielsweise der im Zeitraum T2 auf Rang 33 stehende Wirkungszusammenhang, daß die heutigen Basistechnologien die Bekämpfung der Klimaverschiebung (TÖ) verhindern, durch den Einfluß von Störgrößen (Delta = -47 %) erheblich abgeschwächt werden. Die Abschwächung des Wirkungszusammenhanges kann dadurch eintreten, daß die Atmosphärenaufheizung die Entwicklung neuer Basistechnologien (Störfaktor Ö auf Trend T) forciert und daß Nuklearkatastrophen die Bekämpfung der Klimaverschiebung (Störfaktor T auf Trend Ö) zusätzlich erschweren.

- Interpretation der Wertkette

Untersucht man die Wertkette hinsichtlich der gefundenen Richtungsziele, Maßnahmen und Frühwarnmaßnahmen so zeigt sich, daß insgesamt 66 Richtungsziele, 81 Maßnahmen und 27 Frühwarnmaßnahmen ermittelt wurden. Hierbei wurden in den Zeiträumen T1/T2/T3 bei den unterstützenden Aktivitäten 21/16/9 Richtungsziele, 21/11/5 Maßnahmen und 11/11/5 Frühwarnmaßnahmen sowie bei den primären Aktivitäten 11/4/5 Richtungsziele und 17/18/9 Frühwarnmaßnahmen herausgefunden.

Von den ermittelten Richtungszielen und Maßnahmen sollen beispielhaft die primären Aktivitäten der Wertschöpfung (Operationen) erläutert werden, da diese auch in engem Zusammenhang mit der Wechselkursproblematik des Airbus-Programmes stehen. So zeigen die gefundenen Richtungsziele und Maßnahmen in diesem Bereich, daß die heute geführte Diskussion bezüglich der Erstellung der Bilanz bei der Deutschen Airbus auf Dollarbasis oder die zeitliche Verlagerung von Gewinnen aus Flugzeugverkäufen nach vorne, keine Lösung der Probleme für die Partnergesellschaften sein kann. Ziel bei der Produktion von Airbus-Flugzeugen muß es in den nächsten Jahren sein, nach japanischem Vorbild auch bei einem niedrigen Dollarkurs (beispielsweise 1.25 DM) die Kostendeckung zu erreichen. Der konsequente Ausbau von CIM-Produktionsstätten, die verstärkte 'Commonality'-Orientierung sowie weitere Produktionsrationalisierungen durch Personalabbau und Roboterisierung können dazu beitragen, die Produktionskosten weiter zu senken. Diese Maßnahmen sollten auch bei wieder ansteigendem Dollar unbedingt in Angriff genommen werden. Der relativ hohe Anteil des Warenwertes für Airbus-Zulieferteile hat bisher einen noch erheblicheren Verlust bei den Partnerfirmen verhindert. Jedoch dürfte es bei mittelfristig wieder steigendem Dollar richtig sein, vermehrt europäische und japanische Zulieferindustrien (Triebwerkbau, Elektrik, Ortung und Navigation) in das Airbus-Programm zu integrieren und somit die Abhängigkeit vom Dollarraum weiter zu senken. Die flexible Anpassung an einen niedrigen Dollarkurs, sowie die Erhöhung des europäischen Eigenanteils bei der Airbus-Produktion erzeugt bei wieder steigendem Dollar einen zweifachen Hebeleffekt auf die Ertragssituation der Partnerfirmen und kann sich somit zukünftig als Wettbewerbsvorteil für Airbus Industrie erweisen. Außerdem eröffnen diese schwierigen strukturellen Anpassungsprozesse den notwendigen Handlungsspielraum bei den GATT-Verhandlungen zum Subventionsabbau innerhalb des Airbus-Programmes.

Im Zeitraum T2 kann die Verkürzung der Produktionsdurchlaufzeiten, die Erhöhung der Produktionsflexibilität und der Aufbau von Produktionskapazitäten in Ländern des Pazifikraums mit dazu beitragen, die Abhängigkeit vom Dollar weiter zu verringern. Dies ist umso mehr interessant, da der Yen langfristig als eine Schlüsselwährung der Welt an Bedeutung gewinnt.

Im Zeitraum T3 sollten verstärkt intelligente Produktionssteuerungen aufgebaut, ökologieorientierte Fertigungsverfahren angewendet und eine Minimierung des Energieaufwandes bei der Produktion angestrebt werden. Bei einer demokratischen Öffnung Chinas ab dem Jahr 2000 wäre auch der dortige Aufbau von Produktionskapazitäten in Erwägung zu ziehen.

5. GRENZEN SYSTEMTECHNISCHER METHODEN

Der hier gewählte Ansatz zur Beschreibung einer möglichen Zukunft hat als größte Schwäche seinen subjektiven Charakter. Die Definition von Schlüsselfaktoren und der zugehörigen Trends kann nie eindeutig sein, da deren Definition schon subjektive Wertungen beinhaltet. Dies ist jedoch im Rahmen einer kreativitätsfördernden Vorgehensweise unumgänglich, um potentielle Wirkungszusammenhänge abzuschätzen. Letztendlich soll das angewendete Simulationsmodell den Entscheider bei der Planung unterstützen und ihn nicht ersetzen, weshalb jede Modellantwort mit einer gesunden Skepsis betrachtet werden muß.[/467/] Die Arbeitsschritte der Studie sollen unter Berücksichtigung nachfolgender Kritikpunkte analysiert werden:

- Beschränkte Urteilskapazität des Bewerters
- Limitierung des Modells auf nur 60 Schlüsselgrößen
- Subjektive Auswahl der heutigen und zukünftigen Trends
- Vereinfachte Darstellung von Kausalzusammenhängen
- Beschränkung der paarweisen Vergleiche auf 12·60 anstatt 60·60 pro Zeithorizont bei der Interdependenz- und Störgrößenanalyse
- Begrenztheit der verfügbaren Zeitressourcen (ca. 4200 h)
- Fehlerfortpflanzung bei Definition von falschen Trends
- Limitierte Kapazität der Informationsgewinnung
- Limitierte Kapazität der Informationsverarbeitung
- Begrenztheit der finanziellen Ressourcen

■ Schlüsselfaktoren und Trend-Monitoring

Die Definition der Schlüsselfaktoren und Megatrends unterliegt einem subjektiven Auswahlverfahren, daß vom jeweiligen Informationsstand des Systemgestalters abhängig ist. Aufgrund der hohen Varietät der Wechselwirkungen, die innerhalb des Systems auftreten, ist im Rahmen der Modellgestaltung eine Beschränkung auf 60 Schlüsselgrößen und Megatrends notwendig, die sicher nicht in vollem Umfang die Realität wiederspiegeln können.

Ein weiteres Problem besteht in der Unsicherheit bei der Auswahl der Schlüsselfaktoren und der Projektion von Trends. Die heute als wesentlich erscheinenden Parameter können in 20 Jahren völlig bedeutungslos geworden sein.

- Störgrößen und kapazitätsbeeinflussende Faktoren

Die Limitierung des Modells auf 12 Subsysteme bedingt, daß nur solche Störgrößen berücksichtigt werden, die einen Zusammenhang zu den jeweiligen Subsystemen besitzen. Pro Subsystem wurden jeweils nur die vier subjektiv wichtigsten angegeben. Auch das Zustandsniveau der Störgröße, also ob diese gerade aktiv oder passiv ist, unterliegt einer stark subjektiven Auswahl, die jedoch an Hand der aktuellen Situation ständig überprüft werden kann. Hierbei ist zu beachten, daß eine Störgröße auch dann den Aktivstatus 1 besitzt, wenn das baldige Auftreten dieser Störgröße als sehr wahrscheinlich erachtet wird.

- Trendinterdependenzanalyse

Trendanalysen benötigen eine Vielzahl von Informationen für deren visionäre Implementierung. Um ein ganzheitliches Bild zukünftiger Trends zu bekommen, sind regelmäßige Gespräche mit Topmanagern, Unternehmensberatern und Wissenschaftlern aus den verschiedensten Branchen notwendig. Diese Gespräche können naturgemäß nur in einem den Zeit- und Kapitalbudgets angepaßten Rahmen stattfinden, wobei es auch gilt die begrenzte Kapazität der Informationsgewinnung zu beachten.

Das die gesamte Betrachtung auf nur 60 Megatrends aufbaut, kann man kritisieren, daß das Modell einen zu geringen Grad an Detaillierung aufweist. Zwar mag ein höherer Grad an Detaillierung wünschenswert sein, jedoch garantiert dieser nicht unbedingt bessere Ergebnisse. Außerdem steigt der Arbeitsaufwand bei der doppelten Anzahl von Trends so stark an, daß die vorhandenen Zeitbudgets nicht mehr eingehalten werden könnten.

Bei der Bewertung der Interdependenzen mußte eine Methode entwickelt werden, die die Vielfalt nicht allzusehr einschränkt. Zwar geht durch die Auswahl des jeweiligen Wirkungszusammenhanges durch Varietätsreduktion (12·60 anstatt von 60·60) ein Teil der Informationen verloren, dies ist jedoch notwendig, um die vorgegebenen Zeitressourcen nicht zu überschreiten.

Trends die nicht mehr wirksam sind oder wirksam werden können, müssen aus dem System eliminiert und durch aktuelle oder zukünftig wahrscheinlichere Trends ersetzt werden. Diese Änderungen verursachen jedoch einen erheblichen Arbeitsaufwand beim Anwender, da sich eine Vielzahl von kausalen Wirkungszusammenhänge ändern werden. Für eine ganzheitliche Betrachtung ist diese Vorgehensweise jedoch unumgänglich.

Bei der Implementierung des Berechnungsverfahrens (Szenariowirkungsfaktorsynthese und Matrizenmultiplikation) hat sich die limitierte Kapazität der Informationsverarbeitung auch bei den verwendeten Programmen gezeigt. Mehr wie 60 Faktoren konnten hierbei nicht verwendet werden, wobei mit einer Zusatzsoftware sogar eine Verdopplung der üblichen Verarbeitungskapazität des Programmes erreicht wurde.

- Szenarioentwicklung

Die Darstellung kausaler Wirkungszusammenhänge im Rahmen von Bewertungsmatrizen muß in einfacher und prägnanter Weise erfolgen, da sonst eine übersichtliche Betrachtung nicht mehr gewährleistet ist. Dies kann beim Leser in manchen Fällen dazu führen, daß er eine subjektiv hergestellten Kausalzusammenhang nicht erkennt oder einen anderen als dominant ansieht. Die begrenzte Kapazität der Informationsverarbeitung und der Zeitressourcen läßt jedoch keinen Raum für eine ausführliche Begründung der Kausalzusammenhänge.

Da die Kausalzusammenhänge mit einem Vorzeichen versehen sind, läßt sich der gesamte Inkonsistenzgrad des Systems abschätzen. Treten mehr Szenarien mit negativem als mit positivem Vorzeichen im Untersuchungsobjekt auf, so sind die zugrundeliegenden Trends mit großer Wahrscheinlichkeit widersprüchlich und müssen revidiert werden. Andererseits kann eine erhöhte Anzahl von Szenarien mit negativem Vorzeichen auch der Ausdruck einer erhöhten Instabilität innerhalb des Untersuchungsobjektes sein. Dies zeigt, daß eine regelmäßige interative Überprüfung der getroffenen Annahmen durchgeführt werden sollte.

Bei der Definiton von Wirkungszusammenhängen besteht die Gefahr einer zu subjektiven Bewertung, jedoch wird durch die transparente systemtechnische Vorgehensweise eine iterative Korrektur von Fehleinschätzungen ermöglicht. Eine objektivere Ermittlung der Kausalzusammenhänge könnte durch Gruppenurteile ('Work-Shops') erreicht werden. Aufgrund der Zeitintensität der Bewertung ist eine derartige Vorgehensweise schwer zu realisieren, obgleich sich die Konsistenz der Szenarien dadurch wahrscheinlich erheblich verbessern ließe.

- Kybernetische Simulation

Eine Simulation von bestimmten Trends und Kausalzusammenhängen muß nicht notwendigerweise zu den wahrscheinlichsten Projektionen der Zukunft führen. Die Anwendung des Simulationsmodells setzt eine weitere Überprüfung an anderen Problemstellungen voraus. Insbesondere müssen die Ergebnisse der Simulation hinsichtlich ihrer Konsistenz und den negativen Wirkungszusammenhängen überprüft werden.

Das Simulationsmodell sollte auch von branchenexternen Bewertern mit unterschiedlichem Hintergrund (beispielsweise Unternehmensberatern, Politikern oder Wissenschaftlern) angewendet werden, um einer ganzheitlichen Betrachtung am nächsten zu kommen.

Insbesondere bei der Simulation kann sich eine unvollständige Nachbildung des wirklichen Systems, negativ auf die möglichen Ergebnisse auswirken. Hier kann es von Vorteil sein, eine Liste der Einflüsse und Parameter zu erstellen, die nicht in das System eingegangen sind, dieses aber auch beeinflussen. Außerdem kann jedes Modell sukzessive verbessert werden, da durch die Simulation Erfahrungen im Umgang mit dem Modell gewonnen werden. Hierbei ist darauf zu achten, daß das Simulationsmodell nicht zur Manipulation von Informationen mißbraucht wird.

Probleme bei der Durchführung von Systemsimulationen bereiten dem Entscheider auch die Zeitintensität und das hohe Maß an Lernfähigkeit, die die Implementierung eines Modelles erfordert. Vor allem das Testen der Programme ('Debugging'), um formale und logische Fehler zu eliminieren, ist sehr zeitintensiv.

Eine Erweiterung der Rückkopplungsrechnung könnte dadurch erreicht werden, daß nicht nur die Kopplung der Subsysteme mit der 'MICMAC'-Methode berechnet wird, sondern auch die Kopplung der Trends untereinander. Dies führt allerdings zu sehr großen Matrizen (60 Zeilen · 60 Spalten), was wegen des Zeitaufwandes bei der Bewertung (3.600 paarweise Vergleiche pro Zeithorizont) und des immensen Rechenaufwandes bei der Matrizenmultiplikation nur bei größeren Projekten realisiert werden kann.

- Trend-Wertaktivitäten-Matrix

Im Rahmen einer Fehlerfortpflanzung kann es zur Definition von falschen Strategien kommen, wobei jedoch der Vorteil der hohen Informationstransparenz zu beachten ist. Auch hier könnte das Ergebnis durch ein Gruppenurteil verbessert werden. Jedoch geht es hier weniger um die konkrete Strategie als vielmehr um das Aufzeigen eines Modells, daß den Weg zur Definition von Strategien ermöglicht. Das oben gesagte gilt auch für die aus der Trend-Wertaktivitäten-Matrix hergeleitete Wertkette.

Zusammenfassend kann gesagt werden, daß auch durch eine Einbeziehung von mehr Schlüsselgrößen und einer stärkeren Detaillierung der Interdependenzanalyse, die Realität wahrscheinlich nicht mit einer höheren Objektivität abgebildet werden kann. Die hergeleiteten Szenarien und Visionen besitzen einen subjektiven Charakter, wobei durch wachsendes Komplexitätsverständnis und iterative Anpassung an veränderte Systemzustände das Simulatiosmodell ständig verbessert werden kann. Hierbei muß das Ziel sein, durch Einbeziehung von Gruppenurteilen und Bewertung verschiedener Betrachter, zu einer verbesserten Objektivität und Plausibilität der Wirkungszusammenhänge zu kommen, die zu nachvollziehbaren und transparenten Szenarien, Visionen und Strategien führen. Eine funktionale Erweiterung des Modells könnte dadurch erzielt werden, daß eine Auswahl von Schlüsselfaktoren mittels Indikatoren dargestellt wird und quantifizierbare Zustände simuliert werden.

Das Alte stürzt, es ändert sich die Zeit,
Und neues Leben blüht aus den Ruinen.

Friedrich Schiller

6. ZUSAMMENFASSUNG

- Inhaltliche Ergebnisse

Die im Rahmen des illustrativen Beispiels erzielten Ergebnisse, sind unter der Prämisse zu betrachten, daß sowohl die Auswahl der Trends als auch die Herleitung von Wirkungszusammenhängen und Wertaktivitäten das subjektive Urteil des Autors darstellen.

Die ermittelten Szenarien und Visionen sind insbesondere für die Marktteilnehmer der Verkehrsflugzeugbranche von Interesse, wobei das Hauptaugenmerk auf die Flugzeugproduzenten gelegt wurde. Daneben sind die Ergebnisse auch für Flughafenbetreiber und die Luftverkehrspolitik von Bedeutung. Die Auswertung der vielfältigen Interdependenzen zeigt, daß der weltweite Strukturwandel auch die Verkehrsflugzeugbranche erheblich verändern wird. Neue Energieträger wie Erdgas und Wasserstoff werden nötig sein, um die Abgasemissionen der Flugzeuge nachhaltig zu senken und so einen Beitrag zum globalen Umweltschutz zu leisten. Die Zunahme der Mobilitätswünsche und der Zeitorientierung wird zu einem starken Anstieg der internationalen Dirkektverbindungen führen, was den Übergang zu Überschallflugzeugen zu Beginn des nächsten Jahrtausends sehr wahrscheinlich macht. Die starke Zunahme der Forschungs- und Entwicklungskosten erfordert, zukünftige Flugzeugprojekte in transnationalen Kooperationen zwischen den 'High-Tech'-Firmen der weltwirtschaftlichen Triade zu finanzieren. Insbesondere die negativen Störeinflüsse auf die Nachfrageseite und die Passagiere/ Frachtkunden werden die zeitliche Entwicklung stark beeinflussen.

Die ermittelten Wirkungszusammenhänge und der nachgewiesene logistische Sättigungsverlauf für den Flugzeugbestand bis zum Ende der ersten Dekade des nächsten Jahrhunderts zeigen auf, daß das zukünftige Wachstum im Verkehrsflugzeugbau vor allem qualitativ und nicht mehr so sehr quantitativ sein wird. Die von der Herstellern abgebenen Bestandsprognosen von 13.000 - 14.000 Flugzeugen bis zum Jahr 2010 werden deshalb erheblich nach unten korrigiert werden müssen (etwa 20 %), um der Realität nahe zu kommen. Abbildung 6.1 gibt einen Überblick über die wesentlichen Veränderungen in der Branchenstruktur vom Jahr 1990 bis zum Jahr 2010, wobei die Abgrenzung nach folgenden Unterpunkten erfolgt:/468/

- Wettbewerber der Branche
- Eintrittsbarrieren
- Determinanten der Rivalität
- Determinanten der Lieferantenmacht
- Determinanten der Abnehmerstärke
- Determinanten der Substitutionsgefahr

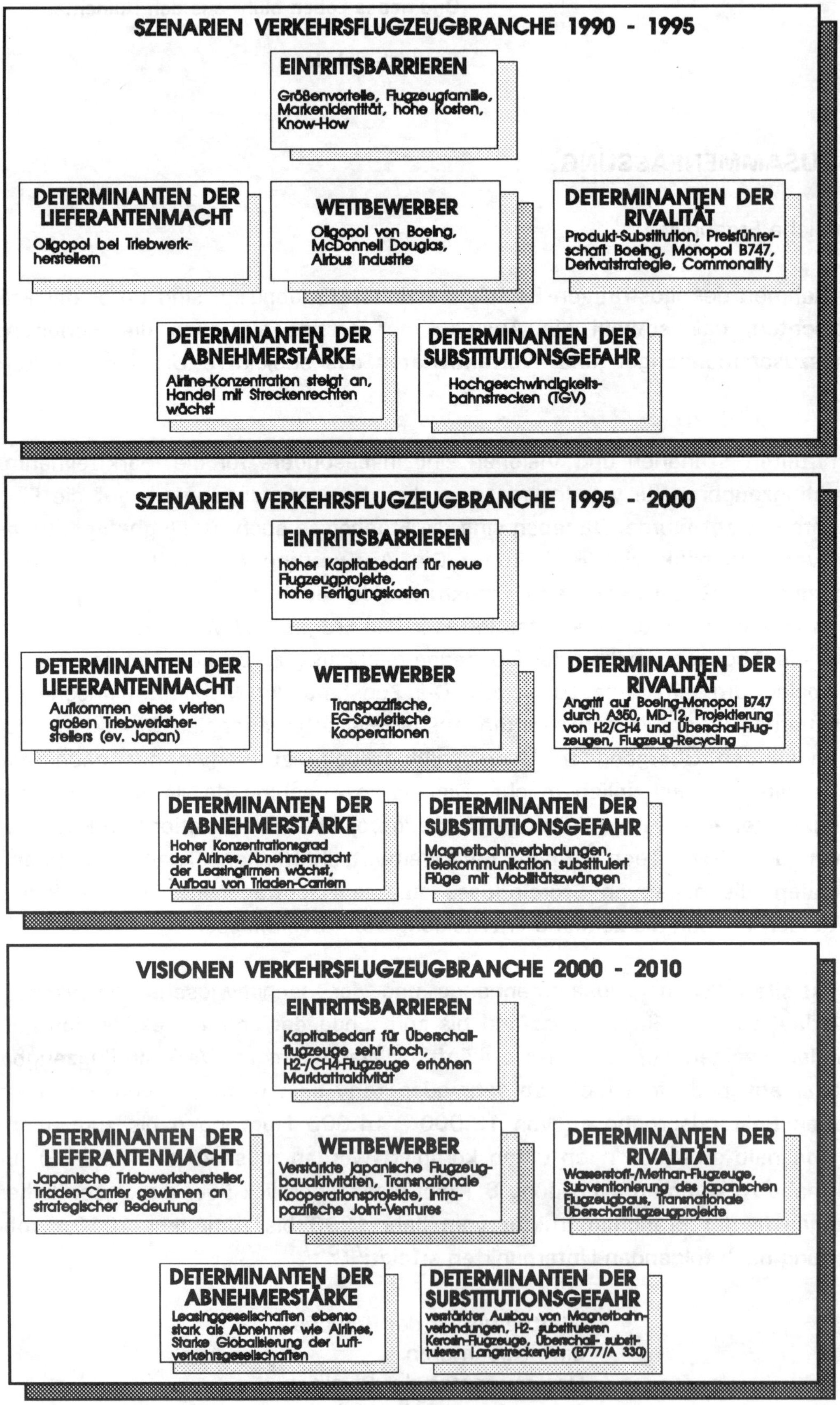

Abb. 6.1: Szenarien Verkehrsflugzeugbranche 1990 - 2010

- Methodische Ergebnisse

Die in der Studie durchgeführte qualitative Zukunftsanalyse leitet die wesentlichen Kausalzusammenhänge des Untersuchungsobjektes unter integralen Betrachtungsaspekten her. Die ganzheitliche und rückkopplungsorientierte Systembetrachtung steht im Gegensatz zu üblichen Analyse-Paradigmen, die die Veränderungen in der Branchenumgebung unzureichend berücksichtigen.

Die ordinal skalierten Szenariowirkungsfaktoren werden in Hierarchien zusammengefaßt. Die Herleitung von Wirkungszusammenhängen durch paarweisen Vergleich zeichnet sich durch eine hohe Informationstransparenz für den Anwender aus und ermöglicht durch ständige Überprüfung und Sichtung von Trends, die Szenarien und Visionen an veränderte Rahmenbedingungen anzupassen.

Die meisten gefundenen Kausalzusammenhänge stimmen mit der intuitiven Abschätzung des Autors und zahlreichen Gesprächspartnern überein. Dies zeigt, daß der gewählte Ansatz logisch ist und die Ergebnisse dem gesunden Menschenverstand entsprechen. Der Ansatz offenbart aber auch nicht-intuitive Szenarien und Visionen, die bei grober Betrachtung als unwesentlich eingestuft werden, jedoch durch die Berücksichtigung von Rückkopplungen stark an Bedeutung gewinnen. Ebenso werden die negativen Rückwirkungen auf das Untersuchungsobjekt deutlich, die oft wesentliche Auswirkungen auf Strukturveränderungen haben können.

Insbesondere die Rückkopplungsanalyse innerhalb des Simulationsmodells bewirkt ein besseres Verständnis des Systemverhaltens in den spezifischen Zeithorizonten. Die Anwendung der 'MICMAC'-Methode liefert eine Erweiterung der systemtechnischen Methodik hinsichtlich der Abschätzung von Rückkopplungen bei Systemen hoher Komplexität. Die Simulation ermöglicht darüberhinaus das Durchspielen verschiedener Szenarien und Visionen in unterschiedlichen Zeithorizonten. Der Lerneffekt, den der Anwender beim Arbeiten mit dem Simulationsmodell erzielt, hilft dieses iterativ und evolutionär zu verbessern.

Die Trendwertaktivitätenmatrix gestattet die systematische Gegenüberstellung der rangwichtigsten Trends mit den wesentlichen Aktivitätsbereichen von Firmen. Hierdurch wird erreicht, daß die ermittelten Wertaktivitäten der Firmen hohe Synergiewirkungen zu den dynmischen Veränderungen innerhalb des Untersuchungsobjektes besitzen. Die Übertragung der Ergebnisse in das Wertkettenmodell von Porter liefert einen Beitrag zur Synthese von systemtechnischen mit betriebswirtschaftlichen Analysemethoden.

Literaturverzeichnis

/1/ vgl. Herrhausen, A., Konzepte für die Zukunft: Wirtschafts- und ordnungspolitische Alternativen, in: Handelsblatt, Signatur der Zeit, Düsseldorf, 22.05.87, S. 2

/2/ vgl. Popper, Karl R., Auf der Suche nach einer besseren Welt, München 1987, S. 13

/3/ vgl. Koelle, H. H., Vorlesungsskript Systemtechnik, Berlin 1985, Kap. 1, S. 3

/4/ vgl. Herrhausen, A., Konzepte für die Zukunft: Wirtschafts- und ordnungspolitische Alternativen, in: Handelsblatt, Signatur der Zeit, Düsseldorf, 22.05.87, S. 2

/5/ vgl. Popper, Karl R., Auf der Suche nach einer besseren Welt, München 1987, S. 13

/6/ vgl. Grübler, A., The Rise and Fall of Infrastructures, Heidelberg 1990, S. 233

/7/ vgl. ebd, S. 232

/8/ vgl. Malik, F., Strategie des Managements komplexer Systeme, 1986, S. 180

/9/ vgl. ebd., S. 397

/10/ vgl. McHale, J., World Facts and Trends, New York 1972, S. 31 und S. 49

/11/ vgl. Schwaninger, M., Wege zu einem integralen Management, in: Harvard Manager 1/1990, S. 42

/12/ vgl. Shimizu, Ryuei, The Japanese Business Success Factors, Tokio 1989, S. 80

/13/ vgl. Gerken, G., Radar für Trends Nr. 7, April 1990, S. 6

/14/ vgl. Gerken, G., Neue Wege für Manager, Düsseldorf 1989, S. 40

/15/ vgl. Drucker, P., Innovation and Entrepreneurship, London 1986, S. 216ff.

/16/ vgl. Hinterhuber, H. H., Struktur und Dynamik der Unternehmensführung, in: Strategische Unternehmensplanung, Würzburg 1977, S. 33

/17/ vgl. Ohmae, K., Japanische Strategien, Hamburg 1986, S. 38

/18/ vgl. Gälweiler, A., Strategische Unternehmensführung, Frankfurt 1987, S. 142

/19/ vgl. ebd., S. 136

/20/ vgl. Schwaninger, M., Wege zu einem integralen Management, in: Harvard Manager 1/90, S. 48f

/21/ vgl. ebd., S. 48

/22/ vgl. McHale, J., World Facts and Trends, New York 1972, S. 4

/23/ vgl. Schwarz, B., Svedin, U., Wittrock, B., Methods in Futures Studies, Boulder 1982, S. 27

/24/ vgl. Gerken, G., Neue Wege für Manager, Düsseldorf 1989, S. 14

/25/ vgl. Ashby, W. R., Einführung in die Kybernetik, Frankfurt 1985, S. 159

/26/ vgl. Rühli, E., Unternehmensführung und Unternehmungspolitik I, Stuttgart 1973, S. 15f

/27/ vgl. Lange, O., Ganzheit und Entwicklung in kybernetischer Sicht, Berlin 1969, S. VIII

/28/ vgl. Herrhausen, A., Denken Ordnen Gestalten, Berlin 1990, S. 241

/29/ vgl. Ashby, W. R., Einführung in die Kybernetik, Frankfurt 1985, S. 100

/30/ vgl. Schwefel, H. P., Evolutionary Learning Optimum-Seeking on Parallel Computer Architectures, in: Systems Analysis and Simulation 1988, Berlin 1988, S. 217

/31/ vgl. Koelle, H. H., Vorlesungsskript Systemtechnik, Berlin 1985, Kap. 5, S. 31

/32/ vgl. Ashby, W. R., Einführung in die Kybernetik, Frankfurt 1985, S. 355

/33/ vgl. Lange, O., Ganzheit und Entwicklung in kybernetischer Sicht, Berlin 1969, S. 18

/34/ vgl. Godet, M., Scenarios and Strategic Management, London 1987, S. 39f

/35/ vgl. ebd., S. 40

/36/ vgl. Ashby, W. R., Einführung in die Kybernetik, Frankfurt 1985, S. 28

/37/ vgl. Lange, O., Ganzheit und Entwicklung in kybernetischer Sicht, Berlin 1969, S. 54

/38/ vgl. Ashby, W. R., Einführung in die Kybernetik, Frankfurt 1985, S. 353

/39/ vgl. Lange, O., Ganzheit und Entwicklung in kybernetischer Sicht, Berlin 1969, S. 78

/40/ vgl. Porter, M. E., Wettbewerbsvorteile, Frankfurt 1986, S. 65

/41/ vgl. ebd., S. 62

/42/ vgl. McHale, J., World Facts and Trends, New York 1972, S. 12

/43/ vgl. Newhouse, J., The New Yorker, Part II, New York 1982, S. 48
/44/ vgl. Gälweiler, A., Determinanten des Zeithorizontes in der Unternehmensplanung, in: Strategische Unternehmensplanung, Würzburg 1983, S. 197f.
/45/ vgl. Grübler, A., The Rise and Fall of Infrastructures, Heidelberg 1990, S. 162
/46/ vgl. Hunziker, H. J., Strategische Planung und Politik im Luftverkehr, Bern 1983, S. 162
/47/ vgl. Bartels, W., Verkehr 2000, Hamburg 1988, S. 9
/48/ vgl. Hurst, R. u. L, Flug-Unfälle und ihre Ursachen, Stuttgart 1987, S. 48
/49/ vgl. IATA, World Air Transport Statistics 1973, Genf 1976, S. 59
/50/ vgl. IATA, World Air Transport Statistics 1980, Genf 1981, S. 71
/51/ vgl. IATA, World Air Transport Statistics 1987, Genf 1988, S. 82
/52/ vgl. Gespräch mit Herrn Otersen, MBB-UT, Bremen 12/89
/53/ vgl. Drucker, P., Neue Realitäten, Düsseldorf 1989, S. 271
/54/ vgl. Drucker, P., Innovation and Entrepreneurship, London 1986, S. 185
/55/ vgl. Malik, F., Strategie des Managements komplexer Systeme, Bern 1986, S. 25
/56/ vgl. Drucker, P., People and Performance: The best of Peter Drucker on Management, London 1977, Kap. 21
/57/ vgl. Malik, F., Strategie des Managements komplexer Systeme, Bern 1986, S. 77
/58/ vgl. ebd., S. 175
/59/ vgl. ebd., S. 467
/60/ vgl. Beer, S., The Heart of Enterprise, New York 1979, S. 89
/61/ vgl. Gerken, G., Neue Wege für Manager, Düsseldorf 1989, S. 22
/62/ vgl. Staerkle, R., Wechselwirkungen zwischen Organisationskultur und Organisationsstruktur, in: Integriertes Management, Bern 1985, S. 533f
/63/ vgl. Peters, T., Watermann, R., Auf der Suche nach Spitzenleistungen, Landsberg am Lech 1982, S. 133
/64/ vgl. Drucker, P., Neue Managementpraxis, Bd.2, Düsseldorf 1974, S. 163f
/65/ vgl. Gerken, G., Radar für Trends Nr. 7, April 1990, S. 6
/66/ vgl. Höhler, G., Plädoyer für eine visionäre Unternehmensstrategie, in: Handelsblatt, 18. 08. 1989, S. S1
/67/ vgl. Shimizu, R., The Japanese Business Success Factors, Tokio 1989, S. 2
/68/ vgl. Diwald, H., Der Umbruch am Ende des Jahrhunderts, in: Handelsblatt, Signatur der Zeit, 17. 08. 90, S. 2
/69/ vgl. Herrhausen, A., Denken Ordnen Gestalten, Berlin 1990, S. 63
/70/ vgl. von Weizsäcker, C. F., Wahrnehmung der Neuzeit, München 1985, S. 389
/71/ vgl. ebd., S. 389ff
/72/ vgl. Drucker, P., Neue Realitäten, Düsseldorf 1989, S. 270
/73/ vgl. von Weizsäcker, C. F., Wahrnehmung der Neuzeit, München 1985, S. 314
/74/ vgl. Drucker, P., Innovation and Entrepreneurship, London 1986, S. 290
/75/ vgl. Ohmae, K., Japanische Strategien, Hamburg 1986, S. 61
/76/ vgl. Popper, K., Lorenz, K., Die Zukunft ist offen, München 1988, S.53
/77/ vgl. Konfuzius, Ausgewählte Texte, München 1987, S. 74
/78/ vgl. Höhler, G., Plädoyer für eine visionäre Unternehmensstrategie, in: Handelsblatt, 18. 08. 1989, S. S1
/79/ vgl. Köhler, H. U., Musashi für Manager, Düsseldorf 1986, S. 19f
/80/ vgl. o. V., Drahtlose Kommunikation innerhalb eines Gebäudes, in: Handelsblatt, 20. 12. 1990, S. 22
/81/ vgl. Gerken, G., Neue Wege für Manager, Düsseldorf 1989, S. 167
/82/ vgl. Jones, T. E., Options for the Future, New York 1980, S. 50
/83/ vgl. Drucker, P., Innovation and Entrepreneurship, London 1986, S. 115ff
/84/ vgl. Naisbitt, J., Megatrends Arbeitsplatz, München 1986, S. 11
/85/ vgl. Brown., L. R., Analyzing the Demographic Trap, in: State of the World, New York 1987, S. 30
/86/ vgl. ebd., S. 32
/87/ vgl. o. V., Unsere Erde, Fernsehsendung vom 23. 10. 1990 im ZDF
/88/ vgl. o. V., In Südamerikas Städten wuchert die Armut, in: Finanz und Wirtschaft, 19. 09. 1990, S. 1
/89/ vgl. Comwell, PC-Globe Database 1989
/90/ vgl. Drucker, P., Neue Realitäten, Düsseldorf 1989, S.209

/91/ vgl. Gerken, G., Die Trends für das Jahr 2000, Düsseldorf 1989, S. 339
/92/ vgl. Gerken, G., Neue Wege für Manager, Düsseldorf 1989, S. 161
/93/ vgl. Burstein, D., Yen, München 1989, S. 94
/94/ vgl. Naisbitt, J., Megatrends Arbeitsplatz, München 1986, S. 107
/95/ vgl. Gerken, G., Die Trends für das Jahr 2000, Düsseldorf, 1989, S. 116
/96/ vgl. MBB, Forecast to Year 2008, Bremen 1989, S. 17
/97/ vgl. o. V., Die Krisen der 90er Jahre, in: Manager Magazin 10/90, S. 153
/98/ vgl. Karis, O., Verfahrenstechnik vereint Ökologie und Ökonomie, in: VDI-Nachrichten, 29. 9. 1989, S. 1
/99/ vgl. Kerner, D. u. I., Der Klima-Report, Köln 1990, S. 48
/100/ vgl. ebd., S. 50
/101/ vgl. o. V., Unsere Erde, Fernsehsendung vom 23. 10. 1990 im ZDF
/102/ vgl. Kerner, D. u. I., Der Klima-Report, Köln 1990, S. 42
/103/ vgl. ebd., S. 126
/104/ vgl. o. V., Saouma will Kahlschlag mit Konventionen stoppen, in: Handelsblatt, 29. 09. 1990, S. 10
/105/ vgl. Brown, L., Flavin, Ch., The Earth's Vital Signs, in: State of the World, New York 1989, S. 6
/106/ vgl. o. V., Moskau bagatellisiert das Umweltproblem, in: Finanz und Wirtschaft, 24. 10. 1990, S. 43
/107/ vgl. Renner, M., Rethinking Transportation, in: State of the World, New York 1989, S.106
/108/ vgl. Kerner, D. u. I., Der Klima-Report, 1990, S. 151
/109/ vgl. Renner, M., Rethinking Transportation, in: State of the World, New York 1989, S.106
/110/ vgl. Bögner, F., Global denken - örtlich handeln, in: Finanz und Wirtschaft, Zürich, 14. 10. 1989, S. 39
/111/ vgl. Renner, M., Rethinking Transportation, in: State of the World, New York 1989, S. 106
/112/ vgl. Brown, L., Flavin Ch., The Earth's Vital Signs, in: State of the World, New York 1989, S. 17
/113/ vgl. ebd., S. 16f.
/114/ vgl. Vogels, H. A., Von der Mikrosystemtechnik zum Raumtransporter Sänger II (Artikel), München, S. 10
/115/ vgl. Grübler, A., The Rise and Fall of Infrastructures, Heidelberg 1990, S. 277
/116/ vgl. o. V., Schon 1990 beginnt die Rezession, in: VDI-Nachrichten, 22. 12. 1989, S. 6
/117/ vgl. o. V., Gerangel um neue Claims, in: High Tech 5/90, S. 56ff.
/118/ vgl. ebd., S. 56
/119/ vgl. Gerken, G., Neue Wege für Manager, Düsseldorf 1989, S. 132
/120/ vgl. o. V., Gerangel um neue Claims, in: High Tech, 5/90, S. 78
/121/ vgl. o. V., Telekommunikation prägt die dritte industrielle Revolution, in: VDI-Nachrichten, 14. 12. 1990, S. S8
/122/ vgl. o. V., World Airline Directory, in: Flight International, 26. 03. 1988, S. 50 und S. 86
/123/ vgl. o. V., Informationsmanager arbeiten am Nerv des Unternehmens, in: Handelsblatt, Düsseldorf, 18. 8. 1988
/124/ vgl. Drucker, P., Innovation and Entrepreneurship, London 1986, S. 50
/125/ vgl. ebd., S. 49
/126/ vgl. ebd., S. 143
/127/ vgl. ebd., S. 171ff
/128/ vgl. Marchetti, C., Innovation, Industry and Economy, IIASA Working Paper, 12/1983
/129/ vgl. o. V., Phase vier, in: High-Tech 01/1988, S. 88
/130/ vgl. Drucker, P., Neue Managementpraxis, Bd. 2, Düsseldorf 1974, S. 563
/131/ vgl. Kaske, K., 'Wir kaufen Zeit und Marktanteile', Interview, in: Finanz und Wirtschaft, 07. 11. 1990, S. 31
/132/ vgl. McHale, J., World Facts and Trends, New York 1972, S. 53
/133/ vgl. Malik, F., Stelter, D., Krisengefahren in der Weltwirtschaft, Stuttgart, 1990, S. 57
/134/ vgl. ebd., S. 58
/135/ vgl. o. V., Die RGW-Staaten beantragen den Konkurs, in: Finanz und Wirtschaft, 31. 01. 1990, S. 23

/136/ vgl. o V., Die Verschuldung der Entwicklungsländer, in: Handelsblatt, 24. 01. 1990, S. 10
/137/ vgl. Brown., L. R., Analyzing the Demographic Trap, in: State of the World, New York 1987, S.30
/138/ vgl. o. V., Experten sehen für Oktober Turbulenzen and den internationalen Finanzmärkten, in: Handelsblatt Finanzzeitung, 15. 05. 1990, S. 39
/139/ vgl. Drucker, P., The Frontiers of Management, London 1987, S. 38
/140/ vgl. Drucker, P., Innovation and Entrepreneurship, London 1986, S. 49
/141/ vgl. vgl. Drucker, P., The Frontiers of Management, London 1987, S. 35
/142/ vgl. Hösel, K., Marktstruktur und Wettbewerb im Bereich komplexer Spitzentechnologien, München 1981, S. 308
/143/ vgl. Drucker, P., The Frontiers of Management, London 1987, S. 21
/144/ vgl. Drucker, P., Innovation and Entrepreneurship, London 1986, S. 146f
/145/ vgl. Drucker, P., The Frontiers of Management, London 1987, S. 31
/146/ vgl. ebd., S. 27
/147/ vgl. Gorbatschow, M, Die Rede, Bergisch Gladbach 1987, S. 73
/148/ vgl. ebd., S. 88
/149/ vgl. ebd., S. 113
/150/ vgl. o. V., Entwicklung des transatlantischen, transpazifischen und euroafrikanisch-pazifischen Handels, in: Handelsblatt, 15. 11. 1990, S. 10
/151/ vgl. Drucker, P., Neue Realitäten, Düsseldorf 1989, S. 161
/152/ vgl. Wegner, M., Die neunziger Jahre - das Jahrzehnt Europas, in: VDI-Nachrichten, 14. 12. 1990, S. S3
/153/ vgl. Burstein, D., Yen, München 1989, S. 233
/154/ vgl. Wilson, G. K., Business and Politics, London 1985, S. 102
/155/ vgl. Drucker, P., Neue Realitäten, Düsseldorf 1989, S. 68
/156/ vgl. Burstein, D., Yen, München 1989, S. 292
/157/ vgl. Malik, F., Stelter, D., Krisengefahren in der Weltwirtschaft, Stuttgart 1990, S. 75
/158/ vgl. o. V., DM und Yen sind klar auf dem Vormarsch, in: VDI-Nachrichten, 14. 12. 1990, S. S3
/159/ vgl. o. V., Die Schuldenlast des Staates, in: Handelsblatt, 20. 12. 1990, S. 4
/160/ vgl. Herrhausen, A., Denken Ordnen Gestalten, Berlin 1990, S. 352
/161/ vgl. Grübler, A., Vom Erdöl zum Methanzeitalter, IIASA Working Paper, 1987, S. 1
/162/ vgl. o. V., Zuwächse in den altern Ländern - Kräftige Rückgänge im Osten, in: Handelsblatt, 19. 12. 1990, S. 15
/163/ vgl. Grübler, A., Vom Erdöl zum Methanzeitalter, IIASA Working Paper, 1987, S. 3
/164/ vgl. ebd., S. 5
/165/ vgl. o. V., Mit Erdgas dem Treibhauseffekt entgegentreten, in: VDI-Nachrichten, 22. 06. 1990, S. 23
/166/ vgl. o. V., How to Solve the CO_2-Problem without Tears, Working Paper 11/1988, S. 2
/167/ vgl. o. V., Ölschock - wird es nur Verlieren geben, in: Finanz und Wirtschaft, 25. 08. 1990, S. 13
/168/ vgl. o. V., Erdgasförderung auf Rekordniveau, in: Finanz und Wirtschaft, 08. 07. 1989, S. 27
/169/ vgl. Grübler, A., Vom Erdöl zum Methanzeitalter, IIASA Working Paper, 1987, S. 4
/170/ vgl. Grübler, A., The Rise and Fall of Infrastructures, Heidelberg 1990, S. 5
/171/ vgl. o.V., Dem Transportsystem droht der Zusammenbruch, in: VDI-Nachrichten, 12. 10. 1990, S. 5
/172/ vgl. Grübler, A., The Rise and Fall of Infrastructures, Heidelberg 1990, S. 281
/173/ vgl. ebd., S. 9 und S.162
/174/ vgl. Nakicenovic, N., Transportation and Energy Systems in the U.S., IIASA Working Paper, 1987, S. 21
/175/ vgl. Marchetti, C., On Transport in Europe: The Last 50 Years and the Next 20, IIASA Working Paper, 1987, S. 2
/176/ vgl. ebd., S. 2
/177/ vgl. Rek, B., Kansai Attracts Airport Equipment Industry, in: Interavia 06/89, S. 613
/178/ vgl. o. V., Kansai - Japans ehrgeizigstes Tiefbauprojekt, in: Finanz und Wirtschaft, 31. 10. 1990, S. 39

/179/ vgl. Prognos, Internationaler High-Tech-Report, Basel 1990, S. 197
/180/ vgl. Walrave, M., Mit Vollgas gegen den Strassen- und Luftverkehr, Finanz und Wirtschaft Nr. 77, 4. 10. 1989, S. 25
/181/ vgl. Marchetti, C., On Transport in Europe: The last 50 Years and the Next 20, IIASA Working Paper, 1987, S. 6
/182/ vgl. o. V., Im Jahr 2004 soll eine Magnetbahn die Hauptstadt Tokio mit Osaka verbinden, in: Handelsblatt, 16. 06. 1990, S.21
/183/ vgl. o. V., Mit 500 Sachen von St. Gallen nach Genf, in: Finanz und Wirtschaft, 08. 12. 1990, S. 33
/184/ vgl. ebd., S. 33
/185/ vgl. o. V., 16 Passagiere werden 1500 km mit Tempo 650 befördert, in: Handelsblatt, 07. 08. 90, S. 11
/186/ vgl. o. V., Raumfahrt steht vor harter Landung, in: VDI-Nachrichten, 30. 11. 1990, S. 8
/187/ vgl. Vogels, H. A., Von der Mikrosystemtechnik zum Raumtransporter Sänger II (Artikelkopie), München, S. 15
/188/ vgl. Pompl, W, Luftverkehr, Berlin 1989, S. 177ff
/189/ vgl. Newhouse, J., The New Yorker, Part II, 21.06.82, S. 74
/190/ vgl. Lufthansa, Jahrbuch '88, Köln 1988, S. 154
/191/ vgl. o. V., FAA Aviation Forecasts Fiscal Years 1989-2000, Washington 1989, S. 39
/192/ vgl. Newhouse, J., The New Yorker, Part I, 14.06.82, S. 58
/193/ vgl. Dempsey, P. S., Deregulation has spawned Abuses in Air Transport, in: Aviation Week & Space Technology, 21.09.1988, S. 147
/194/ vgl. Lufthansa, Jahrbuch '88, Köln 1988, S. 161
/195/ vgl. o. V., Luftverkehrsrichtlinien, in: Handelsblatt, 06.09.1990, S. 7
/196/ vgl. o. V., Deregulierung der Luftfahrt..., in: Absatzwirtschaft, 11/89, S. 55
/197/ o. V., Eser: An Europas Himmel ist Platz für (fast) alle, in: Die Welt, 22.10.1990, S. 12
/198/ o. V., Multilateral Approach to Liberalisation, The Avmark Aviation Economist, 08/1990, S. 4
/199/ vgl. ebd., S. 5
/200/ vgl. Todd, D., Simpson, J., The World Aircraft Industry, Dover 1986, S. 209
/201/ vgl. o. V., The Competitive Status of the U.S. Civil Aviation Manufacturing Industry, Washington 1985, S. 141
/202/ vgl. o. V., Drexel Burnham Lambert, Research Abstracts Aerospace & Defense, 01.11.1988
/203/ vgl. o. V., J. C. Lawrence, Aerospace Follow-Up, 09.02.1988
/204/ vgl. o. V., Goldman Sachs, Investment Research Boeing Company, 14.06.1988
/205/ vgl. o. V., The Competitive Status of the U.S. Civil Aviation Manufacturing Industry, Washington 1985, S. 96
/206/ vgl. Prognos, Euroreport '90' Band A, Basel 1989, S. 316
/207/ vgl. Boeing, Annual Report 1988, Seattle 1989, S. 46
/208/ vgl. Todd, D., Simpson, J., The World Aircraft Industry, Dover 1986, S. 3
/209/ vgl. Prognos, Euroreport '90' Band A, Basel 1989, S. 208, S. 316 und S. 328
/210/ vgl. ebd., S. 208, S. 316 und S. 328
/211/ vgl. Hösel, K., Marktstruktur und Wettbewerb im Bereich komplexer Spitzentechnologien, München 1981, S. 94
/212/ vgl. o. V., The Competitive Status of the U.S. Civil Aviation Manufacturing Industry, Washington 1985, S. 148
/213/ vgl. Condom, P., Airliner Makers struggle with Growth, in: Interavia 6/89, S. 523
/214/ vgl. o. V., Mit Qualität, Flexibilität, kurzen F+E-Zeiten ... stach Japan die Konkurrenz aus, in: Handelsblatt, 21.11.1989, S. 22
/215/ vgl. o. V., The Competitive Status of the U.S. Civil Aviation Manufacturing Industry, Washington 1985, S. 98
/216/ vgl. Newhouse, J., The New Yorker, Part I, 14.06.82, S. 48
/217/ vgl. o. V. Europas Hersteller sollten enger zusammenarbeiten, in: Handelsblatt, 19.07.1990, S. 14
/218/ vgl. o. V., Kooperation mit Japanern geplant, in: Handelsblatt, 16.04.90, S. 1
/219/ vgl. o. V., The Competitive Status of the U.S. Civil Aviation Manufacturing Industry, Washington 1985, S. 52

/220/ vgl. o. V., 200 Kilo Papier für eine Occasion, in: Finanz und Wirtschaft, 17.10.1990, S. 13
/221/ vgl. ebd., S. 13
/222/ vgl. Hösel, K., Marktstruktur und Wettbewerb im Bereich komplexer Spitzentechnologien, München 1981, S. 97
/223/ vgl. Newhouse, J., The New Yorker, Part I, 14.06.82, S. 73
/224/ vgl. Scherer, F. M., Industrial Market Structure and Economic Performance, Chicago 1980, S. 169
/225/ vgl. Lloyds, Aircraft Types and Price Guidelines, London 1988, S. 5ff
/226/ vgl. Scherer, F. M., Industrial Market Structure and Economic Performance, Chicago 1980, S. 194
/227/ vgl. Lufthansa, Jahrbuch '89, Köln 1989, S. 159 u. S. 163
/228/ vgl. Zabka, W., Produktplanung im zivilen Flugzeugbau, VDI-Berichte Nr. 619, 1986, S. 189
/229/ vgl. Jost, P., Marketingaspekte für zivile Verkehrsflugzeuge, Airbus Industrie, 1988, S. 49
/230/ vgl. Grübler, A., The Rise and Fall of Infrastructures, Heidelberg 1990, S. 169
/231/ vgl. ebd., S. 167
/232/ vgl. IATA, World Air Transport Statistics 1987, Genf 1988, S. 11
/233/ vgl. Airbus Industrie, Market Perspectives for Civil Jet Aircraft, 03/90, S. 6
/234/ vgl. ebd, S. 21
/235/ vgl. ebd, S. 6
/236/ vgl. MBB, Forecast to Year 2008, Bremen 1989, S. A1
/237/ vgl. o. V., Der schnelle Transport an der Kapazitätsgrenze, in: Finanz und Wirtschaft, 23.05.1990, S. 47
/238/ vgl. o. V., Airlines Seek Additional Aircraft to Service Growing Cargo Market, in: Aviation Week..., 21.11.1988, S. 115
/239/ vgl. Steiner, J., Air Freight Transport: Opportunity and Challenge, Nachdruck des Vortrages gehalten bei 'The Fifth Convocation of National Engineering Sciences', London 1985 , S. 8
/240/ vgl. o. V., Der schnelle Transport an der Kapazitätsgrenze, in: Finanz und Wirtschaft, 23.05.1990, S. 47
/241/ vgl. Lufthansa, Jahrbuch '88, Köln 1988, S. 98 u. S. 102
/242/ vgl. ebd., S. 102
/243/ vgl. o. V., Airlines Seek Additional Aircraft to Service Growing Cargo Market, in: Aviation Week..., 21.11.1988, S. 113
/244/ vgl. Mauel, S., Ursachen und Entwicklung des Luftfrachtersatzverkehrs (Trucking)..., Berlin 1989, S. 124
/245/ vgl. Pompl, W., Luftverkehr, Berlin 1989, S. 12
/246/ vgl. ebd., S. 15
/247/ vgl. o. V., "Kein Blankoscheck vor Antitrustgesetzen" für die internationalen Fluggesellschaften, in: Handelsblatt, 24.08.1990
/248/ vgl. MBB, Forecast to the Year 2008, Bremen 1989, S. 28
/249/ vgl. Boeing, World Jet Airplane Inventory, Year-End 1988, S. 24
/250/ vgl. Geddes, TriStar für lange Strecken: Die L-1011-500, in: Interavia 9/78
/251/ vgl. Grübler, A., The Rise and Fall of Infrastructures, Heidelberg 1990, S. 173
/252/ vgl. ebd., S. 173
/253/ vgl. ICAO, Civil Aviation Statistics of the World 1988, Montreal 1989, S. 34
/254/ vgl. IATA, World Air Transport Statistics 1960, 1968, 1978
/255/ vgl. Boeing, Current Market Outlook, Seattle 1989, S. 25
/256/ vgl. IATA, World Air Transport Statistics 1952 - 1971
/257/ vgl. IATA, World Air Transport Statistics 1958 - 1988
/258/ vgl. Martino, J. P., Technological Forecasting for Decision Making, New York 1983, S. 41
/259/ vgl. Lufthansa, Jahrbuch '88, Köln 1988, S. 131
/260/ vgl. o. V., Interavia Air Letter, 03.12.1990
/261/ vgl. Simpson, R. W., Assessing the Market for High Speed Air Travel in the 21st Century, in: Proceedings of the European Symposium on Future Supersonic Hypersonic Transportation Systems, Toulouse 1990, S. 113
/262/ vgl. Diskussion mit Herrn Högenauer, MBB, November 1988
/263/ vgl. Persson, B., Surviving Failures, Stockholm 1979, S. 91
/264/ vgl. McLean, F. E., Supersonic Cruise Technology, Washington 1985, S. 79

/265/ vgl. Mizuno, H., Japanese Study on Market Prospect for Future SST/HST, in: Proceedings of the European Symposium on Future Supersonic Hypersonic Transportation Systems, Toulouse 1990, S. 134
/266/ vgl. Scherer, F. M., Industrial Market Structure and Economic Performance, Chicago 1980, S. 184
/267/ vgl. ebd., S. 176
/268/ vgl. ebd., S. 230
/269/ vgl. ebd., S. 189
/270/ vgl. ebd., S. 234
/271/ vgl. Hösel, K., Marktstruktur und Wettbewerb im Bereich komplexer Spitzentechnologien, München 1981, S. 15ff
/272/ vgl. Lloyd's, Aircraft Types and Price Guidelines 1988, S. 5 und S. 15
/273/ vgl. Jost, P., Airbus Industrie, Mündliche Auskunft, 1990
/274/ vgl. o. V., Volle Auftragsbücher bei Boeing, in: Handelsblatt, 27.12.1990, S. 16
/275/ vgl. Högenauer, E., "Sänger" ist ein Katalysator für neue Technologien, in: VDI-Nachrichten, 06.10.1989, S. 6
/276/ vgl. o. V., Market Studies Indicate Demand for High-Speed Civil Transport, in: Aviation Week..., 21.11.1988, S. 54
/277/ vgl. o. V., Realisierung nur über weltweite Kooperationen, in: Handelsblatt, 11.10.1990, S. 20
/278/ vgl. o. V., Market Studies Indicate Demand for High-Speed Civil Transport, in: Aviation Week..., 21.11.1988, S. 56
/279/ vgl. Newhouse, J., The New Yorker, Part I, 14.06.82, S. 90
/280/ vgl. ebd. S. 74
/281/ vgl. o. V., United places largest commercial Aircraft Order in History, in: Interavia 06/89, S. 505
/282/ vgl. o. V., United Airlines: Gigantische Investitionen treiben Expansion voran, in: Handelsblatt, 30.11.1990, S. S6
/283/ vgl. Lockheed, Aircraft-Database 06/1985
/284/ vgl. o. V., Turbine Airliner Fleet Survey (TAF) - Database, 1/89
/285/ vgl. Airbus Industrie, Market Perspectives for Civil Jet Aircraft, 3/90, S. 66
/286/ vgl. Drucker, P., Innovation and Entrepreneurship, S. 137
/287/ vgl. Freeman, C., Design, Innovation and Long Cyles in Economic Development, 1983, S. 199
/288/ vgl. Newhouse, J., The New Yorker, Part I, 14.06.82, S. 59
/289/ vgl. Sweetman, B., Gilson Ch., Civil Engine Business Outlook, in: Interavia 1/90, S. 29
/290/ vgl. o. V., The Competitive Status of the U.S. Civil Aviation Manufacturing Industry, Washington 1985, S. 133
/291/ vgl. o. V., Super-Concorde: Konsortium für den Triebwerksbau, in: Handelsblatt, 03.12.1990, S. 1
/292/ vgl. Newhouse, J., The New Yorker, Part II, 21.06.82, S. 58
/293/ vgl. ebd., S. 58
/294/ vgl. o. V., Turbine Airliner Fleet Survey (TAF) - Database, 1/89
/295/ vgl. Sweetman, B., Gilson Ch., Civil Engine Business Outlook, in Interavia 01/90, S. 30
/296/ vgl. Newhouse, J., The New Yorker, Part II, 21.06.82, S. 53
/297/ vgl. Nakicenovic, N., Transportation and Energy Systems in the U.S., IIASA Working Paper, 1987, S. 7
/298/ vgl. Sweetman, B., Gilson Ch., Civil Engine Business Outlook, in: Interavia 01/90, S. 29
/299/ vgl. ebd., S. 29
/300/ vgl. ebd., S. 31
/301/ vgl. o. V., Mit Leichtbau leichter in die Gewinnzone, in: VDI-Nachrichten, 13.10.1989, S. 15
/302/ vgl. o. V., Flieger an der Fortschritts-Front, in: VDI-Nachrichten, 13.10.1989, S. 14
/303/ vgl. Weber, R., Der sauberste Brennstoff, Oberbözberg 1988, S. 85
/304/ vgl. MBB, Pilotprojekt Airbus mit Wasserstoffantrieb, 03/1989, S. 15, S. 20f
/305/ vgl. Weber, R., Der sauberste Brennstoff, Oberbözberg 1988, S. 16
/306/ vgl. ebd., S. 63ff
/307/ vgl. ebd., S. 34
/308/ vgl. ebd., S. 84

/309/ vgl. Alder, H. P., Hydrogen in Air Transportation (EIR-Report Nr. 600), 1986, S. 6
/310/ vgl. Weber, R., Der sauberste Brennstoff, Oberbözberg 1988, S. 85
/311/ vgl. Newhouse, J., The New Yorker, Part II, 21.06.82, S. 58
/312/ vgl. Newhouse, J., The New Yorker, Part IV, 05.07.82, S. 44
/313/ vgl. Boeing, Infomaterial zur Flottensubstitution, 09/1989
/314/ vgl. o. V., Ein Düsenmotor, der so sauber läuft wie ein Auto mit Kat!, in: P. M. Magazin, 03/1990, S. 54
/315/ vgl. Victor, D. G., Liquid Hydrogen and the Greenhouse Effect, IIASA, Working Paper, Laxenburg 1989
/316/ vgl. ebd., S. 5
/317/ vgl. Harris, R. V., The Potential for a New Era of Supersonic and Hypersonic Aviation, in: Proceedings of the European Symposium on Future Supersonic Hypersonic Transportation Systems, Toulouse 1990, S. 100
/318/ vgl. Dardare, J., Senechal, P., Propulsion Systems for Hypersonic Transportation, in: Proceedings of the European Symposium on Future Supersonic Hypersonic Transportation Systems, Toulouse 1990, S.278
/319/ vgl. Newhouse, J., The New Yorker, Part I, 14.06.82, S. 53
/320/ vgl. Freeman, C., Design, Innovation and Long Cyles in Economic Development, 1983, S. 246
/321/ vgl. ebd., S. 227
/322/ vgl. o. V., The Competitive Status of the U.S. Civil Aviation Manufacturing Industry, Washington 1985, S. 53
/323/ vgl. Gespräch mit Herrn Jost, Airbus Industrie, 12/89
/324/ vgl. Newhouse, J., The New Yorker, Part I, 14.06.82, S. 57
/325/ vgl. MBB-UT, Commonality, Working Paper, 1988, S. 5f.
/326/ vgl. Scherer, F. M., Industrial Market Structure and Economic Performance, Chicago 1980, S. 92
/327/ vgl. Condom, P., Airliner Makers struggle with Growth, in: Interavia 6/89, S. 521
/328/ vgl. Scherer, F. M., Industrial Market Structure and Economic Performance, Chicago 1980, S. 86
/329/ vgl. ebd., S. 137
/330/ vgl. ebd., S. 143
/331/ vgl. Deutsche Airbus, World Market Forcecast 1990 - 2009, Bremen 1990, S. 53
/332/ vgl. ebd., S. 48
/333/ vgl. ebd., S. 51
/334/ vgl. Condom, P., Airliner Makers struggle with Growth, in: Interavia 6/89, S. 523
/335/ vgl. Scherer, F. M., Industrial Market Structure and Economic Performance, 1980, S. 261
/336/ vgl. Deutsche Airbus, World Market Forecast 1990-2009, 1990, S. 55
/337/ vgl. MBB, Forecast to Year 2008, Bremen 1989, S. 34
/338/ vgl. Deutsche Airbus, World Market Forcecast 1990 - 2009, Bremen 1990, S. 45
/339/ vgl. Rek, B., Why Does ILFC Want all those Jets?, in: Interavia 10/1988, S. 1007
/340/ vgl. Lufthansa, Jahrbuch '89, Köln 1989, S. 111
/341/ vgl. Ott, J., Manufacturers offer Derivatives, Study SST, in: Aviation Week & Space Technology, 21.11.1988, S. 35
/342/ vgl. Lufthansa, Jahrbuch '89, Köln 1989, S. 117
/343/ vgl. o. V., Delta Air Lines, Inc., Annual Report 1989, S. 22
/344/ vgl. MBB, Forecast to the Year 2008, Bremen 1989, S. 25
/345/ vgl. o. V., Patient Swissair - eine Diagnose, in: Finanz und Wirtschaft, 12.12.1990, S. 15
/346/ vgl. o. V., Boom im Verkehrsflugzeuggeschäft, in: Interavia 10/86, S. 1129
/347/ vgl. Lufthansa, Jahrbuch '89, Köln 1989, S. 113
/348/ vgl. o. V., Finanzierung von Verkehrsflugzeugen, in: Interavia 4/87, S. 319
/349/ vgl. Gespräch mit Herrn P. Jost, Airbus Industrie, 12/90
/350/ vgl. o. V., Boom im Verkehrsflugzeuggeschäft, in: Interavia 10/86, S. 1130
/351/ vgl. Lufthansa, Jahrbuch '89, Köln 1989, S. 115
/352/ vgl. o. V., Avmark Database - Lease Rates, in: The Avmark Aviation Economist, 05/1990, S. 21

/353/ vgl. o. V., GPA places record Order for new Jet Transports, in: Interavia 5/89, S. 377
/354/ vgl. o. V., International Lease Finance Corporation, in: Bateman Eichler, Hill Richards Research, 15.02.1989, S. 10
/355/ vgl. Rek, B., Why Does ILFC Want all those Jets?, in: Interavia 10/1988, S. 1009
/356/ vgl. o. V., International Lease Finance Corporation, in: Bateman Eichler, Hill Richards Research, 15.02.1989, S. 8
/357/ vgl. SEC, ILFC Form 10-K Annual Report, 30.11.1988, S. 6
/358/ vgl. Newhouse, J., The New Yorker, Part I, 14.06.82, S. 56
/359/ vgl. Shaw, S., Airline Marketing and Management, London 1985, S.77
/360/ vgl. Coyle, J., Bardi, E., Cavinato, J., Transportation, St. Paul, 1986, S. 149
/361/ vgl. Fricke, M, Vorlesungsskript Luftverkehr I, TU Berlin, 1985, Kap. 5, S. 12
/362/ vgl. Sutton, O., Southwest Airlines offers something special in Texas, in Interavia 5/89, S. 420
/363/ vgl. Buchwald, P., Hauptprobleme des heutigen und künftigen Luftverkehrs, Bad Homburg 1974, S. 109
/364/ vgl. Haase, T., Krenke, M., Der Weltmarkt für zivile Verkehrsflugzeuge, Hamburg 1986, S. 162
/365/ vgl. o. V., Offenheit verdrängte den Ruf als Luftverkehrskartell, in: Handelsblatt, 28.09.1990, S. D3
/366/ vgl. Shaw, S., Airline Marketing and Management, London 1985, S. 77
/367/ vgl. o. V., The Avmark Aviation Economist, 05/1990, S. 5
/368/ vgl. Lufthansa, Jahrbuch '88, Köln 1988, S. 160
/369/ vgl. o. V., The Avmark Aviation Economist, 05/1990, S. 6
/370/ vgl. Brown, D. G., Future Trends in Transport Aircraft, in: Economics of Air Transportation, London 1984, S. 107
/371/ vgl. o. V., British-Airways mit Air Russia auf Ost-Kurs, in: Finanz und Wirtschaft, 17.10.1990, S. 41
/372/ vgl. o. V., United Airlines: Gigantische Investitionen treiben Expansion voran, in: Handelsblatt, 30.11.1990, S. S6
/373/ vgl. IATA, World Air Transport Statistics 1979, 1988, 1989
/374/ vgl. o. V., Patient Swissair - eine Diagnose, in: Finanz und Wirtschaft, 12.12.1990, S. 15
/375/ vgl. Hill, M., Die Großvater-Rechte, in: Handelsblatt, 06.12.1990
/376/ vgl. Fortune, 01.01.1990, S. 34
/377/ vgl. o. V., United Airlines: Gigantische Investitionen treiben Expansion voran, in: Handelsblatt, 30.11.1990, S. S6
/378/ vgl. o. V., Continental fliegt derzeit nicht als einzige der US-Fluggesellschaften im Abwind, in: Handelsblatt, 06.12.1990, S. 18
/379/ vgl. o. V., Wallstreet wartet auf Impulse des Fed, in: Finanz und Wirtschaft, 19.12.1990, S. 7
/380/ vgl. Morita, A., Ishihara, S., The Japan that Can Say 'No', Tokio 1985
/381/ vgl. IATA, World Air Transport Statistics 1987, Genf 1988
/382/ vgl. Kaske, K., 'Wir kaufen Zeit und Marktanteile', Interview in: Finanz und Wirtschaft, 07.11.1990, S. 31
/383/ vgl. o. V., Deregulierung der Luftfahrt..., in: Absatzwirtschaft, 11/89, S. 50
/384/ vgl. ebd., S. 50
/385/ vgl. Lufthansa, Jahrbuch '88, Köln 1988, S. 157
/386/ vgl. Scherer, F. M., Industrial Market Structure and Economic Performance, Chicago 1980, S. 126
/387/ vgl. o. V., Deregulierung der Luftfahrt..., in: Absatzwirtschaft, 11/89, S. 52
/388/ vgl. Fricke, M., Luftverkehr I, Vorlesungsskript der TU Berlin, 1987, S. 44
/389/ vgl. ebd., S. 44f
/390/ vgl. Lufthansa, Jahrbuch '88, Köln 1988, S. 158
/391/ vgl. Gespräch mit Herrn Dr. A. von Dörnberg, Lufthansa, 05/1990
/392/ vgl. o. V., The Community's Dominant Carrier in: The Avmark Aviation Economist, 10/1990, S. 16
/393/ vgl. ebd., S. 15
/394/ vgl. o. V., Turbine Airliner Fleet Survey (TAF) - Database, 1/89
/395/ vgl. o. V., Continental fliegt derzeit nicht als einzige der US-Fluggesellschaften im Abwind, in: Handelsblatt, 06.12.1990, S. 18

/396/ vgl. Lufthansa, Jahrbuch '88, Köln 1988, S. 38
/397/ vgl. ebd., S. 38
/398/ vgl. ebd., S. 38
/399/ vgl. MBB, Forecast to Year 2008, 1989, S. 10
/400/ vgl. Marchetti, C., On Transport in Europe: The Last 50 Years and the Next 20, IIASA Working Paper, 1987, S. 1
/401/ vgl. Drucker, P., The Frontiers of Management, S. 5
/402/ vgl. Cerwenka, P., Wechselwirkungen zwischen Telekommunikation und Personenverkehr, in: Öffentlicher Sektor - Forschungsmemorandum, 12. Jhg., Heft 2, 6/86, S.38
/403/ vgl. Airbus Industrie, Market Perspektives for Civil Jet Aircraft, 03/90, S. 23
/404/ vgl. Grübler, A., The Rise and Fall of Infrastructures, Heidelberg 1990, S. 256
/405/ vgl. Marchetti, C., On Transport in Europe: The Last 50 Years and the Next 20, IIASA Working Paper, 1987, S. 1
/406/ vgl. Coyle, J., Bardi, E., Cavinato, J., Transportation, St. Paul, 1986, S. 181
/407/ vgl. Gerken, G., Radar für Trends Nr. 7, April 1990, S. 1
/408/ vgl. Grübler, A., The Rise and Fall of Infrastructures, Heidelberg 1990, S. 177
/409/ vgl. Opaschowski, H. W., Leben nach dem Jahr 2000, in: Marketing 2000, Wiesbaden 1989, S. 343
/410/ vgl. ebd., S. 344
/411/ vgl. Coyle, J., Bardi, E., Cavinato, J., Transportation, St. Paul, 1986, S. 176
/412/ vgl. Bruhn. M., Produkt 2000, in: Marketing 2000, Wiesbaden 1989, S. 21
/413/ vgl. o. V., Euromoney 4/88, S. 134
/414/ vgl. o. V., United Airlines: Zahlen und Service, in: Handelsblatt, 30.11.1990, S. S6
/415/ vgl. Bruhn. M., Produkt 2000, in: Marketing 2000, Wiesbaden 1989, S. 30
/416/ vgl. Müller-Hagedorn, L., Konsument 2000, in: Marketing 2000, Wiesbaden 1989, S. 223
/417/ vgl. Nakicenovic, N., Patterns of Change: Technological Substitution and Long Waves in the United States, IIASA Working Paper, 1986, S. 30
/418/ vgl. Grübler, A., The Rise and Fall of Infrastructures, Heidelberg 1990, S. 9
/419/ vgl. Macharzina, K., Diskontinuitätenmanagement, Berlin 1984, S. 4 u. S. 7
/420/ vgl. v. Weizsäcker, C. F., Wahrnehmung der Neuzeit, München 1985, S. 425
/421/ vgl. Vester, F., Leitmotiv vernetztes Denken, München 1988, S. 192
/422/ vgl. McHale, J., World Facts and Trends, New York 1972, S. 30
/423/ vgl. Ziegler, J., Die Schweiz wäscht weisser, München 1990, S. 14
/424/ vgl. Herrhausen, A., Denken Ordnen Gestalten, Berlin 1990, S. 75
/425/ vgl. McHale, J., World Facts and Trends, New York 1972, S. 30
/426/ vgl. ebd., S. 30
/427/ vgl. o. V., Klimaschraube überdreht?, in: VDI-Nachrichten, 23.02.1990, S. 64
/428/ vgl. o. V., Gefahrguttransporte auf See künftig sicherer, in: VDI-Nachrichten, 22. 06. 1990, S. 11
/429/ vgl. o. V., Unsere Erde, Fernsehsendung vom 23. 10. 1990 im ZDF
/430/ vgl. Becker, H., Japans neue Realitäten, in: Finanz und Wirtschaft, 27.10.1990, S. 1
/431/ vgl. Bernecker, H. A., Die Aktien-Börse, 20. 10. 1990, S. 6
/432/ vgl. o. V., Die Krisen der 90er Jahre, in: Manager Magazin 10/1990, S. 152f
/433/ vgl. Drucker, P., Neue Realitäten, Düsseldorf 1989, S. 4
/434/ vgl. ebd., S. 10
/435/ vgl. B. Nirumand, Sturm im Golf, Hamburg 1990, S. 121
/436/ vgl. o. V., Justifying Fare Increases, in: The Avmark Aviation Economist, 08/1990, S. 3
/437/ vgl. o. V., 30 Jahre OPEC: Gratwanderung zwischen Macht und Ohnmacht, in: Handelsblatt, 14. 09. 1990, S. S1
/438/ vgl. ebd., S. 115
/439/ vgl. Airbus Industrie, Forecasting Traffic and Capacity Growth in Europe, Sept. 1989
/440/ vgl. o. V., Ineffektive Luftkontrolle schadet auch der Umwelt, in: Handelsblatt, 10.10.1990, S. 32
/441/ vgl. Morscheck, H. J., Bedürfnisstruktur und Erfordernisse aus der Sicht einer Luftverkehrsgesellschaft, in: DGLR-Bericht 98-04, Bonn 1989, S. 3
/442/ vgl. o. V., Ineffektive Luftkontrolle schadet auch der Umwelt, in: Handelsblatt, 10.10.1990, S. 32
/443/ vgl. Gespräch mit Herrn Jost, Airbus Industrie, Toulouse 1989

/444/ vgl. Buchwald, P., Hauptprobleme des heutigen und künftigen Luftverkehrs, 1974, S. 288
/445/ vgl. o. V., Lufthansa-Jahrbuch 1988, S. 301
/446/ vgl. McLean, F. E., Supersonic Cruise Technology, Washington 1985, S. 90
/447/ vgl. o. V., Ein Düsenmotor, der so sauber läuft wie ein Auto mit Kat!, in: PM-Magazin, 03/1990, S. 50
/448/ vgl. Simpson, R. W., Assessing the Market for High Speed Air Travel in the 21st Century, in: Proceedings of the European Symposium on Future Supersonic Hypersonic Transportation Systems, Toulouse 1990, S. 167
/449/ vgl. o. V., Potential Environmental Effects of Aircraft Emissions, Springfield 1979, S. 52 u. S. 56
/450/ vgl. Simpson, R. W., Assessing the Market for High Speed Air Travel in the 21st Century, in: Proceedings of the European Symposium on Future Supersonic Hypersonic Transportation Systems, Toulouse 1990, S. 164
/451/ vgl. o. V., Potential Environmental Effects of Aircraft Emissions, Springfield 1979, S. 57
/452/ vgl. Crutzen, P., Nakicenovic, N., Transport, Aerospace Technologies and Environment, IIASA Working Paper, 11/1988, S. 6
/453/ vgl. Kerner, D. u. I., Der Klima-Report, Köln 1990, S. 6
/454/ vgl. ebd., S. 64
/455/ vgl. Victor, D. G., Liquid Hydrogen and the Greenhouse Effect (Working Paper), Laxenburg 1989, S. 13
/456/ vgl. Crutzen, P., Nakicenovic, N., Transport, Aerospace Technologies and Environment, IIASA Working Paper, 11/1988, S. 7
/457/ vgl. Hösel, K., Marktstruktur und Wettbewerb im Bereich komplexer Spitzentechnologien, München 1981, S. 58
/458/ vgl. Zabka, W., Produktplanung im zivilen Flugzeugbau, VDI-Berichte Nr. 619, 1986, S. 195
/459/ vgl. Gälweiler, A., Strategische Unternehmensführung, Frankfurt 1987, S. 37
/460/ vgl. Hunziker, H. J., Strategische Planung und Politik im Luftverkehr, Bern 1983, S. 182f.
/461/ vgl. o. V., Grube gegraben, in: Spiegel, 51/1990, S. 212
/462/ vgl. o. V., Lauten Jets geht's an den Kragen, in: VDI-Nachrichten, 17.11.1989, S. 34
/463/ vgl. o. V., Continental fliegt derzeit nicht als einzige der US-Fluggesellschaften im Abwind, in: Handelsblatt, 06.12.1990, S. 18
/464/ vgl. Batra, R., Die große Rezession von 1990, München 1989, S. 136
/465/ vgl. ebd., S. 152
/466/ vgl. ebd., S. 154
/467/ vgl. Patzak, G., Systemtechnik, Berlin 1982, S. 310
/468/ vgl. Porter, M. E., Wettbewerbsstrategie, Frankfurt 1983, S. 26

Firmenverzeichnis und Gesprächspartner

Airbus Industrie, Blagnac
Jost, P., Leiter, Marketing-Planung
Poschmann, G., Manager, Projektentwurf

Boeing Company, Seattle
Howard, J., Leiter, Marktanalyse
Thompson, P. R., Manager, Marktforschung
Wallace, Ph. D. W. M., Manager, Marktforschung

Deutsche Airbus GmbH, Hamburg/Bremen
Birke, Dr. H.-E., Leiter, Stabsabteilungen
Ganzer, Prof. U., Leiter, Technik
Taysi, H., Manager, Marktforschung
Otersen, M., Senior Markt Analyst
Volk, Dr.-Ing., D., Manager, Zukünftige Projekte

Japan Aircraft Development Association, Tokio
Mizuno, H., Leiter, Marketing

McDonnell Douglas, Long Beach
Tamura, T., Leiter, Marktanalyse
Martin, R. D., Manager, Marketing-Planung

MBB GmbH, München
Kroy, Dr. rer. nat., Leiter, Technologieforschung

Society of Japanese Aerospace Companies, Tokio
Iwaki, T., Leiter, Technik

Deutsche Lufthansa AG, Köln
Menninger, Dr.-Ing. K., Vorstandsbeauftragter NordrheinWestfalen
Nittinger, Dr. K., Leiter, Technische Projekte und Mustermanagement

ILFC, Beverly Hills
Taylor, K. D., Stellvertretender Direktor

Swissair AG, Zürich
Zenker, E., Leiter, Konzern und Organisation im Bereich Unternehmensentwicklung
Endress, Ch., Manager, Strategieanalyse und Projekte
Chehab, Ph., Manager, Frühwarnsysteme und Vernetzung

Deutsche Bank AG, Frankfurt
Schulze-Kimmle, Dr., Leiter, Strategische Planung
Diefenbach, H., Manager, Planung

International Institute for Applied Systems Analysis, Wien
Nakicenovic, Dr. N., Techologie, Wirtschafts- und Gesellschaftsprogramm
Grübler, Dr. A., Techologie, Wirtschafts- und Gesellschaftsprogramm

Hochschule St. Gallen
Schwaninger, Dr. M., Dozent

Management Zentrum St. Gallen, MZSG
Malik, Dr. F., Geschäftsführer

Prognos AG, Basel
Barth, Dr. H., Geschäftsführer

Wissenschaftszentrum, Berlin
Gillwald, Dr. K., Soziologische Zukunftsstudien